Irland

Spanien

Lissabon 05.11.05 Portugal

Azoren

ANTIK

Madeira 12.11.05 - 22.11.05

Kanarische Inseln

Gran Canaria 25.11.05 - 15.12.05
La Gomera 17.12.05 - 23.12.05

AFRIKA

Kapverden

Reise der MAVERICK
vom 23.10.2005
bis 02.08.2006
(incl. Trailertour und Rückflug)
Gesegelte Strecke: 6360 Seemeilen

Johannes Erdmann

Allein über den Atlantik

Mein Abenteuer
mit MAVERICK

Delius Klasing Verlag

Bibliografische Information der Deutschen Nationalbibliothek
Die Deutsche Nationalbibliothek verzeichnet diese Publikation in der
Deutschen Nationalbibliografie; detaillierte bibliografische
Daten sind im Internet über http://dnb.d-nb.de abrufbar.

1. Auflage
ISBN 978-3-7688-1985-5
© by Delius, Klasing & Co. KG, Bielefeld

Fotos: Manfred Erdmann: Farbabb. 1, Gabriele Erdmann: Farbabb. 2 und S/W-Foto auf
S. 21, Klaus Weinmüller: Farbabb. 15, Georg Pferdmenges: Farbabb. 25 und 29, S/W-Bild
auf S. 175 sowie das Buchtitelbild, Irene van Adrichem: Farbabb. 28, Dick Stafford:
Farbabb. 33, Kristina Michel: Farbabb. 35, Tobias Erdmann: Farbabb. 37. Alle anderen
Fotos: Johannes Erdmann
Karte: Inch3, Bielefeld
Schutzumschlaggestaltung: Buchholz/Hinsch/Hensinger, Hamburg
Satz: Fotosatz Habeck, Hiddenhausen
Druck: Clausen + Bosse, Leck
Printed in Germany 2007

Alle Rechte vorbehalten! Ohne ausdrückliche Erlaubnis
des Verlages darf das Werk, auch nicht Teile daraus, weder
reproduziert, übertragen noch kopiert werden, wie z. B.
manuell oder mithilfe elektronischer und mechanischer
Systeme inklusive Fotokopieren, Bandaufzeichnung und
Datenspeicherung.

Delius Klasing Verlag, Siekerwall 21, D - 33602 Bielefeld
Tel.: 0521/559-0, Fax: 0521/559-115
E-Mail: info@delius-klasing.de
www.delius-klasing.de

*Für meine Eltern und meine Familie,
die mich grenzenlos unterstützt haben,
damit ich meinen Traum leben konnte.*

Eine Reise kann Lebensgeschichte schreiben.
Robert Louis Stevenson

Inhalt

Über die Ziellinie	9
Kinderträume	12
Die Gelegenheit	19
Aus einem Traum wird Ernst	21
Bootebauen in Thüringen	24
Letzte Vorbereitungen	30
On the road	35
Tausche Straße gegen Meer	40
Der Abschied	44
Letzte Arbeiten in Lissabon	47
Die erste Etappe	52
Auf Atlantis	61
Flautentörn nach Gran Canaria	67
Dicke Backen	70
Auf Kolumbus' Spuren	81
2800 Seemeilen Einsamkeit	84
Das andere Ufer	104
Shipwrecked at St. Lucia	112
St. Lucia lässt mich nicht los	120
Zwei Wochen Karibikurlaub	132
Kurs Nord	148
Ich will weiter	152
Auf der Suche nach DOVE	170
Auf dem Weg in die Bahamas	177
Notstopp auf Providenciales	184
Auf dem Weg in die Bahamas – Klappe, die zweite!	188
Zu dritt durch die Trauminseln	192
Abenteuerspielplatz Normans Cay	206
Endspurt in die USA	216
Brückenöffnungszeiten und Gewitterschauer	225
Intracoastal Waterway – Wälder, Wiesen und Delfine	234
www.zu-zweit-auf-see.de?	243
Wieder allein – es nimmt kein Ende …	256

Abschied von MAVERICK	*262*
Berge statt Wellen	*265*
New York – am Ziel?	*271*
Der Kreis schließt sich	*275*
Anhang	*279*
Danksagungen	*284*

Über die Ziellinie

Es ist drei Uhr morgens. Der Wind bläst unvermindert mit Sturmstärke von vorne und bringt mit jeder Welle eine Menge Wasser an Deck, das vom Wind aufgewirbelt über den Aufbau der Kajüte hinweg ins Cockpit gepeitscht wird und mir um die Ohren weht. Vollkommen durchnässt und frierend stehe ich, dick in Ölzeug verpackt, am Steuerrad. Der Kurs entlang der Küste von St. Lucia ist nur schwer zu halten. Die Wellenberge rollen aus der Karibischen See direkt von vorne heran und nehmen immer wieder die Fahrt aus dem gegenanbolzenden Boot, das sich trotz voller Kraft der Maschine darin feststampft.

31 Tage bin ich schon auf See. Einen ganzen Monat lang habe ich außer dem Atlantik und den 8,25 Metern MAVERICK nichts gesehen. Und doch hätte ich ewig so weitersegeln können, wenn nur nicht das Ruder Probleme bereiten würde, die Segel gerissen und einige Wanten kurz vorm Brechen wären.

Und nun, nach all den Strapazen und Überraschungen auf dem bisherigen Weg, auch noch das: seit Tagen Starkwind und Schlechtwetter, sodass der Landfall zum reinsten Kampf wird. Außerdem muss MAVERICK langsam dringend in die Werft, aber dazu müssen wir erst mal an Land kommen. Schon seit sechs Stunden läuft die Maschine auf Volldampf, um gegen die Wellen anzukommen. Aus der Kajüte steigen seit einer Weile Dampfschwaden – aber ich habe keine andere Chance, in einen Hafen zu kommen.

Das Vorsegel ist schon vor tausend Meilen irreparabel gerissen. Gegen den Wind ankreuzen ist mit dem fliegend gesetzten Ersatzsegel nicht möglich, und wenn ich nicht ohne Segel vor dem Wind nach Panama driften will, muss die Maschine noch zwei weitere Stunden durchhalten.

Endlich, endlich liegt gegen halb vier Uhr morgens die Rodney Bay vor meinem Bug, und ich kann mein Glück kaum fassen. Nur etwa eine Meile vom Ufer entfernt nehme ich direkten Kurs auf die hellsten Lichter der Bucht, hinter denen ich die Marina erwarte. Die Anspannung, die meine Nerven die letzten Tage bis zum Zerreißen strapaziert hatte, legt sich ein wenig, das Ende der langen, harten Überfahrt ist abzusehen. Noch immer brechen die Wellenberge über den Bug der MAVERICK an Deck und weht mir die Gischt ins Gesicht. Aber das Ende ist absehbar, und ich gewinne nach der Angst der letzten Tage meinen Humor zurück: »Ein Königreich für eine Taucherbrille«.

Doch was ist das? – Direkt vor dem Bug der MAVERICK entdecke ich ein weißes Blitzlicht, dem ich mich immer weiter nähere.

»Was könnte das sein, ein Rettungslicht?« Erst im letzten Moment sehe ich, wie sich die Wellen direkt neben dem Licht brechen, und der Schock fährt mir in die Glieder: »Ach du meine Güte! Das ist ein Riff!«

Sofort reiße ich das Ruder herum und weiche im letzten Moment dem Felsen aus. Zitternd umklammere ich das Steuerrad wie ein Schiffbrüchiger die rettende Planke. »Das war vielleicht knapp. Jetzt hätte ich doch beinahe so kurz vorm Ziel das Schiff verloren, weil ich bei dem Mistwetter nicht dazu kam, ständig auf die Seekarte zu gucken.«

Langsam erkämpfen wir uns Meter um Meter den Weg hinein in die Rodney Bay. Dort werden die Wellen etwas kleiner, auch wenn der Wind unvermindert über uns hinwegweht. In der Entfernung kann ich ein paar Masten ausmachen, offenbar Ankerlieger im Schutz der Bucht. Weiter löst sich die Anspannung der letzten Tage. Das Ziel liegt nur noch eine Meile und einen Ankerwurf entfernt.

Die Wellen haben sich nahe der Bucht bis auf etwa einen halben Meter Höhe beruhigt. Ich nehme den Gang heraus, um auf dem Vorschiff den Anker vorzubereiten. Da ich nie zuvor mit MAVERICK geankert habe, brauche ich einige Zeit, bis die Kette an Anker und Leine geschäkelt ist und bereit zum Wurf auf dem Bugkorb hängt.

Mittlerweile bin ich wieder ein Stück aus der Bucht herausgedriftet. Etwa zwei Meilen entfernt sehe ich die blinkenden Lichter der Einfahrt zur Lagune und habe mich bereits entschieden, erst mal im Dunkeln am Ufer zu ankern, um bei Anbruch des Tageslichts durch den betonnten Kanal in die geschützte Lagune, in der sich auch die Marina befindet, zu motoren.

Zurück am Steuerrad, schiebe ich also langsam den Gashebel wieder nach vorne, um den Vorwärtsgang einzulegen, als ich plötzlich ein lautes Knacken vom Getriebe höre und es unter mir still wird. Der Motor ist aus. Um mich herum knallt der Wind jedoch weiterhin von den Hügeln hinab – und ich bin manövrierunfähig!

Um nicht wieder aus der Bucht hinaus oder gar auf die Felsen getrieben zu werden, werfe ich schnell den Anker auf 15 Meter Tiefe, der zu meiner Erleichterung auf dem sandigen Grund sofort Halt findet. Als ich anhand von zwei GPS-Koordinaten und dem Echolot kontrolliert habe, dass der Anker sicher hält, falle ich um fünf Uhr auf einen Segelsack und schließe die Augen. Immer noch zittere ich, vor Kälte im nassen Ölzeug und auch vor Anspannung.

Kaum bekomme ich nach 31 Tagen auf See Land in Sicht, dreht der Wind auf, und aus dem Radio ertönt eine Sturmwarnung für kleine Boote.

Zwar liege ich nun manövrierunfähig fernab der anderen Yachten vor Anker, auch funktioniert mein Funkgerät nicht, wird das An-Land-Kommen sicher knifflig werden und zieht draußen zu allem Überfluss gerade wieder einmal eine Sturmfront über MAVERICK hinweg – aber dennoch fühle ich mich »angekommen«: Ich bin allein über den Atlantik gesegelt, das kann mir nun keiner mehr nehmen!

Viele Gedanken schießen mir durch den Kopf: Gedanken an meine Familie. Gedanken an die hinter mir liegende Atlantiküberquerung. Gedanken an die Zeit, in der der Traum von dieser Reise begonnen hat.

Kinderträume

Ich denke, der Traum einer langen Segelreise entstand bei mir schon im Alter von zehn Jahren, als ich eines Nachmittags im Keller meines Onkels Uwe einen ganzen Berg von Yachtheften entdeckte. Während meine Freunde die neuesten Micky-Maus-Geschichten verschlangen, grub ich mich nun durch die alten Magazine, las Artikel über ferne Segelreisen und abenteuerliche Atlantiküberquerungen und fand auch bald darauf in der Stadtbibliothek die passenden Bücher, in denen Weltumsegler wie Wilfried Erdmann, Rollo Gebhart, Robin Lee Graham und Shane Acton von ihren Abenteuern berichteten.

Bis ich selbst diesen Kielwassern folgen konnte, sollten natürlich noch einige Jahre vergehen. In der Zwischenzeit lernte ich auf dem Wolfsburger Allersee das Segeln im Opti, einem seifenkistenähnlichen Segelboot, das auf dem Wasser segelt wie eine gekenterte Kuh, mir jedoch ein Gefühl von »Freiheit« vermittelte. Schon damals zog es mich weniger zum Regatta- als viel eher zum Fahrtensegeln, bei dem man die Welt erkunden kann, und so wurde mir das vereinsmäßige Regattatraining bald langweilig. Stattdessen konstruierte ich, als ich zwölf Jahre alt war, einen kleinen Kajütaufbau auf einen Opti, um damit nicht nur um Tonne 1, 3 und 2 segeln, sondern auch einmal in einer Bucht ankern, die Segel bergen und die Ruhe auf dem Wasser genießen zu können. Das war mir jedenfalls wesentlich lieber, als mit anderen Kindern in hautengen Trockenanzügen und knatternden, neuen Dacronsegeln um die Wette zu jagen!

Auch mein Vater erkannte, dass mir das Segeln ans Herz gewachsen war, und schließlich bekam ich mit 13 Jahren mein erstes eigenes, kleines Boot, das ich selbst heute noch besitze: eine kleine, alte Jolle vom Typ Wegu Twiggi, die wir für 500 DM in Velbert kauften und auf dem Dach unseres damaligen alten Golf II nach Wolfsburg brachten. Schnell hatte ich meinen Vater für das Segeln begeistert, und auch Uwe segelte bald seinen ersten Schlag mit mir zusammen auf dem Allersee. Danach war klar – ein größeres Boot muss her!

Nach dem Wälzen vieler Segelmagazine und Gebrauchtbootbörsen – damals wartete ich noch jeden Monat ungeduldig auf den Tag des Erscheinens, da der Internetmarkt noch nicht allzu viel hergab – war es schließlich im Frühjahr 2000 so weit, als wir in einem Magazin eine Annonce fanden, in der eine »renovierungsbedürftige« Atlanta Flamingo, ein 5,60 Meter langes Kajütsegelboot, aus dessen Sitzbank sich zwei Schwerter ausklappen ließen, für 3500 DM angeboten wurde. Die Besichtigung fiel jedoch ernüchternd aus, denn das Boot war ein halbes Wrack, das auf einem Acker bei Bad Pyrmont festgewachsen war, von dem aus man im Tal zu allem Überfluss auch noch ein Atomkraftwerk vor sich hin strahlen sehen konnte.

»Das Boot leuchtet bestimmt auch noch im Dunkeln«, war der knappe Kommentar von Uwe, der unseren Eindruck ganz gut auf einen Punkt brachte. – »Nein, danke!« Aber der Verkäufer hatte noch ein Ass im Ärmel, ein baugleiches Boot, das sich in sehr viel besserem Zustand befand.

»Das Boot wollte ich eigentlich für mich behalten, aber für 6000 DM könnten Sie es haben.«

Nach dem Wrack auf dem Acker war die zweite Flamingo natürlich umso reizvoller, hatte zudem einen kleinen Innenausbau mit Regalen, einem Tisch und einer kleinen Pantry mit Spirituskocher und Waschbecken unter der einen sowie zwei Autobatterien unter der anderen Sitzbank. Dazu konnte man über das ganze Cockpit (das übrigens größer war als die Kajüte!) eine zeltähnliche Plane spannen, um den Wohnraum zu vergrößern und sich eine Art Wintergarten zu schaffen. Dazu sollte es einen nur sechs Jahre alten Yamaha 5-PS-Außenborder geben, und so wurden wir uns schnell handelseinig – die INDA, wie sie von einem der Voreigner genannt worden war, wechselte den Besitzer.

Im gleichen Sommer wollten mein Vater Manfred, mein Onkel Uwe und ich endlich zu richtigen Fahrtenseglern werden und die INDA an die Müritz in Mecklenburg trailern. Wir wussten nicht genau, von wo wir starten und das Boot zu Wasser lassen sollten, aber mein Vater kannte jemanden, der ihm eine Nummer von einem Yachtclub geben konnte, in dem es eine Slipanlage gab. Nach einem halbstündigen Telefonat war mein Vater um zwei Erkenntnisse reicher: Zum einen hat man ihm die falsche Nummer gegeben, er hat bei einer Familie in der Nähe der kleinen Seen im Süden der Müritz angerufen, aber zum anderen konnten die ihm den Tipp geben, es in Buchholz zu versuchen. Dorthin brachen wir mit der INDA auf dem Trailer hinter unserm Passat und dem Bus meines Onkels als Nachhut schließlich auf.

Das Zuwasserlassen verlief ohne Probleme, da wir es auf dem Wolfsburger Allersee bereits einmal probehalber getestet hatten, was die INDA kurzerhand zum größten Boot des Sees machte. Als wir nun schließlich alle Sachen an Bord verladen hatten, hieß es für uns zum ersten Mal »Leinen los«.

Unsere erste Fahrt führte uns in einen Nebenarm der kleinen Seen südlich von Rechlin, der südlichsten Stadt an der Müritz. Es sollte eine erste Nacht vor Anker werden und gegen späten Nachmittag fiel er auf 1,60 Tiefe. Die Tiefe konnte ich auch ohne Echolot gut einschätzen, weil kurz nach dem Anker auch mein Vater in den Sumpf hüpfte, um den Anker wiederzufinden, den ich natürlich versenkt hatte, ohne ihn zuvor anzubinden ... Mit alten Turnschuhen den Grund abgehend, konnte er gerade noch über die grüne Brühe hinwegschauen, daher liegt die Tiefe mit 1,60 m sicherlich sehr nahe ...

Nach dem zweiten Ankermanöver kam die Cockpitplane zum Einsatz, die aus dem Cockpit einen überdachten Wohnraum machte, wo mein Vater auf einer Luftmatratze schlafen wollte, während Uwe und ich uns die zwei schmalen Kojen unter Deck teilen konnten. Die Theorie klang gut, aber die Praxis sah so aus, dass wir tatsächlich im tiefsten Sumpf geankert hatten – sobald die Sonne hinter dem Schilf verschwunden war, fand die Mückenbrut ihren Weg durch alle erdenklichen Ritzen unter Deck und ins Cockpit.

Nach ein paar Stunden Schlaf erwachten wir alle drei schon um halb sieben Uhr morgens mit reichlich dickem Schädel. Der kleine Sumpfarm, in dem wir am Vorabend geankert hatten, zeigte uns, warum er »Nebel« hieß, und ein Teil des Nebels schien sich seinen Weg in unsere Köpfe zu bahnen. Uwe ergriff die Initiative und den Kaffeekessel, um dem Tag einen Startschuss zu geben. Sein Kaffee der Brühart »vier Löffel für die Tassen, einen für die Kanne, einen weil wir so müde sind, einen weil heute Mittwoch ist, ...« bahnte sich seinen Weg langsam und zähflüssig aus dem Papierfilter hinein in die Kanne und besaß eine Konsistenz wie Erdöl – erwies sich jedoch als perfektes Mittel gegen unsere dicken Schädel, sodass wir um sieben Uhr im tiefsten Nebel Ankerauf gehen und Kurs auf das Tor zur Müritz nehmen konnten: Rechlin. Meinem Vater hatte der Kaffee allerdings den Rest gegeben, er wollte nur noch im nächsten Ort an Land. Tatsächlich sollte es Mittag werden, als wir ihn mit einer Packung Aspirin in der Hand regeneriert wieder an Bord nehmen konnten. An diesem Morgen nach unserer ersten Nacht auf einem Boot konnten wir uns nur ehrlich fragen: »Warum in aller Welt tun sich Menschen solch einen Urlaub an?«

Den Rest des Urlaubs schlief Uwe in seinem VW-Bus und mein Vater und ich an Bord der INDA, bis Uwe uns nach einer Woche vorerst verließ und wir zu zweit den Rest der großen Seen in Mecklenburg erkundeten, nachts am Schilf ankerten, die kleinen Nebenarme erforschten und schließlich richtig Geschmack am Fahrtensegeln bekamen.

Nun sollte es so richtig losgehen!

Zunächst stand für uns jedoch erst einmal ein Segelschein auf dem Programm. Denn obwohl wir den Sommer zweieinhalb Wochen auf den Mecklenburger Seen verbracht hatten, besaß nur ich ein amtliches Patent, das sich »Jüngstensegelschein« nannte und inzwischen auf jedem Zwei-Tages-Kurs für Kinder auf Mallorca erlangt werden kann. Auf der Müritz jedoch benötigte man überhaupt keinen Schein, außer man ist mit Motor unterwegs. Aber da unser Yamaha mit seinen 5 PS noch führerscheinfrei ist, hatte sich das für uns erübrigt.

Wir drei entschieden uns für den Sportbootführerschein Binnen Segel/Motor und begannen im Winter fleißig zu den Theoriestunden zu gehen, um im Sommer am Praxisunterricht in einer Conger-Jolle teilzunehmen. In dieser Zeit verlor ich mein Verlangen nach einer weiteren Vereinsmitgliedschaft, als ich die Segellehrer dort mit Kapitänsmützen in ihren Congers und Monarchen über den einen Kilometer langen See dümpeln und auf uns Landratten geringschätzig herabschauen sah ... Als Uwe und ich eines Nachmittags unsere Pflichtübungen fuhren, nutzte ein Segellehrer (gerade Ende zwanzig) die Chance, uns seine ganze Lebensgeschichte zu erzählen, und fragte plötzlich: »Seid ihr vorher eigentlich schon einmal gesegelt?«

Mit einem Lächeln ließen wir vorsichtig durchblicken, dass das zweitgrößte Boot auf dem Allersee uns gehört und wir damit im vergangenen Sommer zweieinhalb Wochen ohne Segelschein auf den Mecklenburger Seen unterwegs gewesen sind. Für einen Vereinssegler eine *Riesenkatastrophe*.

Im Jahre 2001, in dem wir unseren Binnenschein machten, war die INDA jedoch noch nicht wieder im Wasser gewesen, weil wir bereits etwas anderes planten. Und tatsächlich hatten wir am Tage unserer »Segelschein-bestanden-Feier« bereits einen neuen Törn auf der Müritz gemacht. Nun auf unserer Shark 24, die wir uns im Frühjahr an der Ostsee gekauft und nach Mecklenburg getrailert hatten. Da wir den Motorbootführerschein zwar schon bestanden, aber noch nicht in der Hand hatten, tauschten wir den mitgekauften 10-PS-Mercury vorerst noch gegen den alten Yamaha von der INDA aus. Gleich beim ersten Törn erwischten uns auf der Müritz knackige 7 Windstärken, bei denen wir mit zweitem Reff im Groß und Sturmfock doch tatsächlich einen minutenlangen Surf aus dem kleinen Boot herausholen konnten, wobei die Logge die 8-Knoten-Marke schrammte.

Schließlich bekamen wir den Schein und verlebten in 2001 einen wunderschönen Segelsommer mit der Shark auf der Müritz und den großen Mecklenburger Seen. Im Winter zum Jahr 2002 wollten wir den zweiten Teil unseres Scheinmarathons in Angriff nehmen. Uwe und ich meldeten uns im Wolfsburger Yachtclub zum Sportküstenschifferschein (SKS) an, den wir jedoch nur bis zum Sportbootführerschein See (der als einziges nötig ist, um ein Boot mit Motor zu fahren) mitmachten. Uwe und ich hatten in der Prüfung der Kartenaufgabe beide die gleiche Boje verwechselt und waren durchgefallen. Das kam dem Veranstalter aber gerade recht, denn er hatte eine Koje zu wenig für den Ausbildungstörn organisiert und versuchte nun, mich zum Aussteigen zu überreden, um im folgenden Jahr noch mal mitzumachen, obwohl ich die Kartenaufgabe auch ein paar Wochen später in einem anderen Verein hätte wiederholen können. Weil man mich nicht mit an Bord haben wollte, stieg ich aus – und Uwe auch. Bis heute haben wir den Schein nicht nachgeholt.

Mit dem jedoch bestandenen Motorbootführerschein sollte es 2003 zum ersten Mal mit der Shark auf die Ostsee gehen. Zuvor jedoch wollte ich zum Abschluss der Müritztage noch mal etwas Ungewöhnliches wagen. Als ich mit meinem Vater im Herbst 2002 nach Röbel zur Shark fuhr, wollten wir sie eigentlich nur aus dem Wasser heben und nach Wolfsburg ziehen. Von einem Tag auf den anderen überredete ich ihn dann aber, dass ich sie nach Hause überführen konnte – über die Kanäle. Zwar war er nicht sonderlich begeistert, aber er erlaubte es mir dennoch. Auf der Müritz demontierten wir schließlich den Mast, verluden ihn auf den Trailer und ab Plau ging es für mich allein weiter – in den verbleibenden sieben Tagen der Herbstferien überführte ich die Shark über eine Strecke von 350 km nach Wolfsburg. Durch 18 Schleusen (eine davon mit einem Hub von 24 Metern) und ein Schiffshebewerk (36 Meter Hub) ging es über die Elbe-Elde-Wasserstraße von Plau in die Elbe, dann die Elbe hinunter bis nach Lauenburg, von wo aus ich dann schließlich den Elbe-Seiten-Kanal bis nach Wolfsburg fuhr und nach einer ebenso erlebnisreichen wie abenteuerlichen Zeit durchgefroren und glücklich in Wolfsburg ankam. Die Fahrt hatte mich wirklich oft an meine Grenzen geführt, weil es in diesem Jahr für den Herbst schon unglaublich kalt war und ich jeden Tag von Sonnenaufgang bis Sonnenuntergang Meilen machen musste, um bis zu meinem letzten Ferientag Wolfsburg zu erreichen. Dazu knabberte die Kälte an meinen Kräften. Ich schlief nachts mit zwei Pudelmützen auf dem Kopf dick eingepackt, um dann am Morgen bei 1,5 Grad Celsius in der Kajüte aufzuwachen. Aber zum großen Erstaunen meiner Eltern gab mir dieses Abenteuer einen enormen Auftrieb: Ich wurde besser in der Schule – unter dem Strich hatte die Fahrt nur positive Folgen.

So haderten meine Eltern auch nicht lange, als ich im folgenden Frühjahr das Angebot fand, auf einer 48 Meter langen Barkentine von

Teneriffa hinüber nach Lissabon zu segeln. Dieses Abenteuer begann für mich im April 2003, als ich mit 17 Jahren nach Teneriffa flog, um nach sieben Tagen auf See und meinem ersten richtigen Seestück eine Woche später in Lissabon an Land zu gehen. Dort hatte ich noch ein paar Tage Zeit, bis mein hastig vor der Abreise gebuchter Flieger ging. Ich nahm mir ein extrem günstiges, aber gutes Hotelzimmer, erkundete noch ein paar Tage die Stadt und lernte während dieser Zeit nicht nur eine für mich neue Welt kennen, sondern auch, alleine in fremder Umgebung zu leben und mich irgendwie durchzuschlagen – ich sammelte eine ganze Menge Lebenserfahrung.

Der Sommer kam, die Shark ging in Kiel zu Wasser und unser erster Ostseetörn auf dem eigenen Boot konnte beginnen. In zwei Wochen erkundeten wir ein paar der südlichen, dänischen Inseln, feierten Uwes 40. Geburtstag in unserem ersten dänischen Hafen Sønderborg und wurden dort oben heimisch. Da lag es nicht fern, dass ich die restlichen vier Wochen meiner Sommerferien in Kiel auf der Shark lebte, von dort aus einhand kleine Törns nach Eckernförde oder in die Schlei unternahm und immer mehr Erfahrungen sammelte. Eine Sechs-Personen-Rettungsinsel (die eine ganze Hundekoje in Anspruch nahm) hatten wir schon an Bord, über die mein Vater immer zu sagen pflegte, »wir haben zwar nun weniger Platz in der Kajüte, aber dafür dann später mehr Platz in der Insel ...« und sogar eine 60 Zentimeter lange Epirb (eine Funk-Seenotrettungsboje, die ein weiteres Staufach in Anspruch nahm) hatte ich schon bei eBay ersteigert, um das Boot auch für Hochseegewässer zu rüsten. Als ich mit Uwe eines Abends an Bord der Shark im Kieler Hafen lag und wir beide unter der Sprayhood sitzend die nächtliche Hafenkulisse betrachteten, hörten wir ein älteres Ehepaar am Steg vorbeilaufen und ganz gerührt die Shark beäugen »Oooh! Guck mal ... Ich freu mich immer, wenn ich so kleine Boote sehe ... Sooo klein, aber segelt auch! ... Und guck mal, was sie für große Fender hat ...« Uwe und ich konnten uns kaum das Lachen verkneifen: »Wenn die wüssten, dass wir hier 'ne Sechs-Personen-Insel und eine Epirb an Bord haben – und die staunen schon über die Fender ...«

Bevor ich jedoch größere Reisen mit dem mir sehr ans Herz gewachsenen Boot planen konnte, fanden wir bei eBay ein neues Boot, das unser Interesse weckte, weil es mehr Platz für die immer öfter mitsegelnde Familie bieten konnte:

Im Frühjahr 2004 entdeckten wir die Fellowship 27 GODENWIND, die der sehr freundliche, ältere Hamburger Wilhelm aus Altersgründen für 6000 Euro Startgebühr zum Kauf anbot. Schnell war ein Besichtigungstermin ausgemacht, und wir fanden die GODENWIND ein wenig verstaubt, aber in ausgezeichnetem Zustand in einer Halle in Jork an der Elbe auf uns wartend. Der Innenausbau machte einen etwas rustikalen Eindruck. Doch waren an Bord neueste Technik, wie zum Beispiel ein Bugstrahlruder, was das Anlegen für den älteren Mann erleichtern sollte, sowie eine hydraulische Radsteuerung, um den Ruderdruck zu nehmen, gepaart mit ältesten Gerätschaften wie einem Autoradio aus den 1970er-Jahren und einem Seafarer Echolot aus den 1950er-Jahren. Also gab es einige Dinge zu modernisieren und auszutauschen: Die Bordelektrik bestand beispielsweise aus sechs Kippschaltern, und auch eine Logge gab es nicht. Aber dennoch machte das Boot einen tollen Eindruck, das Rigg war erst zehn Jahre alt, und der Motor war ein vor ebenfalls zehn Jahren ausgetauschter und damals generalüberholter Volvo Penta mit 23 PS, zu dem uns der Voreigner Wilhelm aufrichtig versicherte: »Mit der Maschine hab ich noch *nie* Probleme gehabt.« Obwohl er noch andere Interessenten hatte, die ihm noch mehr Geld geboten hatten, wollte Wilhelm uns das Boot geben und so wechselte die GODENWIND schließlich für 6500 Euro den Eigner. Nur eine Woche später rückten wir bereits mit den ersten neuen Ausrüstungsgegenständen in Jork an, um das Boot nach einigen Jahren in der Halle wieder seeklar zu machen. Statt des alten Lots wurde ein Raytheon Bidata als kombiniertes Log/Lot montiert, Antifouling gestrichen, alle Polster komplett neu bezogen und ein neuer Teppich angepasst, bevor es mit Wilhelm an Bord zur Überführungsfahrt durch den Nord-Ostsee-Kanal nach Kiel ging. Wilhelm war noch einige Male an Bord zu Besuch, um nach seiner alten GODENWIND zu sehen, die wir jedoch nach zwei Wochen in Kiel schließlich in MAVERICK umtauften, worüber Wilhelm nur schwer hinwegkam: »Dass ihr mein Schiff nach so vielen Jahren *Galloway* tauft ...«

Wieder durchkreuzten wir einen Sommer lang die dänische Südsee, diesmal begleitet von meinem kleinen Bruder Tobias, sodass es an Bord der MAVERICK ganz schön eng wurde. Der Sommer verging sehr schnell, im November überführten wir die MAVERICK durch den Nord-Ostsee-Kanal, die Elbe und den Elbe-Seiten-Kanal ins Winterlager nach Wolfsburg und motteten sie ein. Der Winter kam, der Schnee bedeckte das Deck des Bootes im Wolfsburger Industriehafen, und eine Weile lang war die MAVERICK vergessen ...

Die Gelegenheit

Zur gleichen Zeit rückte für mich das Abi immer näher. Bereits im Herbst hatte ich meine Musterung für die Bundeswehr hinter mich gebracht und konnte es einer erst einige Wochen zuvor diagnostizierten Laktose-Intoleranz (einer Milchzuckerunverträglichkeit) verdanken, dass ich um den Erbsensuppenanzug mit knitterfreier Mütze herumgekommen bin. Durch die Ausmusterung war ich auch nicht mehr dazu verpflichtet, Zivildienst abzuleisten und hatte so in meinem Studienplan ein ganzes Jahr gewonnen.

Der März zog ins Land, und da im Mai die Abiturprüfungen geschrieben werden sollten, machte ich mich in dieser Zeit an die Planungen für das folgende Studium. Schiffbau war schon immer mein Wunsch gewesen, und ich wollte mir den Traum erfüllen, *anderen* einmal Träume durch das Konstruieren von Booten zu erfüllen. Um das Studium beginnen zu können, war ein Praktikum auf einer Schiffswerft vorgeschrieben, das vor Studienbeginn acht Wochen und bis zum Ende der ersten vier Semester 13 Wochen andauern sollte. Da ich von halben Sachen nicht viel halte und es außerdem schwierig ist, einen Praktikumsplatz mit Unterbrechung zu bekommen, wollte ich das Praktikum in einem Zug durchziehen, erkannte aber, dass ich danach elf Monate zu warten hatte, bis ich mein Studium im Wintersemester 2006 beginnen konnte. Aber da ich durch die Ausmusterung bereits elf Monate gewonnen hatte, konnte ich den verspäteten Studienbeginn verschmerzen. Deshalb entstand zur gleichen Zeit, in der ich mich für einen Praktikumsplatz bemühte und für das Abi lernte, auch der Plan, nach dem Abi eine längere Segelreise zu machen.

Zuerst dachte ich daran, mit meinem kleinen, nur 5,70 Meter langen Sperrholzboot vom Typ Waarship 570, das ich im Frühjahr für nur 1500 Euro inklusive Trailer am Mittelmeer gekauft und zusammen mit meinem Vater über die Berge nach Wolfsburg gezogen hatte, ein paar Monate durchs Mittelmeer zu segeln. Dann aber entstand der Traum, die Reise ein wenig zu verlängern und einfach im Anschluss an die Wochen auf dem Mittelmeer den Atlantik zu überqueren. Ich hatte gelesen, dass der deutsche Regattasegler Wolfgang Quix in den 1970er-Jahren mit seinem baugleichen Waarship 570 WAARWOLF als bis heute kleinstes Boot das erste Mini-Transat hinüber in die Karibik mitgesegelt war. Auf eine vorsichtige Mail hin sandte er mir freundlicherweise sogleich seine gesamten kopierten Unterlagen aus dieser Zeit, in denen er über seine Erlebnisse mit dem Waarship auf See berichtete. Jedoch klangen diese Berichte nach einer unglaublichen Achterbahnfahrt. Als ich dann auch noch davon las, dass er sich durch die rappeligen Bewegungen in der See einen Arm ausgekugelt hatte, rückten meine Pläne mit dem Waarship in etwas weitere Ferne.

Schließlich gab es bei eBay eine Selbststeueranlage zu ersteigern, und ich wusste, dass Wolfgang Quix eben diese Anlage auf seiner Atlantiküberquerung verwendet hatte. Da ich jedoch zur gleichen Zeit zu einer Veranstaltung wollte, gab ich ein Höchstgebot ein und fuhr los. Als ich zurückkam, war ich überboten und hatte die Auktion verloren.

»Also sollte es nicht sein«, dachte ich mir.

Überraschenderweise bekam ich einige Wochen später das Angebot, einen alten Sailomaten, der ein wenig festgegammelt und zudem schon eine Weltumsegelung auf dem Buckel hatte, von einem Segler des Yacht-Internet-Forums geschenkt zu bekommen. Die Anlage war natürlich zu groß für das kleine Waarship, »also«, schloss ich messerscharf, »soll es wohl doch die MAVERICK sein!«.

Einige Tage später übernahm ich in Düsseldorf gegen eine Flasche Whisky das massive und vom Gewicht her offenbar aus einem Stück Eisen gefräste Gerät und besuchte auf dem Rückweg meinen Freund Georg in Kevelaer, um bei ihm zu übernachten, bevor es nach Hause ging. Georg hatte zwei Jahre zuvor mit seiner Freundin Irene den Atlantik in einer Shark 24 von Spanien aus bis nach Curaçao überquert und zeigte mir noch am selben Abend die gesamten Fotos der Reise, die ich förmlich in mich aufsog. Nach einem von einigen Weizenbier geschwängerten Abend eröffnete ich ihm zum ersten Mal meine Idee. »Ich hab ja auch schon dran gedacht, die gewonnene Zeit zu nutzen und über den Teich zu segeln. Das Waarship ist nicht ganz das Wahre dafür, aber ich dachte an die MAVERICK. Wenn mein Vater und mein Onkel sie mir leihen würden ...« – Georg war ganz überzeugt von meiner Idee: »Warum nicht? Wenn du Seekarten brauchst, ich hab da noch eine ganze Menge!«

Auf der Rückfahrt hatte ich eine ganze Menge Zeit, mir den Abend und die Planungen noch mal durch den Kopf gehen zu lassen, denn ich blieb auf halber Strecke mit kaputtem Motor liegen, und es dauerte zehn weitere Stunden, bis ich endlich zu Hause ankam. Aber nun stand es fest: Wenn ich das Boot bekomme, segele ich über den Atlantik!

Aus einem Traum wird Ernst

Ein paar Tage später erzählte ich Uwe von meinen Plänen. Zu meiner Verwunderung nahm er alles ganz ernst und dachte nicht, ich spinne mir irgendwas zusammen. Er wollte mir das Boot geben, aber ich konnte ihm anmerken, dass er über die Idee, dass ich das Boot auf der anderen Seite verkaufen wollte, sehr enttäuscht war: »Du kannst überallhin segeln, aber das Boot muss irgendwie wieder zurückkommen. Damit rumsegeln ist eine Sache, aber es zu versegeln eine andere.« Aber auch er wusste, dass der Weg oneway über den Atlantik noch relativ einfach ist, der Weg über den Nordatlantik zurück danach ganz schön hart werden wird. Ein paar Tage später hatte er seine Meinung geändert: »Von mir aus segel rüber und verkauf sie da.«

Mein Vater nahm meine Pläne dagegen nie wirklich ernst. Schon als ich ihm ein Jahr vor dem Abi – damals tatsächlich noch aus Jux – erzählte: »Papa, ich möchte mit der Shark über den Atlantik segeln«, antwortete er nur ganz trocken: »Okay, aber vorher nehm ich die Flex und mache kleine, handliche Stücke daraus.« Auch als ich mit der gleichen Idee, diesmal allerdings mit der MAVERICK als schwimmendem Untersatz, daherkam, nahm er mich monatelang nicht wirklich ernst. Aber das machte mir nichts, denn ich wusste, dass ich, wenn es soweit sein würde, immer auf meine Eltern zählen konnte. Daher begannen nun die konkreten Planungen für mich.

Zuerst einmal musste ich eine Route haben. In die Karibik wollte ich, wie jeder Segler es einmal möchte. Aber wo starten, wo enden? Das Praktikum würde Ende September enden – viel zu spät, um in der Jahreszeit noch durch den englischen Kanal und die Biskaya zu segeln. Ich hatte damals zudem von ein paar Berlinern gehört, die mit zwei selbst ausgebauten acht Meter langen Segelbooten vom Typ »Hiddensee« von Deutschland aus rund Kap Hoorn pünktlich zu Olympia 2000 in Sydney eintreffen wollten. Die Jungs waren ebenfalls zu spät losgekommen, und so erwischte sie bereits in der Nordsee vor Holland ein schwerer Sturm, der beide Boote kentern ließ und an den Strand spülte. Die vier Segler wurden zwar lebend von den Rettungsmannschaften abgeborgen, aber der Traum war geplatzt. Und dann hörte ich jemanden sagen: »Hätten sie doch die Boote ans Mittelmeer oder an den Atlantik getrailert. Dann hätten sie sich das stürmische Stück erspart!« – Genau *so* wollte ich es machen.

Da ich nicht zu spät loskommen wollte, legte ich den Starttermin kurzerhand auf den 23. Oktober 2005 fest, etwa drei Wochen nach dem Ende meines Praktikums. An diesem Tag wollte ich mit meinen Eltern die MAVERICK irgendwo an den Atlantik ziehen. Wie, wusste ich nicht, aber es sollte sich schon eine Lösung finden.

Einfacher war die Frage nach dem *Wohin*, denn ich kannte in der Region nur eine Stadt, und eben die sollte es wieder werden: Lissabon war meine Wahl als Abfahrtsort, und in der Planung klang das wirklich einfach: Wir nehmen die MAVERICK auf den Haken, schleppen sie nach Lissabon und von dort geht es los.

Dass dies alles nicht so einfach werden würde, wie ich es mir gedacht hatte und der Transport alles in allem knapp 2000 Euro schlucken sollte, damit rechnete ich damals noch nicht. So machte ich mich auf die Suche nach einem Zugfahrzeug und einem Trailer, den man mieten konnte. Den Trailer fand ich recht schnell in der »Bootsbörse«, einer Zeitschrift für Gebrauchtboote. Das Zugfahrzeug machte schon größere Probleme, aber ich hoffte sehr, einen in meiner Heimatstadt ansässigen, großen Automobilhersteller als Sponsor gewinnen zu können. Vielleicht könnte er mir ein passendes Zugfahrzeug leihen, das die beladen knapp 3,5 Tonnen wiegende MAVERICK ziehen kann. Aber als ich sehr schnell lauter Absagen von den angeschriebenen Abteilungen bekam, die fast alle den Wortlaut »wir haben nicht« gemeinsam hatten, musste ich mich anderweitig umsehen.

Schließlich merkte ich mir Europcar als Fahrzeugquelle vor, die uns einen Touareg für den gegebenen Zeitraum von einer Woche zu einem Preis von 650 Euro überlassen wollten. So weit – so gut!

Damit war das Wichtigste gesichert: der Transport. Fehlten immer noch Ausrüstung und Reisevorbereitungen, aber zunächst zog der Juli ins Land und ich nach Lobenstein in Thüringen, um dort bei der neugegründeten IST-permanautic mein dreimonatiges Praktikum für das Schiffbaustudium zu beginnen. Den Praktikumsplatz dort hatte ich schon in der Vorabizeit bekommen, als ich eine Praktikumsplatzsuche auf die Jobsucheseiten des Deutschen Boots- und Schiffbauverbands (DBSV) gestellt hatte und sich nur ein paar Wochen darauf Andreas bei mir meldete. Er erzählte mir, dass sie Anfang Juli mitten in Thüringen mit dem Bau von Aluminiumkatamaranen beginnen wollen, die in einer ehemaligen Schweißschule von erfahrenen Schweißern gebaut und anschließend als Kasko zu einem konkurrenzlosen Preis verkauft werden sollen. Bei dem Boot handelte es sich um die Permanautica 60, ein »vom berühmten Professor Scharping« konstruierter 18 Meter langer Katamaran. Zudem machte mir Andreas das Ganze dadurch schmackhaft, dass ich von Anfang an bei einer

Die vielen Aufkleber machen es amtlich: Ich gehe »Allein auf See«.

Werftgründung und der Kiellegung eines nagelneuen Prototyps dabei sein könnte. Dazu sollte ich alle Schweißerscheine kostenlos nebenbei machen können. Alles klang sehr verlockend, also sah ich mir die Werft an und sagte zu.

Bootebauen in Thüringen

Pünktlich am 4. Juli bezog ich mein kleines, von der Werft bezahltes Pensionszimmer (für zehn Euro die Nacht, inklusive Frühstück!) und begann meine Arbeit in der Werft. Den ersten Tag verbrachte ich damit, den anderen beim Errichten der Montagestraße für die Katamaranrümpfe zuzusehen. Eineinhalb Rümpfe sollten hier zeitglich hintereinander gebaut werden. Einen Tag später lernte ich den Chef der Schweißschule kennen, dessen Sohn mich in die PCs und das Plotten der Baupläne einwies. Damit begann meine Arbeit am Boot. Man drückte mir die Pläne auf einer CD in die Hand und gab mir den Auftrag, das Boot zu bauen. Wie ich mittlerweile realisiert hatte, war noch niemand in dieser »Werft« jemals an einem Bootsbau beteiligt gewesen, mit Ausnahme von Andreas, der jedoch nur jede Woche einmal für eine Stunde und ein paar Kaffee vorbeischaute. Er hatte auf einem acht Meter langen Segelboot die Welt umsegelt und nun die Idee gehabt, sich einen Katamaran »für lau« in dieser Schweißerei zusammenschweißen zu lassen. In der Planungsphase kam man dann auf die Idee, das Ganze in Serie zu machen, und so entstand die Permanautic. Die Jungs können zwar echt gut schweißen, haben aber mit Schiffen bisher so viel Erfahrung wie ich mit Atlantiküberquerungen. Also bekam ich die Baudurchführung zugeschrieben und machte mich daran, jedes Bauteil in Originalgröße auf Papier auszuplotten, um es im nächsten Arbeitsgang auf die in der Halle lagernden Alu-Platten anzureißen, sodass die Schweißer die Teile mit einem Plasmaschneider ausbrutzeln konnten. Nach und nach entstand so das Rippengerüst des Steuerbordrumpfes, und ich lernte in dieser Zeit unheimlich viel über das Umsetzen der Baupläne, da ich ja zu einem beträchtlichen Teil selbstständig arbeitete. Als die Schotten alle standen und die Beplankung langsam, aber sicher voranschritt, wechselte ich schließlich in die Marketingabteilung der Werft, half bei der Vorbereitung der Hanseboot, der Werbung in den Segelmagazinen und im Internet und erstellte im Alleingang die ersten Prospekte der Werft. Es war eine wirklich schöne Zeit, die für mich zudem durch meinen Kollegen Henner und viele nette Mittagspausen abwechslungs- und zugleich lehrreich war.

Nebenbei kümmerte ich mich nach der Arbeitszeit an unzähligen und langen Abenden um mein eigenes Projekt, meine Atlantiküberquerung. Über 40 Briefe schrieb ich in dieser Zeit an potentielle Sponsoren, die ich in einem Umschlag zusammen mit einer CD verschickte. Darauf war eine PowerPoint-Präsentation meiner Reise mit Zielen, Werbemöglichkeiten und einigen Fotos präsentiert. Außerdem gab's für jeden ein freundliches Anschreiben und später einige Zeitungsausschnitte unserer Wolfsburger Allgemeinen Zeitung (WAZ). Zu meiner Überraschung meldeten sich tatsächlich einige Firmen sofort, andere erst nach ein paar Wochen. Die meisten jedoch glaubten offenbar nicht wirklich an mein Unternehmen und meldeten sich nie.

Zuallererst sprang Marinepool mit ins Boot und schickte mir sofort voller Vertrauen und ohne weitere Fragen eine Mail nach dem Motto: »Okay, du bekommst das, das und das, welche Größe hast du?« Sie boten mir an, ein komplettes Hochseeölzeug mit Jacke, Hose, 275-N-Automatikschwimmweste und sogar einem Paar Gummistiefeln für insgesamt 650 Euro zu schicken. Ich war sehr erfreut, aber aus mir auch heute noch unerfindlichen Gründen schrieb ich in einer Dankesantwort voller Dreistigkeit zurück: *Wenn ihr noch ein Cap drauflegt, kann ich auch an Land für euch Werbung machen!*

Das Paket kam nach ein paar Tagen – und es waren *zwei* Caps darin! Ausserdem viele Aufkleber für die MAVERICK und einige Flaggen von Marinepool. Die zwei kleineren konnte ich gut unter der Saling setzen, aber mir fiel beim besten Willen keine Möglichkeit ein, an Bord eine 2,5 Meter lange und über einen Meter breite Flagge zu setzen! Damit könnte ich mich höchstens zudecken ...

Auf der Suche nach einer Epirb-Boje bot mir eine Firma eine gebrauchte Epirb zu einem utopisch hohen Preis an, den ich jedoch nicht bezahlen musste, weil mir stattdessen die Firma Navtec aus Berlin schon nach einigen Tagen das Angebot machte, mir kostenlos eine nagelneue Global-3-Epirb für die gesamte Reise zur Verfügung zu stellen. Sogar die Farbe des Plastikhalters der Boje konnte ich mir aussuchen!

Als ich bei eBay schließlich auf der Suche nach einem gebrauchten Satellitentelefon war, um die Sorgen meiner Eltern öfters mal durch einen kurzen »Ich lebe noch«-Anruf beruhigen zu können, verlor ich trotz eines sehr hohen Gebots eine Auktion, in der ein wirklich gutes Gerät zum Kauf angeboten wurde.

Keine Stunde später jedoch bekam ich eine Mail von der Firma Smart-Sat-Com, die ich wegen einer SIM-Karte angemailt und nebenbei von meiner Reise erzählt hatte. Normalerweise sponsern sie ihre Satellitentelefone für Sahara-Rallys. Aber als sie von meinem Abenteuer erfuhren, waren auch sie gleich sehr interessiert und boten mir an, ein Telefon neuester Generation von Motorola für die gesamte Fahrt zur Verfügung zu stellen. Ich war sehr überrascht und natürlich glücklich, so viel Geld gespart zu haben.

Nach und nach boten mir einige Firmen Rabatte an, von denen ich nur im Falle Furuno Gebrauch machen wollte, weil mein Vater der Meinung war, ich müsste als Einhandsegler unbedingt ein Radargerät an Bord haben, um auch bei meiner Nachtwache noch vor dem Sprung an Deck einen Überblick über den Schiffsverkehr zu haben, anstatt mit zusammengekniffenen Augen den Horizont absuchen zu müssen.

Als ich jedoch immer mehr Absagen bekam, machte ich mich so langsam daran, einige Ausrüstungsgegenstände, die ich schon vor der Abfahrt benötigte, auf eigene Kosten zu bestellen. So fand ich im Katalog des Versandhauses SVB in Bremen ein 2,40 Meter langes Seatec-Schlauchboot, das ich für knapp 500 Euro bestellen wollte, um damit schon vor der Abfahrt einige Aufnahmen der MAVERICK unter Segeln auf der Kieler Förde schießen zu können. Als ich den Bestellschein im Internet ausfüllte, kam ich spontan auf die Idee, mal ganz dreist nach Sponsoring zu fragen und sandte neben meiner Bestellung auch eine kleine Erklärung meiner Reise los. Als ich vier Tage nach dem Versand nichts von SVB gehört hatte, aber das Schlauchboot immer dringender brauchte, füllte ich schließlich einen normalen Bestellschein aus und schrieb in ein dafür vorgesehenes Feld einen kleinen Vermerk: »Ich hatte euch vor ein paar Tagen eine Mail geschrieben, aber leider keine Antwort erhalten ...«

Kurz darauf kam eine prompte Antwort der überaus freundlichen Kundenbetreuerin Corinna Hentschel, die sich für die Bestellung bedankte und sich über die verloren gegangene Mail wunderte. Ich solle sie ihr doch bitte noch einmal schicken.

Keine Stunde später hatte ich die nächste Mail im Postfach, in der Frau Hentschel mir ihre Begeisterung für mein geplantes Abenteuer aussprach und mir versprach, die Mail an ihren Chef weiterzuleiten.

Schon am nächsten Morgen kam eine weitere Mail: *Ich habe heute den ganzen Morgen mit meinem Chef für Sie verhandelt und wir wollen Ihnen einen 500-Euro-Warengutschein zukommen lassen.* Ich war einfach überwältigt, das war sehr viel mehr Geld, als ich mir je erträumt hätte! Ich hatte gedacht, vielleicht einen kleinen Rabatt zu bekommen, aber so war das gesamte Schlauchboot bezahlt! In den kommenden Wochen kamen immer mehr Pakete von SVB aus Bremen, um deren schnellen Versand sich Corinna, nachdem wir uns inzwischen das Du angeboten hatten, sehr emsig kümmerte. Ich brauchte nur jeweils kurz eine Mail abzuschicken *Corinna, könntest du mir bis übermorgen ... schicken?* und schon kam ein *Ist unterwegs!*

zurück. Vielen Dank dafür an dieser Stelle noch mal an Corinna und das gesamte SVB-Team. Und natürlich auch an meine anderen Sponsoren!

Mit den ganzen Bestellungen gingen natürlich mit der Zeit auch meine gesamten Ersparnisse flöten, die sich in meinen 19 Lebensjahren angesammelt hatten. Da immer mehr Bedarf an Ausrüstungsneubeschaffungen oder -ersatz bestand, machte ich mich daran, alle Dinge, die ich auf dem Atlantik nicht mehr gebrauchen konnte, per eBay zu verkaufen. Schließlich musste sogar mein altes Auto daran glauben.

So war das Geld für die Ausrüstung der MAVERICK, das Mieten des Trailers sowie des Geländewagens für den Transport der MAVERICK nach Lissabon gesichert, und es konnte weitergehen.

Während ich weiter nach Ausrüstungsgegenständen suchte, erzählte ich in einer Mail Uwe Röttgering, der einige Jahre zuvor mit seiner FANFAN! auf einer spektakulären Route die Welt umsegelt und ein Buch verfasst hatte, von meinen Plänen. Sofort bot er mir an, mir einiges an Ausrüstung geliehen mit auf den Weg zu geben und schenkte mir sogar einige alte Seekarten. Bei einem Treffen mit ihm in seinem Büro in Berlin erzählten wir eine ganze Weile über meine Reise, über seine Reise, tranken Kaffee, und als er einen Anruf bekam, legte er sogar nach einem kurzen »Ich bin in einer Besprechung!« wieder auf, um weiter mit mir zu erzählen. Zum Schluss machte er sogar noch ein Foto von mir vor den Plänen seiner FANFAN!: »Falls du berühmt wirst ... oder absäufst!« Witzigerweise hatten sich gerade kurz zuvor drei andere junge Männer, alle Mitte/Ende 20, einige Seekarten von Uwe geliehen, da sie die gleiche Route planten – einmal rund Atlantik. Allerdings mit Papas Millionenyacht, einer Swan 53. Als Etat für diese Reise hatten sie 100 000 Euro in der Kasse, und Uwe wunderte sich doch sehr, dass sie sich dennoch von ihm Seekarten leihen wollten. Später schrieb er einen kurzen Kommentar zu unseren Reisen auf seine Website:

Auf zwei Yachten sind ein Teil meiner Seekarten und einige Ausrüstungsgegenstände gerade in Richtung Karibik unterwegs. Reise Nummer 1 unternimmt ein junger Mann Ende 20 mit zwei Freunden auf der väterlichen Luxusjacht. Reise Nummer 2 ein junger Mann Anfang 20 einhand mit einem für 6500 Euro bei eBay ersteigerten Boot. Hätte ich vor 15 Jahren zwischen beiden Reisen wählen können, hätte ich mich wahrscheinlich für Reise Nummer 2 entschieden.

In diesem Augenblick konnte ich noch nicht wissen, dass ich die drei in Lissabon treffen sollte. Nur sehr kurz unterhielten wir uns am Steg, bevor sie mit einer Taxe in Richtung Stadt fuhren. Auch in den folgenden Tagen lag das Boot leer am Steg, während die Crew in einem Hotel zu schlafen schien. Eines Morgens waren sie verschwunden, und ich folgte ihnen Tage später im Kielwasser.

Einige Tage nach meinem Besuch bei Uwe in Berlin bot mir ein befreundeter Österreicher, Matthias Jocham, an, mir einen alten Windgenerator für die Reise zu leihen. Matthias hatte ich vor einer ganzen Weile, als ich mit 15 Jahren schon den Träumen von einer Langfahrt nachhing, im Internet kennengelernt. Er hatte im Alter von 26 zusammen mit einem Freund die Welt umsegelt. Ihr erstes Boot, eine Dufour Arpege, verloren die beiden bei einer Strandung auf Bonaire, einer kleinen Insel der ABC-Inseln nahe Venezuela. Das Schlimmste an der Strandung erzählte mir Matthias später in Lissabon: »Kurz vor dem Untergang waren wir noch zum Schnapskaufen in Venezuela, und so haben wir bei der Strandung gut und gern 300 Liter Rum verloren!« – Unglaublich ...

Die Ausrüstung stapelte sich also langsam im Keller, meine »To-do-Liste« bekam immer mehr Haken, und weiterhin fuhr ich jeden Sonntagabend um 22 Uhr mit unserem alten Passat Diesel nach Lobenstein, wo ich im Normalfall nach 350 Kilometern und ein bis zwei Kaffeepausen gegen halb drei Uhr morgens ankam, um dann um halb sechs wieder zur Arbeit aufzustehen. Einmal kam ich auf dem Weg von Magdeburg nach Leipzig in einen langen Stau. Gegen 23.30 Uhr kam auf der Piste alles zum Stehen, eine Viertelstunde später gingen um mich herum alle Motoren und kurz nach Mitternacht schließlich alle Lichter aus, und wir mussten knapp drei Stunden im Stockdustern auf der komplett gesperrten Autobahn warten, die ich mir jedoch mit einer DVD und dem auf dem Beifahrersitz stehenden Laptop verkürzen konnte. Als es schließlich weiterging, war es schon kurz vor drei Uhr, sodass ich nach weiteren Stunden auf der Autobahn morgens um sechs Uhr pünktlich zur Arbeit kam.

Schnell hatte ich außerdem in der Werft sehr viel Verantwortung übernommen und sogar den einzigen Werftschlüssel bekommen, um jeden Morgen als Erster um 6.10 Uhr den Betrieb aufzuschließen. Eines Morgens verschlief ich das Weckerklingeln. Um halb sieben klopfte es wild an meiner rosa gestrichenen Pensionszimmertür, und der Lehrschweißer holte sich den Schlüssel zur Werft ab, weil die gesamte Mannschaft seit 20 Minuten dort vor verschlossener Tür wartete. Wie peinlich! Aber die Vorbereitungen der Reise an den langen Abenden im Pensionszimmer steckten mir bereits in den Knochen.

Natürlich wussten dort alle von meinen Plänen und waren ebenso wie ich überrascht und erfreut über meinen Erfolg bei der Sponsorensuche. Vom Lehrschweißer Thomas bekomme ich während der Mittagspause beiläufig den Tipp: »Un' wenne dann irgendwann da draußen keene Lust mehr hast, ziehste den Stöpsel un' machst 'ne Bergwanderung ...«

Am Ende der Woche machte ich mich freitags um 14 Uhr wieder auf den Weg zurück nach Wolfsburg, wo ich nach weiteren 350 Kilometern und einer Kaffeepause gegen 19 Uhr abends ankam, pünktlich um um 19.30 Uhr gleich weiter in unsere Gemeinde fuhr, in der ich mich jede Woche im Jugendtreff blicken ließ, oft noch trotz der langen Fahrt das Programm des Abends vorzubereiten hatte und Gitarre spielte. Am Samstag fuhr ich dann mindestens jede zweite Woche 280 Kilometer bis nach Kiel, um Arbeiten an der MAVERICK zu erledigen, wie etwa das Testen des Windpiloten (Testfahrt: etwa eine Viertelstunde) und dann am Sonntagnachmittag nach einem anstrengenden Wochenende 280 km zurück nach Wolfsburg fuhr, neue Sachen einpackte und mich auf die 350 km lange Strecke nach Lobenstein machte, um dort wieder gegen halb drei Uhr morgens leise in mein Zimmer im oberen Stock zu schleichen. So kamen jede Woche mal schnell zwischen 1000 und 1400 km zusammen. Zeitweise war mir das Auto beinahe schon wie ein zweites Zuhause geworden, in dem ich je nach Stau jede Woche etliche Stunden verbrachte, meine Lieblingsmusik im Radio hatte und den besten Weg kannte, eine Kaffeetasse schlaglochsicher zwischen Sitz und Handbremshebel zu verklemmen, sodass ich auch während der Fahrt meine Kaffeesucht stillen konnte. Damals hatte ich mir vor allem auf den Nachtfahrten einen Tropf am Rückspiegel gewünscht, um den Kaffee am besten intravenös zu bekommen.

Aber auch diese 13 Wochen in der Werft gingen vorbei, und ich werde selbst heute noch beinahe etwas wehmütig, wenn ich an die Zeit dort zurückdenke – trotz der Abgeschiedenheit in einem Dorf mitten im ländlichen Thüringen hat es mir dort sehr gut gefallen.

Letzte Vorbereitungen

Als ich Anfang Oktober zurück nach Wolfsburg zog, hatte ich noch knappe drei Wochen Zeit, um die MAVERICK für die Fahrt vorzubereiten. Zwar hatten wir schon im Frühjahr unheimlich viel repariert, umgebaut und modernisiert, unter anderem eine 80 Zentimeter lange Kielverlängerung anlaminiert, um die Kursstabilität und die Selbststeuereigenschaften zu verbessern, sowie die alte Tür gegen ein dreiteiliges Steckschott ausgetauscht, die komplette Elektrik erneuert und viele Kleinigkeiten mehr, aber noch immer musste einiges getan werden. So wollte ich statt des kleinen, 30 Liter fassenden Wassertanks einen größeren, 70 Liter fassenden Tank zwischen den Sitzbänken der Dinette montieren, darüber ein Kojenbrett um, statt der Dinette mit zwei gegenüberliegenden, wohnwagentypischen Sitzbänken und einem Tisch dazwischen, nun eine seefeste Einzelkoje zu schaffen. Den großen Tisch warf ich ebenfalls raus und baute mir eine Art Theke, an der ich im Gang stehend bequem lehnen und essen konnte und die längst nicht so viel Platz einnahm, wie der ursprüngliche 80 x 100 Zentimeter große Tisch. Außerdem wollte ich den eingebauten und 35 Jahre alten Gaskocher nicht mehr benutzen, weil mir das Ding einfach zu gefährlich war und keine Kardanik besaß, die Töpfe also, der Schwerkraft folgend, bei jeder Welle vom Kocher geflogen wären. Ich tauschte ihn gegen einen halbkardanisch aufgehängten und bei eBay ersteigerten Optimus-Petroleumkocher aus, dem ich durch die geringere Explosionsgefahr wesentlich mehr vertraute als 35 Jahre alten Gasleitungen. Als Letztes standen die Cockpitlenzer auf dem Plan, die mir mit einem Durchmesser von einem halben Zoll viel zu klein für möglicherweise einsteigende Brecher erschienen und die ich gegen größere Zwei-Zoll-Versionen austauschte. Mit dem eindeutigen Nachteil, dass ich bei den großen Löchern im Cockpitboden nun sehr aufpassen musste, dass mir dort keine kleinen Kinder hineinfielen.

Viel Arbeit für wenig Zeit! Nebenbei galt es noch die gesamte Verpflegung für den Atlantik einzukaufen und an Bord zu schaffen, da ich vorhatte, alles schon in Deutschland zu besorgen. Bei meiner ersten Einkaufstour bei real traf ich an der Kasse zufällig einen Freund, der mich gleich über meine bereits in der Wolfsburger Zeitung publizierte Reise auszufragen begann. Als die Kassiererin meine Reisepläne erfuhr und dazu die unglaublichen Mengen an Essen über den

Kassiertresen wandern sah, konnte sie sich einige Male ein Grinsen nicht verkneifen. Als dann schließlich alles wieder verladen war und ich mir den einen Meter langen Kassenzettel um den Hals hängte, meinte sie dann schließlich: »So, nun bekommen Sie erst mal eine Flasche Sekt von mir. Da haben Sie sich ja ganz schön was vorgenommen!«

Die Ausrüstungsteile, das Essen und viele verschiedene Kartons, die jeden Tag eintrudelten, nahmen in unserer Wohnung mittlerweile einen ganzen Raum ein, und meine Eltern wunderten sich immer wieder, wie ich in dem ganzen Durcheinander ohne Checklisten dennoch den Überblick behalten konnte. Und tatsächlich hatte ich schließlich am Abfahrtstag kaum etwas vergessen. Zu den Einkaufs- und Besorgungstouren kamen zugleich die letzten Werkeleien an der MAVERICK im Hafen, Presse- und letztlich sogar TV-Termine. Nach dem ersten, groß angelegten Zeitungsbericht »Großes Abenteuer im kleinen Boot – Johannes Erdmann überquert Atlantik alleine!« meldete sich bald der Niedersächsische Fernsehsender TV38, um mit mir ein 15-minütiges Interview zu machen, das von einem wirklich beeindruckend zusammengeschnittenen Einspieler untermalt und ausgezeichnet recherchiert kommentiert wurde. In dem Interview wurde ich einige Tage vor der Abfahrt noch kurz zu meinen Plänen befragt, wie ich denn zu diesem ungewöhnlichen Abenteuer gekommen bin und einige weitere Fragen, die man sich zwangsläufig stellt, wenn man von einem verrückten Jugendlichen liest, der in einer altersschwachen Nussschale über einen großen Ozean segeln will. Es wurde ein wirklich schönes Interview, und ich habe mich sehr gefreut, als ich es einen Tag vor meiner Abfahrt noch auf Video sehen konnte.

Zur gleichen Zeit bekam ich sogar eine Einladung in N3's »Aktuelle Schaubude«, um dort ein wenig von meinen Reiseplänen zu erzählen, musste dies jedoch leider wegen akuten Zeitdrucks auf »nach der Rückkehr« verlegen.

Stattdessen stand als letzter Termin vor der Abfahrt meine große Abschiedsparty an einem Freitagabend in Wolfsburg an. Zugleich sollte ein Film über unseren Abijahrgang gezeigt werden, und daher fanden sich fast 50 Leute in dem gemieteten Sportheim ein, das wir mit dem Großsegel und Segelfotos der MAVERICK, den Marinepool-Flaggen, etlichen Seekarten und sogar einem Pflugscharanker (von dem alle dachten, man spannt ihn hinter einen Trecker ...) dekoriert hatten. Der Abend zog sich bis in die frühen Morgenstunden, aber es war wirklich ein schönes Ereignis, alle meine Freunde noch ein letztes Mal wiederzusehen, bevor ich Deutschland für beinahe ein Jahr verlassen sollte. So glaubte ich jedenfalls.

Am Samstag gingen die Vorbereitungen weiter. Schon am Morgen fuhr ich mit meinem Vater zu Europcar, um den bestellten Touareg abzuholen. Zu unserer Überraschung hatte man uns am Vortag mitgeteilt, dass wir den Volkswagen erst am Nachmittag erhalten könnten, man uns dagegen jedoch einen Jeep Cherokee mit gleicher Zugleistung von 3,5 Tonnen schon am Vormittag bereitstellen könnte. Man sagte uns, dass dieser von der Bauweise her noch eine ganze Ecke robuster ist und daher für unser Vorhaben sicherlich um einiges besser geeignet. »Gut«, dachte ich mir, »dann ziehen wir die MAVERICK halt mit einem Jeep quer durch Europa statt mit einem Auto aus Wolfsburg!« Auch wenn ich es zunächst ein wenig schade fand, so sollte sich die Entscheidung als *goldrichtig* erweisen!

Bei Europcar im Wolfsburger Industriegebiet angelangt, sahen wir ihn sofort glänzend silbern und mit der kräftigen Ausstrahlung eines Bulldozers bereitstehen. Schnell waren die Formalitäten erledigt, der Schlüssel überreicht, mein Vater in das Automatikgetriebe eingewiesen und los ging es! Während ich unseren alten, roten Passat fuhr, glitt der Cherokee glitzernd durch die Wolfsburger Straßen und hinunter zum Fallersleber Industriehafen, in der die MAVERICK lag. Bereits am Donnerstag zuvor hatte ich mich am frühen Morgen mit dem Passat auf den Weg ins 300 Kilometer entfernte Borken gemacht, um einen für zehn Tage gemieteten, starken 2-Achs-Tandemtrailer abzuholen, auf dem wir die MAVERICK zum Atlantik zu schleppen planten. Kurz vor Mittag war ich bereits mit dem Riesengespann (der Trailer ragte an jeder Seite einen halben Meter am Passat vorbei!) wieder zurück in Wolfsburg, und am Nachmittag standen die MAVERICK auf dem Hafentrailer und der gemietete Straßentrailer nebeneinander, um das Boot übersetzen zu können. Kurz vor Feierabend wurde also der große Verladekran nahe an die MAVERICK herangefahren, die Gurte eingehängt und schon schwebte unser Boot wie ein Spielzeug durch die Lüfte und hinüber auf den Trailer. Ein Stück zurück, ein Stück vor – und runter! Die MAVERICK saß auf dem wie für sie geschaffenen Straßentrailer. Bei meinem Vater und mir entspannten sich die Gesichtszüge: »Sitzt perfekt und sieht gut aus, so sollte der Transport klappen!«

Plötzlich ein Schrei vom Kranfahrer: »Hey, ich hab hier noch zweieinhalb Tonnen hängen, soll ich die absetzen??«

»Ich dachte, der Kahn sitzt schon? Lass ihn runter!«

Und dann brach für uns eine Welt zusammen, als das Boot mit einem erschreckenden Ächzen und Knacken den Trailer in die Knie zwang. Die Kotflügel näherten sich immer und immer weiter den Reifen, dass ich die standardmäßige Wolfsburger »Dönerwette« darauf hätte abschließen können, dass sie sich keinen Millimeter mehr drehen lassen. Aber ein paar Zentimeter vor den Reifen kam alles zum Stehen. Die Lichtleiste mit dem Kennzeichen hätte zu diesem Zeitpunkt bereits einen Aufkleber »Ameisen – Kopf einziehen!« tragen können, und das ganze Schiff sah sehr hecklastig aus. Aber das Gespann schien noch immer fahrbar zu sein!

Als nächstes Problem stellte sich heraus, den nun schwer beladenen Anhänger an die typisch jeepmäßig hohe Anhängerkupplung zu bekommen. Nur viele Holzstapel und dem Merkspruch »Gar unendlich ist die Kraft, wenn man mit dem Hebel schafft!« war es zu verdanken, dass auch der Jeep mit der MAVERICK dahinter unverzüglich in die Knie ging. Unsere Nerven lagen blank: *Damit* sollen wir quer durch Europa fahren, wo doch schon hier bald jede Bodenwelle den Namen »Maverick« tragen wird?

Eine Probefahrt sollte es uns zeigen. Gleich vom Hafen aus ging es seeeeeehr langsam über alle Unebenheiten hinaus auf die Tangente in Richtung Gifhorn. Die Tangente »berührt«, wie ihr lateinischer Name schon andeutet, alle Dörfer auf dem Weg dorthin, aber ist sonst absolut gerade und eben – das machte Hoffnung, denn die MAVERICK lief von Beginn an perfekt hinterher, und der Jeep zog unheimlich kraftvoll an dem schweren Anhängsel.

Wenn er einmal in Fahrt war, merkte man die MAVERICK nur noch an der Diesel-Verbrauchsanzeige, die schnell die 20-Liter-Marke überschritt. Am Tankumsee auf halbem Weg nach Gifhorn drehten wir um und machten uns auf den Rückweg nach Fallersleben. Dort wollten wir noch schnell die Luft in den Trailerreifen kontrollieren und fuhren an eine Tankstelle, was sich als fataler Fehler herausstellte! Eine Viertelstunde lang legten wir den Betrieb an zwei Zapfsäulen lahm und sorgten für spannende Abwechslung beim Tanken, als wir feststellten, dass wir mit der MAVERICK und daraufliegendem Mast zwar unter das Dach der Tanke, aber nicht mehr darunter hervorkamen! Gerade noch an einem Mastbruch an Land vorbeigekommen, war ich flugs mit einem Klimmzug an Deck und kappte die Halteleinen des Mastes, legte die Maststütze und den Mast flach auf Aufbau, Bug- und Heckkorb, um die Durchfahrtshöhe zu verringern. Sofort stoppte selbst der Verkehr auf der Straße nebenan, denn solch ein Schauspiel einer unter einem Tankstellendach hängenden Segelyacht gab es in der kleinen Stadt wirklich nicht oft zu begucken.

Schließlich hatten wir die MAVERICK wieder befreit, und weiter ging es den Berg hinauf zu unserem Zuhause. Wir wohnen am Ende einer kleinen, schmalen gepflasterten Straße, die an zwei Häusern vorbei zu unserem ganz in der Ecke liegenden Haus führt. Diese Straße war für mich schon seit Jahren meine liebste Trainingsstrecke, um dort von Zeit zu Zeit mit allen Arten von Anhängern rückwärts hochzufahren. Ich hatte es schon mit einem langen Anhänger für sechs Optimistenjollen geprobt, mit meiner Waarship 570 und auch mit einem großen Autoanhänger, mit dem wir ein Jahr zuvor den Hafentrailer der MAVERICK aus Hamburg geholt hatten. Aber mit *diesem* Gespann war es nun etwas anderes. Während mein Vater einen Blumenkübel beiseiteschob und die Nachbarn warnte, schaltete ich den Warnblinker ein, stellte das Getriebe auf »Reverse« – und fuhr los. Langsam schob der Cherokee das schwere Boot rückwärts hinauf auf einen abgesenkten Bürgersteig, knapp vorbei an einer Hecke auf der einen und einem Zaun auf der anderen Seite in die Einfahrt unserer kleinen Straße. Früher hatten an beiden Seiten auch einmal zwei Pfosten gestanden, um die Straße mit einer Kette absperren zu können, aber glücklicherweise hatte ein Freund den einen nicht lange nach seiner Führerscheinprüfung sauber umgenietet, und kurz darauf muss wohl auch einer den zweiten erwischt haben, sodass ich nun etwa 70 Zentimeter mehr Spiel auf beiden Seiten hatte. Langsam, gaaaaanz langsam schob sich die MAVERICK mit ihrem Heck zuerst über die Hecke hinweg, bis ich das Lenkrad wieder gerade stellte und das Schiff unseren Hof anvisierte – puuuuuh!

Weiter ging es, langsam die Einfahrt hoch und bis direkt vor die Haustür. Handbremse angezogen, Anker geworfen, wir liegen fest!

Proviant für mehrere Wochen nehme ich noch in Deutschland an Bord. Wie sich später herausstellt, leider viel zu viel Ravioli.

On the road

Im Morgengrauen des 23. Oktober 2005 war es schließlich so weit. Zwar waren noch immer nicht alle Ausrüstungsgegenstände an Bord und auch einige Sponsorenaufkleber fehlten noch an der Bordwand, aber dennoch lag das Gefühl meines großen Abenteuers deutlich in der Luft. Ein Abenteuer, das mein Leben für immer verändern sollte.

Jahrelang hatte ich von dieser Reise geträumt, aber immer war sie mir so fern, so unerreichbar. Nun war es also so weit, der Tag war da, das Boot stand vor mir auf dem Anhänger, und vor uns lagen nur noch 2800 Kilometer Autobahn von Wolfsburg bis hinunter nach Lissabon, von wo aus ich schließlich den »Rest der Strecke« im Wasser zurücklegen wollte.

Die Abfahrt war zunächst für 10.00 Uhr morgens festgelegt, doch als der kleine Zeiger unserer Küchenuhr langsam immer näher auf die große Zehn zurückte, stapelten sich in der Küche noch immer mein halber Hausstand nebst einem gerade noch bei eBay ersteigerten und vollkommen verdreckten Optimus-Petroleumkocher, mit dem der Verkäufer wohl kurz vor dem Versand noch schnell ein paar Fischstäbchen gebraten hatte. Im Flur warteten ein Berg von Segeln und Ausrüstung auf das Verladen, eine Rettungsinsel und ein Schlauchboot. Im Wohnzimmer lagerte ein fertig montierter, aber ziemlich festgegammelter Windgenerator, der noch gängig gemacht werden wollte. Das Ganze als »Chaos« zu bezeichnen, wäre untertrieben – es herrschte ein absolutes Tohuwabohu!

Aber zum Verblüffen meiner Eltern hatte ich dennoch, auch ohne irgendwelche Notizen und Listen immer den Überblick. Es gab nur eben noch unheimlich viel zu tun, bevor es losgehen konnte.

Wie gerufen kam da mein alter Freund Samuel, der ganz plötzlich früh am Morgen auf der Matte stand: »Sag mir einfach, was ich tun kann, damit ihr hier wegkommt.« Der Tag verging schnell, langsam stapelten sich in der Kajüte der MAVERICK immer mehr Dinge, die Stauräume wurden mit Proviant für 50 Seetage gefüllt, die Bugkabine war nicht mehr betretbar, weil bis zum Eingang zugestapelt. Langsam, aber sicher sackte mein Boot nebst Straßentrailer noch tiefer gen Asphalt.

Während ich mit dem Beladen des Bootes zu kämpfen hatte, fand Samuel die Zeit, mit der Videokamera auf Situationsverewigung zu gehen. Später sollte sich herausstellen, dass die Bilder, die er in diesen Minuten schoss, wirklich Gold wert waren und die Situation genial festhielten. Unter anderem filmte er mich dabei, wie ich den alten Windgenerator zu demontieren versuchte und in die Kamera rufe: »Ich kann den ganzen Kahn mit einem 10er-, einem 13er- und einem 17er-Schlüssel auseinandernehmen, nur nicht diesen *vergammelten* Generator!« Einige Augenblicke später sitze ich immer noch an dem Generator und resigniere: »Ich habe hier nun einen 11er und einen 12er – sie passen beide!« Nach einigen weiteren Blödeleien in die Kamera, Interviews bezüglich meiner Geburtstags-, Weihnachts- und Nikolausgeschenke und ob ich mir eine Geburtstagskerze in einen Fisch stecken werde, folgen auf dem Tape Szenen, in denen sich der Stress und zeitweise fast schon Verzweiflung in meiner Miene spiegeln, die ich jedoch immer wieder durch Humor zu überspielen versuche: »Johannes, wann soll es eigentlich losgehen?« – »Vor sechs Stunden!«

Die Stunden rannten. Gegen Nachmittag trug ich den Petroleumkocher an Bord, den ich nach einer Grundsanierung durch meine Mutter kaum noch wiedererkannte. Schnell wurde noch eine halbkardanische Aufhängung gebaut, an der ich selbst in der Karibik noch merkte, unter welchem Abfahrtsstress ich sie gebaut habe: Die eine Seite besteht aus lackiertem Mahagoni, da hatte ich noch genügend Zeit für Perfektion, die andere aus einer stumpf abgesägten und unlackierten Dachlatte. Purer Pfusch!

Schließlich war die Sonne untergegangen, die MAVERICK durch das zusätzliche Gewicht einen weiteren Zentimeter näher an die Straße gerutscht, als Samuel und ich im Schein eines Bauscheinwerfers die Trailerbeleuchtung flickten, die ganz plötzlich durch Feuchtigkeit zur reinsten Diskobeleuchtung geworden war. Es hätte idyllisch sein können, wäre ich nicht langsam verzweifelt. Punkt 22 Uhr – zwölf Stunden später als geplant – ging es schließlich los.

Nach einer nicht ganz tränenfreien Verabschiedung von meiner Oma, meinem Onkel, meinen Geschwistern und Samuel stiegen wir in den Jeep. Uns allen fiel der Abschied nicht leicht. Natürlich freuten sich alle mit mir auf mein großes Abenteuer, aber dennoch war da auch immer noch die Ungewissheit, wie es ausgehen würde. Ob ich mein Ziel erreichen – oder ob ich die Reise überhaupt überleben würde?

Mein Vater saß am Steuer. Jahrelang ist er Lkws gefahren, oft mehrmals wöchentlich quer durch Europa, aber vor dieser Fahrt war auch ihm bange. Wird alles halten? Sind wir nicht unheimlich überladen? Werden wir über die Berge kommen? Die Handbremse löste sich, das

Gespann kam ins Rollen. Die Einfahrt hinunter, gaaaaanz langsam über den abgesenkten Bordstein – jetzt nur nicht aufsetzen – auf die Straße. Wie ein Panzer rollten wir die ersten Meter, im Schritttempo und vorsichtig. Eine Probebremsung – alles blieb an seinem Platz, die MAVERICK rückte nicht näher an die Heckscheibe heran. So weit, so gut!

Während die Familie winkte, war uns gar nicht nach Winken zumute – nur jetzt keine unnötigen Bewegungen im Gespann! An Bord herrschte eine merkwürdige, bedächtige Stille. Knarzt da nicht was? Läuft das Boot sauber hinterher? Bedächtig rollten wir die Straße hinunter, beschleunigten das Gespann auf 50 und ließen das Ortsschild »Fallersleben« hinter uns. Die Auffahrt auf die Autobahn ließ uns bereits zum ersten Mal die Luft anhalten, als wir mit dem Jeep in die Kurve gingen und das Boot leicht zur Seite geneigt folgte. Dann waren wir auf der Autobahn, und die Gesichtszüge entspannten sich ein wenig.

Nach einigen Minuten erst trauten wir uns, den MAVERICK-Treck auf die erlaubten 80 Stundenkilometer zu beschleunigen – immer mit einem skeptischen Blick in den Rückspiegel und einem Ohr auf die Geräuschkulisse, die der Trailer hinter uns zurechtklapperte. Aber es lief. Wir waren unterwegs!

Eine Stunde jedenfalls. Dann kam der erste Notstopp.

Als wir die A2 bereits bis Hannover hinuntergerollt waren, ging ich in Gedanken noch mal meine innere Checkliste durch, ob wir auch alles dabeihatten: »Bootspapiere, Reisepass, Impfpass ... Oh nein! Die Trailerpapiere liegen noch zu Hause auf dem Klavier!«

Schnell hatte ich Uwe angerufen und überredet, uns mit seinem Auto zu folgen und uns die Papiere nach Hannover zu bringen, damit wir mit dem Gespann nicht mehr zurück nach Wolfsburg müssen. Mittlerweile war es schon fast Mitternacht, und bis Uwe bei uns sein würde, sollte gut eine weitere Stunde vergehen. In der Zwischenzeit parkten wir die MAVERICK zwischen den ganzen Lkw und tranken eine Menge Kaffee in der Tankstellen-Raststätte.

Schließlich war Uwe bei uns und hatte sogar noch meine Oma mitgebracht. Ein schönes Gefühl, die beiden so schnell wiederzusehen, hatte ich mich doch schon auf neun Monate eingestellt. Zusammen injizierten wir uns noch schnell einen weiteren Kaffee, eine zweite, letzte Verabschiedung und schon wurde die MAVERICK wieder gesattelt – auf nach Belgien!

Die Nacht hindurch rollte das Gespann weiter nach Westen, diesmal saß ich für die ersten paar Stunden am Ruder. Meinem Vater war die Anspannung am Gesicht abzulesen, aber wie mir meine Mutter später erzählte, hatte sie ab dem Zeitpunkt, an dem ich das Steuer übernahm, ein absolut ruhiges Gefühl, weil ich das Fahren ganz locker anging. Eine Eigenschaft, die ihr schon immer an mir aufgefallen war und für die ich später auf dem Atlantik auch sehr dankbar war. Das Boot ließ sich wirklich nicht einfach schleppen, man merkte dem Auto zwar, sobald es einmal im Rollen war, das Gewicht nur noch am Verbrauch an, aber spätestens, wenn ich auf die Bremse trat, merkte man die vielen Tonnen, die den Wagen von hinten weiterzuschieben versuchten. Wieder einmal war ich wirklich dankbar für meine angeborene Gelassenheit und statt das Rad verkrampft und nervös zu umklammern, machte ich das Radio an, lehnte mich zurück und ließ das Auto einfach rollen – easy going.

Gegen Sonnenaufgang erreichten wir Belgien und machten im frühen Morgengrauen einen kurzen Tankstopp hinter der Grenze. Neben 70 Litern Diesel floss auch eine Menge weiterer Kaffee. Außerdem rollten auch einige runde belgische Waffeln über den Tresen, bevor es weiter Richtung Frankreich ging.

Langsam erkämpften wir uns den Weg hinunter nach Paris, das wir recht zügig durchquerten, in der Ferne den Eiffelturm schimmern sahen und uns unter den vielen Brücken hindurch den Weg gen Spanien suchten. Dann geschah es: Als ich unter einer weiteren Brücke hindurchfuhr, erwischte ich eine kleine Bodenwelle, und der Radkasten des Trailers setzte beim Auswippen der Welle heftig auf einen der nur wenig entfernten und prall gefüllten Trailerreifen auf. Ein Knall ließ mich zusammenzucken, als der Radkasten förmlich vom Trailer gesprengt wurde.

»Was war das?« Manfred rappelte sich verschlafen auf dem Beifahrersitz auf. »Ich glaub, wir haben eben unseren linken Kotflügel verloren!«, gab ich nur kurz zurück, setzte den Blinker und ließ das Gespann auf dem schmalen Seitenstreifen langsam ausrollen.

Auf der zweispurigen Autobahn war so früh am Morgen glücklicherweise nicht allzu viel Verkehr, und so hüpften wir aus dem Jeep und liefen, aufmerksam auf die vorbeirasenden Autos achtend, zum Trailer zurück. Tatsächlich hing der Kotflügel sauber vom Trailer gesprengt nur noch an einer zweiten Schweißnaht und klapperte auf dem Reifen. Aber wenigstens hatten wir ihn noch nicht verloren und so konnten wir ihn in nur drei Minuten mit einem alten Stück Seil von der MAVERICK provisorisch an den Trailer binden – und zwar so hoch über den Reifen, dass es tatsächlich so aussah, als wären wir *nicht* überladen. Kaum konnten wir glauben, dass es ein Zufall war, dass genau der Kotflügel weggesprengt wurde, den die Polizei beim Überholen auf der linken Seite sieht. Hätte vorher selbst jeder Dorfpolizist erkannt, dass wir viel zu schwer unterwegs sind, würde nun beim Überholen auf der linken Seite alles perfekt aussehen.

Keine fünf Minuten nach dem Knall waren wir wieder unterwegs und rollten den ganzen Tag durch Frankreich. Nachdem das Auto nun für mehr als 24 Stunden nonstop gelaufen war, wollten wir in der kommenden Nacht wenigstens fünf Stunden am Stück schlafen und hielten gegen Abend erneut an einer Tankstelle, stellten die Lehnen der Sitze nach hinten und fielen augenblicklich alle drei in ein tiefes Koma. Fünf Stunden später war die Sonne schon aufgegangen, auch wenn wir sie durch den behangenen Himmel an diesem Morgen noch nicht sehen konnten. Auf der Fernfahrertoilette konnten wir uns endlich ein wenig waschen, die Zähne putzen, die nach der langen Fahrt ein wenig filzig schmeckten und anschließend mittels eines kurzen Kaffees dem Tag den Startschuss geben. Dann ging es wieder zurück auf die Straße.

Frankreich hatte nur noch einige Hundert Kilometer zu bieten, und gegen Mittag überquerten wir die Grenze nach Spanien. An einem Parkplatz nahe der Biskaya machten wir eine kurze Pause, als meine Mutter plötzlich in der Ferne den Atlantik entdeckte und ganz aus dem Häuschen geriet: »Da ist der Atlantik! Guckt ihn euch an! Und *da* willst du rübersegeln?«

Doch bevor die MAVERICK den Trailer gegen das Atlantikwasser tauschen konnte, hatten wir noch weitere 800 Kilometer vor uns, die noch eine weitere Nacht kosten sollten. Nun stand die Sonne direkt vor uns, als sie unterging, während wir durch das flache Spanien hinunter zum Meer rollten. Kurz vor Mitternacht stoppten wir noch ein letztes Mal kurz vor der portugiesischen Grenze, um den Tank noch mal mit billigem spanischem Diesel zu füllen, dann ging es an die letzten paar Hundert Kilometer nach Lissabon.

Tausche Straße gegen Meer

Um Punkt sieben Uhr und pünktlich zum Morgengrauen rollten wir durch Lissabon hindurch zum Hafen Doca de Belem, der direkt am Tejo – dem breiten Fluss, der durch Lissabon fließt – liegt. Ich hatte im Internetforum www.boote-forum.de noch vor meiner Abfahrt Alex kennengelernt, der als gebürtiger Deutscher seit zweieinhalb Jahren in Lissabon lebt und sein kleines Motorboot im Doca de Belem liegen hat. Alex ist 28 und hatte sich sofort angeboten, mir beim Kranen der MAVERICK zu helfen und wenn nötig den Dolmetscher zu spielen. Er hatte mir den Tipp mit Belem gegeben, da dort ein großer Travellift existiert, mit dem man Yachten ins Wasser setzen kann. Also machten wir uns dort auf die Suche nach dem Kranführer.

Das Kommunizieren stellte sich als sehr viel schwieriger heraus, als gedacht. Einige der Portugiesen können zwar Englisch, aber fernab der Touristenpfade kommt man ohne Portugiesisch oder zumindest einer Begabung in Zeichensprache nicht mal an einen Kaffee – geschweige denn dazu, einen Kran zu bestellen.

Im Hafenbüro konnten wir jedoch eine englischsprachige Sekretärin ausfindig machen, die uns erklärte, was zu tun war. Zunächst sollten wir eine Genehmigung einholen, das Boot in portugiesischen Gewässern zu Wasser lassen zu dürfen. Sobald wir die hatten, konnten wir eine Karte bekommen, um mit dem Gespann durch die Schranke in den Yachthafen zu fahren und die Wasserung der MAVERICK zu beantragen. Erst dann konnte sich die Dame um uns kümmern und kassieren.

Um die Ausmaße der portugiesischen Bürokratie zu erläutern, hat mir Alex einige Tage später erzählt, dass das Angeln in Lissabon nur mit einer speziellen Genehmigung erlaubt sei. Diese Genehmigung muss man jedoch beantragen, doch genau dieser Antrag exisiert gar nicht! Seit Jahren steht dieses Gesetz, doch noch immer wurde kein entsprechender Antrag entworfen. Verwundert war ich auch, als ich hörte, dass die Portugiesen statistisch gesehen die größten Bürokraten Europas sind. Ich dachte immer, das seien wir Deutschen.

Den Antrag auf die Wasserung zu bekommen, stellte sich als gar nicht so schwierig heraus – sobald wir dem jungen Mann hinter dem Tresen erklärt hatten, was ich eigentlich vorhatte und dass ich das Boot wieder aus Portugal heraussegeln wollte. Mit Händen und

Füßen erläuterten wir also, woher wir kommen und wohin wir wollen, und schon hatten wir eine Genehmigung sowie gegen 50 Euro Pfand auch die ersehnte Karte für die Schranke.

Nun konnten wir die MAVERICK unter den Kran ziehen, im Hafenbüro eine Menge Geld für das Kranen lassen, da die MAVERICK, obwohl sie so klein ist, dennoch den Mindestbetrag für den großen Travellift kostet. Und nur einige Minuten später war der Kranfahrer bei uns, der zudem auch noch recht gut englisch sprach. Besser zumindest als ich, der ich mein Schulenglisch zuvor noch nie wirklich benutzt hatte.

Innerhalb einer Viertelstunde schwebte die MAVERICK vom Trailer herab in die dicke, braune Brühe des Tejo und wurde von mir vom Kran wegmotort. Natürlich vergaß ich in der Eile, den Rückwärtsgang vor dem Starten der Maschine herauszunehmen, und so nahm die MAVERICK sofort nach dem Starten augenblicklich Fahrt auf und zurrte einen Augenblick an den Krangurten, bis ich meinen Fauxpas bemerkte, zuerst den Gang rausnahm und dann die Gurte unter dem Rumpf hervorzog.

Nach einer kurzen Drehung lag die MAVERICK unter dem Mastenkran, und mein Puls beruhigte sich: Das Boot schwimmt, ist zumindest von unten schon mal dicht, unter mir liegt der Atlantik, vor mir mein Abenteuer und nun musste nur noch schnell der Mast gestellt werden, bevor es losgehen konnte.

Aber es wäre ja auch zu schön gewesen, wenn das so einfach gegangen wäre: Der Mastenkranführer schien auf den ersten Blick ein netter, alter Mann zu sein. Zweifellos war er das auch! Aber spätestens als er den Mund aufmachte, wusste ich, dass ich den Tag nicht hätte vor dem Maststellen loben sollen: Er sprach keinen Brocken Englisch!

Der Wind hatte den ganzen Morgen über schon auf etwa 5 Windstärken zugelegt, die Wellen auf dem Tejo hatten eine entsprechende Höhe und rollten nur wenig gebremst in das Hafenbecken des Doca de Belem hinein. Ausgerechnet in diesem Gehüpfe sollten wir den Mast mit einem Portugiesen stellen, dem ich höchstens ein »Ich hätte gerne einen Kaffee« ohne Missverständnisse in seiner Sprache hätte verständlich machen können. In Gedanken notierte ich mir »einen Kurs an der Volkshochschule reservieren: entweder Portugiesisch oder Zeichensprache« und machte mich daran, ihm zu erklären, wie ich gerne den Mast stellen würde. Der Mast hing schnell am Kran und schwebte über der MAVERICK, aber durch den Wind, der über die Kaimauer fegte, begann er sich langsam, aber sicher in eine Pendelbewegung zu versetzen und zu drehen. Mit der Rollreffanlage nach hinten wollte ich den Mast nicht montieren, also drehten wir kurzerhand das Boot um, da die Vorderseite des Mastes durch den Wind ohnehin immer wieder in die andere Richtung gedreht wurde. Nun konnten wir den Mast nicht senkrecht hinstellen, weil der Baum des Mastenkrans im Weg hing. Es war zum Verzweifeln. Den Mast wieder runter, den Haken des Krans an einer anderen Stelle weiter oben angeschlagen und noch einmal hinauf mit dem zehn Meter langen Alurohr. Nun hing der Mast senkrecht, aber bei der Schaukelei und dem Gehüpfe der MAVERICK war es fast unmöglich, den Mastfuß in die Halterung an Deck einzuführen. Während der Buckelei mit dem Mast kam mir plötzlich die »geniale Idee«, einen teleskopierbaren Mast zu entwerfen, der sich wie eine Antenne ausziehen lässt. Aber schließlich war es nach vielen Versuchen endlich geschafft: Der Bolzen war durchgesteckt und fixiert, und der Mast musste nur noch mit den Wanten gesichert werden. Das Boot schaukelte jedoch weiterhin, und der noch immer im Kran hängende Mast begann nun, unterlegt von portugiesischen und deutschen Flüchen, sehr stark am Mastschuh an Deck zu reißen. Plötzlich kam ein Engländer zu Hilfe geeilt, der unsere Aktion schon eine Weile aus der Ferne beobachtet hatte. Ohne zu zögern kletterte er auf den Mastenkran und hielt von oben den Mast der MAVERICK senkrecht, sodass ich unten schnell die Wanten und Stagen, die den Mast zur Seite und nach vorne hin halten, befestigen konnte und der Mast fest stand. Puh!

Nun war aller Ärger vorbei, die MAVERICK lag mit gestelltem Mast im Atlantik. Das Ziel – die Abfahrt – schien zu Greifen nahe. Aber unter Deck türmten sich noch weiterhin die Ausrüstungsgegenstände bis zum Niedergang. Außerdem war die MAVERICK noch längst nicht fertig, aus Zeitmangel hatte ich einige Arbeiten auf Lissabon verschoben. So waren zum Beispiel die Schläuche für die Lenzer im Cockpit, die das überkommende Wasser aus dem Cockpit zurück in den Atlantik befördern sollen, noch nicht montiert, und im Cockpit waren noch immer zwei große Löcher, in die nun stetig das Regenwasser hineinlief und in die Bilge tropfte.

Die Arbeit nahm kein Ende, und so machten sich mein Vater und ich sogleich daran, in der Stadt die nötigen Rohre für die Lenzer zu bekommen und den Windgeneratormast zu montieren, der gerade noch einen Tag vor der Abfahrt zu Hause angeliefert worden war. Natürlich gab es an der Kaimauer unter dem Mastenkran keinen Strom, und so quälte ich mich mit einem billigen Akkuschrauber für zehn Euro, vier Löcher durch das Deck zu bohren, um den Mast zu montieren. Die Schrauben waren natürlich mal wieder zu kurz, aber inzwischen hatte Manfred in Lissabon Kontakte geknüpft und konnte in der Werkstatt, in der er am Vormittag schon den Kotflügel des

Trailers hatte schweißen lassen, passende Bolzen besorgen. Als die Sonne langsam über dem Tejo unterging, war der Mast montiert, die Kajüte zumindest im Salon betretbar und ich hundemüde.

Meine Eltern wollten sicherheitshalber im Jeep schlafen, da sie Angst hatten, er könnte über Nacht geklaut werden, und so zog ich aus dem Auto auf die MAVERICK um und verbrachte die erste Nacht der Reise an Bord. Eine Nacht, der noch mehr als 250 Nächte folgen sollten.

Am Abend fand ich unter den Bergen von Dingen mein Logbuch wieder, das ich mir schon Monate vor der Abfahrt für diese Reise gekauft hatte. Dieses Logbuch sollte für mich nicht nur ein Pflichtbuch werden, in das ich alle nautischen Daten, Wind, Wetter, Seegang, Meilen und Geschwindigkeit eintrage, sondern vor allem ein Tagebuch, dem ich meine Gedanken, Gefühle, Erfahrungen und Erlebnisse während dieses Abenteuers anvertrauen wollte. In diesen Stunden zückte ich den Stift und verfasste den ersten Eintrag:

Der erste Abend allein an Bord. An Bord meines neuen Zuhauses für die nächsten paar Monate! Ein eigenartiges Gefühl beherrscht mich. Nun lebe ich tatsächlich meinen Traum, die MAVERICK dümpelt in türkis(anmutend)em Wasser und in den nächsten Tagen soll es hinüber nach Madeira gehen, wenn die letzten Arbeiten an Bord, das Komplettieren der Lenzer, die Reparatur des Windgenerators und ein paar anderer Dinge endlich abgeschlossen sind.

Aber ich sehne mich auch jetzt schon ein wenig nach zu Hause, die Ungewissheit der Reise beschäftigt mich.

Draußen stürmt ein knackiger Westwind über den Hafen Doca de Belem und lässt die Wanten heulen, während Mama und Papa versuchen, gemütlich im Jeep zu schlafen. Auch ich werde mich nun in meine gerade frei geräumte Koje legen, morgen gibt es noch so viel zu erledigen ...

Der Abschied

Der nächste Morgen, der 27. Oktober 2005, begann für uns drei schon sehr früh, da für keinen von uns die Nacht erholsam war. Meine Eltern wurden vom auffrischenden Wind und prasselnden Regen die ganze Nacht über im Jeep hin und her geschaukelt und für mich hieß es bei einem Tidenhub von etwa drei Metern alle paar Stunden aufstehen und die Leinen verkürzen oder verlängern, damit die MAVERICK nicht am nächsten Morgen überraschend an der Kaimauer hängen würde.

Zu unserer großen Überraschung fragte sich meine Mutter Gabi in einem Yachthafencafé erfolgreich bis zu einem Waschraum für Yachthafenangestellte durch, sodass wir endlich die Chance bekamen, uns nach den zwei Tagen seit den letzten Fernfahrerwaschräumen in Spanien die Haare zu waschen und uns wieder wie Menschen zu fühlen.

Den Tag über machten wir uns anschließend erneut auf die Suche nach Rohren für die Lenzer, da die benötigten Messingrohre zwar in 1,5 Zoll an jeder Ecke, aber in 2 Zoll beim besten Willen nicht zu finden waren. In der Rua de Boavista fanden wir schließlich einen ganzen Straßenzug von Rohrverkäufern, bei denen wir schließlich zwei ähnliche Rohre aus Eisen kauften – besser als gar nichts.

Als wir gegen halb drei zurück in den Yachthafen kamen, brauchte der Yachtclub den Mastenkran und somit auch meinen Liegeplatz darunter, und ich musste den Diesel anwerfen, um die MAVERICK einige Meilen flussaufwärts in den Doca de Alcantara zu verlegen. Zufälligerweise genau der Hafen, in dem ich nur zweieinhalb Jahre zuvor von der ANTIGUA aus an Land ging, nachdem wir in sechseinhalb Tagen von Teneriffa aus hinübergesegelt waren.

Nachdem es am Morgen noch mit bis zu 7 Windstärken über die Kaimauer geblasen hatte, sodass man fast hinuntergeweht worden wäre, hatte der Wind nun auf etwa 4 Windstärken abgeflaut, und bei einer dennoch sehr hackigen See motorte ich aus dem Hafen hinaus auf den Tejo. Vorbei an vielen großen Frachtschiffen tuckerte ich die Küste entlang flussaufwärts, unter der großen, roten Brücke hindurch, die den breiten Fluss überspannt und sehr an die Golden Gate Bridge in San Francisco erinnert, und hinein in den Doca de Alcantara. Natürlich hatte ich das Funkgerät noch nicht montiert und so musste ich eine Weile vor einer Klappbrücke warten, die den Hafen zum Tejo hin abgrenzt und ohne Funkruf nur zur vollen und halben

Stunde öffnet. So trieb ich zwischen einigen Fischkuttern etwa 20 Minuten vor der Brücke, bis sich das Tor öffnete und ich auf die Steganlagen des Yachtclubs zumotorte, an denen mich meine Mutter bereits winkend zu einem zugewiesenen Platz lotste.

Im Gegensatz zu dem kleinen Sportboothafen im Vorort Belem lag ich nun in einem großen Yachthafen zentral in der City von Lissabon, direkt an der Straßenbahnlinie, die in die Innenstadt führt. Immer noch regnete es den ganzen Tag, und so machten wir uns auf den Weg zu Lidl, den ich schon von meinem ersten Besuch kannte. Palettenweise luden wir Wasser in Zwei-Liter-Plastikflaschen und Fünf-Liter-Kanistern in den Jeep, ebenso einige Paletten Säfte. Bevor mich meine Eltern endgültig verließen, wollte ich ihnen doch wenigstens noch ein wenig von Lissabon zeigen, und so fuhr ich mit ihnen zum alten Expo-Gelände von 1996, um ihnen dort die gigantische Brücke zu präsentieren, die den Tejo so weit das Auge reicht überspannt und auch das gewaltige Vasco-da-Gama-Center, das zu Zeiten der Expo dort gebaut wurde und nun ein gigantisches Einkaufszentrum ist. Auf der oberen Etage ließen wir uns zum Abschied zu einem kleinen Essen nieder. Der Stimmung am Tisch merkte man jedoch an, wie uns dreien zumute war. Noch waren wir zusammen, aber vor meinen Eltern lagen noch 2800 Kilometer zurück nach Wolfsburg und vor mir der ganze Atlantik, die halbe Welt. Es konnte eine lange Zeit werden, bis wir uns wiedersehen würden.

Als wir nach dem Essen zurück zum Doca de Alcantara kamen, stand der Abschied, vor dem wir uns insgeheim schon die ganze Fahrt über gefürchtet hatten, unmittelbar bevor. Meine Eltern halfen mir noch kurz, alle restlichen Sachen aus dem Jeep zur MAVERICK zu bringen – das Schlauchboot, die vielen Wasserflaschen und Saftkisten und den Anker – und während sie beide noch ein letztes Mal vor der dreitägigen Fahrt die Dusche im Yachthafen benutzten, räumte ich die Kajüte soweit zurecht, dass es ein wenig gemütlich werden konnte. Nach der Dusche schließlich kamen meine Eltern noch ein letztes Mal an Bord. Schnell noch ein letztes Foto von mir in der Kajüte, auf dem ich mich später fast nicht mehr wiedererkennen sollte: An jenem Abend wirkte ich wie ein kleiner Junge mit meiner hellen Haut und kurzen Haaren. Wie sehr sollte mich diese Reise verändern.

Ich brachte meine Eltern noch zum Auto zurück, das sie auf dem Parkplatz vor dem Yachthafen geparkt hatten. Plötzlich war es dann so weit – der Abschied. Es flossen viele Tränen auf beiden Seiten. Meine Mutter und ich sind ohnehin recht nahe am Wasser gebaut, aber sehr berührte mich, dass ich meinen Vater in diesem Augenblick zum ersten Mal in meinem Leben weinen sah, als er mir mit Tränen in den

In den engen Straßen von Lissabon tobt das Leben. Ein komisches Gefühl, aus dem Treiben an Land hinaus aufs Meer zu fahren und all das hinter mir zu lassen.

Augen sagte: »Du hättest uns nichts beweisen müssen, wir sind auch so stolz auf dich.«

Ein paar letzte lange Umarmungen später stand ich im Regen auf dem Kopfsteinpflaster des Parkplatzes und sah den silbernen Jeep mit Hamburger Kennzeichen und klapperndem Anhänger dahinter die Straße hinunterfahren. Lange sah ich ihnen noch nach. Und zeitgleich mit den stetigen Regentropfen traf mich die Erkenntnis: Ich war allein.

Letzte Arbeiten in Lissabon

Zurück an Bord, schien mir alles trostlos. Ein wahres Chaos umgab mich, füllte die Kajüte und auch in mir überschlugen sich die Gedanken. Oft war ich in meinem Leben schon allein gewesen. Aber noch nie hatte eine so große Aufgabe auf meinen Schultern gelastet. Ich hatte mir eine ganze Menge vorgenommen, und nun gab es kein Zurück. Ich musste über den Atlantik segeln.

In meiner Einsamkeit klingelte plötzlich das Handy. Eine SMS von Alex, der mir seine Hilfe in Lissabon angeboten hatte, aber ausgerechnet beim Kranen der MAVERICK nicht von der Arbeit weggekommen war. Er war nun zu Hause und wollte mich besuchen kommen. Genau das Richtige, um mich auf andere Gedanken zu bringen.

Ich sandte ihm eine SMS mit der Nummer meines Liegeplatzes und dem Code für das Zahlenschloss an dem Tor zum Yachthafen und machte mich mit frischen Klamotten auf den Weg zur Dusche. Als ich gerade aus der Tür zu den Waschkabinen kam und mich durch den Regen auf den Weg zurück zur MAVERICK machen wollte, hörte ich jemanden vom Tor her meinen Namen rufen: »Hey Johannes!«

Alex war schon angekommen und lud mich gleich zu einem Bier in ein kleines Restaurant ein, das eher einem gläsernen Terrarium am Ufer glich. Wir verstanden uns auf Anhieb. Gleich nach dem Bier bekam ich eine regnerische Stadtrundfahrt im Schnelldurchgang durch alle Ecken und Winkel, die der Pauschaltourist vermutlich niemals zu Gesicht bekommen würde. Wirklich beeindruckend fand ich den ältesten Stadtteil Lissabons, der als Einziger nach einem schweren Brand vor einigen Hundert Jahren nicht vernichtet worden war und mit seinen kleinen und verzweigten Gassen für mich einem Labyrinth glich.

Auch in den folgenden Tagen blieb es in Lissabon nicht trocken. Es regnete jeden Tag von morgens bis abends, während ich die letzten Arbeiten an der MAVERICK fortführte und endlich alle Sachen in der Kajüte ordentlich verstaute, sodass am Ende nichts mehr von dem ganzen Chaos zu sehen war, weil alles geordnet in den Schapps und Staufächern unter den Kojen seinen Platz gefunden hatte.

In einer kurzen Trockenphase am zweiten Tag, zugleich der letzten für eine ganze Woche – ich hatte, wie ich später erfuhr, die mieseste Wetterperiode seit Jahrzehnten erwischt, schlug ich Groß- und Vorsegel an und montierte die Rollreffanlage endgültig. Zufällig schlenderte dabei die Crew einer deutschen Swan 53, die am Tag zuvor am Ende des Steges festgemacht hatte, an mir vorbei, und wir kamen ins Plaudern. Sofort erinnerte ich mich an die drei Jungs mit der Swan ihres Vaters, von denen mir Uwe Röttgering bei meinem Besuch in Berlin erzählt hatte. Und tatsächlich, sie waren es. Sie hatten es ziemlich eilig, da sie pünktlich zum ARC-Race, einer Spaßregatta für Fahrtenyachten über den Atlantik, auf Gran Canaria sein wollten. Das wollte ich auch, aber ich hatte keinen bindenden Zeitplan, und man hätte mich ohnehin nicht bei der Regatta mitsegeln lassen, da ich weder über die vorgeschriebene Ausrüstung an Bord verfügte, noch über die Mindestcrewanzahl von zwei Personen.

Als ich von meinen Plänen der Atlantiküberquerung erzählte, kam ich mir wie ein großer Angeber vor – ich war noch keine Meile mit dem Boot auf dem Atlantik gesegelt und erzählte von der Karibik und den USA! Kleine Brötchen zu backen, würde mir eher stehen mit der Nussschale MAVERICK.

Kaum dass die Jungs mit einem Taxi in Richtung City aufgebrochen waren, machte ich mich wieder an die Arbeit und versuchte, endlich die Lenzrohre fertig zu klempnern, als es erneut zu regnen begann. Missmutig verzog ich mich, begleitet von Jack Johnsons »Banana Pancakes«, in die Kajüte, und kurz darauf sang ich wieder gut gelaunt die Songzeile »Can't you see that it's just raining, there's no need to go outside« mit. Dann machte ich mich daran, den alten Windgenerator zu reparieren.

Gegen Abend kam Alex mit seiner Bohrmaschine, die er mir leihen wollte, und einer Plastikdose voll Lachsnudeln vorbei, die er vom Abendessen übrig gehabt hat – »ich dachte, vielleicht hast du noch nichts gegessen«. Sofort machte ich mich über das gute Essen her, wusste ich doch, dass ich in naher Zukunft zum Kochen nur noch Dosen verwenden sollte.

Auch an den darauffolgenden Tagen arbeitete ich weiter an der MAVERICK, und auch Alex wiederholte seine Besuche, mal mit zwei Bieren in der Hand, mal mit einem Autoschlüssel, um mit mir Super- und Baumärkte abzuklappern, die in Lissabon nur ausserhalb der Innenstadt zu finden und ohne Auto unmöglich zu erreichen sind.

Am Sonntagmorgen klopfte es plötzlich an Deck, und ich bekam überraschenden Besuch von Matthias, der mir den Windgenerator geliehen hatte, und seiner Freundin. Natürlich regnete es mal wieder, also zwängten wir uns zu dritt in die Kajüte und erzählten. Neben einer kleinen, digitalen Eieruhr für die Nachtwache brachten mir die beiden auch zwei CDs mit einem digitalen Seekartenprogramm mit. Einfach überwältigend.

Gegen 13 Uhr stand dann auch schon Alex auf dem Steg, um mit mir zu einem weiteren Baumarkt zu fahren. Nun sollte ich auch endlich die benötigten V4A-Edelstahlschrauben finden, die sonst nirgendwo zu bekommen waren. Auch ein neues Kajütschloss brauchte ich, da ich mich am vergangenen Tag aus Versehen aus der Kajüte ausgesperrt hatte. Glücklicherweise hatte ich noch einen Bolzenschneider zum Wantenkappen (sollte der Mast einmal im Sturm brechen) in der niemals verschlossenen Backskiste, der wie ein Beil durch Butter das gehärtete Edelstahlschloss zerknackte.

Auch einen weiteren Eintrag für meine homepage schrieb ich in diesen Tagen, da die Leser immer zahlreicher nach der Erwähnung meiner Reise im »Yacht«-Magazin meine Website www.allein-aufsee.de stürmten.

Am 2. November notierte ich glücklich:

Heute habe ich extrem viel geschafft! Die Lenzsauerei im Maschinenraum ist fertig – und viel wichtiger – auch endlich dicht! Das Radar ist dran und funktioniert, der Windgenerator ist verkabelt, dreht sich, und auch der Laderegler ist dran. [...] Jetzt werde ich hier erst mal klarschiff machen, langsam kotzt es mich an, auf einer Baustelle zu leben. Morgen noch zu tun: Seeschlagblenden für die Fenster bauen, Scharnier an der Heckklappe reparieren, alle Dichtungen tauschen, Wanten kontern, Reffeinrichtung bauen, Leesegel anbauen, Solarpaneel und Blitzlicht anstecken, ...

Aber auch die Bauarbeiten in der Kajüte hatten irgendwie etwas Schönes an sich, und so denke ich gerne an die Zeit in Lissabon zurück, in der ich zu meinen zwei CDs von Jack Johnson und dem prasselnden Regen ständig am Schrauben war, aber auch immer wieder um mich abzulenken mal schnell auf »um café«, den es dort für 50 Cent gab, in die Innenstadt verschwunden bin. Schließlich rückte die Abfahrt immer näher, und peu à peu begann ich, noch einige »nicht eingedoste« Nahrungsmittel und Säfte zu kaufen. Bei Lidl hatte ich nur Orangensäfte gekauft, die mir bereits nach zwei Tagen im Hafen von Lissabon zum Halse raushingen.

Am Abend des 4. November 2005 war es dann schließlich so weit: Am kommenden Morgen sollte es losgehen.

Die erste Reiseetappe lag vor mir. Der Augenblick, von dem ich schon seit Jahren geträumt hatte. Es war alles perfekt: Das Boot lag in meinem Absprunghafen über den Atlantik, ich hatte genügend Proviant an Bord, der Wassertank war gefüllt – was könnte nun noch meine Abfahrt verhindern?

Ein letztes Mal wollte ich noch die Wanten nachziehen, um genügend Spannung für das bevorstehende Seestück zu haben. Beim Maststellen hatte ich die Spanner nur ganz leicht angezogen, damit der Mast nicht umfällt und wollte sie kurz vor der Abfahrt noch mal nachdrehen. Also drehte ich sie einige Umdrehungen fester, als es plötzlich einige Male laut *Klong* machte.

»Was war *das*?«

Im Schein der Taschenlampe untersuchte ich die Spanner und konnte keine Schäden feststellen. Als der Schein langsam auf den Mastfuß hinüberschwenkte, wollte ich meinen Augen nicht trauen: Das konnte doch nicht wahr sein! Er war abgesackt!

Das Deck hatte unter dem Gewicht und dem Druck des Mastes nachgegeben. In der Kajüte konnte ich mich genauer davon überzeugen – das Deck war offenbar durch das Alter des Bootes an dieser Stelle geschwächt gewesen und ganze fünf Zentimeter weit nach unten gedrückt. Eine absolute *Katastrophe*!

Das war's also. Aus. Vorbei. Noch vor der Abfahrt aus dem Hafen gescheitert. Der Mast muss runter, das Deck von unten stabilisiert und verstärkt werden. Wer weiß, wie schwach der Rest des Decks drum herum ist. Womöglich komme ich mit einem durchgesteckten Mast auf Madeira an, anstatt mit einem an Deck stehenden, wenn es unter dem Gewicht einbricht.

Es war zum Verzweifeln! Da saß ich nun mit meinem wrackigen Boot am anderen Ende von Europa. Was sollte ich nun tun? Das Boot reparieren, kostbare Zeit verschenken und dieses Jahr vielleicht gar nicht mehr loskommen? Der Schaden war keine Kleinigkeit, es würde eine komplette Sanierung werden. Oder aber wieder einen Jeep und Trailer mieten und die MAVERICK zurück nach Wolfsburg ziehen?

Einsam saß ich auf dem Schwimmsteg neben der MAVERICK, ein portugiesisches Sagres-Bier in der einen, die hölzernen Planken des Steges in der anderen Hand und den Sternenhimmel über mir. Da draußen war der Atlantik, ich konnte ihn riechen. Und er rief nach mir.

Ich hatte mein Boot im Wasser, die Freiheit lag vor mir. Und so entschied ich mich, alles auf eine Karte zu setzen: Ich wollte losfahren.

Hin und her gerissen war ich in meinen Gefühlen. Zweifel plagten mich. Zweifel, ob das Boot halten würde. Zweifel, ob *ich* halten würde. Zweifel, ob ich mir nicht doch eine ganze Ecke zuviel auf die Schultern gelegt hatte. Die Artikel in der Zeitung, die Erwähnung in einem Artikel der »Yacht«, die Sponsoren, die Website. Unheimlich viele Leute verfolgten bereits jetzt meine Reise, und ich wollte sie nicht

Noch bin ich keine Meile gesegelt, fühle mich aber doch schon »unterwegs«.

enttäuschen. Ich merkte, ich machte diese Reise nicht mehr länger nur für mich, sondern auch für die vielen Leute, die in den Vorbereitungen hinter mir gestanden hatten. Ich *konnte* sie nicht enttäuschen. Aber dennoch war da auch diese Ungewissheit, ob ich die andere Seite des Atlantiks je erreichen würde. Ich beschloss, mir zu vertrauen, dass ich es schon schaffen würde. Mir und dem anderen da draußen, diesem Jemand, der in den Stürmen auf mich aufpasst und mich irgendwie auf die andere Seite des Atlantiks bringen würde.

Es sollte losgehen, obwohl ich wusste, dass eine ganze Menge Arbeit, Entbehrungen, Qualen und Kampf auf mich zukommen würden. Die Karibik, die USA, dies alles war so unheimlich fern für mich. Und ich und mein Boot so klein – aber nicht zu klein!

Die erste Etappe

Inzwischen liegt der Tejo hinter mir, das Wasser verfärbt sich langsam von einem brackigen Braunton in ein tiefes Blau, während ich in der Mündung des Flusses hinaus in die Weite des offenen Atlantiks segele.

Alex, der mich schon seit dem Doca de Alcantara zusammen mit seiner Freundin Alex in seinem kleinen Motorboot ALEX begleitet und dabei etliche Fotos der dahinsegelnden MAVERICK geschossen hat, kommt ein letztes Mal längsseits:

»Wir drehen jetzt ab, alles Gute für deine Reise! Toll, was du da machst!«

»Macht's gut und danke für alles!«

Kaum haben wir uns diese letzten Worte zugerufen, wendet das kleine Boot und verschwindet erneut im Tejo, während ich nun in die Weite des Atlantiks hinaussegele.

»Nun bin ich wirklich unterwegs!«, sage ich mir. Aber irgendwie ist es noch alles so unwirklich. Ich kann immer noch kaum glauben, dass ich mir nun gerade meinen jahrelangen Traum erfülle.

Schnell wird es dunkel, die Sonne zeigt sich von ihrer schönsten Seite und taucht die Wolken in ein leuchtendes Rot, während wir, MAVERICK und ich, bei einem leichten Seegang in die erste Nacht hineinsegeln.

Die Nacht verbringe ich, da ich dem frischmontierten Windpiloten, den ich zuvor nur etwa 15 Minuten auf der Ostsee getestet hatte, noch nicht vertraue, in meinem Schlafsack draußen im Cockpit. Der Wind lässt uns mit seinen 3 bis 4 Windstärken aus West mit etwa 4 Knoten unter einem gigantische Sternenhimmel dahinsegeln. Auch vom Wasser werden die Sterne reflektiert, sodass ich das Gefühl habe, als würde ich mitten durch das Weltall segeln.

Die ersten Stunden meiner Nachtwache verlaufen sehr ruhig. Um bei Nacht besser gesehen zu werden, aber zugleich meine stromfressenden Positionslampen nicht nutzen zu müssen, ziehe ich mir eine weiße Lampe in den Mast hinauf, die die Segel beleuchtet und – so erhoffe ich mir – die MAVERICK auch weithin sichtbar macht. Durch das grelle Licht über mir fällt es mir jedoch schwer, selbst etwas in der Dunkelheit zu erkennen und so bin ich schließlich doch sehr erleichtert, als die Laterne einige Male gegen den Mast schlägt und schließlich ihren Dienst quittiert. Zwar sitze ich danach erst eine Weile wie blind, bin aber bald angenehm überrascht, was ich in der Dunkelheit doch alles erkennen kann, wenn sich die Augen erst einmal daran gewöhnt haben. Große Frachter zum Beispiel! Und so beginne ich mein Videotagebuch auch mit einem kurzen Kommentar zu den Frachtern:

Es ist nun die erste Nacht auf dem Atlantik, kurz nach Mitternacht – und es ist einfach der Horror: Ständig muss ich Ausschau nach Frachtern halten, die hier nahe der Straße von Gibraltar wie an einer Perlenschnur aufgefädelt zwischen Mittelmeer und Atlantik kreuzen. Dementsprechend angespannt muss ich Wache gehen, um alle Schiffe rechtzeitig zu erkennen und ihnen auszuweichen. An Schlaf länger als 15 Minuten ist nicht zu denken.

Insgesamt zehn Schiffe zähle ich in der Nacht. Das Radar, das ich meinem Vater zuliebe (und sogar von seinem Geld) gekauft habe, ist mir in diesen Nächten jedoch keine große Hilfe, wie das Logbuch beschreibt:

Das Radar ist schon eine tolle Sache. Wenn man ein Licht am Horizont ausmacht, kann man auf dem Schirm sehen, in welche Richtung es genau fährt und dann zurück in die Koje. Aber da der Strom so extrem knapp ist (der Windgenerator funktioniert nicht ...) und jeder Gang unter Deck wegen Seekrankheit Überwindung kostet, habe ich es keine zehn Minuten benutzt.

Denn seekrank bin ich tatsächlich, trotz der ruhigen See. Ich bin einfach im letzten Jahr zu wenig gesegelt. Dreimal bin ich nur für jeweils ein oder zwei Stunden auf dem Wasser gewesen und so habe ich meine Seebeine den Winter über verloren. Schon jetzt quält mich die Seekrankheit sehr. Zu mehr aufraffen, als einfach mit einem Kissen im Schlafsack auf dem Cockpitboden zu liegen, kann ich mich nur selten – mir geht es einfach zu schlecht.

In den ersten 24 Stunden ersegele ich nur 77 Meilen. Ziemlich mager, hatte ich doch von Durchschnittsgeschwindigkeiten von knapp 4,5 Knoten und einem Tagesschnitt von mehr als 100 Seemeilen gerechnet. Aber der Wind ist ja immer noch sehr flau und nimmt zu meinem Ärger sogar noch weiter ab. So notiere ich am folgenden Tag sogar nur 66 Meilen Etmal im Logbuch:

Der Wind nimmt immer weiter ab, kommt nun ziemlich genau aus Norden, aber die See geht immer höher, die Segel flappen elendig, und genauso elendig werden wir von vorne bis hinten durchgeschüttelt ...

Eine Flaute kündigt sich an, und Flauten können mindestens so schlimm sein wie ein ausgewachsener Sturm. Das Schlagen der windlosen Segel des rollenden Bootes fängt schnell an, mich zu nerven.

»Ein Sturm kann einen das Leben kosten, eine Flaute den Verstand«, hatte mal ein weiser Segler gesagt, aber bevor bei mir die ersten Symptome auftreten, fange ich an, das ruhige Wetter zu nutzen und unter Deck zu kochen, Gitarre zu spielen und zu lesen.

Am Morgen des vierten Tags auf See notiere ich im Logbuch:
In der Nacht werde ich wach, weil sich irgendetwas verändert hat. Ein Blick auf den Kompass zeigt – ich segele nach Norden! Der Wind war einfach zu schwach, und so hat sich der Windpilot mit der Kette an der Pinne ausgeklinkt – in Zukunft sichere ich ihn mit einem Streifen Tape.

Die See wird immer glatter, und die täglich mehr abnehmenden Winde und Tagesetmale von 77, 66 und 47 Meilen lassen mich eine tagelange Flaute erwarten. Aber am selben Abend um Punkt 18 Uhr verfinstert sich ganz plötzlich der Himmel am Horizont, und der schnell auffrischende Wind treibt gewaltige und bedrohliche Wolkenmassen über mich und die MAVERICK hinweg. Wie ein Hammerschlag trifft uns die erste Windböe im Rigg und lässt das ganze Boot erzittern, während ich in Windeseile das dritte Reff ins Großsegel binde und die Fock bis auf ein Minimum wegrolle. Dann geht es los:

Während ich mich noch angeleint auf der hüpfenden MAVERICK um das Reffen der Segel kümmere, nimmt das Schiff in den von schräg hinten einfallenden Böen Fahrt auf und beginnt in einer halsbrecherischen Fahrt vor den schnell aufkommenden Wellen hinunterzusurfen. Damit das Boot dabei nicht vor den Wellen querschlägt und um es zu bremsen, bringe ich schnell eine 40 Meter lange Leine aus, an deren Ende eine Affenfaust geknotet ist. Mit weiterhin 6,5 Knoten Fahrt und 7 bis 8 Windstärken von achtern segeln wir in die Nacht hinein.

Auf dem Cockpitboden sitze ich angeleint, nass und frierend in meinen Schlafsack eingerollt und schaue gebannt auf die Windfahne am Heck. Bisher hatte ich sie nur bei Schönwetter ausprobiert, doch nun knallt der Wind für MAVERICKverhältnisse mit Sturmstärke. Tatsächlich: Da ist er also, mein erster Sturm.

Ich wusste, dass ich früher oder später auf einen ausgewachsenen Sturm treffen würde, hatte aber insgeheim gehofft, dass es eher später als früher geschehen würde.

Da ich meinen Eltern vor der Abfahrt versprochen habe, mich alle zwei Tage mit dem Satellitentelefon bei ihnen zu melden, krame ich das Iridium-Handy aus meiner wasserdichten Tonne, die ich für den Fall des Untergangs, gefüllt mit allem Notwendigen, immer in der Nähe des Niedergangs stehen habe. Sofort hat das Telefon seine Satelliten gefunden, und es tutet. Ein eigenartiges Gefühl, denke ich mir. Ich bin mitten auf dem Atlantik und kann gleich mit meinen Eltern telefonieren, als wäre es nichts Außergewöhnliches. Wie viele andere Segler sind ohne Telefon über die Weltmeere gesegelt und haben wochenlang keine »Ich lebe noch!«-Meldung abgeben können. Plötzlich meldet sich jemand am anderen Ende. Der Empfang ist ein wenig schwammig, aber ich erkenne meine Mutter, die sich unheimlich über meine Meldung freut: »Johannes! Ohh... Endlich meldest du dich mal!« Schon am zweiten Tag hatte ich mich mal kurz gemeldet, aber ich merke doch sehr, wie lang diese zwei weiteren Tage, an denen sie nichts von mir gehört haben, für meine Eltern waren. Das Wetter schön zu reden bringt nichts, sofort hören sie das Stürmen und Rauschen im Hintergrund und sind sehr erschrocken. »Aber da musst du nun durch. Du packst das schon!«, ermutigt mich mein Vater. Nette Wort, doch es ist offensichtlich, dass die Mutmache nur gespielt ist und sich meine Eltern große Sorgen machen. Das Boot ist unheimlich klein und unheimlich alt für solch eine Tour, und das wissen sie. »Willst du das Boot nicht verkaufen, wenn du auf Madeira bist? Komm doch nach Hause, das ist doch Wahnsinn«, raten sie mir, aber ebenso wie ich wissen sie, dass das für mich keine Option ist und ich trotz Sturm nicht so einfach aufgeben will. Aber ich verspreche ihnen, mich während des schlechten Wetters jeden Tag zu melden. Fast, als wäre es nur ein Augenblick gewesen, sind die fünf Gesprächsminuten auch schon wieder um. Als ich den Hörer auflege, fühle ich mich noch einsamer als zuvor.

Sicher, das Telefon ist auf der einen Seite eine große Hilfe für meine Eltern, damit ich sie wissen lassen kann, dass ich noch lebe. Zum anderen macht es die Einsamkeit für mich aber auch nicht einfacher, denn wenn ich sie anrufe, bin ich jedes Mal kurz zu Hause in Wolfsburg, höre dort mitten ins Geschehen rein, bin aber danach wieder für zwei Tage allein mitten auf dem Atlantik. Einsamer als zuvor.

Die Nacht kommt, und ich verbringe sie größtenteils wach und ständig an Deck. Noch immer ist mein Vertrauen nicht groß genug, um der Anlage den Job zu überlassen und mich in die Koje zu legen. Stattdessen ziehe ich mir den Schlafsack über den Kopf, mache die Augen zu und stelle mir vor, wie schön es wäre, nun ein ganz normaler Student in Kiel zu sein. Ein kleines Zimmer, ein paar Freunde, jeden Abend nach Hause kommen und meine eigenen vier Wände haben, frisches Essen, das nicht aus einer Dose kommt ... Erst danach stelle ich mir vor, wie sich jetzt wohl eine einstündige Dusche anfühlen würde. Später male ich mir in den buntesten Farben aus, was ich alles machen werde, wenn ich erst mal auf Madeira an Land gehe. Essen steht ganz oben auf der Liste, außerdem ein frischer Orangensaft.

Während ich so vor mich hin träume, werden die Wellen immer höher, sodass das Großsegel, das ich mit einem Bullenstander gesichert habe, ständig back steht, wenn das Boot vor dem Wind aus dem Ruder läuft. Bei jedem Zurückschlagen reißt der Wind dabei unheimlich stark am Segel. Beim 342. Mal höre ich plötzlich einen Knall und stehe sofort aufrecht im Cockpit: »Mist! Das Groß ist quer durchgerissen!«

Damit das Tuch nicht noch mehr zerreißt, bin ich trotz starker Seekrankheit sofort angeleint auf dem Kajütdach und versuche in der Dunkelheit auf der wild hüpfenden MAVERICK das Tuch zu bergen und auf dem Baum festzulaschen, was mir schließlich auch gelingt – aber nicht, bevor es mir noch einige Ohrfeigen verpasst hat. Vollkommen erschöpft falle ich zurück ins Cockpit – und übergebe mich. Es geht mir hundsmiserabel. Beim Segelbergen habe ich einige Wellen in den Kragen abbekommen und bin unter dem Ölzeug vollkommen durchnässt. Eine Stunde kostet es mich, bis ich mich durchringen kann, in die Kajüte zu klettern und meinen Pullover zu wechseln. Das Atlantikwasser ist hier in europäischen Gewässern noch lausig kalt, schließlich ist auch hier November. Wegen der Übelkeit mit meinem schwarzen Eimer versorgt, passe ich die überkommenden Wellen so ab, dass ich einigermaßen trocken in die Kajüte komme und versuche dort so schnell wie möglich das Ölzeug auszubekommen und trockene Klamotten zu finden.

Meine Füße sind Eisklumpen, da ich seit Tagen nur meine Sportschuhe trage. Die von Marinepool gesponserten Gummistiefel habe ich beim Beladen der MAVERICK irgendwo im Vorschiff verstaut und kann sie nicht finden. Dennoch wage ich einen Versuch, nach vorne zu kommen. Dort sind die Bewegungen des Bootes noch um einiges schlimmer als mittschiffs, und so habe ich noch nicht ganz das Schapp unter den Polstern auf, als ich schnell wieder nach achtern zu meinem Eimer renne. Dann lieber frieren. Wieder zwänge ich mich in mein Ölzeug und klettere zurück an Deck. Sofort klinke ich mich in die Sicherheitsleine ein, lege mich auf den Cockpitboden und verkrieche mich in meinen Schlafsack. Augen zu und an was Schönes denken. Hoffentlich geht das alles bald vorbei ...

Die Nacht vergeht wie in Zeitlupe. Jede Welle scheint in dieser Nacht meinen Namen zu tragen. Dann der vorläufige Höhepunkt:

Zusätzlich zu der Seekrankheit und den Wellen, die das Boot ständig von einer auf die andere Seite werfen, kommt ein neues Problem hinzu – Zahnschmerzen!

Noch vor meiner Abfahrt aus Wolfsburg bin ich beim Zahnarzt gewesen und habe alle Zähne einmal durchchecken lassen – ohne Befund! Also kann es eigentlich nur eins sein: Die Weisheitszähne wollen raus. Und das hier, mitten auf dem Ozean! Schon lange sind alle vier bei mir da gewesen, hatten aber immer perfekt hinter die Backenzähne gepasst. Nun scheinen sie weiter zu wachsen und auf die vorderen Zähne zu drücken. Die Schmerzen verteilen sich gleichmäßig auf alle vier Backenzähne und drücken weiter auf die ganze Gebissleiste. Na super!

An meinen Arzneikoffer denke ich nicht einmal, denn der liegt irgendwo nahe der Gummistiefel, gaaaaanz weit vorne in der Bugkabine also und damit meilenweit aus meiner möglichen Reichweite. Es muss auch ohne Tabletten gehen.

Im Morgengrauen surfen wir noch immer die Wellenberge hinab. Das ganze Boot zittert und ächzt bei jeder Welle und kracht von Wellenberg zu Wellental. Zu meinem Erstaunen hält die 30 Jahre alte Fock tapfer durch und dem starken Wind stand, obwohl das nagelneue Großsegel ein absoluter Totalausfall ist. Beim genaueren Inspizieren des Segels erkenne ich, warum das Segel gerissen ist: Ich hatte mir bei einem kleinen Segelmacher nahe Wolfsburg noch kurz vor der Abfahrt eine dritte Reffreihe einnähen lassen. Da der Segelmacher jedoch normalerweise nur Jollensegel näht, waren die Reffösen nicht stark genug dimensioniert und sind direkt herausgerissen. Also muss die Fock weiter durchhalten, bis ich auf Madeira einen Segelmacher finde.

Trotz des badetuchgroßen Segels und der angezogenen Handbremse in Form der nachgeschleppten Leine rennt die MAVERICK immer noch Tagesetmale von 103 und 109 Meilen – der Wind nimmt also immer noch zu. Ich kann es kaum glauben, aber wir laufen wirklich gut und zudem noch genau auf Madeira zu. Die Zahnschmerzen sind nun einigermaßen unter Kontrolle, und auch mit der Seekrankheit hab ich zu leben gelernt – ich habe mich schon seit 24 Stunden nicht mehr übergeben. Aber wie immer im Leben – so gut kann es natürlich nicht weiterlaufen: Am sechsten Tag bemerke ich, dass der Windgeneratormast, den ich aus Zeitmangel mit drei Leinen zu den Seiten hin abgestützt hatte, aus dem Deck zu brechen beginnt. In Radien von etwa zehn Zentimetern schwankt er mittlerweile um die eigene Achse, sodass ich eiligst beginne, ihn mit noch mehr Leinen zu den Seiten hin abzufangen. Als ich ihn schließlich auf dem wild hüpfenden

Achterdeck in ein Spinnennetz von Leinengewirr verwoben habe, wackelt er nur noch zentimeterweise, und ich bin beruhigt, da ich von ihm nun nicht mehr während des Schlafes erschlagen werden kann.

Der Wind kachelt immer noch aus Norden über uns hinweg, aber mittlerweile habe ich so viel Vertrauen in die Windsteueranlage gewonnen, die wirklich beeindruckend jeden Surf von den Wellen hinab aussteuert, dass ich die Nacht vom sechsten auf den siebten Tag in der Kajüte verbringe. Ich habe bis dahin etwa 95 Prozent der Reise im Cockpit verbracht und damit sowohl die Nächte unter dem Sternenhimmel im Schlafsack als später dann auch die ab und zu einsteigenden Wellen ziemlich »life« erlebt. Im Halbstundentakt schlafe ich, trage immer wieder mal eine aktuelle Position in die Karte, öffne das Schiebeluk zum Rundumblick, knalle es danach immer wieder »tauchen!« rufend eiligst zu, bevor die nächste Welle über Deck kommt. Nur zum gelegentlichen Kursändern muss ich kurz raus in die Sturmdusche.

Trotz des schweren Wetters habe ich während der stürmischen Tage auf See irgendwie nie das Gefühl »ganz allein« dort draußen zu sein. Es ist, als wäre noch jemand an Bord, hielte nach den Schiffen Ausschau und steuerte das Boot von den brechenden Wellen herunter. Ein merkwürdiges Gefühl, fast wie sonst beim Ostseesegeln mit meiner Familie, wo ja auch immer jemand an Bord war, während ich in der Kajüte schlief.

Auf dieser Reise scheine ich einige Umstände zu erleben, die heute kaum noch jemand zu erleben braucht: tagelang im nassen Schlafsack im Cockpit zu sitzen beispielsweise, zu frieren und im Sturm um mein Leben zu kämpfen. Letzteres haben zuletzt meine Großeltern im Zweiten Weltkrieg erlebt, ebenso das Hungern. Auch ich muss hungern, weil sich der Kocher am vierten Tag der Überfahrt aus seiner Halterung reißt und quer durch die Kajüte fliegt. Bei der Wahl zwischen hungern und kalter Dosennahrung scheint mir Ersteres immer noch weit angenehmer – was auch an den Zahnschmerzen und der wenngleich abklingenden Seekrankheit liegen mag.

Gegen Mitternacht des siebten Tages empfange ich in meinem Autoradio den ersten Radiosender von Madeira und bin überglücklich, die Gewissheit zu haben, dass es nun nicht mehr weit ist. So wie Noah auf seiner Arche sich damals über den ersten Vogel als Zeichen des nahen Landes freute, freue ich mich nun wie ein kleines Kind über die portugiesischen Klänge im Radio. Kurze Zeit später sind am Horizont die ersten Lichter von Madeira zu sehen und mit Schlaf und Positionseinträgen im Halbstundentakt segele ich im Zickzackkurs an der vorgelagerten Insel Porto Santo vorbei und gehe im Süden von

Die ersten sechs Tage auf See verbringe ich fast ausschließlich an Deck. Zu wenig Vertrauen habe ich noch in Boot und Ausrüstung.

Maderia in den Windschatten der Insel, um auf das Morgengrauen zu warten. Hier ist die See um einiges ruhiger, und wieder finde ich etwas Schlaf, unterbrochen von halbstündigen Rundumblicken.

Im ersten Sonnenlicht liege ich südlich der Hauptstadt Funchal und berge im ruhigen Wasser die Segel, um die letzten Meilen in den Hafen zu motoren. Um Punkt sieben Uhr tuckere ich ganz langsam in den Yachthafen hinein und werde sofort von einem Zollbeamten an einen kleinen Steg gewunken, der extra für Yachten auf der Durchreise vorgesehen ist. Auch der Hafenmeister kommt herangejoggt und fragt mich ganz erstaunt, wo ich mit *dem* Boot gerade herkomme. Auf mein »aus Lissabon« ist er sehr überrascht. Als ich schließlich bepackt mit meiner Aktentasche voller Schiffspapiere, Versicherungsnachweise, Reisepass, Impfpass und Co auf den Steg springe und mich auf den Weg ins Zollbüro mache, sehe ich die MAVERICK aus der Sicht des Hafenmeisters – und verstehe seinen verblüfften Gesichtsausdruck. Wie sie dort klein und zerzaust liegt, mit zerfetztem Großsegel, notdürftig geflicktem und 30 Grad schräg stehendem Windgeneratormast sowie einem dicken Leinengewirr an Deck kann selbst ich es kaum glauben, dass ich tatsächlich mit diesem Boot 557 Meilen über den offenen Atlantik gesegelt bin.

Der Zollbeamte ist jedoch gar nicht so überrascht über die Länge. Eher als er mich mit einer Checkliste in der Hand nach meiner Ausrüstung fragt und ich zwar bei Radar »Yes«, bei Funkgerät jedoch »No« antworte. Zwar habe ich ein UKW-Funkgerät an Bord, aber keine Antenne und keinen Funkschein dafür. Aber aus den Gewässern, auf denen man einen Funkschein braucht, bin ich ja sowieso schon raus.

Zum ersten Mal mache ich Erfahrung mit dem Einklarieren einer Yacht; auf der Ostsee habe ich das dank des Schengener Abkommens ja bisher niemals machen müssen. Aber der Papierkram ist schnell erledigt, und ich bin offiziell auf Madeira eingereist. Da an der Hafenmauer alles belegt ist, gehe ich an einer großen schwedischen Yacht längsseits. Als diese eine Stunde später wieder auslaufen will, drehe ich erneut eine Runde im Hafen und gehe anschließend an dem französischen Katamaran COCONUTS 1 längsseits. Als ich erst drei Stunden nach dem Anlegen, Aufräumen und einer Portion Nudeln mit Tomatensauce (die ich hungrig verschlinge) an Land hüpfe, schaut mich der Captain des Kats mit einem Blick an, als möchte er mich über die Planke schicken, während er nacheinander auf seine Pantoffeln und dann auf meine Füße zeigt und mir, dessen Französisch bei »Baguette« endet, dennoch sehr nachdrücklich klarmacht, dass ich sein Schiff nur in Puschen oder barfuß zu betreten habe. So was hab ich ja auf der Ostsee noch nie erlebt. Ich nicke verständig, denke mir meinen Teil und mache mich auf den Weg zur Dusche. Da ich noch keinen Schlüssel habe, lässt mich ein Portugiese freundlicherweise hinein, und ich spüle mir eine Viertelstunde lang das Meerwasser vom Körper, bis das Salz auf meinen verkrusteten Fingern wie eine Brausetablette zu zerbröseln beginnt.

Auf Atlantis

Die Tage auf der wunderschönen Blumeninsel Madeira vergehen schnell. Gleich nach der Dusche erkunde ich die Stadt, in der ich vor langer Zeit, Mitte der 1990er-Jahre etwa, als Zehnjähriger schon einmal mit meiner Familie gewesen bin. Und tatsächlich erkenne ich einige markante Orte der Hauptstadt Madeiras auf Anhieb wieder. Etwa den großen Park, der direkt auf einem kleinen Berg nahe des Hafens gelegen ist und von dem aus ich als kleiner Junge das Treiben an den Stegen beobachtet habe. Niemals hätte ich damals gedacht, dass ich noch einmal dorthin kommen würde, noch dazu alleine auf einem so kleinen Boot.

Am zweiten Tag treffe ich endlich den Hafenmeister wieder, der mir einen Schlüssel für die Duschen gibt und mir anbietet, die MAVERICK an einen Schwimmsteg zwischen die einheimischen Segelboote zu verlegen, an dem ich nicht nur sehr viel ruhiger und unabhängig von Ebbe und Flut liege, sondern auch weit weg von den Kakerlaken und Ratten, die auf der Hafenmauer wohnen und von Zeit zu Zeit auch mal eine Passage auf einer durchreisenden Segelyacht mitmachen wollen.

Außerdem bekomme ich vom Hafenmeister die Telefonnummer des einzigen englischsprachigen Segelmachers auf Madeira, der möglicherweise mein Großsegel reparieren kann. Zwei Tage später habe ich Eric ausfindig gemacht, einen weißbärtigen Engländer, der offenbar schon vor einer ganzen Weile auf der Insel hängengeblieben ist, sich mit Segelreparaturen ein bisschen was dazuverdient und mich in seinem Erscheinungsbild und seiner netten Art sehr an den Weihnachtsmann erinnert. Schon am darauffolgenden Tag ist mein Großsegel repariert und verstärkt wieder an Bord und kostet mich erfreulicherweise nur 36 Euro. »Now it's very strong«, versichert mir Eric mit einem freundlichen Augenzwinkern, und ich warte ein wenig darauf, dass er noch ein »Ho-ho-ho« ergänzt ...

In den folgenden Tagen durchstreife ich Funchal zu Fuß, klettere zwei Stunden lang hinauf auf die nahen Berge, bis ich schließlich das vor Kurzem erbaute »Madeira-Shopping-Center« gefunden habe.

Madeira ist bekannt für seine große Blumenpracht, die die Insel auch jetzt im November noch in ihren schönsten Farben erstrahlen lässt. Manche Leute behaupten sogar, Madeira sei das letzte Überbleibsel des sagenumwobenen Atlantis, das, wie vom griechischen

Philosophen Platon beschrieben, um 9300 v. Chr. im Ozean versunken sein soll. All diese berühmten Merkmale der Insel sind nun im Madeira-Shopping-Center in einem Gebäude vereint worden: nicht nur eine unglaubliche Blumenpracht ist zu genießen (die sogar über Kopf von der Decke wächst!), sondern auch einige Levadas sind zu finden, die uralten Bewässerungskanäle, die die Insel wie Lebensadern durchziehen. Außerdem gibt es dort nicht nur zahlreiche Läden, sondern auch sieben Kinos, von denen ich eines besuche. Obwohl mein Portugiesisch mein Französisch nur wenig übertrifft, gibt es hier keine Sprachprobleme, da die Filme in Portugal erfreulicherweise im englischen Original mit portugiesischen Untertiteln gezeigt werden. Nach dem Film durchstreife ich die Schuhläden des Centers, um mir ein paar neue Schuhe zu kaufen, da die alten nach sieben Tagen Atlantik, davon fünf Tage komplett durchnässt, nicht überlebt haben und vollgesogen mit Salzwasser erbärmlich stinken. Neu besohlt genieße ich bei »un café« die atemberaubende Aussicht von der Dachterrasse des Centers hinunter auf den Atlantik und kann es immer noch kaum glauben: »Da bin ich wirklich hinübergesegelt?« Die unendliche Weite beeindruckt mich sehr.

Da ich beim Besuch des Centers dummerweise meine Kamera auf der MAVERICK gelassen habe, lege ich am folgenden Tag den Weg, zwei Stunden lang den Berg hinauf, aus Geiz ein Taxi zu benutzen, noch einmal zu Fuß zurück, schieße einige Fotos und mache mich wieder auf den Rückweg die Berge hinab. Ein weiteres »Highlight« dieser Woche und zugleich ein verfrühtes Geburtstagsgeschenk (ich werde am 29. November zwanzig) ist, dass ich hier im Hafen *endlich* eine Wäscherei finde und meine ganzen nassen und salzigen Sachen wieder einmal durchwaschen kann. Es fühlt sich schön an, als alles wieder sauber und trocken ist und das Boot wohnlich. In Zukunft werde ich alle Kleidung zusätzlich in Müllsäcke verpacken, damit die Luftfeuchtigkeit nicht mehr an sie herankommt – ich lerne von Tag zu Tag dazu, was das Leben an Bord angeht.

Am Freitag, dem 18. November, fällt das Barometer in einigen Stunden arg, die Wetterstation zeigt einfach nur »Rain« an, und genauso sieht es draußen auch aus. Während es in den vergangenen Tagen lediglich Schauer gab und die Sonne dazwischen immer wieder für Stunden herausgekommen ist, scheint es sich nun so richtig einzuregnen. Draußen auf See zieht außerdem gerade ein Tiefdruckgebiet von den Azoren kommend in Richtung Afrika ab. So beschließe ich, noch bis Montag früh hier liegen zu bleiben und auf besseres Wetter zu warten. Danach soll es hinüber zu den Kanarischen Inseln gehen, eine Strecke von etwa 280 Seemeilen – zwei bis drei Tage auf See. Hoffentlich komme ich dort langsam mal in südlicheres Wetter, der Regen seit Lissabon geht mir langsam ein wenig auf den Keks. Außerdem wird mein Strom knapp, wenn die Sonne nicht bald mal wieder herauskommt, denn der Windgenerator ist defekt. Ihn und das Radar will ich vor der Abfahrt noch demontieren, weil der Radarmast, krumm wie er bereits ist, auf der nächsten Etappe komplett rausbrechen würde. Das kleine geliehene Solarpaneel von Uwe Röttgering ist meine einzige Energiequelle – ich bin jeden Tag aufs Neue dankbar für das kleine Ding. Hier im Hafen gibt es zwar Steckdosen auf dem Steg, um die Boote mit Strom zu versorgen, aber ich musste lernen, dass es hier wohl gang und gäbe ist, dass wer eine freie Steckdose benötigt, einfach einen Gastlieger rausstöpselt, in diesem Falle mich.

Es regnet Bindfäden, der Atlantik verschwindet langsam in grauen Regenschwaden, und die Kajüte verwandelt sich durch die Luftfeuchtigkeit langsam, aber sicher in eine Tropfsteinhöhle. Was mir zu tun bleibt ist warten und lesen – in der letzten Woche ein ganzes 650 Seiten starkes Buch. »Aber lieber hier unter Palmen im Regen sitzen als zu Hause Schnee schippen«, denke ich mir.

Am Abend desselben Tages notiere ich im Logbuch:

Es regnet, den ganzen Tag! Eigentlich wollte ich mir einen Motorroller leihen, um damit die Insel zu erkunden, aber das wird wohl nichts. Stattdessen lese ich, räume wieder einmal die Kajüte auf und gehe einmal kurz in einer Trockenphase einkaufen, wofür ich auf dem Rückweg von einem dicken Schauer eingedeckt werde. In einem Anfall von Wahnsinn und in Erinnerung an alte Cowboyfilme kaufe ich sogar eine Dose Baked Beans und einen Pott Erdnussbutter, über den ich mich noch am gleichen Abend hermache. Die Zahnschmerzen haben heute ein bisschen nachgelassen, aber es hat keinen Zweck, die Zähne müssen auf dieser Seite des großen Teichs bleiben. Da eine OP hier auf Madeira sehr teuer werden würde, habe ich gestern nun einen Flug von Gran Canaria aus zurück nach Hannover gebucht. Am 27. November werde ich für eine Woche zurück nach Hause fliegen und ohne die vier Beißer zurück auf die MAVERICK *kommen. Nun muss ich rechtzeitig auf die Kanaren kommen. Wenn der Regen nur aufhören würde ...*

Auch der folgende Tag lässt mich nicht viel von der Insel sehen:

»*Raindrops keep falling on my head ...*«
Es regnet schon wieder den ganzen Tag, während ich mich in der Koje über ein halbes Dutzend Erdnussbuttersandwiches hermache. Ich bin süchtig!!

Am Sonntag endlich hört es auf zu regnen, und ich mache mich auf zur Autovermietung, um wie geplant mit einem gemieteten Roller ein paar Ecken der Insel zu erkunden. In dieser Zeit auf Madeira beginne ich außerdem mit dem regelmäßigen Schreiben von tagebuchähnlichen Artikeln für meine Website, auf der sich mittlerweile immer mehr Leser tummeln. Über meine Tour mit dem Roller schreibe ich unter der Überschrift »Easy Rider« Folgendes:

Liebe Leser,

zu gerne würde ich diesen Eintrag mit ein paar Schwärmereien über das herrliche Wetter, den warmen Sonnenschein und das tiefe Blau des Meeres beginnen – aber dem ist leider im Moment nicht so ... Seit Tagen ist hier der Himmel verhangen, ständig schauert es, und das Barometer fällt und fällt. Auch kälter ist es geworden, zurzeit herrschen hier in der Kajüte katastrophale 18 Grad!

Trotz des diesigen Wetters habe ich mir heute ein bisschen mehr von der Insel angesehen: Mein Tagesziel war der kleine Ort Machico, etwa 25 km östlich von Funchal in einer kleinen Bucht gelegen. Machico kenne ich noch von einem Urlaub auf Madeira und auch wenn dieser knapp zehn Jahre zurückliegt und ich damals erst zehn Jahre alt gewesen bin, so konnte ich mich doch noch an einige Stellen sehr gut erinnern und bin ein wenig auf alten Pfaden gewandelt ...
Machico liegt, wie schon erwähnt, eine ganze Ecke von Funchal weg. Um dorthin zu gelangen, gibt es verschiedene Wege: entweder hätte ich mit dem Bus dorthin gurken können (fraglich ist nur, ob es einen direkten Bus dorthin gibt!), alternativ mit einer Taxe (bin ich zu geizig für...) oder aber, meine Variante, auf zwei Rädern! In meinem Reiseführer hatte ich bereits gelesen, dass es hier eine Motorradvermietung nur ein paar Minuten vom Hafen entfernt gibt, und da die Preise wirklich human sind, entschied ich mich für diesen Weg. Nur leider machte mir mein Alter einen gehörigen Strich durch die Rechnung – die etwas größeren Maschinen gibt es erst ab 21 ... – Schade! Alternative? Ein Scooter! Also sattelte ich einen knallroten kleinen 50-Kubik-Roller und machte mich auf den Weg. Die Fahrt nach Machico war wirklich nass, und für den ersten Teil der Strecke quer durch Funchal und hinauf in die Berge hätte ich eher eine Crossmaschine

gebrauchen können, so wie ich über Kopfsteinpflaster und durch Schlaglöcher gehoppelt bin, bis ich dann eher unfreiwillig auf die »Via Rapida«, eine zweispurige Schnellstraße, stieß ...

Mit dem kleinen Moppel zwischen den rasenden Autos hatte ich ein ganz schön mulmiges Gefühl – vor allem auf den schmierig glatten Straßen, die solche Wolkengüsse selten erleben. Aber das kleine Ding lief auf grader Strecke gut seine 70 Sachen, bergab sogar einmal 80! Trotzdem war ich erleichtert, heil und nur »halb durchnässt« in Machico anzukommen. Seit ich dort gewesen bin, hat sich wirklich einiges verändert! Am Strand stand nun eine Art Kunstmuseum mit einem ungeheuer vornehmen Restaurant. Davor wurde eine Art Promenade errichtet und eine moderne Hängebrücke, die auf die östliche Seite der Bucht führt, wo es nun einen kleinen Yachthafen gibt, in dem neben zwei Hochseefischerbooten von den Azoren vorwiegend einheimische Fischerboote und ein paar ausländische Yachten lagen. Unter anderem ein kleiner schweizerischer Stagsegelschoner, die BUTTERFLY. *Früher lagen dort, soweit ich mich erinnern kann, nur ein paar halbabgewrackte Fischerboote. Auch einen kleinen Bootsausrüster gibt es in Machico am Hafen, alles macht einen sehr einladenden Eindruck, und würde ich nicht am Dienstag zu den Kanaren aufbrechen, hätte ich sicher noch ein paar Tage nach Machico verlegt. Sehr lecker und günstig essen kann man dort auch: Ein Teller Espada, ein typisch madeirischer Fisch, der aus 1000 Metern Tiefe heraufgeholt wird und durch den Druckunterschied dabei sofort stirbt, mit gebratenen Bananen gibt es dort für nur 5,50 Euro! Auffällig sind die vielen herumstreunenden Hunde, an die ich mich noch gut von früher her erinnern kann. Schon damals haben wir Kinder regelmäßig ein paar Scheiben Wurst vom Frühstückstisch geschmuggelt und damit die unglaublich vielen Streuner gefüttert ...*

Nach einem Bummel durch die kleine Stadt und durch meine Vergangenheit ging es dann über die Via Rapida (... und mit einiger Panik, von der Policia wegen meines kleinen Hackenwärmers herausgezogen zu werden ...) und über die Berge zurück nach Funchal. Den Roller schnell am Hafen geparkt und mit einer starken Kette (und zwei Schlössern!) gesichert, ging es dann noch schnell zum Supermercado, der sich hier wegen seiner riesigen Auswahl sogar »Hypermercado« nennt. Schon in den letzten Tagen hatte ich mich nach und nach neu verproviantiert, weil es hier einfach eine riesige und auch noch relativ günstige Auswahl gibt. Dummerweise hatte ich jedoch bei einer Dose nicht auf den

Preis geguckt, und so lagern nun sieben kleine Dosen feinster Canneloni für schweißtreibende drei Euro die Dose an Bord – die gibt es nur an Feiertagen, die nächste an Weihnachten!
Morgen hoffe ich meinen letzten Tag hier in Funchal zu liegen, denn das Tief, das mir das schlechte Wetter bereitet, zieht langsam Richtung Afrika ab und beschert für die nächsten Tage zwar hohe Wellen, aber nur etwa 3 bis 4 Windstärken, was ideal wäre! Eine kleine deutsche Ketsch aus Eckernförde ist heute schon losgesegelt, sicher auch mit Ziel Kanaren, und ich werde mich von hinten an das Tief ranhängen.
Morgen mittag muss ich den Roller wieder abgeben, was ich am liebsten schon heute getan hätte. Nun steht er am Hafen außerhalb meines Blickfeldes, gar kein gutes Gefühl ... Dann werde ich morgen noch weiter Futter stauen, den Radarmast (inkl. Windgenerator und Radar) demontieren, die Steuerleinen der Windsteueranlage austauschen (sind schon durchgescheuert), die Wassertanks füllen (Dieseltank ist noch voll, ich habe von Lissabon hierher erst ein paar Liter Diesel verheizt!), die Batterien aufladen und dann müsste ich eigentlich klar sein ... Nächste Meldung von den Kanaren!

Zwei Tage nach meiner Mopedtour über die Insel verlasse ich Madeira schließlich am 22. November gegen 15.00 Uhr mit Kurs Gran Canaria. Kaum bin ich aus dem Windschatten der Insel heraus, geht das gleiche Spiel wie bei der Anreise wieder los: Der Wind bläst mit 6 Stärken von den Bergen hinunter und drückt die kleine MAVERICK stark auf die Seite, also das dritte Reff ins Großsegel, die Fock weggerollt und los geht die Rodeoschaukelei. Mit fünf Knoten segeln wir Kurs Süd auf die Kanaren zu. Kaum bin ich jedoch aus den Fallwinden der Insel heraus, werden die Wellen sofort kleiner, und der Wind wird schwächer, sodass ich die Segel ausreffen kann. Gegen 22.00 Uhr stelle ich mir einen Wecker und gehe in Ölzeug ins Bett, nachdem ich an Deck ein paar Stunden lang frierend nach Schiffen Ausschau gehalten habe.

Flautentörn nach Gran Canaria

Bei einem der ersten Wachgänge sichte ich im Osten ein Leuchten am Horizont. Erst wirkt es wie ein hell erleuchtetes Kreuzfahrtschiff, sodass ich beschließe, noch nicht schlafen zu gehen, um ein Auge darauf zu haben. Kurz darauf geht genau an der Stelle der Mond auf. Okay, wird Zeit, dass ich ins Bett komme. Erst wache ich im 15-Minuten-Takt auf, dann alle 30, dann alle 60 Minuten. Eine ruhige Nacht, keine Schiffe.

Am nächsten Morgen wechsele ich gegen halb zehn die Fock gegen die große, bunte Genua, weil der Wind weiter abgeflaut hat. Aber das Wetter lasse ich mir trotzdem gefallen:

Heute Morgen habe ich doch glatt einen Winddreher verschlafen und bin für eine Stunde nach SW gesegelt. Aber bei dem Traumwetter kann ich damit leben – endlich wieder Sonne, 23 Grad in der Kajüte, kein Ölzeug und endlich richtig essen, in der Kajüte gammeln, lesen und trotzdem geht's gut voran!

In der Nacht sichte ich wieder ein helles Schimmern am Horizont, aber da ich inzwischen weiß, dass der Mond im Osten aufgeht, es aber im Nordwesten schimmert, bin ich diesmal hellwach. Und tatsächlich fährt nur eine Stunde später ein deutsches Kreuzfahrtschiff mit gelbem Schornstein und großem schwarzem »C« drauf ganz langsam an mir vorbei. Die Kreuzfahrtschiffe sind immer unheimlich langsam unterwegs, weil sie die ganze Nacht Zeit haben, um ihre Gäste am nächsten Morgen pünktlich zum Frühstück auf der nächsten Insel an Land zu setzen.

Als die Sonne am folgenden und dritten Tag aufgeht, ist der Wind endgültig eingeschlafen. Da ich eine Motorallergie habe – schließlich möchte ich über den Atlantik *segeln* – würde ich uns normalerweise einfach treiben lassen, bis wieder Wind aufkommt, aber weil mein Flieger am 27. November von Gran Canaria geht und nun schon der 24. November ist und noch gut 200 Meilen vor mir liegen, werfe ich den Diesel an und tuckere den ganzen Tag über durch eine spiegelglatte See:

Heute gibt es Delfine zum Frühstück – zwar nicht auf dem Teller (glücklicherweise!), aber rund ums Boot. Eine Schule von etwa zehn Tieren spielte eine halbe Stunde lang mit der MAVERICK, *sprang durch die Bugwelle und schwamm nebenher.*

Witzigerweise nicht etwa während des Segelns, sondern ausgerechnet heute, wo der Diesel läuft. Gegen 14.00 Uhr flog ein kleiner Vogel, wahrscheinlich eine Schwalbe, verlassen und landfern um die MAVERICK, *konnte sichtlich nicht mehr und wollte immer wieder aus Erschöpfung auf dem Wasser landen. An die* MAVERICK *hat er sich leider nicht nah genug herangetraut, immer wieder hat er neue Anflüge gewagt und dann doch abgedreht. Armes Ding. Gegen Viertel vor vier sichte ich an Steuerbord den Gipfel des Pico del Teide auf Teneriffa und kann es kaum fassen, denn er ist noch gut 70 Meilen entfernt. Noch 86 Meilen bis nach Las Palmas. Sonst war heute ein wunderschöner Tag – Sonne, sonnen, aber ich musste die ganze Zeit von Hand steuern, da ich ja keinen elektrischen Autopiloten habe.*

Kurz bevor die Sonne vollkommen untergegangen ist, kommt plötzlich ein leichter Wind auf, der zwar nicht berauschend ist, aber genug, um das Boot sich selbst segeln zu lassen. So brauche ich nach zwölf Stunden am Steuer endlich nicht mehr von Hand zu steuern, sondern kann die Windsteueranlage anklemmen und wieder im Halbstundentakt schlafen und Wache gehen. Am Morgen sichte ich Gran Canaria und nähere mich gegen neun Uhr der Nordostspitze, als ich ganz zufällig die Kurslinie der FUTSCHI KATO kreuze, mit der mein Freund Georg zusammen mit seiner Freundin Irene zwei Jahre zuvor die Kanaren besucht hat. Die beiden hatten mir ihre Seekarten mit auf meine Reise gegeben, und natürlich sind noch überall ihre Kurse eingetragen. Ein merkwürdiges Gefühl zu wissen, dass wir Gran Canaria auf dem gleichen Weg angelaufen haben. In Gedanken male ich mir aus, wie sie die Insel wohl gesehen haben.

Als ich auf den markanten Felsen am Nordostkap zusegele, glaube ich plötzlich meinen Augen nicht zu trauen, als plötzlich drei graue Wale vom Felsen aus genau auf die MAVERICK zugeschwommen kommen. Unfähig, irgendetwas zu tun, starre ich gespannt auf die Wale, die tatsächlich genau auf Kollisionskurs zukommen und erst im letzten Augenblick unter dem Boot durchtauchen. Instinktiv halte ich in der Erwartung eines Aufpralls die Luft an und mich an der Reling fest –, aber es gibt keinen. Auf der anderen Seite kommen die Wale wieder hoch und zeigen mir ein letztes Mal Free-Willy-mäßig ihre Fluken, bevor sie wieder im Atlantik verschwinden. Unglaublich!

Keine halbe Stunde später tuckere ich durch den Hafen von Las Palmas, in dem ich neben einigen Megayachten an die Tankpier gehe, um mir vom Hafenmeister einen Platz zuweisen zu lassen. Der Tankmeister will seinen Augen nicht trauen, als ich mit der kleinen MAVERICK dort längsseits gehe: »Wo willst du denn damit hin? Karibik???« – »Ja« – »Wuaahahaha!!! Du musst Witze machen!«

Kurz darauf kommt der Hafenmeister vorbei, und ich bin ganz froh, mich dem Gelächter entziehen zu können und MAVERICK an meinen Liegeplatz neben den anderen durchreisenden Yachten zu verlegen. Da ich gesehen habe, dass die Boote alle »römisch-katholisch« mit dem Heck zum Steg liegen, bilde ich mir ein, einen Anker am Bug werfen zu müssen, um mit dem Heck an den Steg zu gehen. Natürlich gelingt mein Ankermanöver nicht. Noch bevor ich den Haken über Bord werfen kann, liege ich auch schon mit dem Heck am Steg. Gerade als ich noch mal ein Stück vormotoren will, greifen mir einige Segler eifrig unter die Arme und machen das Heck der MAVERICK am Steg fest. Andere drücken mir hilfreich eine Leine zu einer Muringtonne in die Hand: »Hier, bind das an den Bug!«

Ich habe so noch nie zuvor festgemacht und bin nun heilfroh, dass ich nicht voreifrig den Anker auf die Muring geworfen habe – das Gespött wäre mir sicher gewesen.

Einer der helfenden Segler ist ein Schwede, der jedoch ausgezeichnet Deutsch spricht und mich gleich ganz interessiert über meine Reise ausfragt. Als ich ihm von meinen Plänen erzähle, sagt er mir voller Respekt: »Du bist aber ein braver Junge.« Offenbar hat er jedoch das deutsche »brav« mit dem englischen »brave« verwechselt, das für »tapfer, mutig« steht.

Dicke Backen

Vor ziemlich genau einer Woche, am Sonntag, dem 20., ist von Gran Canaria aus die Flotte der ARC mit 220 Yachten gestartet. Jedes Boot dieser Flotte größer als die MAVERICK. Wahrscheinlich würde sie geradeso in die Mindestlänge der Yachten passen, aber weil ich allein an Bord bin, dürfte ich ohnehin nicht mitfahren. Obwohl der Start der Regatta schon eine Woche her ist und die meisten Yachten schon gut 1000 Meilen des Atlantiks bezwungen haben, treffe ich auf dem Weg zur Hafenpolizei noch immer junge Leute, die alle drei bis vier Jahre älter als ich sind und nun, weil sie während der Regatta wohl keinen Platz mehr bekommen haben, im Hafen eine andere Möglichkeit suchen, auf einer Yacht in die Karibik zu kommen. Alle Wände und Tore sind gepflastert mit Anzeigen »Wanna Crew?«, und sogar auf ein offenbar vor Monaten am Hafen abgestelltes und vollkommen verdrecktes Auto hat jemand in den Schmutz auf der Windschutzscheibe seine Kontaktanzeige geschrieben.

Beim Warten vor dem Hafenmeisterbüro spricht mich ein junger Däne auf Dänisch an und als ich ein wenig verdutzt zurückschaue, fragte er mich noch einmal auf Englisch, ob ich denn nicht aus Dänemark sei – zufälligerweise habe ich ein schwarzes T-Shirt mit einem Großsegler und der Überschrift »Aero« an, genau von seiner Heimatinsel – er dachte, er träfe einen Landsmann.

Als ich im Hafenbüro erzähle, dass ich die MAVERICK für eine Woche alleine am Steg liegen lassen möchte, hat der Beamte zunächst große Bedenken wegen der Sicherheit und schickt mich weg. Zwischen zwei und drei Uhr soll ich wiederkommen, »wenn der Kollege da ist«.

Als ich um halb drei wieder vor der Tür stehe, ist der Laden geschlossen. Erst um halb fünf treffe ich endlich den Kollegen. Den ganzen Nachmittag schon hatte ich mir in Gedanken die rechten Worte zurechtgelegt, da mein Schulenglisch wirklich miserabel ist. Als ich ihm dann mein Anliegen etwas unsicher in einem Atemzug vortrage, wird er ganz nervös und antwortet mir nur »slowly, slowly, my english is not that good!«, was mich pfeilschnell entspannt. Wie beruhigend, dass sein Englisch auch nicht besser ist als meines ...

Um fünf Uhr nachmittags verlasse ich endlich das Büro mit den nötigen Papieren, Duschenschlüsseln *und* der Erlaubnis, die MAVERICK gut verschlossen eine Woche an ihrem Steg liegen zu lassen.

Außerdem habe ich mit der Einklarierung nun zudem auch die Genehmigung, in den kommenden Wochen zwischen den Kanarischen Inseln kreuzen zu dürfen.

Nach der Dusche führt mich mein erster, torkeliger Gang (das Torkeln ist auch schon nach nur drei Tagen auf See da!) in den Haupthafen. Dort liegt mal wieder – wie schon regelmäßig auf Maderia – die AIDABLU, die scheinbar zwischen den Inseln kreuzt – sowie einige Megayachten. Wenn mich nicht alles täuscht, liegt sogar in einem abgeriegelten Bereich hinter der AIDA Jim Clarks legendäre HYPERION, der riesige Einmaster, der sogar ein rotes Licht im Masttopp brennen hat, damit sich kein Flugzeug darin verfängt. Der Mast scheint sogar an das Deck der AIDA heranzureichen, vielleicht täuscht es aber auch nur.

Nach ein paar ersten Willkommens-Hamburgern im El Muelle Center am Hafen geht es wieder zurück an Bord und ans Aufräumen. Wie gewohnt sind wieder allerlei Dinge – der Schwerkraft folgend – wie Geschosse durchs Boot geflogen, sodass ich nun Äpfel und allerlei andere Dinge an den unzugänglichsten Stellen finde.

Den folgenden Tag über sehe ich mir die Stadt Las Palmas an und schieße unzählige Fotos, damit die Mitreisenden im Internet mal wieder etwas zu gucken haben. Von Tag zu Tag kommen mehr Leser dazu, die meine Abenteuer verfolgen, und oft erreichen mich begeisterte Mails von Lesern aus ganz Deutschland. Wieder erkenne ich, dass ich die Reise nicht länger nur für mich mache, sondern zugleich den Traum vieler Segler stellvertretend für sie auslebe.

Am Sonntag, dem 27. November, klingelt mein Wecker um vier Uhr morgens. Nach einer letzten langen Dusche und dem Verlust meiner Koteletten beim Rasieren bin ich um 5.15 Uhr startklar und mache mich mit meinem Gepäck voller schmutziger Wäsche – Mama wird sich zu Hause freuen – auf den Weg in die Innenstadt. Ich will nichts Wertvolles an Bord lassen, da mich die Hafenpolizei schon genügend darauf vorbereitet hat, dass ich alles, was an Bord von Wert ist, vermutlich bei meiner Rückkehr nicht mehr vorfinden werde. Also packe ich auch den Laptop, meine Video- und Fotokamera sowie das Satellitentelefon ein, verstecke die Epirb-Boje, die Rettungsinsel und das Schlauchboot unter Deck, und trabe mit meinem vielen Gepäck los. Es ist nicht einfach, so früh am Sonntagmorgen ein Taxi Richtung Flughafen zu finden. Dennoch bin ich eine halbe Stunde später am Check-in.

Das Buchen mit dem E-Ticket hat funktioniert, ich bekomme meinen Bordpass, checke ein und hebe Punkt acht Uhr morgens von der kleinen Insel im Atlantik ab. Nach knapp viereinhalb Stunden Flug, einem leckeren Essen, einem schlechten Film und einem wunderschönen Blick hinunter auf die verschneiten Berge lande ich pünktlich um 14 Uhr im eisig kalten Hannover. Zu Hause.

Meine Eltern erwarten mich bereits hinter der Glaswand vor der Gepäckausgabe, und als ich sie sehe, kann ich mir ein freudiges Grinsen einfach nicht verkneifen. Ich bin unheimlich froh. Einen Augenblick dauert es noch, bis ich mein Gepäck aus dem Flugzeug bekomme, dann darf ich endlich durch das Sicherheitstor in die Wartehalle treten und meine Eltern in die Arme schließen. Auch sie sind unheimlich froh und erleichtert, mich so viel früher als erwartet und vor allem in einem Stück wiederzusehen. Das erste Stück der Reise liegt hinter mir.

Draußen vor dem Flughafen ist es bitterkalt, und meine Eltern erzählen mir, dass Teile Deutschlands bereits wegen des vielen Schnees in den letzten Wochen stromlos waren – im Münsterland sollen haufenweise Strommasten von der Schneelast umgeknickt worden sein. Nach den zehn Tagen auf Madeira und den zwei Tagen bei 25 Grad auf den Kanaren kann ich mir die Schneemassen und Minuswerte in Deutschland kaum vorstellen. Auch in Wolfsburg ist es eisig kalt, aber schneefrei.

Schon am Montag, nur 24 Stunden nach meiner Landung in Hannover, sitze ich in Wolfsburg auf dem Zahnarztstuhl zur Behandlung. Und tatsächlich – es sind die Weisheitszähne, die herauswollen. Mit Terminen für die OP sieht es derzeit sehr schlecht aus, der Arzt will mich erst in einer Woche vormerken. Aber die Zeit habe ich nicht, mein Rückflug geht schon in sechs Tagen. Also erzähle ich ihm meine Geschichte: »Wäre es nicht möglich, mich diese Woche noch dazwischenzuschieben? Eigentlich bin ich nämlich gar nicht hier, sondern gerade dabei, mit einem kleinen Segelboot alleine über den Atlantik zu segeln ...«

Der Arzt guckt mich einen Augenblick lang ungläubig an, verzieht dann seine Lippen zu einem breiten Grinsen, das in ein schallendes Lachen mündet. Ohne weitere Fragen zu stellen, zückt er kopfschüttelnd seinen Terminkalender und notiert meinen Namen am kommenden Mittwoch. Zwar ist es nun nicht mehr möglich, diese OP in Vollnarkose zu machen, aber das muss ich wohl in Kauf nehmen. Er gibt mir den Tipp, einen Walkman mitzunehmen, damit ich von der Behandlung nicht allzu viel mithöre und entlässt mich mit einer Notiz für seine Arzthelferinnen. Als ich den Zettel am Tresen abgebe, sind die ganz entrüstet, weil er offenbar ihre Mittagspause gestrichen hat, um mich noch zwischenschieben zu können.

Der folgende Dienstag ist der 29. November und gleichzeitig mein 20. Geburtstag. Eigentlich hatte ich erwartet, an diesem Tag auf See zu sein und ihn alleine mitten auf dem Atlantik zu feiern, aber nun hatte ich einige Wochen verloren. Da ich relativ inkognito in Wolfsburg bin und mich alle meine Freunde und Verwandten noch immer auf den Kanaren wähnen, feiere ich diesen Tag nur sehr klein bei einem Kaffeetrinken mit meinen Eltern, meinem Onkel Uwe, meiner Oma und meinem guten Freund Samuel, der zufällig von meinem Besuch Wind bekommen hat und überraschend vorbeikommt. Richtige Geburtstagslaune will bei mir jedoch nicht aufkommen, habe ich doch am nächsten Tag eine sicher schmerzhafte OP vor mir. Geschenke gibt es auch kaum, denn meine Eltern hatten mir bereits alle Präsente mit auf die Reise gegeben – nun liegen sie wasserdicht verpackt im Vorschiff der MAVERICK.

Plötzlich ruft uns mein Vater während des Kaffeetrinkens an den Fernseher, weil er gehört hat, dass ein Sturm auf die Kanaren zu ziehen soll. Mit Erschrecken hören wir, dass Hurrikan Delta als einer der letzten Hurrikane in dieser Saison auf seinem Weg in die Karibik ganz plötzlich gedreht hat und nun mit Volldampf auf die Kanaren zu zieht. Das kann doch nicht wahr sein!

Während ich mit meiner Familie gemütlich bei Kaffee und Kuchen zu Hause in Wolfsburg sitze, liegt die MAVERICK überstürzt verlassen und vollkommen unvorbereitet alleine auf den Kanaren und wird von einem Hurrikan bedroht. Und ich kann nichts unternehmen.

Schnell versuche ich, über das Internet eine E-Mail-Adresse des Yachthafens zu finden, aber bekomme keine Antwort auf meine »Lebt mein Boot noch?«-Mail. Da ich keine Chance habe, etwas über das Geschehen im Hafen zu erfahren, akzeptiere ich, dass ich eh nichts ausrichten kann und ergebe mich in mein Schicksal: »Dann werden wir sehen, ob MAVERICK Delta überlebt ...«

Am folgenden Morgen sitze ich mit Kopfhörern auf den Ohren beim Zahnarzt und lasse die OP über mich ergehen. Zu meiner Überraschung ist das Ziehen der Zähne halb so schlimm, nur die Spritzen von innen in das Zahnfleisch tun heftigst weh, und das knirschende Geräusch beim Zähneausreißen ist wirklich unangenehm. Zudem scheint auf dem geliehenen MP3-Player nur softes Gedudel zu sein. Anstatt dass ich das Rupfen der Zähne mit heftigem Hardrock übertönen kann, läuft nur langsames Gitarrengezupfe von Jack Johnson, und ich klickere ständig die Lieder durch, um endlich etwas Lautes zu finden. Alle Zähne lassen sich wirklich gut ziehen, bis auf einen. Ausgerechnet der Große links unten macht Probleme, sodass mein Arzt zunächst die Wurzeln abbrechen und dann einzeln ziehen muss. Das

Geräusch alleine ist schon sehr unangenehm, aber schlimmer noch ist, dass dieser Zahn mir auch die ganze folgende Woche noch Probleme bereiten soll ...

Während ich die nächsten Tage mit dicken Hamsterbacken als »Gesichts-Quasimodo« vor dem Fernseher verbringe, mich flüssig ernähre und fleißig Schmerztabletten schlucke, heilen die Wunden ganz gut ab, und dem Rückflugtermin steht zunächst nichts im Wege. Dann jedoch will die Wunde links unten noch ein paar Tage länger das winterliche Klima genießen und wird von einem Tag auf den anderen dick. Daher verschiebe ich den Rückflugtermin schließlich am Freitag auf Mittwoch, den 7. Dezember.

Dadurch bekomme ich unverhofft drei Tage geschenkt, und mit immer noch etwas angeschwollenen Wangen genieße ich es sehr, am Sonntag ein paar meiner Freunde wiederzutreffen und mit ihnen als Band stundenlang Musik zu machen, fast wie in alten Zeiten.

Am Montag treffen wir uns alle in der Autostadt, dem Erlebnispark des VW-Werks in Wolfsburg. Jedes Jahr pünktlich zur Weihnachtszeit wird dort die Kulisse förmlich in ein Weihnachtsmärchen verwandelt: Eine Eispiste, eine Rodelbahn, Glühweinstände und viele andere Dinge geben dem Treiben dort jedes Jahr ein anderes Gesicht, während alles von einem gigantischen Weihnachtsbaum überstrahlt wird. Nachdem wir uns im Autostadt-Diner »Zylinder« alle einen unvergleichlichen Burger einverleibt haben, geht es auf die Eispiste! Und es ist einfach ein krasses Gefühl, dick eingemummelt über das Eis zu fegen und dabei zu denken »ab übermorgen lebe ich wieder unter Palmen ...«

Die Kulisse in der Autostadt weckt wirklich Weihnachtsstimmung, und am Abend bin ich beruhigt: Nun kann Weihnachten kommen, auch wenn ich unter Palmen oder wahrscheinlich sogar auf See bin!

Eines Abends finde ich einen Gästebucheintrag eines Stegnachbarn aus Las Palmas auf meiner Website, der offenbar meine Adresse auf dem Bug der MAVERICK gelesen hat. Daraus schließe ich: Wenn er die Adresse lesen konnte, muss die MAVERICK den Hurrikan zumindest soweit überlebt haben, dass der Bug noch aus dem Wasser guckt – das ist doch schon mal beruhigend! Auf eine Mail hin antwortet er mir, dass MAVERICK noch schwimmt und von außen keine Schäden zu sehen sind, das Unwetter auf Gran Canaria auch ohnehin nur halb so schlimm war, während auf Teneriffa neben einigen Yachten sogar ein Schlepper abgesoffen ist. Ich bin beruhigt.

Am Mittwoch, dem 7. Dezember, heißt es dann auch schon wieder Abschied nehmen. Dieses Mal wird es eine ganze Weile länger dauern, bis ich meine Familie und Freunde wiedersehen werde.

Zwar sind meine Wunden an den Zähnen noch längst nicht abgeheilt und ich habe auch noch eine ganz schön dicke Wange, aber es hilft alles nichts, ich muss zurück auf mein Schiff.

Viereinhalb Stunden nach dem Start in Hannover bin ich dann auch schon wieder zurück auf Gran Canaria, zurück in der Wärme unter Palmen. Mit einem Taxi fahre ich eine halbe Stunde bis zum Yachthafen und schleppe noch mal etwa zehn Minuten mein schweres Gepäck – nun erweitert um einige weitere Segelhandbücher und Romane, die ich mir noch in Deutschland gekauft habe – zum Boot, das tatsächlich völlig unbeschädigt an seinem Platz liegt. Die Nachbarn scheinen sich um MAVERICK gekümmert zu haben, eine meiner Leinen wurde verändert, sodass das Boot etwas weiter vom Steg weg gehalten wird. Als ich das Boot an seinem Platz liegen sehe, kann ich es kaum glauben: Auf der Nachbarinsel, quasi in Sichtweite, sind etliche Yachten in dem Hurrikan gesunken, und hier liegt MAVERICK völlig unvorbereitet, sogar die Windfahne ist montiert gewesen, das Großsegel nur einfach festgelascht und nicht einmal mit einer Persenning geschützt gewesen, und es ist einfach *nichts* kaputtgegangen. Unglaublich!

Zurück auf dem Boot zu sein ruft jedoch ein merkwürdiges Gefühl in mir hervor. Eineinhalb Wochen war ich in Wolfsburg, hatte mich so schnell wieder in mein normales Leben eingewöhnt und nun bin ich wieder auf dieser kleinen Nussschale. Um mich abzulenken, mache ich mich erst mal an die Bescherung:

Die Geschenke, die bereits 1000 Seemeilen auf dem Buckel haben, werden aus dem Vorschiff gekramt und dann geht es los. Von meinen Eltern bekomme ich ein paar Bücher, unter anderem das Kinderbuch »Weißt du eigentlich, wie lieb ich dich habe?«. In dem Buch geht es um einen großen und einen kleinen Hasen, die sich gegenseitig erzählen, wie lieb sie sich haben. Der kleine Hase reckt und streckt sich immer wieder, um dem großen Hasen zu zeigen, wie lieb er ihn hat. Der große Hase kommt mit seinen Händen jedoch immer höher und weiter, sodass sich der kleine Hase immer wieder etwas Neues ausdenken muss, um ihm zu zeigen, dass er ihn doch noch viel lieber hat als der große den kleinen. Am Ende sagt der kleine Hase »Ich habe dich sooooo lieb, bis zum Mond und zurück« und an dieser Stelle hat meine Mutter den »Mond« durchgestrichen und »New York« hineingeschrieben, mein Reiseziel. Mir kommen die Tränen, als ich es lese. Ebenso bei den Fotos, die mir meine Mutter mit eingepackt hat. Fotos von zu Hause, von meiner Familie und sogar von vielen alten Freunden, Christoph, Katrin, Imke, Lennart ... Neben den Fotos und dem Buch hat mir meine Mutter einen großen Karton an Bord geschmuggelt, den ich erst an meinem Geburtstag öffnen sollte. In ihm finde ich einen kleinen, etwa 30 Zentimeter großen, künstlichen Tannenbaum, Strohsterne und Miniatur-Weihnachtskugeln, außerdem zwei kleine Stollen und Weihnachtskekse – mjamm!

Meine Schwester hat mir ein Carepaket gepackt, in dem ich ebenfalls ein Buch, eine Dose Ravioli, Deo, Haargel (das ich ja nun eigentlich nicht mehr brauche ...), Creme, Labello, Salbei-Bonbons, Süßigkeiten und – ganz wichtig – eine Packung Kaffee finde. Ich freue mich sehr. Zum Schluss kommt das Paket, auf das ich mich am meisten gefreut habe. Meine gute Freundin Miriam hat mir kurz vor meiner Abreise noch ein Päckchen vorbeigebracht, das bunt verpackt ist und neben »Happy Birthday« auch die Aufschriften »Achtung, Gefahr! Dieses Geschenk ist videoüberwacht! Wird es vor dem 29.11. geöffnet, kann dies schwerwiegende Folgen haben. Für Reaktionen seitens des Geschenks (Explosion, Bisswunden, etc.) kann keine Haftung übernommen werden« trägt. Zu meiner Überraschung finde ich innen drin einen Stapel von kleinen, einzeln verpackten Geschenken, die bis zur Nummer 24 durchnummeriert sind. Dazu eine Karte, auf der vorne drauf ein rudernder Vogel »Nicht so grantig auf dem Atlantik« und auf der Rückseite »Da ich nicht weiß, wie Delfine und Piraten die Adventszeit feiern, soll mein Geburtstagsgeschenk dir helfen, zwischen Meer und Palmen in die richtige Stimmung zu kommen«. Ein Adventskalender! Ich bin ganz aus dem Häuschen vor Freude über das tolle Geschenk und öffne sofort die ersten sieben Päckchen, die ich ja in Wolfsburg bereits verpasst habe. In ihnen finde ich Weihnachtskerzen, Tütensuppen, ein gerahmtes Bild aus der Heimat, Weihnachtsmusik, einen Weihnachtselch und Süßigkeiten. Ich bin hin und weg vor Begeisterung über die vielen Päckchen, die jeden Tag neue Überraschungen und Erinnerungen an die Heimat bringen werden. Am Abend notiere ich im Logbuch:

Zurück an Bord – nach knapp eineinhalb Wochen zu Hause in Wolfsburg. Es war wirklich wunderschön, alle meine Freunde noch einmal wiederzusehen, mit Walter und dem Rest der Truppe Musik zu machen und ein paar Tage in der winterlichen Kulisse der Autostadt zu verbringen. Irgendwie ist es echt komisch gewesen, wieder in Wolfsburg zu sein, denn es war alles wie immer. Kaum zu glauben, was für ein Abenteuer bereits nach dem einen Monat hinter mir liegt, 1000 Meilen Atlantik einhand. Aber genauso komisch ist es für mich, nun wieder an Bord zu sein und »weitermachen zu müssen«. Gleich als Erstes habe ich an Bord die Geschenke ausgepackt und mich wirklich über alle drei gefreut! Sowohl Susis tolles Carepaket, Mamas Bücher und Fotos und jeden Tag neu freue ich mich nun über Miris Adventskalender, der ist wirklich toll! Hat sich eine Menge Mühe gegeben, die Kleine ...

Am selben Abend bin ich aber zugleich sehr betrübt. Zu schön war es, wieder bei all meinen Freunden und meiner Familie zu sein. Immer und immer wieder sehe ich mir Fotos von ihnen an, fühle mich unheimlich allein. Fern von zu Hause, in einem so kleinen Boot mit einer sooo großen Aufgabe, die vor mir liegt. Während ich die Fotos immer wieder durchblättere, greife ich nach einer Flasche Tequila, die ich eigentlich nur für Gäste an Bord hatte und gieße mir ein Glas ein. Dann noch eins, dann noch eins ... Irgendwann schlafe ich ein.

Am nächsten Morgen wache ich sehr spät auf, erst gegen elf Uhr scheint die Sonne durch die Fenster über meiner Koje in mein Gesicht und lässt mich erwachen. Mein unkontrolliert umherschweifender Blick trifft die Tequilaflasche, die mehr als zur Hälfte leer auf dem Kartentisch steht. Auweia ... Am Abend war es dunkel gewesen, weil ich wieder einmal nicht genug Strom hatte, um die Kajütbeleuchtung zu benutzen, und so hatte ich tatsächlich mehr als eine halbe Flasche Tequila alleine ausgetrunken. Das war mir zuvor noch nie passiert, dass ich mich – dazu noch alleine – so hemmungslos betrunken hatte und genauso fühle ich mich auch – mein Hals fühlt sich an, als hätte ich mir die Speiseröhre auf links gedreht.

Es folgen einige gammelige Urlaubstage, die ich zum großen Teil am Strand verbringe. Ich muss ohnehin einige Tage warten, bis die Wunden von den Weisheitszähnen einigermaßen verheilt oder zumindest die Wangen abgeschwollen sind, bevor es weitergehen kann, und so schlafe ich jeden Morgen bis zehn Uhr aus, um mich anschließend für einige Stunden mit einem Buch an den Strand zu legen und erst dann, am Nachmittag, ein wenig am Boot zu arbeiten. Aus Deutschland habe ich mir einige Netze mitgebracht, die eigentlich zum Schutz von Bäumen vor Vögeln gedacht sind. Ich aber zweckentfremde sie und montiere sie vor die Staufächer im Vorschiff, damit in Zukunft nicht weiter bei jeder Welle der gesamte Inhalt im Tiefflug durch das Vorschiff schießt. Außerdem montiere ich endlich zwei Bücherregale für meine vielen Bücher. Damit die Bücher auch bei Wellengang darauf stehen bleiben, baue ich zugleich einen Gummizug an, der die Bücher auf das Regal schnürt.

Nach vielen relativ weißen Seiten im Logbuch schreibe ich erst am 12. Dezember wieder einen längeren Eintrag:

Heute Morgen höre ich überraschend deutsche Stimmen, als ich noch in der Koje liege: »Christiaaaane? Guck mal, ob der Kühl-

schrank geht!« – Nanu, eine deutsche Familie? Als ich aus dem Fenster schaue und mir gegenüber auf dem Bug einer kleinen, gelben GfK-Yacht MARIE BRIZARD lese, fällt es mir wie Schuppen aus den Haaren: »Hey, die kenn ich doch!« Und kaum klettere ich auf dem Weg zur Dusche aus der Kajüte, steht auf der anderen Stegseite auch schon das Empfangskomitee an Deck: »Du bist doch bestimmt Johannes!« Schon vor meiner Abreise hatte ich mit Thorsten gemailt, da er im Boote-Forum gefragt hat, wer in diesem Winter noch mit Boot und Kind auf den Kanaren sein wird, aber seit sie auf Lanzarote waren und ich auf Madeira angekommen bin, hatte ich nichts mehr von den dreien, Thorsten, Christiane und dem 2-jährigen Moritz, gehört. Umso überraschender, sie nun gegenüber liegen zuhaben! Die drei wollen nicht wie ich über den Atlantik, sondern nach der Kanaren-Madeira-Runde wieder zurück ins Mittelmeer, um in die Türkei und nach Griechenland zu segeln. Als ich eine halbe Stunde später von der Dusche zurückkomme, unterhalte ich mich am Steg eine ganze Weile mit Christiane, die mich mit Robin Lee Graham vergleicht, dem 16-jährigen Amerikaner, der in den 1960er-Jahren alleine die Welt umsegelt hat. Das habe ich schon öfter gehört, dass wir durch unsere Reise einiges gemeinsam haben... Ich freue mich tierisch, nun nicht mehr so allein hier zu sein und verlängere meinen geplanten Aufenthalt – bezahle bis Donnerstag nach. Der Beamte vom Hafen hält mich sicher auch schon für leicht debil, weil ich alle zwei Tage ankomme, um noch mal für zwei Tage zu verlängern und dabei immer wieder eine ganze Menge Papier produziert wird: vier Blätter für mich, zwölf für ihn!

Neben den Arbeiten am Boot mache ich mich außerdem daran, Weihnachtsgeschenke einzukaufen. »El Corte Ingles« ist da natürlich mit seinen zwei riesigen Kaufhäusern der richtige Ort, um meine Suche zu beginnen.

Ich wollte wenigstens ein Geschenk für Miri und meinen Onkel Uwe nach Deutschland und eines für meine Freundin Kristina in die USA verschicken. Obwohl ich mit Kristina sieben Jahre lang auf eine Schule gegangen bin, hatte ich sie doch erst in den letzten Monaten vor dem Abitur so richtig kennengelernt. Während der Abizeit haben wir oft an den Abenden zusammen etwas unternommen, selten alleine, meist noch mit anderen Freunden, und hatten uns ganz gut angefreundet. Aber dann zog der Juni ins Land, und für Kristina stand der Abschied von Deutschland vor die Tür: Sie wollte für ein Jahr als Au-Pair in die USA nahe New York gehen.

Am Mittwochmorgen lädt mich Christiane zum Abendessen auf die MARIE BRIZARD ein, die die beiden nach einem bekannten französischen Likör benannt haben. Da sie sich nicht sicher waren, ob sie so ohne Weiteres den Namen adoptieren dürfen, haben sie zuvor einen Brief auf Französisch mit ihrer Geschichte und der Frage, ob sie ihr Boot MARIE BRIZARD taufen dürfen, nach Frankreich geschickt. Prompt kam nicht nur die Erlaubnis zurück, sondern auch zwei Flaschen Likör und beste Wünsche für das neue Boot.

Da in der ganzen Stadt keine roten Bohnen zu finden sind, wird aus dem geplanten Chili con Carne schließlich Spaghetti Bolognese, und zusammen verbringen wir einen schönen Abend an Bord ihres, obwohl nur 9,30 Meter langen, doch sehr geräumigen Schiffes. Moritz scheint sich auch sehr über den neuen Gast zu freuen und zeigt mir ganz stolz seine Spielzeugautosammlung, während ich mich mit Thorsten über die Karibik unterhalte, in der die beiden vor einigen Jahren ihre Hochzeitsreise verbracht haben. Zugleich bekomme ich einige Warnungen über die Gegend. Offenbar soll es längst nicht mehr das Paradies sein, das es einmal gewesen zu sein schien. In einigen Buchten sollen sich die Einheimischen ein Geschäft daraus gemacht haben, den vorbeikommenden Segelyachten die Heckleinen abzunehmen und an einer Palme festzubinden. Ich bekomme den Tipp, dieses Angebot und auch angebotene Bananen und Grapefruits immer anzunehmen, weil es ansonsten sein kann, dass die Jungs eingeschnappt sind und dafür bei Nacht meine Ankerleine durchschneiden. Na das schafft ja Vorfreude ...

Am nächsten Morgen mache ich mich noch ein letztes Mal auf zum »El Corte Ingles«, aus dem ich noch für die Überfahrt zu meinem nächsten Ziel La Gomera einigen Proviant an Bord schaffe und bereite anschließend die MAVERICK für das vor ihr liegende Seestück von etwa 100 Seemeilen vor.

Während ich noch die Genua gegen die kleinere Fock austausche, kommen Thorsten und Christiane vorbei, um sich von mir zu verabschieden, bevor sie sich auf den Weg in die Stadt machen. Wir wünschen uns gegenseitig alles Gute für die vor uns liegenden Etappen, und zum Schluss überreichen mir die beiden noch eine Flasche Rosé mit den Worten: »Wenn mal nicht alles so klappt, wie es soll – knall dir einen rein.«

Nur kurze Zeit später spricht mich ein junger Schwede, etwa Mitte 20, auf fließend Deutsch an und fragt mich, ob ich Lust hätte, bei einem Volleyballspiel ihr vierter Mann zu sein. Natürlich habe ich Lust, aber es ist schon fast 15 Uhr, und ich muss mich sputen, um im letzten Tageslicht wenigstens noch von der Küste wegzukommen,

Der Atlantik begrüßt mich am Weihnachtsmorgen mit Flaute und einer Schule von Walen.

und so kann ich leider nur absagen. Aber dennoch unterhalte ich mich eine ganze Weile mit dem Schweden, und er erzählt mir, dass er zusammen mit einem Freund und einer Freundin zu dritt auf einer alten Albin Vega, Baujahr 1968, auf dem Weg in die Karibik ist. Ihr Innenborder ist kaputt, und da sie zurzeit motorlos sind, suchen sie nach einem gebrauchten Außenborder, bevor es kurz nach Silvester über den Atlantik in die Karibik gehen soll. Eine beeindruckende Crew auf einem ebenso kleinen Boot wie der MAVERICK. Vielleicht treffen wir uns ja irgendwo in der Karibik wieder, denke ich mir.

Um Punkt halb vier sind Thorsten und Christiane zurück vom Einkaufen und ich immer noch am Steg. Also machen mir die beiden die Hecklinen los und geben mir den letzten Schubs – und ich bin wieder unterwegs. Vorbei an der Nordküste von Gran Canaria motore ich in einer nervigen Flaute Richtung Teneriffa.

Auf Kolumbus' Spuren

Pünktlich zum Sonnenuntergang bin ich frei von der Küste und segele Kurs Süd, um die Südspitze von Teneriffa zu runden. Der Wind dreht bis auf 2 Windstärken auf, und so kann ich den Windpiloten ans Ruder klinken und mich aus der Kälte der Dezembernacht in die kuschelig warme Kajüte verkriechen. Mit Schlafen ist es in dieser Nacht jedoch Essig, da alle Viertelstunde die Ohlson-Katamaranfähre an mir vorbei zwischen den Inseln pendelt und dazu noch eine ganze Menge anderer Verkehr herrscht. Eine lange Nacht steht mir bevor.

Gegen Morgen hat der Wind noch immer nicht weiter aufgedreht, und ich laufe mit etwa 3 Knoten langsam und bedächtig nach Süden. Gegen 15 Uhr runde ich die Südküste von Teneriffa und segele kurz darauf für einen kleinen Besuch in den Hafen von Los Cristianos hinein, in dem ich vor zweieinhalb Jahren an Bord der ANTIGUA gegangen bin, um mit ihr nach Lissabon zu segeln. Gesegelt sind wir damals jedoch eigentlich nicht, sondern hatten die Segel nur als Stützbesegelung oben und haben auf den 700 Meilen hoch am Wind mit der zusätzlich laufenden Maschine etwa acht Tonnen Diesel verheizt. Die MAVERICK hat einen Dieseltank, der nur etwa 30 Liter fasst, ist aber auch nur ein Sechstel so groß wie die ANTIGUA.

In Los Cristianos scheint sich in den vergangenen Jahren nicht viel verändert zu haben. Auch der Burger King, in dem ich bei meinem ersten Besuch gegessen habe, ist noch an derselben Stelle, und so fahre ich eine Wende und nehme Kurs auf La Gomera.

Plötzlich frischt der Wind ganz gut auf, und wir rauschen mit beinahe 5 Knoten auf die kleine, kaum beleuchtete Insel zu, die schon seit Teneriffa gut am Horizont zu sehen ist. Nach der Hälfte der Strecke ist es mit dem Wind jedoch wieder vorbei, und damit ich nicht mitten in der Nacht quasi im Blindflug in den unbekannten Hafen einlaufen muss, nehme ich die Segel gegen Mitternacht weg und lasse uns bis um acht Uhr morgens vor der Insel treiben, bevor ich den Motor wieder starte und die letzten zehn Meilen bis in den Hafen knattere.

Mit dem ersten Morgenlicht des dritten Tages laufe ich also schließlich nach etwa 100 Meilen seit Las Palmas in den kleinen Hafen von San Sebastian ein – kein sehr berauschender Schnitt!

La Gomera ist wirklich eine schöne Insel, obwohl oder gerade weil sie sich von ihrem Äußeren her sehr von Gran Canaria oder Teneriffa abhebt. Die Küste ist von steilen Klippen umgeben, und die Sandstrände bestehen ähnlich wie auf Madeira aus brauner Vulkanasche. Dennoch hat sie einen ganz eigenwilligen Charme, und ich kann es Christoph Kolumbus gut nachempfinden, warum er vor seinen legendären Atlantikreisen hier jeweils mehrere Wochen Pause machte und nicht weit von dem Yachthafen, in dem die MAVERICK nun liegt, mit seiner Flotte Anker warf. Was für Kolumbus gut war, kann mir nur recht sein!

Doch La Gomera ist nicht nur ein kleines, rundes, etwas abgeschieden von den übrigen kanarischen Touristenmetropolinseln gelegenes Idyll, sondern ist auch jährlich Abfahrtsort von rekordbesessenen Atlantiküberruderern und zudem, was ich vorher jedoch nicht wusste, zu einem beträchtlichen Anteil von Deutschen bewohnt. So findet man auf La Gomera nicht nur einen deutschen Radiosender, sondern auch viele deutsche Hinweisschilder und sogar ein typisch ostfriesisches Lokal, in dem »Linsen-Hein« typisch norddeutsche Küche serviert: »Wir haben keine Pommes, und Kaffee gibt's erst *nach* dem Essen!«

Aber ansonsten liegt, neben einem großen Supermarkt nicht weit vom Hafen, auf La Gomera versorgungstechnisch sprichwörtlich »der Hund begraben«. Sechs Tage bleibe ich auf dieser Insel, die zugleich mein Absprunghafen über den großen Teich werden soll, und verbringe die Zeit mit Wäschewaschen in einem Eimer auf dem Steg, dem Heranschleppen von Proviant und Getränken und einigen, letzten Arbeiten am Boot: Der Kocher hatte sich wieder einmal in einer Welle aus seiner Kardanik gerissen und muss repariert werden, ebenso einige kleine andere Dinge. Die größte Arbeit macht mir jedoch der Mastfuß: Bereits in Lissabon hatte ich ja schon gemerkt, dass der an Deck stehende Mast das Sandwichdeck nach unten drückt. Inzwischen sind es nun etwa zehn Zentimeter, die das Deck unter dem Mast durchhängt. Glücklicherweise habe ich noch immer den stabilen Windgeneratormast an Bord, den ich bereits auf Madeira demontiert hatte. Bisher war ich jedoch zu geizig gewesen, das gute Edelstahlgestänge in einem Müllcontainer zurückzulassen oder zu versenken und kletterte daher lieber 50-mal täglich über das quer durch die Kajüte liegende Rohr, das sich nun jedoch bezahlt machen soll: Ich plane, es zu kappen und als Verstärkung unter das Deck zu schrauben, damit die Kraft, mit der der Mast nach unten drückt, auf den Kiel geleitet wird. Aber um eine Säge zu kaufen und den Mast zurechtzusägen, muss ich als Erstes eine »Ferreteria« finden, und das ist gar nicht so einfach. Nach einem langen Fußmarsch entdecke ich schließlich am anderen Ende der Stadt einen solchen Eisenwarenladen und kaufe mir eine nagelneue Eisensäge. Zurück an Bord mache ich mich daran, den stabilen Edelstahlmast mit der Säge zu halbieren und investiere beinahe zwei Stunden schweißtreibender Arbeit in das Rohr, bis die Zähne der Säge vollkommen stumpf und ich vollkommen durchgeschwitzt bin, das Rohr aber gekappt ist. Um den Mastfuß auf dem Kajütboden und unter der Decke zu montieren, mache ich mich auf die Suche nach Holz, das auf der Insel aber ebenfalls schwer zu finden ist. Letztlich zweige ich an allen möglichen Ecken des Bootes etwas Holz ab, säge beispielsweise einen halben Meter aus der Kojenauflageleiste heraus, um so ein paar Leisten für meine Maststützenhalterung zu bekommen.

Um das Rohr an der Decke zu befestigen, finde ich eine sehr interessante Lösung, indem ich zwei Kleiderbügel so zuschneide, dass ich zwei hölzerne Ypsilons habe, die ich um das Rohr lege und einfach an die Decke schraube. Das Ergebnis sieht unheimlich zurechtgepfuscht aus, aber es hält ausgezeichnet und entlastet spürbar das Deck. Nur die Toilettentür ist nun nicht mehr zu öffnen, weshalb ich sie demontiere und auf einer Vorschiffskoje verstaue. Ich könnte sie ja auch auf eine Müllkippe werfen, aber ich denke mir, vielleicht könnte ich sie ja auf dem Atlantik noch mal brauchen, als Notruder etwa ...

Zwei Tage vor Weihnachten schleppe ich die letzten Vorräte an Bord, darin enthalten vier Paletten Getränkedosen: je einmal Cola, Fanta, Zitronenbrause und Bier. Zwar habe ich an Bord die Regel, auf See keinen Alkohol zu trinken, um immer bei vollem Bewusstsein zu sein und niemals sprichwörtlich »einen auf der Brücke« zu haben, aber deshalb habe ich ja die restlichen drei Paletten, die als kleine Belohnungen auf See gedacht sind, die ich mir immer wieder mal gönnen will, wenn ich niedergeschlagen oder erschöpft bin.

Schließlich ist es am 23. Dezember so weit – die MAVERICK ist seeklar. Nach einer letzten, kalten Cola, die ich in aller Ruhe allein auf einer Bank am Strand trinke und dabei das eigenartige Gefühl verspüre »ich lege gleich ab und segele quer über den Atlantik!«, was mir noch so unglaublich unwirklich vorkommt, werfe ich schließlich um 17.30 Uhr die Leinen los und segele in die letzten Lichtstrahlen der tief stehenden Abendsonne hinein.

2800 Seemeilen Einsamkeit

1. **Tag – 23. Dezember 2005**
Heute geht das große Abenteuer Atlantik los! Aber ich bin ungewöhnlich gelassen, schlafe erst mal bis halb zehn aus, erledige letzte Arbeiten, räume das Boot auf und mache mich gegen Nachmittag ein letztes Mal auf zum Supermarkt, kaufe frisches Obst, Brot und was sonst noch so fehlt. Das Ausklarieren ist schnell erledigt, Wassertanks befüllen auch (habe 70 l im Tank plus etwa 70 l in Kanistern plus Wasserflaschen plus vier Paletten Dosen an Bord). Gegen halb sechs geht es aus dem Hafen heraus und hinein in die Flaute. Während ich mit maximal 1 Knoten Fahrt stundenlang an der Küste dümpele, führe ich noch allerletzte Telefonate mit Zuhause, verschicke SMS und futtere meinen Vorrat leer ... Gegen halb elf pustet es dreimal laut hinter mir, und als ich beim dritten Mal die Lampe draufhalte, scheint die Fontäne hinter mir (15 bis 20 Meter weit weg) von einem Wal zu stammen! Höre ihn noch ein paar Mal schnaufen. Gegen elf Uhr begleitet mich eine Schule Delfine in der Dunkelheit ein Stück, ein wunderschönes, phosphoreszierendes Bild!

2. Tag – 24. Dezember 2005
Gleich zu Beginn der Reise gerate ich in ein anhaltendes Flautenfeld, sodass ich am Morgen noch immer in Sichtweite des Hafens liege und während der Nacht meinem Ziel nur drei Meilen näher gekommen bin. Dafür habe ich aber durch den kaum vorhandenen Schiffsverkehr und die ruhige See ziemlich gut geschlafen und nur alle 30 Minuten einmal kurz für einen Rundumblick wach werden müssen. Den ganzen Tag über umschwärmen mich ganze Schulen von Walen, meist zwei Elterntiere mit ihren Kleinen, die ebenso wie ich auf den Atlantik hinausziehen und die MAVERICK dabei in weniger als zehn Metern Entfernung passieren. Gegen Mittag werfe ich ein halbes Marmeladenbrot über Bord, weil mir bei diesen tropischen Temperaturen nicht wirklich nach meiner Weihnachtsmarmelade »Pflaume-Apfel-Zimt« zumute ist. Eine Stunde später hat mich das Brot überholt. Schließlich geht der Spinnaker am Mast hoch, der mit seinen 36 m^2 Tuch aber ebenfalls keinen Wind findet und immer wieder zusammenfällt.

Während ich im leichten Strom nach Süden treibe, wird es dann doch auch bei mir an Bord noch weihnachtlich. Gegen Nachmittag sitze ich in der Sonne und esse echten, seit Deutschland an Bord wohlgehüteten Baumkuchen, den ich mir extra für Weihnachten aufgehoben habe. Der Tag vergeht sehr schnell, während ich im Cockpit in der Sonne sitze, Weihnachtsmusik über den deutschen Radiosender auf La Gomera höre und lese. Als der Radiosender nur noch Weihnachtslieder wie »Es ist ein Ros' entsprungen« bringt, ist mir das mitten auf dem Atlantik mit freiem Oberkörper, bei knallendem Sonnenschein und blauem Himmel doch zu krass, und ich schalte um auf den englischen Sender, auf dem Frank Sinatra alte amerikanische Weihnachtslieder zum Besten gibt. Immerhin ...

Abends schließlich ist es so weit – es ist Weihnachten! Da ich den künstlichen Tannenbaum, den mir meine Familie an Bord geschmuggelt hatte, wegen der Schaukelei lieber im Vorschiff verstaut habe, besteht mein »Fest« nur aus dem Lesen der Weihnachtsgeschichte in der Bibel, Weihnachtsmusik von einer CD und dem Auspacken ein paar kleiner Geschenke. Ich bekomme zwei Bücher und eine CD mit »Gute-Laune-Songs« von meiner Freundin Miriam, über die ich mich besonders freue. Zwischendurch telefoniere ich eine Weile mit meiner Mutter, die gerade vereint mit der ganzen Familie um das Weihnachtsessen sitzt. – Bei mir gibt es wieder einmal Pasta mit einer Bolognese-Sauce. Als ich schließlich feierlich meine Nudeln verschlinge, notiere ich nebenbei im Logbuch »Weihnachten allein auf See? – Eigentlich gar nicht so schlimm ...«. Auch wenn ich mir dabei nicht eingestehen will, dass mir meine Familie sehr fehlt.

3. Tag – 25. Dezember 2005
Am ersten Weihnachtsfeiertag komme ich langsam in die Nähe der Insel Hierro, durch die ich noch mal Handykontakt bekomme und meine Familie erreiche, die sich gerade zum traditionsreichen »Erster-Feiertag-Ente-Festschmaus« am Mittagstisch bei Oma hermacht – na toll. Ich hingegen löffle Cannelloni direkt aus der Dose, dazu zum Nachtisch einen Becher Rote Grütze mit Soja-Vanillesauce und verbringe den Rest des Tages mit Segelmanövern. Der Wind hat ein wenig aufgefrischt und lässt uns nun gemächlich vorankommen – nur kommt der Wind nun genau von vorne und fordert einen harten Kreuzkurs nach Süden. Mein letztes Etmal waren gerade mal 49 Meilen, wirklich miserabel. Als ich nach vielen Kreuzschlägen endlich mit einem einigermaßen brauchbaren Südkurs dahinsegele und meine Ruhe finde, sitze ich in der Kajüte und spiele ein wenig Gitarre. Plötzlich machte es *Zeng!* – und eine Saite fehlt. So ein Mist, und das ausgerechnet schon am dritten Tag! Nun muss ich noch mindestens 25 Tage auf fünf Saiten weiterspielen ...«

4. Tag – 26. Dezember 2005
In der Nacht habe ich sehr ungewöhnliche Träume. Ich träume von meiner Rückkehr nach Wolfsburg und von einem Grillabend mit all meinen Freunden. Auch meine Freundin Kristina ist dabei, sitzt mit uns zusammen am Tisch und erzählt von der hinter ihr liegenden Reise, obwohl sie zu diesem Zeitpunkt noch mehr als ein halbes Jahr in den USA vor sich hat. Auf den Kanaren hatte ich einige Mails mit ihr ausgetauscht. Anscheinend hatte sie einen absolut schwer vermittelbaren Ladenhüter unter den Gastfamilien abbekommen. Offenbar können die Kinder noch nicht einmal selbstständig mit Messer und Gabel essen, dafür aber den ganzen Tag in ihrem Spielkeller vor der Playstation sitzen, während das Au-Pair sie bedienen muss. Kurzzeitig kam ihr sogar in den Sinn, das Au-Pair-Jahr abzubrechen und nach Hause zu fliegen. Das wäre natürlich echt schade, weil wir uns dann nicht mehr in den USA treffen könnten. Aber bevor sie sich in den Flieger setzt, will sie erst einmal versuchen, die Familie zu tauschen. Ein merkwürdiges Gefühl, in diesem Traum alles so real zu erleben, als wären wir tatsächlich beide wieder zurück in Deutschland und unsere Reisen vorbei.

Als ich um vier Uhr morgens routinemäßig zum Rundumblick aufwache, sehe ich es am Horizont hell blitzen, fast wie ein Kanonenfeuer. Erst denke ich an ein Schiff am Horizont, dann vielleicht an ein Blitzlicht aus einer Rettungsinsel, aber das Blitzen ist etwas anderes. Es sieht fast so aus, wie eine Explosion. »Ist in Afrika Krieg? Habe ich irgendwas nicht mitbekommen?« – aber nein, kurz darauf sehe ich am Horizont Blitze ins Wasser zucken und ändere meinen Kurs auf Nordwest – egal wohin, nur nach Westen und nicht ins Gewitter hinein. Schließlich dreht der Wind am Nachmittag auf West, und ich kann meinen ersten Wegpunkt nordwestlich der Kapverden anliegen, ohne um jede Meile kämpfen zu müssen. Endlich wird das Segeln angenehm. Zwar sind wieder nur miserable 55 Meilen als Etmal zu verbuchen, aber das ist immerhin schon eine Steigerung zum Vortag.

5. Tag – 27. Dezember 2005
Nach dem 55-Meilen-Etmal gestern haben wir heute ein Etmal von 81 Meilen, der Wind nimmt immer weiter zu. In meinen blauen »Gute-Laune-Boxen«, in denen ich meine Süßigkeiten verwahre, finde ich eine Tüte »Haribo Phantasia«, die ich in Deutschland oft auf meinen langen Autofahrten gegessen habe. Sofort fühle ich mich zurück nach Hause versetzt, denke an meine vielen Nachtfahrten zur Werft nach Thüringen ... bis auf die schönen Erinnerungen plötzlich Schmerzen folgen – *Zahn*schmerzen! Ich bin entsetzt – warum tun

mir die ganzen Backenzähne nun schon wieder weh, die Weisheitszähne sind doch raus! Offenbar hat das Mittagsschläfchen unter dem offenen Niedergangsluk meinen Zähnen nicht gutgetan, der kalte Wind ist immer auf meine Wange hinuntergeweht und scheint auf den Nerv zu schlagen. Von Stunde zu Stunde wird es schlimmer. Ich durchwühle meinen Arzneikoffer und stelle zu meinem Entsetzen fest, dass ich zwar gegen einen Monat Durchfall gewappnet bin, aber nur eine einzige Schachtel Schmerzmittel dabeihabe. Ich rationiere, benötige aber schon in der ersten Nacht zwei Tabletten. Um mich abzulenken, fummele ich mir ein schnelles, aber für meine Verhältnisse fantasiereiches Essen zusammen: Es gibt Toastbrot mit Gurkensticks. Anschließend mache ich mich daran, Robin Lee Grahams Buch »Dove«, in dem er von seiner Weltumsegelung als 16-Jähriger erzählt, zum wiederholten Mal zu lesen.

6. Tag – 28. Dezember 2005

Um halb neun werde ich wach, weil das Boot unheimlich stark auf der Seite liegt. In einem Hechtsprung jage ich zum Kajütluk, reiße es auf und löse draußen die Schoten, um den Druck aus dem Segel zu nehmen und dem Boot eine stabile Schwimmlage zurückzugeben. Das war knapp!

Beim Lesen von »Dove« werde ich von Stunde zu Stunde deprimierter über meine lahme MAVERICK. Robins Boot war noch einen guten Meter kürzer und um einiges überladener, was das Boot jedoch trotzdem nicht daran hinderte, 140er-Etmale zu laufen. Davon kann ich mit MAVERICK nur träumen ...

Im Logbuch ist zu lesen:

Gestern Nacht bin ich vor Schmerzen fast den Mast hochgelaufen, so haben mir meine Zähne wehgetan. Ich weiß nicht, woher es kommt, denke aber, dass es eine psychische Sache sein könnte, weil die Wellen wieder ganz schön hochgehen. Laufe nun mit einem Schnitt von 5,3 Knoten, von den Wellen runter oft im Surf bis 7 Knoten und das geht echt gut voran. Habe mir eben einen Topf Chicken-Reis gemacht. Zu mehr war ich bisher noch nicht in der Lage.

Als ich am Abend des fünften Tages über Satellit mit meinem Webmaster Georg telefoniere, damit er eine Meldung auf die Homepage schreiben kann, legt er mir sehr ans Herz, die Kapverden für einen Zahnarzt oder Schmerzmittel anzulaufen – ich hatte selbst bereits daran gedacht.

Seit dem Verlassen der Kanaren habe ich kein Schiff gesichtet und bin zugegebenerweise sehr nachlässig mit den Wachen geworden, weshalb ich sehr überrascht bin, als ich beim Telefonieren plötzlich einen Frachter in unmittelbarer Nähe in Gegenkurs an der MAVERICK vorbeilaufen sehe. Auch Georg bekommt meine Überraschung am Telefon mit und übernimmt alle meine Zitate aus dem Gespräch auf die Homepage. So kommt es, dass einen Tag später in der Wolfsburger Zeitung nicht nur unter einer dicken Überschrift zu lesen ist »Atlantiküberquerer hat erneut Zahnschmerzen«, was mir ja allein schon sehr peinlich ist, sondern auch in Zitaten, dass ich meinen Humor noch nicht verloren habe: »Ich hab zwar keine Schmerzmittel mehr, aber noch eine halbe Flasche Tequila für den Notfall« und dass ich auf die Frage, wie nah der Frachter denn war, nur im Schock »der Captain hatte blaue Augen« geantwortet habe ...

Kurz nach dem Telefonat blättere ich in meinen Seekarten und fasse einen Entschluss: Ich laufe die Kapverden an.

7. Tag – 29. Dezember 2005

Der Wind ist um einiges stärker geworden und hat auf Nordost gedreht – endlich bin ich im Passatwind, der mich mit zwischen 5 und 7 Bft, drittem Reff im Groß und auf Minimum eingerollter Fock rasch voranschiebt. Auch die Wellen haben erneut an Höhe gewonnen, sodass ich mir gegen Nachmittag nur etwas Reis kochen kann, worüber im Logbuch zu lesen ist: *Zum Abend gibt es nur zwei Pötte Chickenreis, mein Smutje gehört gefeuert. Aber es scheint eine gute Wirkung auf die Zahnschmerzen gehabt zu haben, die sind weg!* Noch sind es über 400 Meilen, bis ich mich entscheiden muss, ob ich auf den Kapverden einen Stopp einlege. Aber ich bin wie in allen Lebenslagen sehr optimistisch – vielleicht bleiben die Zahnschmerzen ja weg. Nur der Seegang macht mir sehr zu schaffen, den ganzen Tag über ist bei dem Gerolle von links nach rechts nicht viel Produktives zu schaffen. Immer wieder knallen Wellen gegen den Rumpf, ins Cockpit und an die Fensterscheiben der Kajüte. Es überrascht mich, dass die dünnen Scheiben den harten Schlägen standhalten.

Je weiter ich gen Süden komme, desto konstanter weht der Passatwind mit 5 Bft und dreht langsam auf Ostnordost. Die Tage vergehen sehr schnell, tagsüber verbringe ich – solange es dort trocken bleibt – viel Zeit mit Lesen im Cockpit und lasse mich in den Nächten alle halbe Stunde für einen kurzen Rundumblick wecken. Da der Wind nun von Osten kommt und die MAVERICK auf Steuerbordbug segelt, ist das Schlafen in meiner Backbordkoje sehr unbequem geworden, weil ich mich nach jedem Rundumblick erneut zwischen dem Tisch und mit den Füßen an die Bordwand gepresst, verklemmen muss. Die neue

Theke ist zwar eigentlich ganz praktisch, müsste aber von der Seite ein Polster haben, weil ich permanent in der nach Steuerbord krängenden MAVERICK gegen die Tischbeine rolle. Außerdem lassen sich die Kojenpolster nicht auf der Koje befestigen, sondern rutschen regelmäßig bei den durch das übliche Gerolle bis zu 35 Grad Krängung herunter – mit mir darauf! In einer Nacht auf dem Weg nach Madeira – ausnahmsweise mal kurzzeitig nicht an Deck – bin ich bereits in einer Böe samt Polster gegen den Kartentisch geflogen und anschließend der Schwerkraft folgend einen Meter nach unten in den Gang. Tagelang konnte ich vor Schmerzen meinen linken Arm nicht richtig belasten.

8. Tag – 30. Dezember 2005
Die Wellen werden etwas kleiner, und mit dem abschwellenden Seegang fängt das Leben an Bord wieder an, an Farbe zu gewinnen. Auch das Essen wird variantenreicher. Heute Abend gibt es Dosenravioli – verfeinert mit einer Dose Mais. Lecker. Gestern ein 111er-Etmal gelaufen. Fantastisch! Langsam zeigt die kleine MAVERICK, was so alles in ihr steckt. Nur noch 380 Meilen bis zum ersten Wegpunkt!

9. Tag – 31. Dezember 2005
Das nächste Highlight der Überfahrt: Heute ist Silvester! Der Tag verläuft in etwa wie jeder andere: Am Nachmittag liege ich mit einem Buch draußen in der Sonne, erneuere die bereits durchgescheuerte Backbord-Steuerleine des Windpiloten und pumpe die Bilge leer. Gegen Abend tickere ich per SMS über Satellit Neujahrsgrüße an Kristina in den USA und rufe erneut über Satellit meine Familie an, werde eine ganze Weile am Telefon herumgereicht und schon mal mit einem frohen Neuen bewünscht. Papa erzählt, dass Georg nun eine Atlantikkarte auf meine Website gestellt hat, auf der man täglich neu meine Position erkennen kann – ich freue mich sehr darüber! Als ich auflege, bin ich wieder allein und stelle mich auf einen sehr einsamen Jahreswechsel ein.

Als Festessen gibt es an diesem Tag mal wieder etwas Anspruchsvolleres, etwas wofür man sogar *zwei* Töpfe benötigt – Makkaroni in einer Bolognese-Sauce. Als ich mein kleines Feuerwerk an Bord dank einer kaputten Düse des Optimuskochers hinter mir habe und das Essen dampfend vor mir steht, suche ich meine Kamera, um meinen Jahreswechsel festzuhalten. Dabei vernehme ich während des Suchens ein unschönes *Klatsch!* Als ich mich umdrehe, klebt der ganze Niedergang voll Tomatensauce – na denn »frohes Neues«, fängt ja gut an ... Den Jahreswechsel feiere ich ohne Sekt, da ich ja auf See keinen Alkohol trinke. Kaum ist das Reste-Essen vorbei, kehrt wieder der Alltag ein – Schlaf im 30-Minuten-Takt.

10. Tag – 1. Januar 2006
Das neue Jahr beginnt gut, die See geht etwas runter, und der Wind flaut auf 5 Bft ab, sodass das Leben an Bord wieder etwas erträglicher wird. Als ich das Etmal notiere, bin ich überrascht, wie gut wir vorankommen: schon wieder 110 Meilen geschafft!

11. Tag – 2. Januar 2006
Wieder ein Jubiläum, heute sogar ein doppeltes! Zum einen bin ich nun genau zehn Tage auf See, von denen ich hoffe, dass es die längsten zehn der Überquerung waren, zum anderen zeigt das GPS keine 2000 Meilen mehr bis St. Lucia an. Bei 783 gelaufenen Meilen ist das zwar nur ein Schnitt von etwa 78 Meilen am Tag, aber dafür, dass ich die ersten Tage in der Flaute lag und dann Gegenwind hatte, ist es ein ganz brauchbarer Schnitt. Außerdem segele ich die MAVERICK eher immer mit ein klein bisschen zu wenig Segelfläche, als zu viel. Langsam merke ich, dass ich nach Süden komme, der Wind wird, obschon nicht schwächer, aber doch wärmer, und so gönne ich mir eine Salzwasserdusche (mit etwas Süßwasser zum Nachspülen) im Cockpit. Zwei schwarze Eimer habe ich an Bord. Die Kunst besteht darin, die beiden nicht zu verwechseln: der eine ist zum Duschen, der andere ist für andere Zwecke ... für ein WC ist MAVERICK einfach zu klein.

Vor zwei Tagen habe ich auf meinem rechten Oberschenkel einen kleinen roten Fleck entdeckt, und zu meinem Schrecken ist dieser nun mittlerweile tiefrot und riesengroß. Was könnte das nur sein? Ich behandle ihn mit einer Salbe aus dem Arzneikoffer. Als die Sonne untergeht, besucht mich eine Schule von etwa zehn Delfinen, die eine Viertelstunde mit der MAVERICK spielen, während ich Fotos schieße und filme.

12. Tag – 3. Januar 2006
Das Segeln heute war einfach traumhaftes Sommersegeln vom Feinsten! Als es mir gegen zehn Uhr drinnen beim Lesen zu heiß wurde, legte ich mich draußen mit einer kalten Cola auf ein Polster in die Sonne – herrlich! Der Wind weht konstant mit 5 Bft, und wir machen täglich über 100 Meilen gut, sollten es also in 18 Tagen schaffen, 1820 sm to go!

Der linke Brenner des Kochers ist nun endgültig hin, speit nur noch Feuer, wenn ich ihn anzünde. Kein schöner Gedanke, nun alles kalt zu essen, falls der zweite auch noch ausfallen sollte, aber bisher tut er es noch ganz gut. Werde den Kocher auf St. Lucia mal überholen müssen, Ersatzteile habe ich an Bord, aber bei der elendigen Schaukelei auf 2,50 Metern Bootsbreite ist daran zurzeit einfach nicht zu denken. Abends rufe ich meine 77-jährige Oma an und telefoniere ganze 25 Minuten mit ihr. Telefonieren über Satellit ist teuer, aber das musste nun einfach mal sein. Sie war die Erste, die mich damals in den Vorplanungen der Reise unterstützt und ermuntert hat, obwohl ich weiß, dass es ihr nicht leichtfiel, mich ziehen zu lassen. Habe mir schon die ganze letzte Woche Sorgen gemacht, dass *sie* sich Sorgen macht ...

13. Tag – 4. Januar 2006
Mir fällt auf, dass sich die täglichen Logbucheinträge im Prinzip nur darin unterscheiden, dass ich aufzähle, was ich an diesem Tag alles gegessen habe ... Inzwischen hat sich eine Bordroutine eingestellt, die in etwa so aussieht:
Sobald es hell wird und die MAVERICK von anderen Schiffen gesehen werden kann, beende ich den 30-Minuten-Wachtakt und falle für etwa zwei bis drei Stunden in die Koje. Gegen zehn Uhr stehe ich schließlich auf, frühstücke, lese ein bisschen, mache um Punkt zwölf Uhr Greenwich-Zeit den Positionseintrag und verbringe die Mittagszeit mit kleineren Arbeiten, Kursänderungen, immer mal wieder dem Wechseln der Steuerleinen des Windpiloten und sehr viel mit Lesen. Meist liege ich dann kurz nach Mittag mit einem Buch und einer einigermaßen kalten Cola (ich habe ja keinen Kühlschrank an Bord) in der Sonne und genieße den warmen Passatwind. Gegen Abend gibt es dann die einzige warme Malzeit am Tag, später am Abend folgt der Logbucheintrag und ab und an ein »Ich lebe noch«-Anruf zu Hause. Dann versuche ich so lange wie möglich wach zu bleiben, damit die Nacht im 30-Minuten-Takt nicht allzu lang wird.

14. Tag – 5. Januar 2006
Zum letzten Mal geht es heute gen Süden, ab morgen hoffe ich auf Kurs West gehen und St. Lucia anliegen zu können. Die Idee, die Kapverden anzulaufen, habe ich inzwischen verworfen. Nun kann ich nur hoffen und beten, dass die Zahnschmerzen nicht wiederkommen ... Tagsüber lese ich ein interessantes Buch mit Titel »Hölle über Pearl Harbor«, die Biografie des Mannes, der am 7. Dezember 1941 den Angriff auf Pearl Harbor ausgetüftelt und geleitet hat. Später ist er, ausgeschieden aus der Armee, in Japan zum Glauben gekommen und anschließend durch die USA gereist, um sich auf Veranstaltungen bei den Amerikanern zu entschuldigen. Beeindruckende Geschichte.

15. Tag – 6. Januar 2006
Den Logbucheintrag des 15. Tages dürfte man wohl nur sehr zensiert veröffentlichen, denn er beschreibt sehr anschaulich, wie sehr ich mich über die Fallenführung an Bord beklage:
> *Dieser verschissene Äppelkahn geht mir gehörig auf die Nerven! Alles, aber auch wirklich alles klemmt ständig! Der Abgrund der Sinnlosigkeit sind außerdem innen laufende Fallen, die ständig scheuern und es unmöglich machen, auch nur bei einem lauen Lüftchen hier einen Lappen hochzuzerren!*

Warum ich so stinkig bin? – Gegen 14.30 Uhr kletterte ich mit der Kamera für ein paar Aufnahmen aus dem Luk an Deck und sah erstaunt, dass die Genua, halb weggerollt, ihr Unterliek verloren und bereits 20 Zentimeter nach oben hin eingerissen war. Schnell war die Kamera wieder unter Deck und ich auf dem auf und ab hüpfenden Vordeck dabei, das kurzerhand ganz ausgerollte Tuch zu bergen. Unten war das Segel schnell, aber die daraufhin angeschlagene Fock lässt sich mit 6 Windstärken im Nacken einfach nicht in die Rollanlage ziehen, da das Fall innen im Mast laufend zum Cockpit umgelenkt und sehr schwergängig ist. Ich kann immer nur entweder das Segel hochziehen oder aber es in das Vorstag einfädeln. Mir fehlen einfach zwei weitere Hände! – Nach endlosen Zerrereien an den Leinen bin ich nun völlig erschöpft und ratlos. Soll ich nun auf eine Flaute warten, um ein Vorsegel zu setzen? Schließlich komme ich auf die Idee, die kleine Fock 1 fliegend, also nur am Kopf und Hals und ohne es in das Vorstag einzufädeln, zu setzen. Es funktioniert. Zwar kann ich mit dem Vorsegel nun nicht mehr kreuzen, aber für »vor dem Wind« sollte es allemal reichen. Zwei Stunden nach dem Riss in der Genua bin ich wieder auf Kurs.

Nur die bisher wirklich genial funktionierende Furlex-Rollanlage fehlt mir nun sehr, bisher konnte ich bei jedem Wetter das Vorsegel binnen Sekunden an alle Windverhältnisse anpassen – nun muss ich zum Reffen nach vorne auf das nun pausenlos überspülte Vordeck – kein schönes Gefühl.

16. Tag – 7. Januar 2006
Gegen Morgen falle ich fast aus der Koje, weil die MAVERICK so stark überholt und außerdem auf Nordkurs geht. Als gestern Nachmittag der Wind etwas abgeflaut hatte, habe ich das Groß bis auf das zweite Reff ausgerefft. Nun hat der Wind wieder zugenommen, und schnell reiße ich das Luk auf, um die Segel erneut zu verkleinern, damit die MAVERICK den Westkurs halten kann. Da ich das Vorsegel nun nicht

mehr mit der Rollanlage reffen kann, bin ich umso glücklicher, dass sich das Groß innerhalb von 30 Sekunden aus dem Kajütluk heraus auf jede beliebige Größe verkürzen lässt. Das gibt mir ein wenig mehr Sicherheit.

Abends werfe ich meine Zahnbürste in den Müllsack, um mir mal eine neue zu gönnen. Aber dann der Schreck: Wo ist meine Ersatzzahnbürste? Ich hatte doch eine an Bord! In meinem Kopf spielt sich bereits die Horrorvorstellung von zwei Wochen ohne Zähneputzen wie ein Hitchcock-Film ab, während ich mich trotz des Rollens und Stampfens des Bootes im Vorschiff auf die Suche mache – keine Spur der Zahnbürste.

17. Tag – 8. Januar 2006
Der Wind hat zugelegt und die Wellen noch mehr! Gewaltige Seen bis zu fünf Metern Höhe rollen bei 6 bis 7 Bft von schräg achtern an und schlagen regelmäßig gegen das Heck oder füllen das Cockpit. Eine Welle drückte sogar eine Menge Wasser durch das geschlossene Steckschott hindurch. Habe Angst, dass die MAVERICK *vor den anrollenden Wellen querschlägt, sie macht immer öfter Anstalten dazu. Trotz 40 Meter langer nachgeschleppter Leine. Denke heute zum zweiten Mal darüber nach, ob alles zum Aussteigen bereit ist. Versuche mich abzulenken, höre Musik, lese was Carruthers und Davies in »The Riddle of the Sands« an der Nordseeküste treiben und koche trotz des Rollens nach Tagen endlich wieder einmal etwas Warmes – zwei Becher Reis im Wasserbad. Abends finde ich nach einer weiteren Suchaktion endlich meine Zahnbürste im Vorschiff, ganz weit hinter den Seekarten. Mir fällt kein Stein, sondern ein ganzer Gebirgszug vom Herzen. Zähneputzen kann wie Weihnachten sein.*

Positiv: Heute ist Halbzeit! Ich habe mit 1400 Meilen die Hälfte der Strecke hinter mir!

18. Tag – 9. Januar 2006
Der Wind hat etwas nachgelassen. So kann ich mich wieder eine Zeit lang trocken an Deck aufhalten und wasche dort endlich mein Geschirr ab, das bereits die letzten zwei Wochen in der Spüle vor sich hin schimmelte und rutschte. Nach drei Spülgängen gönne ich mir zuletzt auch einen Eimer Salzwasser und belohne mich anschließend mit diversen Dosen Cola (die inzwischen die gängigen Gute-Laune-Macher an Bord geworden sind). Was für ein schönes Gefühl, wieder sauber zu sein, langsam konnte ich mich nicht mehr riechen. Bei mei-

nem »Wir schwimmen noch«-Anruf am Abend erzählt mir mein Vater, dass ein Tiefdruckgebiet in meine Nähe zieht, und wir verabreden, dass er mich um drei Uhr Bordzeit, wenn er zu Hause zur Arbeit fährt, erneut über die Zugbahn des Tiefs informieren will. In der Nacht kann ich kaum einschlafen, weil ich trotz meiner Embryohaltung zwischen Tisch und Bordwand ständig samt Polster durch die Gegend rutsche. Steuerbordbug-Segeln auf der MAVERICK halt. Kaum bin ich dann endlich eingeschlafen, klingelt der Wecker. Das Tief zieht in der Nacht über mich hinweg, bis 8 Bft und über sechs Meter hohe Wellen schaukeln uns durch, schenken uns dafür aber 108 Seemeilen in 24 Stunden. Auch mein Vater kann mir um drei Uhr am Telefon nichts anderes über das Wetter mitteilen, als ich schon am eigenen Boot erfahren habe. Nach dem Anruf will ich nur noch schlafen, kann mich aber trotzdem dazu aufraffen, noch einige Filmsequenzen von den halbstündigen Wachen zu filmen, während unter Deck alles am Rutschen ist und ein richtiges »Erdbeben-Feeling« aufkommt.

19. Tag – 10. Januar 2006

Trotz der schrecklichen Nacht und des ständigen Gerolles begrüßt mich der Tag mit einem wolkenlosen Himmel und strahlendem Sonnenschein. Der Wind geht auch auf 5 bis 6 Bft runter und schiebt uns weiter mit drittem Reff im Groß gen Westen. Etmal: 103 Meilen. Die meiste Zeit des Tages verbringe ich wegen ständiger Gischtspritzer im Cockpit lesend unter Deck und zucke jedes Mal zusammen, wenn draußen die noch immer als Butterfly (Großsegel auf der einen, Vorsegel auf der anderen Seite vom Mast gesetzt) gesetzte Fock killt. Fliegend gesetzt, reißt sie entsetzlich am Vorstag, und ich habe Bedenken, ob sie es nicht irgendwann kaputt machen wird. Ich ärgere mich, dass ich nicht noch ein zweites Vorstag gerigt habe und setze das zweite Fockfall zur Sicherheit als Notstag. Es muss noch 1200 Meilen halten, fast zwei Wochen!

20. Tag – 11. Januar 2006

Wieder ein schöner Sonnentag. Nur leider verhindern wieder einmal ständige Gischtspritzer einen längeren Aufenthalt zum Sonnenbaden im Cockpit. Dafür lese ich unter Deck und stelle beim Schießen einiger Fotos fest, dass fast alle Batterien leer, das Ladegerät vom Seewasser zerfressen und auch die Steckdosen korrodiert sind – Mist. Zum Mittagessen mache ich mir einen Teller Reis mit einer Gemüsesauce. Da ich seit der Abfahrt ein ziemliches Fleischdefizit habe, schnippele ich mir spontan eine Dose Würstchen hinein, was sich als fataler Fehler herausstellt.

Offenbar haben die Würstchen im Glas die Wärme nicht vertragen, und als ich eine halbe Stunde später wie ein satter Säugling glücklich grinsend auf meiner Koje liege, verlangt es in mir ganz plötzlich nach dem schwarzen Eimer und gleich darauf nach dem Medikamentekoffer. Glücklicherweise ist nach einer kleinen Elektrolyt-Glucose-Mischung alles wieder unter Kontrolle.

Der Wind bleibt stark und stetig, seit dem letzten Eintrag sind wir wieder 110 Meilen gesegelt.

21. Tag – 12. Januar 2006
Wieder weht es mit 6 Bft, soll das der »allzeit gleichmäßige und ruhige« Passatwind sein? Gleichmäßig ist er, aber ruhig? Seit der Flaute vor den Kanaren hatte ich selten unter 5 Bft, dafür aber umso öfter zwischen 5 und 8!

Wenigstens kommen die Wellen von hinten und klatschen nicht mehr ins Cockpit, sodass ich ein wenig in der Sonne liegen kann. Dort mache ich mich auf die Suche nach einem Klappern, das mich schon seit Tagen nervös macht. Ich tippe auf die Ruderwelle, die wegen eines ausgeschlagenen Lagers von innen gegen den Schaft schlägt. Nachdem ich die Bodenluke abgenommen habe, kontrolliere ich mit der Taschenlampe kopfstehenderweise den einlaminierten Schaft von Weitem, kann aber nichts erkennen. Mit dem Kopf tief im Maschinenraum stelle ich jedoch mit Erstaunen fest, dass um den Schaft herum alles andere fröhlich vor sich hin korrodiert, inklusive der Maschine. Das Salzwasser ist hier ganz schön aggressiv. Nach weiteren Kopfständen im Maschinenraum und einem fünfminütigen Maschinenprobelauf habe ich schließlich das Klackern gefunden: Die Pinne hatte sich gelöst und ein wenig Spiel. Mit einem 17-er Schlüssel ist das Klackern behoben, und ich bin beruhigt. Zunächst. Ende Panik Nummer 1.

22. Tag – 13. Januar 2006
Bereits am Morgen werde ich von einem neuen Klicken geweckt, das die Wände des Bootes als Schallkörper benutzt. *Klick-klack-klick-klack* – im Halbschlaf werde ich mir dessen bewusst. »Och nööö, nun auch noch 'ne Bombe an Bord …«, denke ich mir. Schnell ist mir jedoch der Humor vergangen, als ich bemerke, dass die Pinne festsitzt und es diesmal definitiv die Ruderwelle ist. Sie hat unter Wasser Spiel im Lager und schlägt beständig beim Steuern gegen den Schaft. Wieder verschwinde ich mit dem Kopf zuerst im Maschinenraumluk, diesmal im hinteren, das sich direkt am Ruderschaft befindet, der sich

nach dem Säubern mit einem Lappen beruhigenderweise als dicht und wie werftneu einlaminiert zeigt. Gleich daneben finde ich ein kleines Rinnsal, das durch ein kleines Loch zur Backskiste hin beständig die Bilge füllt. Deshalb muss ich also alle paar Tage mal die Bilge auspumpen! Offenbar muss auf dem Boden der Backskiste Wasser stehen, das in den letzten Tagen mit den überkommenden Wellen durch das Luk gepresst worden war. Solange es kein Leck ist, ist das erst mal okay ...

Mehr Sorgen machen mir der Ruderschaft und die darin hin und her schlagende Ruderwelle. Noch ist der Schaft zwar dicht, aber ich denke mir, »steter Tropfen höhlt den Stein«, und durch das beständige Schlagen könnte doch noch ein Leck entstehen. Immerhin sind es noch 900 Meilen bis St. Lucia und 800 bis Barbados, die erste Insel der Karibik. Eine Distanz, die der übliche Ostseesegler in mehreren Jahren zurücklegt. Sicherheitshalber packe ich am Abend einige Sachen zusammen, falls ich das Boot wegen eines leckgeschlagenen Ruderschafts in den nächsten Tagen überstürzt verlassen muss.

23. Tag – 14. Januar 2006

Habe die letzte Nacht mit ¾-stündlichen Rundumblicken und Bilgekontrollen verbracht, da wir immer noch ein wenig Wasser machen. Ist aber nicht viel. Die Panik vor dem Klacken und einem eventuellen Untergang ist fast weg, habe mir gestern in Gedanken den Untergang durchgespielt und weiß nun, was ich tun würde. Außerdem versuche ich positiv zu denken. Viele Schiffe in der Nähe fahren die New York–Kapstadt-Linie, vielleicht rettet mich ein solches?! Beide Städte klingen nett! Das Problem ist nur: Ich habe schon seit drei Wochen keinen Frachter mehr gesehen ...

Pünktlich um 12.00 Uhr gibt es Nudeln mit Tomatensauce (mal wieder ...), und als nachmittags die Sonne rauskommt, lasse ich mich einige Stunden lang im Cockpit rösten. Glücklicherweise verirrt sich nicht – wie schon so oft – eine Welle ins Cockpit, und ich bleibe trocken. Die Abende sind nun herrlich, da der Mond über dem Heck der MAVERICK *steht und das gurgelnde Kielwasser in seinen weißen Schimmer taucht. Ich kann mich gar nicht daran sattsehen und stehe den ganzen Abend über nur in Shorts mit einer Dose Cola im Niedergang, sehe »Kilroy-artig« über das Luk hinweg, während unten Musik spielt. – Das ist Leben! Ich koste jeden Augenblick davon aus.*

Wieder 110 Meilen seit gestern. Wow!

1 2800 km Asphalt lassen wir im Kielwasser, bis MAVERICK endlich im Atlantik schwimmt.

2 Jahrelang erträumt und doch überwältigend: MAVERICK in Portugal.

3 Wasser und Proviant wollen für die erste Etappe verstaut werden ... aber wo?

4 Am achten Tag der Überfahrt taucht im Morgengrauen endlich Madeira am Horizont auf. Ich bin erleichtert.

5 Fünf Tage schweren Wetters liegen hinter mir.

6 So lässt sich's leben!

Abends kommt genug Wind zum Segeln auf.

Bei der Ankunft auf Madeira ist der Radarmast bereits kurz vor dem Herausbrechen.

9 Ein gestelltes Weihnachtsfoto für die Zeitung.

10 Mein »richtiges« Weihnachtsfest sieht etwas anders aus.

11 Endlich erreichen wir den Passatwind, der uns gen Westen schiebt.

12 Vorher ließ mich eine Flaute drei Tage lang in Sichtweite von Teneriffa dümpeln.

13 Ein »Klassiker«: Salzwasserdusche im Cockpit.

14 Nach zwei Monaten an Land wird MAVERICK auf St. Lucia zurück ins Wasser gekrant.

15 Segelsetzen unter traumhaften Bedingungen.

16 Typische Inselkulisse von Canouan.

17 Vor Anker auf den überlaufenen Tobago Cays. Das erste Mal das Gefühl: Ich bin angekommen!

18 »Zu verkaufen – leicht renovierungsbedürftig!« Antigua.

19

20

19 Die Outspan in hoher See – nach Monaten treffe ich meine Freunde vor St. Maarten wieder.

20 Vor Anker hinter dem Riff – vor mir Tausende Meilen Atlantik.

24. Tag – 15. Januar 2006
Langsam lässt meine Unruhe nach. Ich genieße den Sonntag und mache mir zur Feier des Tages einen Wackelpudding. Das Problem ist nur – wo soll ich ihn bei 27 Grad in der Kajüte und ohne Kühlschrank abkühlen lassen?
In der Sonne an Deck liegend (da hört man das beunruhigende Klacken nicht so sehr wie in der Kajüte – ich glaube, langsam bekomme ich Paranoia!), verbringe ich den Tag und genieße den Abend mit einer Dose Fanta (Cola ist alle) im Mondschein, bevor ich im 45-Minuten-Takt in die Koje falle.

Heute haben wir ein 113-er Etmal und damit einen neuen MAVERICK-Rekord! Warum muss sie ausgerechnet jetzt so schnell rennen, wenn das Ruder Probleme macht ...?

25. Tag – 16. Januar 2006
Noch 600 Meilen bis St. Lucia. Schon am Morgen wundere ich mich über die vielen fliegenden Fische, die die ganze Nacht über an Bord gelandet sind – langsam wird es nervig, ständig das Deck aufzuräumen. Als ich abends Zähne putze, knallt wieder einer von ihnen in vollem Flug neben mir gegen die Scheibe, wird aber glücklicherweise von der nächsten, überkommenden Welle vom Deck zurück ins Wasser gespült. Schon seit über einer Woche habe ich nie unter 5 Bft, der Passat zeigt sich von seiner starken Seite.

Gegen 2.10 Uhr sichte ich mein zweites Schiff seit dem Verlassen der Kanaren, auf Nordkurs laufend. Schön zu wissen, dass ich nicht der einzige Idiot hier draußen bin.

26. Tag – 17. Januar 2006
Da es gestern zum vierten Mal hintereinander (!) Nudeln mit Tomatensauce gegeben hat, brauche ich heute dringend mal ein paar Ballaststoffe und Vitamine, weshalb ich das Kochen zum Mittelpunkt des Tages mache. Es gibt Pfefferkartoffeln mit Rotkohl und Möhren – sehr lecker! Fehlt eigentlich nur noch Entenbraten dazu, aber Enten habe ich hier noch keine rumschwimmen sehen. Was für ein Genuss es ist, wieder mal ein paar Kartoffeln zu essen!
Der Rest des Tages verläuft wie gewöhnlich: Gegen Mittag fange ich an, Grishams »Die Liste« zu lesen und verschlinge bis zum Abend mehr als 250 Seiten. Der Mond geht von Tag zu Tag später auf, sein »Auftauchen« aus dem Atlantik ist jedes Mal ein echtes Highlight des Abends. Danach liege und grübele ich meist

noch eine Weile und höre Musik (zurzeit Strommangel), bevor es schließlich in die Heia geht. Wer mal Zeit zum Nachdenken haben möchte, dem kann ich eine Atlantiküberquerung nur wärmstens empfehlen! Als ich in der Koje liege, fliegt plötzlich ein Fisch durch das offene Luk auf den Kartentisch, auf dem ich ihn noch einige Zeit zappeln höre. Als ich ihn jedoch suche, finde ich ihn dort nicht. Ich bin mir aber sicher, dass ich ihn bald zumindest riechen werde ...

27. Tag – 18. Januar 2006
Mühsam ernährt sich das Eichhörnchen, und laaaangsam geht es an Bord der MAVERICK *weiter gen Westen. In der letzten Nacht hat der Wind auf NE gedreht und zudem eine Ecke abgenommen. Endlich mal wieder Wind zwischen 3 und 4 Bft. Mit dem drehenden Wind sind wir eine Weile nach SW gesegelt, bis ich im Morgengrauen die Segel geschiftet habe und wir nun wieder mit 4,5 Knoten genau auf St. Lucia zusegeln.*

Mit dem abnehmenden Wind kann ich mich endlich wieder relativ trocken im Cockpit aufhalten, was ich diesmal jedoch nicht nutze, sondern mir mit der Pütz eine Salzwasserdusche gönne – herrlich, bei 27 Grad Wassertemperatur!

Als ich abends auf meiner Koje sitze, klatscht und zappelt es ganz plötzlich neben mir – wieder hat sich ein Fisch durch das offene Luk in die Kajüte verirrt und ist zwischen den Polstern gelandet. Bevor ich ihn jedoch gefunden und über Bord geworfen habe, hatte er das Zeitliche bereits gesegnet.

28. Tag – 19. Januar 2006
Der Endspurt hat begonnen, und ich verbringe den Tag mit ständigen Segelmanövern. Reff 3 rein, Reff 3 raus, Reff 3 rein ... Die Fock reißt noch immer beängstigend am Vorstag, und ich habe erneut Bedenken, ob es dem standhält. Den ganzen Tag über ziehen dicke Wolken über die MAVERICK hinweg, die jedes Mal eine Menge Regen, Wind und einen Winddreher mit sich bringen. In einer trockenen Phase schraube ich erneut das hintere Luk auf und kontrolliere den Ruderschaft, der immer noch dicht ist und gut aussieht. Dafür schwappt wundersamerweise etwas Öl in der Bilge. Woher mag es kommen? Die letzten 300 Meilen wird das Ruder hoffentlich auch noch aushalten. Abends umkreist ein Vogel mehrere Male die MAVERICK, versucht einige Landeanflüge, traut sich aber im letzten Augenblick dann doch nicht, auf dem Boot aufzusetzen. Ein Vogel umkreist

die MAVERICK? Dann kann das Land nicht mehr fern sein. Langsam kann ich es schon fast riechen ...

29. Tag – 20. Januar 2006
Beinahe scheint es, als sollte ich nun so kurz vor dem Ziel noch einmal alle Wetter abbekommen, vor denen ich während der Überfahrt verschont geblieben bin. Während im Laufe des Tages erneut dunkle Regenwolken mit anschließendem Regenbogen über uns hinwegziehen, flaut es kurz vor Sonnenuntergang noch einmal komplett ab, sodass wir kurzzeitig bei 1 Bft dahintreiben, um uns danach mit 3 Bft in die Nacht hineinzutrödeln.

30. Tag – 21. Januar 2006
Um 12.00 Uhr notiere ich:
So kurz vor »Feierabend« noch so viel Stress! Habe eben die Q-Flagge gesetzt und dabei – wie ich es mir schon so lange vorgenommen hatte – einen Blick auf den Bolzen der Furlex-Rollanlage geworfen, der das Vorstag hält – und einen gehörigen Schrecken bekommen! Durch das ewige Gereiße und Gezerre der fliegend gesetzten Fock hatte sich der Bolzen aus dem Stag gewackelt und hing nur noch an einem Sicherungssplint, der zudem schon ganz schön verbogen war! – Schnell habe ich das Achterstag ein wenig gelöst und den Bolzen mit dem Hammer wieder an seinen Platz befördert – und zur Sicherheit diesmal mit zwei Splinten und zwei Vorhängeschlössern gesichert (habe keinen Schäkel gefunden ...). Kaum bin ich fertig, steht das Groß back und verkeilt sich mit der oberen Latte hinter der Saling. Groß runter, Bullen los, schiften, wieder hoch, schiften, Bullen wieder fest ... Bullenhitze außerdem, noch 50 Meilen bis Barbados und noch nix zu sehen – außer Wolken!

Im Dunkeln schließlich erreiche ich Barbados und segele dicht unter Land im Süden der hell erleuchteten Insel vorbei, um mit meinem Handy Empfang zu bekommen und diverse »Ich lebe noch«-SMS zu versenden. Über Radio höre ich, dass für die Überfahrt nach St. Lucia sehr schlechtes Wetter vorhergesagt und sogar eine »small-craft-warning« ausgegeben worden ist. Na super!

31. Tag – 22. Januar 2006
Mit allem Saft, den meine Batterien nach vier Wochen, nur mit einem 25-Watt-Solarpaneel noch hergeben, lasse ich kurzzeitig mein Dreifarben-Rundumlicht brennen, solange ich die Insel passiere. Im Lee

von Barbados sind wir schließlich eine ganze Weile auf Kollisionskurs mit einem viermastigen Segler, offenbar ein Kreuzfahrtschiff und erleuchtet wie ein Tannenbaum. Nachdem es eine ganze Weile auf mich zuhält, nimmt es plötzlich Gas weg und lässt mich vor seinem Bug passieren. Komisch. Mir fällt der Peugeot-Werbespot ein, in dem ein Hovercraft am Ärmelkanal ein auf der Uferstraße fahrendes Auto verfolgt und schließlich den Weg versperrt: »Ich wollt ihn nur mal von vorne sehen!« Dieser Tag scheint der härteste der ganzen Atlantiküberquerung zu werden, denn die Wellen, die von schräg achtern auf die nach Westnordwest segelnde MAVERICK zugerollt kommen, haben es wirklich in sich. Trotz über 30 Grad in der Kajüte kann ich das Luk nicht aufmachen, weil ständig Wellen ins Cockpit klatschen und sogar durch das geschlossene Steckschott gedrückt werden, während wir mit allen Reffs, die die MAVERICK hat, mit konstanten 5,5 Knoten auf St. Lucia zupreschen. Schließlich findet doch eine Welle den Weg unter Deck, durchnässt die halbe Kajüte und wäscht mein Autoradio einmal durch.

Kurz vor Sonnenuntergang erreichen wir die Südostspitze von St. Lucia und gelangen im Dunkeln ins Lee der Insel, wo dann auch die Bewegungen etwas angenehmer werden. Als wir schließlich die Pitons erreichen, die in der Dunkelheit nur schemenhaft zu erkennen sind, möchte ich im Lee der Insel gen Norden kreuzen, was jedoch mit dem fliegend gesetzten Vorsegel beim besten Willen nicht zu machen ist. Missmutig werfe ich die Maschine an, die zu meinem Erstaunen auf Anhieb anspringt. Mit einem ungewöhnlich lauten Klacken kerbt das Getriebe den Gang ein und bringt die Schraube auf Touren, um uns nach Norden zu schieben. Als mir die Segel keine Hilfe mehr sind, berge ich sie ganz und motore mit einer nur sehr geringen Geschwindigkeit über Grund gegen den inzwischen 7 Bft starken Wind und die Wellen nach Norden. Von 22 Uhr bis um vier Uhr morgens stehe ich nonstop in vollem Ölzeug und zeitweise im Regen am Ruder und bolze gegen Wind und Wellen an, bis ich schließlich die Rodney Bay an der Nordwestspitze der Insel erreiche.

Da es noch sehr früh ist, ist mein Gedanke, erst einmal bis zum Morgengrauen in der Bucht vor Anker zu gehen und dann im ersten Licht in die Lagune zu verholen, um in der Marina einzuklarieren. Bereits in der Mitte der Rodney Bay nehme ich den Gang raus, um auf dem Vorschiff den Anker klarzumachen. Als ich anschließend zurück im Cockpit den Gashebel erneut nach vorne schiebe, verabschiedet sich die Maschine mit einem lauten Zahnradgeknacke, und es wird still unter mir.

Um mich herum knallt der tosende Wind jedoch weiterhin von den

Hügeln hinab – und ich bin manövrierunfähig! Weil der Wind aus der Bucht hinausweht und ich mit der fliegend gesetzten Fock keine Chance habe, in die Bucht hineinzukreuzen. Auch nur mit dem Großsegel wird das nichts, da die MAVERICK so luvgierig ist, dass sie sich allein mit Groß nicht segeln lässt. Schnell lasse ich den Anker auf 15 Meter Tiefe fallen, nur um nicht aus der Bucht hinaus, oder gar auf die Felsen getrieben zu werden. Als ich anhand zweier GPS-Geräte und dem Echolot kontrolliert habe, dass der Anker hält, falle ich um fünf Uhr morgens für eine halbe Stunde, bis zum Sonnenaufgang, noch immer im Ölzeug steckend, auf einen Segelsack und schlafe augenblicklich ein ...

Als ich kurz darauf erwache, ist es schon recht hell um mich herum, und ich erkenne, dass ich etwa eineinhalb Meilen von den anderen Yachten entfernt tatsächlich genau in der Mitte der Bucht liege. Wie komme ich hier nun weg? Ohne Funk an Bord bin ich nicht einmal in der Lage, einen Schlepper anzufordern. Also muss ich zusehen, dass ich selbst in die Marina gelange.

Meine erste Idee ist es, den Außenborder des Beibootes am Heck der MAVERICK zu befestigen. Mit seinen 5 PS sollte er es schaffen, das Schiff zu bewegen. Aber ich finde keine passende Stelle an der Badeleiter, um ihn zu montieren. Am Windpiloten hängt er zwar ausgezeichnet, aber zu hoch und taucht in jeder zweiten Welle aus dem Wasser aus. Ständig ziehen wieder Regenwolken über die MAVERICK hinweg, die jedes Mal starke Böen mit sich bringen, die das Boot wie wild an seinem Anker zerren lassen. In den Regenböen muss ich nicht einmal das Schiebeluk schließen, da es nicht senkrecht, sondern waagerecht regnet! Schließlich entscheide ich mich, das Dingi klarzumachen. Doch bereits als ich es auf dem Vorschiff aufpumpe, versucht es ernsthaft abzuheben! In einer trockenen Minute überrumpele ich es, werfe es ins Wasser und verhole es längsseits, befestige den Motor am Heck, verpacke mich in mein Ölzeug und meine Schiffspapiere in Mülltüten, um mit dem Dingi die zwei Meilen gegen den Wind zur Marina zurückzulegen. Eine andere Chance habe ich nicht, so abseits der anderen Segler und ohne Funk. Als ich gerade das Dingi bestiegen habe, zieht erneut eine Regenfront über uns hinweg, und ich halte mich mit beiden Händen an der MAVERICK fest, um die Front abzuwettern. Kaum hört es auf zu regnen, starte ich den Motor und kämpfe in meinem 2,40-Meter-Gummiboot gegen den Wind und die Wellen an. Ständig tauche ich in die anrollenden Wellen hinein, anstatt über sie hinwegzugleiten, aber dennoch erreiche ich nach einer gefühlten Ewigkeit den Kanal zur Lagune. Im Nachhinein kommt mir der Gedanke, was ich wohl getan hätte, wenn der Außenborder plötz-

Tag um Tag segeln wir in den Sonnenuntergang hinein, um bei Nacht den Mond aus unserem Kielwasser aufsteigen zu sehen.

lich versagt hätte. Mit den Paddeln hätte ich bei dem Wind wohl kaum eine Chance gehabt, und hinter mir wäre nach 1000 Meilen Atlantik als Nächstes Panama in meiner Driftbahn gewesen.

Als ich an einem Steg der Rodney Bay Marina festmache, schauen mich die Leute an, als käme ich von einem anderen Planeten. Genauso fühle ich mich auch, dick eingepackt in mein Marinepool-Hochsee-Ölzeug samt Schwimmweste, mit 31-Tage-Bart und pitschnass wie ein begossener Pudel. Im Schlauchboot stehen etwa 20 Zentimeter Wasser, aber meine Papiere scheinen im Müllbeutel trocken geblieben zu sein. Schwerfällig, weil dick wie ein Michelinmännchen, klettere ich auf die Kaimauer und finde mich direkt vor einem Café wieder, in dem lauter Bikinischönheiten den regnerischen Nachmittag unter einem Sonnenschirm verbringen und mich mit einem Blick anschauen, den ich in diesem Aufzug sicher auch in jedem Edelrestaurant kassiert hätte – ich habe mich noch nie so fehl am Platze gefühlt in meiner Montur.

Der Weg zum Customs & Immigrations-Office, der Einwanderungs- und Zollbehörde, ist gut ausgeschildert, und ich finde das Büro auf dem Dach der Marinaanlagen. In dem Büro sitzen drei farbige Officers, und ich stelle mich vor:

»Hello, I just sailed across the atlantic ocean and I'd like to clear in.«

»Yeah man, sit down and fill that paper out.«

Und schon waren die Jungs wieder in ihre Gespräche vertieft, wie war das Wochenende, wer hat im Fußball gegen wen gewonnen, während ich mich an das Ausfüllen einer Doppelseite mache, die Daten für die Bootslänge, -breite, -tiefe, das Gewicht, Flagge, Registriernummer, Motorisierung, Crewliste, Zollwaren und Feuerwaffen ausfülle. Als ich fertig bin, werde ich zu einem uniformierten Kollegen durchgereicht, dessen Aufzug erkennen lässt, dass er eine wichtige Figur ist, offenbar der Chef des Ladens.

»How long's the boat?«
»27 feet.«
»How long?«
»Only 27 feet.«
»Oh!«
»How many are with you?«
»I'm alone on board.«
»You are alone??? And you just crossed the atlantic ocean?«
»Yeah.«
»Oh man, you are only 20? Man, you are a brave guy!«
»Some say, I'm crazy …«
»You *are* crazy!«

Nun habe ich das Interesse des ganzen Ladens auf meiner Seite. Fragen »woher, wohin«, »wie lange auf See«, was ich als Erstes machen will – »eat ice-cream?« und dergleichen folgen, und die Beamten sind vollauf begeistert, was mich wiederum wundert: Ich hatte so viel gelesen über Segler, die mit Sechs-Meter-Booten alleine über den Atlantik gesegelt waren und dachte, ich wäre mit diesem 27-Fuß-Boot nur einer unter vielen, aber hier in der Rodney Bay hatte man so etwas offenbar noch nicht allzu oft erlebt. Schließlich verlasse ich eine halbe Stunde später den Laden mit den besten Wünschen vom Chef, der mir versichert: »*Das* werde ich *nie* vergessen!«

Das andere Ufer

Nach dem Einklarieren führt mich mein nächster Gang zum Geldautomaten, um einheimische Währung zu bekommen und anschließend sogleich in den auf dem Marinagelände gelegenen, kleinen Supermarkt, in dem ich mir eine Packung Schokoladenkekse und eine eisgekühlte Cola genehmige. Darauf habe ich wirklich schon lange gewartet – immerhin sind mir die Süßigkeiten schon vor fast einer Woche ausgegangen! Immer, wenn ich wieder mal ein altes Corny irgendwo unten in der Bilge fand, war für mich der Tag auf See gerettet.

Doch der Genuss und das entspannte Gefühl danach währen nur kurz, dann läuft mir kalt wie die Cola plötzlich der Schweiß den Rücken hinunter: Was tue ich nur mit der mit einem Motorschaden in der Rodney Bay ankernden MAVERICK?

Mit einem »I've a *big* problem!« platze ich kurzerhand ins Marinabüro und erkundige mich, ob es irgendjemanden gibt, der mich aus der Bucht in die Marina schleppen könnte. Das Englischsprechen fällt mir dabei zu meiner eigenen Überraschung auffällig leicht, obwohl ich, wie erwähnt, mein in der Schule gelerntes Englisch noch nie zuvor hatte gebrauchen können.

Tatsächlich gibt es da jemanden, der ein passendes Boot hätte, und ich werde gebeten einen Augenblick zu warten, bis »Israel« vorbeikommt. Zehn Minuten später lerne ich den Wassertaxifahrer Israel King kennen, der sein schweinchenrosa gestrichenes Motorboot mit 90-PS-Yamaha-Außenborder direkt neben meinem Dingi am Yachthafen liegen hat. Ich erzähle ihm von meinem Motorschaden und einem drei Tonnen schweren Boot, das in den Hafen geschleppt werden muss, woraufhin er mir sofort versichert, dass das »no problem« wäre. Wir werden sehen.

Erneut verpackt in mein Ölzeug, klettere ich mit ihm, der lediglich ein T-Shirt trägt, in seinen schlüpferrosa Holzkahn und fege in Gleitfahrt hinaus in die Bucht. Schon bei der Ausfahrt aus der Lagune kann ich entfernt am Horizont ganz klein die MAVERICK erkennen. Wie unbeschreiblich beruhigend, dass sie immer noch da ist und der Anker auf dem 15 Meter tief liegenden Grund tatsächlich zu halten scheint. Mit einem Satz bin ich zurück auf der MAVERICK, werfe schnell die unglaublicherweise immer noch trockenen Schiffspapiere in die Kajüte und mache mich daran, den Anker aufzuholen, während Israel ein Schleppseil klarmacht, mit dem er mich hinter sein Taxi hängen und zurück in die Lagune schleppen will. Aber schon bahnt sich das nächste Problem an – der Anker hat sich offenbar hinter einer Koralle verkeilt und lässt sich nicht mehr aus dem Grund brechen. Auch mit Schleppunterstützung von Israel habe ich keine Chance, das Ding sitzt fest. Da Probleme gewöhnlich in Dreierserien auftauchen, lässt ein herannahendes Unwetter nicht lange auf sich warten: Wieder beginnt es zu stürmen und zu regnen wie am Morgen, der Regen »fällt« wieder mehr horizontal als vertikal, und während Israel damit kämpft, sein Boot im Wind zu halten, kämpfe ich mit dem Anker, der partout nicht nachgeben will. Es ist zum Verzweifeln! Schließlich kommt Israel längsseits, und wir binden die beiden Boote parallel zueinander, um mehr Kraft im Schlepp zu haben. Aber dennoch sitzt der Anker wie einbetoniert. Schließlich reicht es mir: »It's not worth it!«, rufe ich und werfe die Ankerleine mit einem Fender am Ende über Bord, speichere aber gleichzeitig die GPS-Koordinaten, um den Anker später unter eigener Maschinenkraft wiederfinden zu können.

Im Parallelschlepp können wir endlich Kurs auf die Marina nehmen. Die Boote sind jedoch so ungünstig vertäut, dass die MAVERICK ihre Bugwelle geradezu in das offene Wassertaxi hineinschaufelt und Israel immer wieder mit einem Eimer nach vorne in den Fahrgastraum seines Bootes springen und Wasser schöpfen muss, um sein Boot vor dem Untergang zu bewahren, während ich auf der MAVERICK sitze, mit den Füßen mein eigenes und – mit dem Oberkörper weit außenbords gelehnt – mit den Händen auch gleichzeitig noch Israels Boot steuere. Viel schlimmer jedoch als das Wasser ist, dass die beiden Boote in den ein Meter hohen Wellen (trotz der geschützten Bucht!) immer wieder zusammenschlagen und aneinanderscheuern. Das bleibt nicht lange folgenlos: Zunächst reißt meine Scheuerleiste am Heck ab und hängt ins Wasser, später auch noch auf Höhe der Wanten.

Da mein Hauptanker nun ohne Boot daran auf 15 Meter Tiefe liegt und mein zweiter Anker eine Schwimmleine (!) besitzt, schleppt mich Israel direkt an den Dock des Travellifts im Boatyard, in dem ich die MAVERICK bei der Gelegenheit auch in der kommenden Woche gleich zur Ruderreparatur aus dem Wasser heben lassen möchte. Außerdem meint Israel, es sei sicherer, dort zu liegen als auf der anderen Seite in der Marina, was mir für meinen Aufenthalt auf St. Lucia nicht gerade Mut macht. Aber ich will ja nicht lange hierbleiben. Zwei Wochen veranschlage ich für die Reparaturen und das Besorgen der Ersatzteile.

Beim Bezahlen der Liegegebühren lerne ich Ricky kennen, der im Boatyard arbeitet und mich gleich mit ein paar Tipps für den Aufenthalt auf St. Lucia versorgt. Einer davon ist, immer nur so viel Geld bei sich zu haben, wie unbedingt nötig ist – für den Fall, dass ich mal überfallen werde. Na super, das scheint ja ein idyllisches Plätzchen zu sein, das ich mir hier für meinen Schiffbruch ausgesucht habe.

272,13 EC$ bezahle ich für die veranschlagten zwei Wochen im Büro des Dockyard und weitere 250 an Israel, der vollkommen durchnässt und zitternd in der Marina auf mich wartet und sich das Geld, das in etwa 100 US$ entspricht, wirklich redlich verdient hat. Er war die ganze Zeit damit beschäftigt, sein halbversunkenes Boot auszuschöpfen, das bei dem Schleppen genau wie die MAVERICK ganz schön gelitten hat.

Vorher jedoch macht er mich noch mit Hubert bekannt, den er mir als Mechaniker vorstellt. Überschwänglich machen wir uns bekannt »You're german? Oh, wir sprecken Deutsch!« Zweimal versichert er mir, dass er sich am nächsten Morgen auf der MAVERICK meine kaputte Maschine ansehen wird und scheint wirklich ein netter Kerl zu sein. Aber dennoch kann ich nicht umhin, zunächst ein wenig an seiner Kompetenz zu zweifeln. Ob es wohl an dem sein Lebensmotto ausdrückendem T-Shirt mit Aufschrift »It was once believed, that the world is flat. You'll fall down, when you come to the edge. – Cool!« liegt, oder aber an der Fahne, die mir aus seinem Mund entgegenschlägt? Später erfahre ich von Ricky im Boatyard, dass ich dennoch genau den richtigen Mann gefunden habe und er als einer der wenigen hier wirklich genau weiß, was er tut. Denn eigentlich muss man in der Karibik unheimlich aufpassen, da sich dort jeder, der schon einmal einen Ölwechsel gemacht hat, als Mechaniker bezeichnet, wie ich später lernen soll. Da mit der Maschine bis zum nächsten Morgen nichts zu schaffen ist, mache ich mich auf zum nächsten Supermarkt. Für deutsche Verhältnisse wäre dieser Tante-Emma-Laden am Hafen eine absolute Katastrophe gewesen, ja selbst jeder Bahnhofskiosk hätte dort vermutlich eine größere Auswahl bei besseren Preisen, aber für mich stellt er nach 31 Tagen alleine auf dem Atlantik das reinste Schlaraffenland dar. Mit Eiern, frischem Brot, kalten Getränken und meiner Weihnachtspost, die ich im Marinabüro auf mich wartend gefunden habe, tuckere ich schließlich im Dingi zurück zur MAVERICK. Drei Briefe habe ich bekommen, die mir auf dem Rückweg zum Boot beinahe ein Loch in die Tasche brennen, so gespannt bin ich auf die Nachrichten. Eine Postkarte von Miri aus Kiel ist dabei und eine Weihnachtskarte sowie ein kleines Weihnachtsgeschenk von Kristina aus Philadelphia. Mit beiden bin ich jahrelang zusammen zur Schule gegangen, aber während ich Miri, nach deren Spitznamen »Nixe« ich mein Beiboot benannt habe, nun schon seit vielen Jahren kenne, habe ich Kristina erst in den letzten Monaten vor dem Abi ein wenig besser kennengelernt.

Namentlich kannten wir uns natürlich schon seit vielen Jahren, immerhin gingen wir zusammen in die Schule und hatten sogar in den letzten zwei Jahren bis zum Abi den gleichen Religionskurs, aber ich könnte mich nicht daran erinnern, dass wir in dieser Zeit auch nur einmal miteinander geredet hätten. Am 27. April 2005, unserem letzten Schultag vor dem Abi, saßen wir schließlich zusammen in der Schulcaféteria, und irgendwie kamen wir ins Gespräch. Eine ganze Weile erzählten wir über alle möglichen Dinge, dann war der Schultag vorbei, und die Zeit des Paukens zog wieder ein.

Doch immer wenn eine Prüfung bestanden war, trafen wir uns mit ein paar Freunden zum Grillen, einfach um nach der wochenlangen Paukerei mal wieder einen freien Kopf zu bekommen und abzuschalten. Das erste Grillen fand damals bei mir im Garten statt, und neben Miri sowie meinen alten Schulfreunden Christof und Jan-Henrik hatte ich eben auch Miris beste Freundin Kristina eingeladen. Kristina kannte Christof seit zwei Jahren aus dem Deutsch-Leistungskurs, war mit Jan-Henrik aus dem Bio-Leistungskurs sogar zusammen auf Kursfahrt in Elba gewesen – nur wir hatten uns seit dem ersten Gespräch am letzten Schultag und ein paar E-Mails noch nicht näher kennengelernt. Aber mit diesem und den folgenden Grillabenden lernten wir uns immer besser kennen. Eines Abends saßen wir beide jeweils zu Hause vor dem PC und trafen uns zufällig im Internet. Spontan kam mir die Idee: »Hast du Lust auf einen Kaffee?« Es war zwar schon nach 22.00 Uhr, aber keine Viertelstunde später stand ich bereits bei ihr vor der Tür. Zusammen fuhren wir in eines meiner Lieblingscafés, dem »BlueC«, in dem wir eine ganze Weile Kaffee tranken und erzählten. Gegen ein Uhr morgens brachte ich Kristina zurück nach Hause, es sollte allerdings noch halb vier Uhr werden, bis sie aus dem Auto ausstieg. Wir erzählten und erzählten, und es war fast unglaublich für mich, jemanden kennengelernt zu haben, der so sehr mit mir auf einer Wellenlänge liegt ...

Die Zeit nach dem Abi rannte nur so. Am 4. Juli begann ich mein Praktikum in Thüringen, und da ich dort keine schnelle Internetverbindung mehr besaß, konnten wir nun nur noch ab und zu am Wochenende zusammen chatten und uns ganz selten auch mal sehen. Der gerade geknüpfte Kontakt ging verloren. Ich war auch zu sehr in meine kleine Segelwelt vertieft, schlief abends mit Sorgen um die 30 Jahre alten Segel der MAVERICK ein und wachte am nächsten Morgen mit Gedanken an Solarpaneele auf. Als ich Kristina später auf einen in meinen Erinnerungen wirklich netten Abend hin ansprach, an dem wir zusammen im Kino waren, erzählte sie mir, dass der Abend in ihren Augen einigermaßen schrecklich war, da ich beinahe ausschließlich von meinen Segelvorbereitungen erzählt hatte. Auch Miri, mit der ich an meinen freien Wochenenden in Wolfsburg ab und zu einen Kaffee trinken war, muss in der Zeit dicke Ohren bekommen haben – so sehr war ich in die Planungen der Reise vertieft.

Der Juli kam – und damit Kristinas Abreisetag. Ihr Traum »ein Jahr als Au-Pair in den USA« stand vor der Tür, sie hatte einen Platz in Westchester, nicht weit von New York, bekommen, und wir sollten uns nun ein ganzes Jahr nicht mehr sehen, bis sie wieder zurückkommen würde. Insgeheim war mir klar: Ich segele nach New York! Ich hatte ja sonst kein Ziel dort drüben. Zwar glaubte ich selbst noch nicht wirklich daran, dass ich tatsächlich so weit kommen würde, aber theoretisch war es machbar.

Am Abend ihrer Abschiedsfete schenkte sie mir – verpackt in einen braunen Umschlag, sodass nicht jeder sehen konnte, was ich bekam – einen Brief, einen Reiseführer von New York und ein Gedicht über ein einsames Segelboot auf dem Ozean, das sie schon vor langer Zeit geschrieben hatte, aber das ihr erst jetzt wieder in Erinnerung gekommen war. Auch ich schenkte ihr etwas zum Abschied: ein kleines, weißes, hölzernes Modellsegelschiff. Auf das Heck hatte ich in großen Lettern MAVERICK und darunter den Heimathafen »Kiel« geschrieben. Auf die Standfläche des Schiffes, sodass es nicht jeder lesen konnte, als Erinnerung »Wir sehen uns im Frühjahr in New York!«.

Am 25. Juli ging ihr Flieger nach New York, wo sie zunächst eine Woche lang in einer speziellen Schule auf ihren Job als Au-Pair vorbereitet werden sollte. Da es dort nur ein paar Computer mit Internetzugang gab und noch dazu während des Mailschreibens die Uhr tickte, hörte ich erst nach einer Woche von ihr und erfuhr, dass es ihr gut geht.

Wieder eine Woche später kam die erste Mail aus ihrem neuen Zuhause. Sie schrieb, dass sie sich gut eingewöhnt hatte, die Kinder zwar sehr verwöhnt seien, aber doch alles toll. Ich war beruhigt und wendete mich wieder meinen eigenen Reisevorbereitungen zu.

In den letzten Monaten blieben wir ständig in Kontakt, schrieben uns jede Woche mal eine Mail, um auf dem Laufenden zu bleiben, aber wir haben uns nun schon ein halbes Jahr nicht gesehen, und so freue ich mich wirklich über ihre Weihnachtskarte mit einem Foto von ihr und »ihren Kindern« unter dem Tannenbaum und den Worten »Ich kann es kaum abwarten, dich wiederzusehen …«. Ob ich es wirklich nach New York schaffen werde?

Tags darauf klopft es an Deck: Meine Mechaniker sind da. Hubert hat seinen Kumpel Roger gleich mitgebracht, der sich um meinen Motor kümmern soll. Bald gibt es gute und schlechte Neuigkeiten. Was mich positiv überrascht ist, dass Hubert nicht nur nüchtern ist, sondern auch sehr professionell meine Maschine unter die Lupe nimmt, was mich erkennen lässt, dass er offenbar echt Ahnung hat. Die schlechte Neuigkeit ist jedoch das Ergebnis seiner Untersuchung, das er mir mit ernstem Blick mitteilt: »It's the gearbox, you ran it to dead oil!« – »Das Getriebe ist hin, es lief ohne Öl!« – Oh shit!

»Das kann teuer werden«, denke ich mir. Die beiden wollen sich sofort um die Teile kümmern und gegen drei Uhr wieder auf dem Boot sein, um mir mitzuteilen, ob die Reparatur möglich ist. Es wundert mich nur, dass sie sich keine Notizen machen, nicht einmal nachschauen, um welchen Motor- und Getriebetyp es sich handelt.

Nicht lange nachdem die beiden weg sind, mache ich Bekanntschaft mit den schwimmenden Händlern der Karibik, die täglich stundenlang zwischen den ankernden Booten pendeln, um den Yachties alle möglichen Dinge, ob Früchte, Drogen oder Ausrüstungsgegenstände (meist anderer Yachten ...), zu verkaufen oder ihre Dienste auf jegliche Weise anzubieten, sei es, die Wäsche zu waschen oder die Yacht mit einer langen Leine an einer Palme zu befestigen. Noch völlig karibik-unverdorben und erfreut über die vermeintliche »Gastfreundschaft« sowie das Interesse an mir, klettere ich natürlich jedesmal an Deck, um mich mit den Gästen zu unterhalten, bis ich eines Besseren belehrt werde. Am selben Nachmittag noch besucht mich also wieder einer dieser Rasta-Händler und legt sein wrackiges Motorboot mit einem dumpfen Aufschlag und der Frage »Wanna buy fruits?« längsseits an die MAVERICK.

Bananen hatte ich mir nun gerade von einem vorher vorbeikommenden schwimmenden Händler in einem ähnlichen Boot gekauft und brauche keine mehr, aber als er mir eine Kokosnuss anbietet, kommen mir meine Bilder von Karibik-Postkarten mit palmenumsäumten Sandstränden und vor allem mit Kokosnüssen sofort wieder in den Sinn:

»Yeah, I take one!«

Da man mir offenbar ansieht, dass ich in meinem Leben noch keine Kokosnuss geöffnet habe, außer zu Hause in Deutschland eine Nuss aus dem Supermarkt mithilfe einer Säge, bietet er mir auch gleich an, sie für mich zu öffnen. Den Saft soll ich gleich in ein Glas gießen, damit er mir das Fruchtfleisch mit seinem Messer herauskratzen kann. Als ich das abgewetzte Messer sehe, frage ich mich, wie viele Touristen der Rastamann damit wohl schon aufgeschlitzt haben mag, als eine deutsche Stimme hinter mir vom Steg ruft: »Jag den zum Teufel, das is' ein Gauner! Der kauft die Nüsse für einen Dollar im Supermarkt und verkauft die viel zu teuer. Der hat mir neulich erst 'nen roten Fleck in den Rumpf gemacht, als er längsseits kam.« – Ich mache Bekanntschaft mit Paul Petersik, der schon seit unzähligen Jahren sein Boot auf St. Lucia liegen hat, um jeweils ein halbes Jahr in Deutschland und ein halbes Jahr in der Karibik zu verbringen. Eine wirklich wertvolle Bekanntschaft, wie sich herausstellen soll.

Tatsächlich verlangt der Rastamann 5 EC$ für die Nuss. Peter lacht sich auf dem Dock über diese Dreistigkeit kaputt.

Als er weg ist, komme ich mit Peter ins Gespräch, der mich schon erwartete, da er im Internet von mir gelesen hatte. Er wollte mich nicht gleich ansprechen und belästigen, aber ich bin nun sehr froh, ihn und kurz darauf auch seine Frau Elisabeth kennenzulernen, die mir wirklich gute Freunde werden sollen.

Sofort bekomme ich einige Tipps für das Leben in der Karibik und eine Wegbeschreibung zum nächsten »Supermarket«, der das »Super« in seinem Namen auch verdient. Sofort mache ich mich auf den Weg dorthin und treffe die beiden dort kurz darauf ganz zufällig wieder. Bei der Gelegenheit bekomme ich nun auch eine theoretische Einführung in die karibische Küche – und Sekunden später eine Einladung zum Abendessen und Sundowner für den nächsten Abend, um sie auch praktisch kennenzulernen.

Zwischendurch schaffe ich es endlich, in einem Internetcontainer von »Cable & Wireless« einen Bericht für meine Website als E-Mail zu Georg zu senden, der ihn für die ständig größer werdende Leserschaft online stellt. Der Aufseher des Internetcontainers, ein 21-Jähriger, in Hemd und Krawatte gekleideter Schwarzer, ist ganz interessiert daran mich kennenzulernen. Während ich im Internet bin, spricht er mich plötzlich per Chat auf dem Rechner an und versucht mich zu überreden, ihn am Wochenende in seinem Appartement zu besuchen, »watch some movies, have some drinks ...« – erst denke ich, er will nur gastfreundlich sein, aber inzwischen habe ich gelernt, hier immer ein wenig skeptisch bei solch überschwänglichen Angeboten zu sein. Sein Äußeres ist so gepflegt, er wirkt so gestriegelt, dass es schon beinahe wieder verdächtig ist. Ich wette, er ist schwul.

Den Händen meines »neuen Freundes« entronnen und zurück an Bord, ist Roger bereits am Ausbauen des Getriebes. Ersatzteile haben sie keine gefunden, erzählt er mir, aber auf Martinique gibt es eine Volvo-Werkstatt. Mein Getriebe wird in zwei Tagen mit Hubert auf einer Charter-Bavaria dorthin segeln und dann, wie sie hoffen, in der darauffolgenden Woche zurückkommen und eingebaut werden können. Perfekt, denke ich mir, dann bin ich im Zeitplan! Während ich bei 33 Grad in der Kajüte sitze, Logbuch schreibe und Roger draußen in der Nachmittagssonne stöhnend das Getriebe demontiert, kommt ein Dingi längsseits und darin ein weiterer Deutscher: Heinz von der Antigua begrüßt mich herzlich in der Karibik. Er will Ende der Woche, sobald der immer noch stark wehende Wind ein wenig abflaut, mit seinem elf Meter langen Katamaran nach Martinique aufbrechen, und da er von Peter erfahren hat, dass mein Anker noch immer in der Rodney Bay liegt, bietet er mir an, mich bei der Gelegenheit mit hinauszunehmen und mir mit seiner Ankerwinsch zu helfen, den Anker aus dem Grund zu hieven. Ich bin über den freundlichen Empfang in der karibischen Fahrtenseglergemeinschaft wirklich mehr als gerührt. Alleine deswegen hat es sich schon gelohnt, in dieser Nussschale über den Atlantik zu segeln. Als er sich gerade mit dem Dingi auf den Rückweg machen will, ruft er mir noch zu: »Wir sind hier auf Kanal 72, wenn die Fischer zu viel quatschen auf Kanal 74!« – »Ich habe aber keinen Funkschein!«, rufe ich zurück. Prustendes Gelächter ist die Antwort: »Na aus *der* Gegend sind wir hier doch wohl raus, oder?«

Nachdem das Getriebe ausgebaut ist, vertraue ich dem Logbuch ein paar meiner Gedanken an:

Nun bin ich wieder allein an Bord, höre die CD, die mir Kristina aus den USA zu Weihnachten geschickt hat, sehe mir das wilde Treiben in der Lagune durch den offenen Niedergang an, koche mir einen Ingwer-Zimt-Tee, dessen Rezept ich von Elisabeth bekommen habe und denke beim Hören der CD an Kristina in New York. Unglaublich, dass sie die gleichen Songs vor ein paar Wochen noch Tausende Meilen weiter im Norden gehört hat. Woran sie dabei wohl dachte, was sie sah? Und nun liege ich hier in der Karibik unter Palmen. Nur noch ein paar weitere Tausend Meilen, dann bin auch ich in den USA. Ob ich das wirklich schaffen werde? Und das Boot? Es ist in ziemlich miserablem Zustand, ich habe gerade mal eine Inventur gemacht: Die Segel sind zerfetzt, zwei Unterwanten kurz vorm Brechen, das Achterstag durch das verbogene Deck unter dem Mast zu lang, der Kocher losgerissen, der Rumpf voller bremsender Entenmuscheln und das Getriebe hin. Was mit dem Ruder ist, werde ich wohl erst erfahren, wenn Maverick *an Land steht und ich es ausbauen kann. Viel, viel Arbeit liegt noch vor mir, bis es weitergehen kann. Aber ich bin mir sicher, es* wird *weitergehen.*

Shipwrecked at St. Lucia

Ein ganz schön blödes Gefühl, mit kaputter Maschine am Travellift des Boatyards zu liegen und nicht wegzukönnen. Nun ist es schon Donnerstagnachmittag und das Getriebe mit Hubert auf dem Weg nach Martinique. Ich kann nur hoffen, dass die Jungs dort drüben zufällig noch Ersatzteile für eine 30 Jahre alte Maschine herumliegen haben, aber die Wahrscheinlichkeit ist eher gering.

Gegen Abend tuckere in der Nixe hinüber zur Outspan, der 42-Fuß-Ketsch von Peter und Elisabeth, die mich bereits zum Essen erwarten und freudig an Bord begrüßen. Im riesigen Cockpit bekomme ich gleich einen typisch karibischen Rumpunch in die Hand gedrückt. Kurz darauf folgt ein wahrhaft fürstliches Essen: Hähnchenschenkel mit allen möglichen karibischen Spezialitäten, Kartoffelersatzstoffe (zum einen in Rüben- zum anderen in Bananenform) und vieles mehr. Den ganzen Abend über unterhalten wir uns über die Karibik und das deutsche Boote-Forum, durch das Peter bereits von meiner Reise erfahren hatte, bevor ich die Karibik erreichte. Überrascht sind wie beide darüber, dass wir dort viele gemeinsame Bekannte haben. Zweieinhalb Flaschen Rotwein, eine Tüte Orangen-Maracuja-Saft sowie eine Flasche Rum später und um viele interessante Tipps für die Karibik reicher, tuckere ich schließlich gegen drei Uhr morgens in Schlängellinien zurück zur Maverick.

Ein paar Tage später flaut der starke Wind endlich etwas ab und dreht von Nord auf West. Mit einem Mal setzt eine Massenflucht ein, die die zu meiner Ankunft brechend volle Rodney Bay um etwa 30 Yachten erleichtert. Im Pulk segeln sie aus der Bay hinaus Kurs Nord. Auch meine deutschen Freunde von der Outspan und der Antigua sind dabei. Von ihnen erfahre ich auch den Grund für die Konvoifahrt hinüber nach Martinique: »Hier in der Bucht hat kaum noch einer Bier und Wein an Bord, alle fahren zum Verproviantieren hinüber auf die französischen Inseln, da ist es einfach viel billiger!«

Und auch ich fahre mit hinaus – jedoch nicht in der Maverick, sondern in der Nixe, um mit dem GPS meinen Anker wiederzufinden und Heinz den Weg dorthin zu zeigen, der mir im Katamaran folgt. Tatsächlich finden wir ihn schon nach sehr kurzer Zeit, und ich klettere mit der Leine zu ihm an Bord, um den Anker mit der elektrischen Ankerwinde an Deck zu ziehen. Es klappt hervorragend, aber mit der Kette kommt auch eine Menge Dreck auf das frisch gewaschene Deck des Kats. Als ich mich schon mit schlechtem Gewissen für die Sauerei nach einem Schrubber umsehe, ruft mich Heinz ins Cockpit. Statt mir wie erwartet eine Bürste in die Hand zu drücken, schickt er mich unter Deck, damit ich mir die Hände waschen kann und bietet mir eins seiner letzten Biere an. Sofort muss ich an den Kat-Segler auf Madeira denken, der mich, nur weil ich sein Boot mit Schuhen betreten habe, am liebsten kielgeholt hätte.

Mit dem Dingi fahre ich anschließend zwischen die beiden Rümpfe, bis der Anker genau über mir baumelt, dann lässt Heinz' Frau den Anker schön langsam über die Winde in mein Dingi gleiten. Perfekt. Dankeschön!

Am Abend bin ich ein wenig traurig, nun niemanden mehr zu haben, den ich hier in der Rodney Bay Marina kenne, was aber nicht lange so bleiben sollte, denn bereits am nächsten Morgen lerne ich Klaus kennen. Eine Freundschaft, die fürs Leben gedacht sein soll.

Im Grunde lernen wir uns auf eine sehr ungewöhnliche Art und Weise kennen – nämlich auf dem Herrenklo: In der Nacht wurde die Tür zu selbigem aufgebrochen und am Morgen das Schloss ausgetauscht. Als ich nun gegen Mittag einige Zeit mit meinem nun nicht mehr passenden Schlüssel im Türschloss herumprokele, öffnet mir schließlich ein Mann die Tür und erklärt mir auf Englisch, warum der Schlüssel nicht mehr passt. Auf dem Weg zum Marinabüro, in dem ich meinen neuen Schlüssel bekommen soll, wechseln wir noch ein paar weitere Worte, und schließlich macht es bei mir *klick* – ist das nicht ein österreichischer Akzent? Tatsächlich liege ich richtig, und wir stellen uns kurz vor, verlieren uns aber in den kommenden Tagen in dem Durcheinander auf dem Boatyard wieder aus den Augen. Bis die MAVERICK zwei Tage später aus dem Wasser gehoben und neben eine hurrikanbeschädigte Swan 48 gesetzt wird – das Boot von Klaus.

Das Auskranen der MAVERICK erweist sich als kniffelig: Der Gurt des Travellifts, der die MAVERICK aus dem Wasser heben soll, darf auf keinen Fall genau auf der Schraube oder der Schraubenwelle sitzen, wenn das Boot an zwei Gurten aus dem Wasser gehievt wird. Sonst könnte es sein, dass die Welle verbogen wird und damit wäre die Maschine endgültig hin.

Da sich die Dockarbeiter einen Spaß machen wollen, lassen sie mich zur Sicherheit mit Brille und Schnorchel für einige Tauchgänge in das brackige Hafenwasser springen, um den korrekten Sitz des Gurtes zu überprüfen. In der dicken Brühe habe ich echte Probleme, überhaupt etwas zu sehen. Ich kann mich nicht erinnern, jemals in solch trübem und dreckigem Wasser geschwommen zu sein. Schließlich schiebe ich den Gurt mehr durch Fühlen als durch Sehen an der

Schraube vorbei zum Rumpf und gebe dem Kranfahrer ein Zeichen, dass er den Gurt auf Spannung bringen kann. Geschafft!

Als ich jedoch an Deck komme, sind alle Zuschauer breit am Grinsen, und erst später erfahre ich, dass ich der Grund bin, weil ich doch tatsächlich – anders als die meisten und unnötigerweise – in dieses dreckige Wasser gesprungen bin, in das nur etwa 100 Meter weiter entfernt die Abwässer der Stadt geleitet werden. Ich bin also in »ungeklärten Gewässern« geschwommen – ich kann nur hoffen, dass das keine gesundheitlichen Folgen hat, was tropische Krankheiten angeht.

Als die MAVERICK im Travellift langsam über den Kiesplatz hinweg zu ihrem neuen Liegeplatz an Land schwebt, spricht mich ein Zuschauer des Spektakels von der Seite an: »I like her very much, she's very beautiful« – das geht natürlich hinunter wie Öl und entschädigt für die Planschtour in der brackigen Brühe.

Schließlich ist es geschafft, die MAVERICK steht neben Klaus' Swan high and dry an Land, und ich mache mich daran, das Ruder auszubauen. Zu meiner Überraschung ist das Lager des Ruders vollkommen intakt, hat nur ein bisschen zu viel Spiel – genug, um das beängstigende Klackern auf See zu verursachen. Der Ruderschaft dagegen ist zu meinem Schrecken von drei großen Rostlöchern durchlöchert, wobei das Größte einen Durchmesser von etwa 15 Millimetern und eine Tiefe von mehr als einem Millimeter hat. Bei dem ohnehin viel zu dünnen Schaft der Fellowship, die zudem für Ruderbrüche bekannt sind, keine beruhigende Erkenntnis. Doch wenn ich glaubte, das wär's gewesen, habe ich mich getäuscht. Als ich nämlich das Ruderblatt sehe, läuft es mir eiskalt den Rücken hinunter: Es ist in der oberen Hälfte bereits einige Zentimeter weit in zwei Teile gebrochen und dabei, sich langsam, aber sicher aufzulösen. Außerdem ist es – offenbar aus Kostengründen – nicht etwa wie gewöhnlich ausgeschäumt, sondern ganz einfach mit Sand gefüllt. Offenbar um dem Ruder mehr Gewicht zu geben und damit dem ohnehin unheimlich luvgierigen Boot mehr Kursstabilität. Ich bin entsetzt.

In den folgenden Tagen und Wochen mache ich mich daran, die Schadensliste der MAVERICK nach und nach abzuarbeiten. Zuerst mache ich mich ans Ruder, das ich im oberen Teil so weit aufstemme, dass ich den Sand dort vollkommen entfernen und den entstehenden Hohlraum mit angedicktem Epoxydharz ausfüllen kann. Antifouling und Gelcoat werden soweit heruntergeschliffen, dass ich um die obere Hälfte des Ruders herum das Laminat erreiche und die zwei Ruderhälften schließlich durch das Auflaminieren einiger Glasfasermatten wieder zusammenkleben und stabilisieren kann. Am Ruderschaft selbst schleife ich die Rostlöcher auf und lasse sie in der Schweißerei von »Chinaman« mit Schutzgas zubrutzeln, das Ganze anschließend bündig schleifen und polieren – so sieht das Ruder wieder aus wie neu! Die angebrochenen Unterwanten und das Achterstag lasse ich mir für viel Geld im Sailing-Loft neu anfertigen, das Unter- und Achterliek der eingerissenen Genua komplett neu einfassen und verstärken. Den Kocher repariere und verstärke ich mit einigen Holzresten und baue eine Außenborderhalterung für die Badeleiter, die ich aus einigen an Bord gefundenen Sperrholzresten zusammenlaminiere. So habe ich nun, für den Fall, dass der Diesel noch einmal ausfällt, die Chance, den Außenborder als Back-up an der Badeleiter zu montieren. Im Prinzip könnte ich auch mit diesem Außenborder allein die weitere Reise antreten, denn ich hatte den Motor ja auch bisher nur zum Ein- und Auslaufen in den Häfen benötigt. Dann aber könnte ich meinen Traum, den Intracoastal Waterway, der von Florida aus die Ostküste der USA hinauf bis nach Norfolk, Virginia, führt, zu einem großen Teil hinaufzuschippern, abhaken. Jemand hatte mir erzählt, dass man dort einen grandiosen Einblick in die amerikanische Geschichte bekommt: Die Fahrt führt nämlich, vorbei an Baumwollfeldern und Cowboys, durch etliche Bundesstaaten. Daher setze ich alles daran, den Diesel wieder zum Laufen zu bekommen.

Hubert und Roger machen mir jedoch nach der Rückkehr aus Martinique nicht sehr viel Mut: Die benötigten Getriebeteile gibt es auch dort nicht mehr. Dafür haben sie das Getriebe dort gesandstrahlt (warum auch immer ...), wobei ein etwa fünf Zentimeter langes und drei Zentimeter breites Loch aus der Unterseite des Getriebes gebrochen ist, aus dem offenbar auch das Öl ausgelaufen ist. Nun ist das Getriebe endgültig hinüber. Jetzt wollen die beiden versuchen, in der Karibik ein Ersatzgetriebe aufzutreiben. Seufzend ergebe ich mich meinem Schicksal und mache mich erneut auf in den Internetcontainer – auch wenn ich dafür in Kauf nehmen muss, von »meinem Freund« dort angegraben zu werden. Im Internet mache ich mich selbst auf die Suche nach einem Getriebe und setze gleichzeitig meinen Vater in Wolfsburg auf die Suche in Deutschland an – es wäre doch gelacht, wenn solch ein Getriebe nirgendwo aufzutreiben wäre.

Recht schnell sind die zunächst geplanten zwei Wochen Hafenzeit um, und am Boot hat sich noch nicht allzu viel getan. So werde ich wohl doch sehr viel länger auf St. Lucia bleiben müssen, bis alle Arbeiten am Boot erledigt und vor allem ein passendes Getriebe gefunden ist.

Ich verbringe sehr viel Zeit mit Klaus und seiner Freundin Martha, einer Mexikanerin, die Deutsch spricht, wenngleich mit österreichischem Akzent – die meiste Sprachpraxis hat sie eben durch Klaus bekommen. Tagsüber arbeitet jeder an seinem Boot, abends versammeln wir uns meist auf dem Teakdeck der Swan zu einem abendlichen »Shandy«, einer Art Bier mit Brause (entweder Zitronen-, Ginger- oder Hagebuttengeschmack und 1,5 % Alkohol), und spülen den Frust über nicht vorangehende Arbeiten weg. Schnell werden die beiden zu meinen besten Freunden, und zusammen schaffen wir es, den nötigen Optimismus zu behalten, um trotz der nur schwer zu bekommenden Ersatzteile den Mut nicht zu verlieren.

Dabei hat es die beiden noch viel schwerer getroffen als mich: Sie haben ihre Swan 48 vor einem Jahr mit gebrochenem Mast und eingedrückter Bordwand auf Grenada gekauft, nachdem Hurrikan Ivan dort seinen Spaß gehabt hat. Da das billigste Angebot für eine Reparatur und Komplettlackierung aus St. Lucia kam, nahmen sie nach den nötigsten Reparaturarbeiten Kurs auf die Rodney Bay Marina, um die Arbeiten dort bei »Elvis«, einem stets gut gekleideten und mit verspiegelter Sonnenbrille herumlaufenden Schwarzen, in Auftrag zu geben. Zwei bis drei Wochen später sollte alles fertig sein. Inzwischen sind sie schon mehr als zweieinhalb Monate dort, und immerhin ist nun auch schon die Außenhaut gespachtelt, sodass mit den Schleifarbeiten begonnen werden kann. Vorsichtig bat Klaus um tägliche Informationen, welche Arbeiten anständen, um bei den Vorbereitungen helfen zu können. »Unmöglich«, beschied ihm Elvis daraufhin, das würde ihn psychisch so sehr unter Druck setzen, dass er dann nicht in der Lage wäre zu arbeiten. Karibische Verhältnisse eben.

Nach einem Monat in der Rodney Bay habe ich mich schon soweit eingelebt, dass mich fast jeder dort zumindest vom Sehen kennt. Ständig werde ich auf der Straße angesprochen und nach »any news about your gearbox? – irgendwelche Neuigkeiten von deinem Getriebe?« gefragt.

Und immer wieder mache ich Bekanntschaft mit neuen Seglern, ob auf der Durchreise oder hängengeblieben, die alle ihre eigenen, oft wirklich faszinierenden Lebensgeschichten zu erzählen haben. So lerne ich Mira kennen, eine sicher schon weit über 80-jährige alte, freundliche, französische Dame. Eigentlich ist Mira jedoch Britin, und man könnte den stark altbritischen Akzent in ihrer Stimme auch beim besten Willen nicht überhören, aber inzwischen lebt sie seit über 50 Jahren mit ihrem Mann in der Bretagne, wohin sie nach dem Zweiten Weltkrieg übergesiedelt ist. Miras Lebensgeschichte wäre wirklich Stoff für einen fesselnden Roman: Ihren Mann lernte sie während des Zweiten Weltkriegs kennen, da dieser in der französischen Resistance aktiv war. Zusammen lebten sie nicht nur am und auf, sondern vor allem mit dem Meer, das Mira in Schiffsuntergängen zwei Söhne nahm, aber sie dennoch nie wirklich losließ. Schon früh erreichten die beiden auf ihrem Segelboot die Karibik: »Als wir 1984 einmal in der Rodney Bay waren, gab es außer uns hier nicht ein einziges anderes Boot.« Als ich ihr dann erzähle, dass ich erst 1985 geboren bin, musste sie etwas schmunzeln. Jahrelang haben sie und ihr Mann, der heute schon etwas senil und verwirrt ist, die Karibik durchreist, und auch heute noch kommen sie jedes Jahr für einige Monate in die Karibik, um auf ihrer an Land stehenden Nicholson 43 zu leben und noch einmal das Gefühl zu haben, jung zu sein und die Welt vor sich liegen zu haben. Beide wissen, dass sie die Karibik nicht mehr oft sehen werden, und so wollen sie die Zeit nutzen, die sie noch haben. Als Klaus sie einmal fragt, warum sie nicht mehr segeln, antwortet Mira ein wenig betrübt: »Ich will mit meinem Mann nicht mehr aufs Wasser, das ist für uns in unserem Alter inzwischen zu gefährlich.« Und so sind die beiden in den Tagen, in denen wir uns im Boatyard treffen auch gerade emsig dabei, die Kajüte der Nicholson zu überholen und das Boot von außen neu lackieren zu lassen, um es dann in den kommenden Jahren zu verkaufen. Irgendwie bekomme ich Mitleid mit den beiden, die das Leben auf dem Boot so sehr geliebt haben, aber nun nach und nach Abschied nehmen müssen. Und auch meine Dimensionen verschieben sich, als Mira in einem Gespräch beiläufig erwähnt, dass ihr Mann insgesamt sieben Mal alleine über den Atlantik gesegelt ist. Zwar hatte ich nie das Gefühl, mit meiner Reise etwas Außergewöhnliches geleistet zu haben, dafür habe ich sie sicher nicht gemacht, aber stolz war ich schon darauf. Nun aber erst wird es mir wirklich bewusst, dass ich durch die geglückte Atlantiküberquerung keinen Grund habe, euphorisch zu sein. Vor mir liegen noch einige Tausend Meilen.

Schließlich komme ich der Abfahrt wieder ein Stückchen näher, als mir ein paar generalüberholte Austauschgetriebe aus Deutschland angeboten werden, die jedoch zwischen 1500 und 2500 Euro (plus Versand!) kosten sollen. Das ist mir bei Weitem zu viel! Ein gebrauchtes Getriebe, das dennoch in gutem Zustand ist, suche ich – aber bezahlbar muss es natürlich auch sein!

Schließlich wird mein Vater in der Bootsbörse fündig: Der Kassenwart des Sylter Segelvereins verkauft einen baugleichen Motor vom Typ Volvo-Penta MD-11c samt Getriebe. Nach einem Anruf und dem Erklären meiner hoffnungslosen Situation in der Karibik kann mein Vater das passende MS-B-Getriebe für 500 Euro *ohne* den Motor kaufen. Damit sinkt für den Verkäufer zwar die Wahrscheinlichkeit, den Motor noch zu einem guten Preis zu verkaufen, aber das ist es ihm wert, mir in diesem Notfall zu helfen. Damit mein Vater nicht mit der

Eisenbahn hinüber nach Sylt fahren muss, kommt Herr Ruppl, der Verkäufer, ihm sogar noch einige Kilometer entgegengefahren und gibt Tipps zum Einbau. Ich erfahre das alles noch am selben Tag per Telefon und bin einfach überwältigt von dieser Hilfe. Auch ich bedanke mich an den folgenden Tagen noch mal persönlich bei ihm, indem ich ihn kurzerhand anrufe.

Das Getriebe möglichst günstig in die Karibik zu bekommen, stellt natürlich wieder ein Problem dar – erste Anfragen bei einigen Speditionen ergeben Versandkosten von bis zu 1000 Euro. Schließlich findet mein Vater bei der Spedition Schenker die Möglichkeit, das Getriebe mit Air France für nur 300 Euro nach Martinique zu schicken, wo ich es dann auf dem Flughafen abholen muss.

Während das Getriebe also im Anflug auf die Karibik ist, mache ich mich daran, die letzten Arbeiten an der MAVERICK zu erledigen und beginne eine größere Schönheits-OP, indem ich das ganze Deck und den Aufbau mangels Schleifgerät per Hand abschleife, alle alten Bohrlöcher zuspachtele, Hunderte Löcher von abgeblätterter Farbe bündig schleife und anschließend alles komplett neu weiß lackiere. Die Hände leiden enorm bei der Schleiferei. Ständig habe ich neue wunde Stellen zu verarzten, obwohl schon beinahe jeder Finger ein Pflaster trägt, während mir die sengende Karibiksonne langsam aber sicher beim Schleifen den Rücken verbrennt, sodass ich selbst einige Tage nach der Deckslackierung nicht auf dem Rücken liegen kann. Schließlich geht mir auch noch nach 85% der Fläche die Farbe aus – der exakte Farbton ist selbstverständlich bereits ausverkauft. Aber eine ähnliche Farbe ist noch zu haben, und als diese schließlich verarbeitet ist, fällt der Unterschied kaum noch auf.

Die Arbeiten gehen voran. Ich kann es wirklich kaum abwarten, bis die MAVERICK wieder im Wasser schwimmt und durch das kühle Nass mit der ganzen Welt verbunden ist, statt durch den Schotterplatz, auf dem sie nun schon seit über einem Monat steht, an die Insel gefesselt ist. Irgendwann geht mir auch auf, dass ich nun schon so lange hier in der Karibik bin und noch nicht einmal am Strand gelegen habe oder im Meer geschwommen bin. Aber allein hatte ich dazu bisher einfach keine Lust. Das ist halt das Schicksal der Einhandsegler: Allein auf See zu sein war für mich zwar ein echtes Abenteuer, aber hier in der Karibik wäre es viel schöner, wenn ich jemanden hätte, mit dem ich das alles teilen könnte. Alleine schwimmen oder am Strand liegen ist doof.

Umso schöner, dass Klaus eines Abends kurz vor Sonnenuntergang an der MAVERICK vorbeikommt, auf der ich gerade lesend an Deck sitze. Ob ich Lust hätte, mit ihm im Dingi raus auf den Atlantik zu fahren und den Sonnenuntergang zu sehen, fragt er. »Dingidrift« nennen das die Blauwassersegler. Natürlich bin ich sofort dabei und klettere zu ihm in sein drei Meter langes und acht PS starkes Schlauchboot. Kurz darauf sind wir draußen auf dem Atlantik. Die Sonne geht langsam im Westen unter, taucht den Horizont so weit das Auge reicht in die schönsten Rottöne, während wir den Motor abschalten und uns langsam auf sie zu treiben lassen und uns dabei immer weiter von der Insel entfernen.

Es ist einfach ein traumhaft schönes Gefühl, sich nach der langen Zeit im Chaos des Boatyards endlich wieder einmal den Wind um die Nase wehen zu lassen und die Freiheit zu spüren, die uns so sehr fehlt. Auch, wenn es nur für ein paar Minuten ist, bevor wir nach dem Untergang der Sonne den Motor wieder anwerfen und missmutig den Kurs zurück auf die Lagune setzen.

Inzwischen haben wir uns schon ziemlich weit von der Insel entfernt und sind eine Bucht weitergetrieben, ganz in die Nähe von der Hauptstadt Castries. In Gleitfahrt preschen wir über die Wellen, auf die in der Ferne zu erkennenden Lichter der Rodney Bay zu, als plötzlich der Motor zu stottern beginnt und schließlich ausgeht. Ich sehe Klaus mit einem breiten Grinsen an, denn schon zuvor hatte er bei gemeinsamen Dingifahrten oft Späße gemacht, von wegen »Sprit ist alle!« und so. Aber sein Gesicht bleibt ernst: »Diesmal ist es echt, der Motor will nicht mehr!« Nach einem Schütteln am Tank wissen wir, dass noch genug Sprit vorhanden ist, warum also springt das dumme Ding plötzlich nicht mehr an? Ist etwa Schmutz im Vergaser? Kann eigentlich nicht sein, weil zwischen Tank und Motor ein Benzinfilter sitzt. Was ist es dann? Nach einigem Gezerre am Seilzug des Motors geht er zu unserer Erleichterung plötzlich wieder an, und sofort geht es in Gleitfahrt weiter gen Marina. »Das war knapp«, geht es mir durch den Kopf. Plötzlich stottert er wieder – und geht erneut aus. Nach zehnmaligem Ziehen am Seilzug schenkt er uns einige weitere Hundert Meter, bevor er wieder den Geist aufgibt und diesmal nicht mehr mit sich reden lässt – er bleibt aus.

Was tun? Die Insel ist viel zu weit weg, um schwimmend an Land zu kommen, gut drei bis vier Meilen und der Wind ablandig. An Bord sind – karibiktypisch – auch keine Paddel, um damit an Land zu kommen. Immer wieder versucht Klaus, den Motor am Seilzug zu starten, bis ihm nach einer Weile die rettende Idee kommt und er den Benzinfilter im Motor abklemmt und den Tank direkt mit dem Motor verbindet. Augenblicklich springt der Motor an. Erleichtert erreichen wir zehn Minuten später die Marina und stolpern an Land – das hätte böse ins Auge gehen können.

St. Lucia lässt mich nicht los

Wieder verzögert sich das Auslaufen um eine weitere Woche: Von anderen Seglern in der Lagune erfahre ich, dass auf Martinique gerade der Karneval ausgebrochen ist und daher dort auch am Flughafen derzeit alles brachliegt. Nun weiß ich endlich auch den Grund dafür, warum die Lagune seit zwei Tagen vor lauter ankernden Booten aus allen Nähten platzt – viele Boote haben bei Ausbruch des Karnevals fluchtartig die französischen Inseln verlassen, um auf St. Lucia Zuflucht zu suchen, wo sich das Spektakel glücklicherweise etwas mehr in Grenzen hält.

Also arbeite ich weiter am Boot und montiere zwei unheimlich teure Windhutzen anstatt der bisher vorhandenen Tannoy-Lüfter, um unter Deck eine bessere Belüftung zu haben. Die Hutzen kaufe ich wie alles andere auch beim örtlichen Island-Waterworld, einem Saftladen von Bootszubehörhandel. Aber irgendwie hat der Laden dort Kultstatus, denn überall sieht man die Yachties mit Island-Waterworld-Tüten herumlaufen, und auch ich werde diesmal mit einer Tüte in der Hand von einem anderen Tütenläufer angesprochen: »Ah, pushing the local economy?« (»Ah, auch dabei, die örtliche Wirtschaft anzutreiben?«) Und wie ich die Wirtschaft hier im letzten Monat angetrieben habe ... Inzwischen bin ich pleite, mein restliches Budget ist vollständig für die unerwarteten Reparaturen draufgegangen. Eigentlich müsste ich meine Reise hier beenden und das Boot verkaufen.

Glücklicherweise habe ich aber wirklich unbeschreiblich tolle Eltern, die mir nicht nur die Reise erlaubt haben, sondern auf die ich mich auch in dieser Situation verlassen kann – sie wollen mich weiter unterstützen, damit ich zumindest noch bis in die USA komme.

Aber der Frust über das auf sich warten lassende Getriebe und die verrinnende Zeit werden immer schlimmer. Deshalb legen Klaus und ich am folgenden Sonntag einen Tag Urlaub ein: Morgens um elf Uhr fahren wir wie die Touristen im Dingi hinüber ins Bread-Basket, dem örtlichen Bäcker und Café, setzen uns gemütlich auf die Hafenterrasse, lassen uns »Scrambled Eggs with Bacon and Coffee« bringen und starten mit einem zweistündigem Frühstück vollkommen entspannt in den Tag. Auch, dass das Frühstück soviel kostet, wie in Deutschland ein ganzes Abendessen, der Kaffee eine Konsistenz wie Erdöl besitzt, wie Espresso schmeckt und doch im Prinzip nur Instantpulver mit Heisswasser ist, kann uns beim Blick über die ankommenden und abfahrenden Yachten und all das Treiben der Marina nicht aus der Ruhe bringen.

Anschließend greifen wir uns unser Schnorchelzeug, setzen uns ins Dingi und fahren um den Pidgeon Point, die markante Landspitze, auf der früher einmal ein Fort der Engländer stand, werfen in einer Bucht den Anker, setzen uns unsere Brillen auf und lassen uns über die Seite hinein in das tiefe Blau kippen.

Die Fischwelt ist zwar bei Weitem nicht so farbenprächtig, wie ich es aus dem Fernsehen kenne, aber dennoch finden wir einige wirklich schöne Fische, deren Namen Klaus mir beibringt. An den karibischen Namen der Fische erkennt man auch die Komplexität der karibischen Sprachgepflogenheiten. Ein Fisch beispielsweise, der dünn und lang ist, wird »Longer« genannt. Ganz einfach.

Wohl ist mir beim Schnorcheln an der Inselkante, hinter der der Grund sehr steil nach unten hin abfällt, jedoch noch nicht – immer wieder drehe ich mich sicherheitshalber um die eigene Achse, um Ausschau nach Haien zu halten, die ich hinter jeder Ecke erwarte. Aber Klaus, der seit Beginn der 1990er in der Karibik segelt, kann mich da beruhigen. Hier hat er nur höchstselten mal einen Hai gesehen, wohingegen es auf den Bahamas nur so von ihnen wimmeln soll. »Du brauchst keine Angst zu haben, es gibt hier nur zwei Arten von Fischen, die dir gefährlich werden können: Haie – und der da, genau hinter dir!«

Als wir nach einigen Tauchgängen nebeneinander im Dingi liegen, die Füße ins Wasser hängend und die knallende Sonne auf dem Bauch, kommt plötzlich ein Ausflugsboot eines Hotels in die Lagune motort, das in unserer Sichtweite ankert und sofort einen Schwarm amerikanischer Touristen ins Wasser entlässt, die mit luftgefüllter Schwimmweste, Schnorchel, Brille und im T-Shirt (um sich die käseweiße Haut nicht zu verbrennen) für eine halbe Stunde im Formationsflug durch die Bucht paddeln, bevor es zurück ins Boot geht und von dort ins Hotel.

»Wir haben es schon echt unglaublich gut hier. Ich meine, wir leben hier gerade. Die Leute da sitzen Montag schon wieder im Büro, während wir unser Zuhause immer bei uns haben«, geht es mir durch den Sinn.

Als die Sonne langsam immer näher an den Horizont heranrückt, gehen auch wir Anker auf und tuckern langsam um den Pidgeon Point herum zurück in die Lagune der Marina. Als wir durch die Rodney Bay kommen, sehen wir, dass dort eine Motocross-Strecke aufgebaut worden ist und sich die örtlichen Biker am Strand versammelt haben. Klaus ist sofort Feuer und Flamme – hatte er doch selbst seine Maschine jahrelang auf dem Heckkorb seiner Bavaria 30 stehen, um mit ihr vom Ankerplatz des Bootes aus über die Inseln zu touren. Also landen wir am Strand an, um uns das Spektakel aus der Nähe anzusehen. Mir wird dabei ein klein wenig mulmig – schließlich habe ich schon seit Jahren nicht mehr so viele unheimliche Gestalten auf einem Haufen gesehen, die ihre hochgetunten Kisten prollig zur Schau stellen – aber Klaus ist ganz begeistert von dem, was die Jungs dort aus ihren Knäckebrotsägen herausholen.

Am Strand treffen wir auf ein paar Einheimische, die dort Hähnchenkeulen über dem Grill rösten und mit einer selbst hergestellten Salsa verkaufen. Dazu gibt es einen typisch karibischen Teigfladen, der im Öl schwimmend gebraten wird und daher – einfallsreich in der Namensgebung wie immer – »Floater« genannt wird. Die Dinger sind wirklich klasse. Gerne hätte ich der alten Dame noch das Rezept dafür abgeschwatzt. Aber Klaus hat schon wieder eine neue Bekanntschaft gemacht – wir lernen Christopher kennen. Christopher ist ein Einheimischer, der in einem amerikanischen Hotel an der Küste in der Gastronomie arbeitet und sich durch den Verkauf eines selbst angesetzten Rumgebräus auf Veranstaltungen wie dieser noch ein paar Dollar dazuverdient. Diese Flüssigkeit, die er in einem Fünf-Liter-Kanister mit sich führt, hat er mit allen möglichen Gewürzen, Kirschen, Grenadinensirup und einigen Wurzeln verfeinert und »Spice« getauft. Für 5 EC$ verkauft er sie uns in kleinen Plastikbechern. Obwohl das Zeug eigentlich ganz lecker schmeckt, zieht es einem bei sicherlich 70 Umdrehungen schon beim Angucken die Schuhe aus und würde sicherlich im Zweifelsfall auch einen Außenborder antreiben. Noch eine ganze Weile unterhalten wir uns mit Christopher, der uns sein Rezept erklärt und vorrechnet, was er für die ganzen Zutaten bezahlt hat und wie viel Gewinn er damit an einem Abend macht: Etwa 15 Euro. Aber es ist ihm wirklich wichtig, das Geld mit ehrlicher Arbeit zu verdienen. Immer wieder betont er, dass er ein »good guy« ist und sich nicht wie die meisten anderen auf der Insel durch kriminelle Aktionen Nebeneinkünfte verschafft. Er macht einen aufrichtigen Eindruck, und so erfahren wir einiges über ihn, seine Familie und seine Kinder, die mit ihm am Strand sind und, während er sein Gebräu verkauft, mit anderen Kindern im Sand spielen.

Als die Sonne schließlich vollkommen im Atlantik versunken ist, ziehen wir das Dingi, das während unserer Abwesenheit wie ein Hund an eine Palme gekettet war, zurück ins Wasser und fahren in Schlängellinien zurück zum Boatyard.

Auf dem Rückweg kommen wir an einem ziemlich neuen Katamaran vorbei, dessen Backbordrumpf am Bug vollkommen zertrümmert ist und der nur aufgrund des Kollisionsschotts im Bug überhaupt noch schwimmend am Anker hängt. Was mag da wohl passiert sein?

Einen Tag später erfahren wir es, als wir eine französische Crew wiedertreffen: »Hey, was macht ihr denn schon wieder hier? Wolltet ihr nicht weiter nach Grenada?« – »Ja, aber wir hatten bei Nacht vor der Küste eine kleine Kollision ...«

Tatsächlich haben die chaotischen Franzosen den in der Lagune ankernden Kat abgeschossen und ihm mit ihrem Stahlrumpf voll eins auf die Nase gegeben. Schon als sie an Land lagen, haben sie einen etwas merkwürdigen Eindruck gemacht, als sie ihre Yacht lackierten. So haben sie zum Beispiel den Wasserpass frei nach Schnauze abgeklebt und lackiert – die reinste Alpenlandschaft kam dabei heraus. Da können wir nur hoffen, dass sie gut versichert sind. MAVERICK ist es nicht, sie besitzt nur eine Haftpflichtversicherung. Als ich die Kaskoversicherung bei einem sehr großen Hamburger Versicherungsunternehmen auf die Karibik erweitern wollte, hieß es nur »bis England und nicht weiter versichern wir dich«. – »Egal«, dachte ich mir, »was weg ist, ist weg. Dann muss ich besser auf MAVERICK aufpassen ...«

Weitere zwei Tage vergehen, an denen ich nichts vom Getriebe höre, das schon längst auf dem Flughafen von Fort de France auf Martinique angekommen sein sollte. Man wollte mich sofort telefonisch informieren, wenn mein Paket dort eingeht, aber obwohl ich das Handy immer bei mir trage und bei jedem Klingeln sofort am Hörer bin, habe ich nichts vom Flughafen gehört.

Am Mittwoch, dem dritten Tag, bin ich das Warten schließlich leid. Ich nehme den Bus nach Castries, um mir dort ein Ticket für die Katamaranschnellfähre nach Martinique zu kaufen. Ein abenteuerlicher Kurztrip, denn der öffentliche Personennahverkehr ist nicht ansatzweise mit europäischen Gepflogenheiten zu vergleichen. Im Zwei-Minuten-Takt hoppeln kleine Toyota-Vans (erheblich kleiner als ein VW-Bus) über die Schlaglöcherpisten, voll besetzt mit bis zu zwölf Personen. Dementsprechend ist auf der Rückbank Kuscheln angesagt. Aber die Leute hier sind da sehr unkompliziert. Der »coole Rasta« sitzt lässig dicht gedrängt neben dem Geschäftsführer im Anzug, und wenn eine alte Lady den Bus mit einem höflich-englischen »Good Afternoon« betritt, geht einheitlich ein ebenso freundliches Gemurmel durch den Bus.

Busfahren ist hier also wirklich ein Erlebnis. Zudem kostet es fast nichts, für 2,25 EC$ (etwa 80 Eurocent) geht es mit qualmenden Reifen von der Rodney Bay über Hügel und Berge, über Stock und Stein bis hinein in die Hauptstadt.

Dort frage ich mich vom »Busbahnhof«, einem staubigen Schotterplatz am Rande der Innenstadt, vorbei am Marktplatz und an Straßenhändlern, die in mir allesamt das Geschäft ihres Tages zu wittern scheinen, hindurch zum Fahrkartenterminal der Fähre. In einem kleinen Büro, das von einem Sicherheitsdienst bewacht wird, sitzt hinter dem Tresen eine freundliche Frau, die sich auch sofort emsig daranmacht, die Daten aus meinem Reisepass heraus in ihren Computer zu übertragen. Dann aber das erste Problem: Die Fähre fährt erst morgen Nachmittag um 16.00 Uhr. Die Überfahrt wird etwa 1,5 Stunden dauern – dann hat aber die Zollstelle am Flughafen schon geschlossen. Ich werde also wohl oder übel eine Nacht auf Martinique verbringen müssen. Aufgrund der Horrorstorys, die mir andere Segler in der Rodney Bay über die karibischen Flughäfen erzählt haben, zum Beispiel dass ich möglicherweise einige Tage dort verbringen werde, bis das Getriebe überhaupt durch den Zoll geht, hatte ich mich ohnehin schon auf so etwas eingestellt.

Da sich mein Französisch jedoch wie erwähnt im Wesentlichen auf die Vokabeln »Baguette« und »Croissant« beschränkt, buche ich also bereits am Donnerstagmorgen im Voraus ein Hotelzimmer in einem Reisebüro auf St. Lucia, wobei ich als meine einzigen Bedingungen »englischsprachig« und »günstig« angebe.

Am Nachmittag geht es also erneut mit dem Bus nach Castries. Diesmal habe ich einen Rucksack mit Wechselkleidung für einige Tage dabei, um für langes Warten auf Martinique gerüstet zu sein. Nach einer Zollkontrolle und einigem Gefilze bin ich schließlich in der Abfahrtshalle und warte auf die Boarding-Time, als ein Mann neben mir mit einer Videokamera ein paar Urlaubsvideos von der Fähre dreht. Plötzlich geht ein vokales Donnergewitter in der Halle los, eine dunkelhäutige Angestellte brüllt auf einmal quer durch die Halle, läuft eiligen Schrittes auf den Mann zu und entreißt ihm die Kamera, als hätte er gerade Spionage oberster Klasse betrieben. Sofort muss der Mann das Band vor ihren Augen löschen. Unglaubliche Szenen, die sich dabei abspielen. Was gibt es denn dort zu verstecken?

Endlich kommen wir an Bord der Fähre, die nur wenige Minuten darauf den Hafen verlässt, auf Kurs Nord geht und an der Rodney Bay und der MAVERICK vorbei Martinique anvisiert. An der anderen Küste angekommen, kann ich zwischen einigen Regenschwaden kurzzeitig den HMS DIAMOND ROCK erkennen, von dem ich schon so einiges gelesen hatte. Obwohl dieser 176 m hohe Felsen nun sicher schon seit einigen Hundert Jahren dort im Wasser vor der Küste Martiniques liegt, trägt er offiziell den Status eines britischen Schiffes, wie das Kürzel HMS für »Her Majesty Ship« erkennen lässt. Ab etwa 1700 und in den folgenden 200 Jahren war Martinique immer wieder Schauplatz einiger europäisch-imperialistischer Interessenskonflikte gewesen. Schließlich gelang es den Briten 1804, den direkt vor der französischen Insel gelegenen Felsen zu erobern und dort 102 Soldaten mit schwerem Geschütz in Stellung zu bringen. Sofort wurde der Felsen zu einem unsinkbaren und uneinnehmbaren Kriegsschiff erklärt – der HMS DIAMOND ROCK. Ganze 17 Monate konnten sich die Soldaten gegen die französische Übermacht behaupten, als plötzlich auf mysteriöse Weise ein Schiff direkt neben dem Felsen unterging und ganz »zufällig« etliche Fässer des mit Rum beladenen Schiffes direkt an Diamond Rock vorbeitrieben. Am folgenden Morgen, dem 31. Mai 1805, griffen die Franzosen die vermutlich schwer verkaterten 108 Soldaten mit zwei Kriegsschiffen, zwei Briggs und einem Schoner an. Unter dem Feuerhagel zogen sich die Briten immer höher auf den Berg zurück, bis sie schließlich am 2. Juni 1805 aus Munitionsmangel kapitulierten und von den Franzosen fair als Gefangene behandelt wurden. Schließlich waren in der Schlacht 50 tote und 300 verwundete Franzosen zu beklagen, wohingegen nur ein Brite bei den Kämpfen umkam und nur ein weiterer verwundet wurde.

Da der Felsen als Kriegsschiff jedoch niemals offiziell ausgemustert oder gesunken ist, ist er bis heute Teil der Royal Navy. Kein Schiff der Briten fährt daran vorbei, ohne ihm nicht einen Flaggensalut zu leisten.

Mit der französischen Flagge am Heck enthält sich unsere Fähre dem selbstverständlich und nimmt direkten Kurs auf die große Bucht von Fort de France. Nach anderthalb Stunden auf See und einem langweiligen französischen Film, der natürlich ohne englische Untertitel gezeigt wurde – schließlich befinden wir uns auf einem französischen Schiff – laufen wir pünktlich um 17.30 Uhr in den Hafen ein. Als Europäer werde ich nur schnell ohne einen Blick in den Reisepass durchgewunken, während die Residenten von St. Lucia noch ein paar Zoll- und Einreiseformalitäten zu erledigen haben.

Und plötzlich bin ich in Frankreich!

Alles um mich herum ist plötzlich unheimlich europäisch. Die Autos, die Menschen, die Straßen, die Häuser. Überall wird in Euro bezahlt, und ich fühle mich sofort heimisch. Wenn bloß die Sprache nicht wäre.

Um Taxigeld zu sparen, mache ich mich zu Fuß auf den Weg zum Hotel. Einen Stadtplan habe ich nicht, aber schon immer ein recht gutes, internes Navigationssystem. Und tatsächlich finde ich das Hotel, das mir das Reisebüro aus St. Lucia gebucht hat, in der Nähe eines Parks mitten in der City. Da ich ja ein möglichst billiges Hotel haben wollte, bin ich schon von der Fassade des »Akena-Foyatel« sehr überrascht, das sich als kleines 3-Sterne-Hotel entpuppt. Am Schalter des Hotels erfüllt sich sofort mein erster Wunsch in Bezug auf das Hotel, und ich werde nach einem unsicheren »Ähm ... do you speak english?«, von einer freundlich lächelnden Dame ebenfalls auf Englisch mit einem beruhigenden »Yes« begrüßt, dem ich nur ein erleichtertes Grinsen entgegnen kann. Das Hotel dagegen scheint mir ziemlich teuer, aber da ich keine Lust habe, mich an diesem Abend noch auf die Suche nach einem anderen, billigeren, Hotel zu machen, zücke ich dennoch meine ohnehin schon sehr abgenutzte Kreditkarte und checke ein. Eine Entscheidung, die sich nur vier Minuten später und drei Stockwerke höher als goldrichtig erweisen soll.

Das Zimmer ist einfach ein Traum. Und das nicht nur nach 31 Tagen allein auf See und mittlerweile über vier Monaten auf einem kleinen Boot! Vor allem durch das große, breite und *nicht* schaukelnde Bett, das Bad und den kleinen Balkon mit Blick über den Park fühle ich mich, als käme ich aus einer Gefängniszelle in Bautzen ins Ritz Carlton. Obwohl es »nur« ein 3-Sterne-Hotel ist, so würde ich persönlich ihm doch sicher mindestens fünf geben – und einen Mond.

Am nächsten Morgen rasselt der Handywecker bereits um halb sechs, und nach zwei kurzen Duschen (unterbrochen durch einen Anruf der »Yacht«-Redaktion aus Deutschland) erlebe ich, was es heißt in Frankreich zu frühstücken. Menschen, die so ihren Tag beginnen, kann man einfach nur beneiden ... Nicht nur, dass es ein wirklich reichhaltiges Buffet gibt, voller Croissants, Baguettes, Guaven- und Bananenmarmelade, Ananas, Melonen und noch vielen anderen Früchten mehr, die ich jedoch nicht aussprechen kann. Nein, es gibt außerdem eine bemerkenswert große Auswahl an frischen Fruchtsäften. Nur meinen seit Jahren geliebten und aus einer »Kaffeeweißerknappheit« heraus angewöhnten schwarzen Kaffee gelingt es mir nicht aus der Hightech-Kaffeemaschine zapfen – dafür aber einen vierfachen Espresso.

Schon gegen halb acht checke ich wieder aus dem Hotel aus und mache mich mit einem Taxi auf den Weg zum Flughafen. Zu einem »aéroport« reichen meine linguistischen Fähigkeiten gerade noch aus, und nur eine halbe Stunde später stehe ich am Terminal von Air France in der Abflughalle. Dort erfahre ich zum einen, dass sich die Lagerabteilung des Aeroports, die »Zone Fret«, einige Kilometer vom Abflugterminal entfernt befindet und im gleichen Zuge, dass ich auf dem Weg dorthin ohne Auto ganz schön gelackmeiert bin.

Schließlich erreiche ich die Halle nach einem langen Fuß- und kurzen Umweg über eine Autobahnauffahrt und mache mich erst mal auf das Schlimmste gefasst. Aber die Horrorgeschichten der Segler auf St. Lucia werden innerhalb 30 Minuten widerlegt:

Sogar in der Cargoabteilung der Air France finde ich jemanden, der ein wenig Englisch sprechen kann – innerhalb von etwa einer Minute habe ich die Frachtpapiere in der Hand und werde zum Zollbüro geführt, in dem ein grimmiger Beamter wie am Fließband eine Menge Papier stempelt. Schon auf meine Frage hin, ob ich hier richtig beim Zoll wäre, merke ich, dass er nicht mal ansatzweise Englisch spricht und drücke ihm statt weiteren Gestammels auf französisch-deutsch-englischem Mischmasch einfach die Papiere in die Hand – »da hast du!«, – die er schnell überfliegt, seinen Stempel auf die Vorderseite knallt – und das war's schon!

Zurück am Air France-Schalter im Zolllager gibt es einen weiteren Stempel und im Lager selbst schließlich mein Getriebe, verpackt in einem etwa 25 Kilo schweren Paket. Ich hatte erwartet, dass ich gleich vom Flughafen zum Fährhafen hetzen würde und bin nun sehr überrascht, dass ich – es ist erst halb zehn – nun wohl noch einen ganzen Tag das Paket durch Martinique schleppen muss, bis die Fähre um 17.00 Uhr zurück nach St. Lucia fährt. Die etwa eine Meile lange Strecke zurück zum Terminal hat es noch mal wirklich in sich, da ich das schwere Paket ständig vor mir hertragen muss, bis ich auf den letzten Metern überraschend einen Kofferwagen vom Flughafen einsam auf dem Parkplatz auf mich warten sehe.

Was mache ich nun mit dem ganzen Tag? Erst mal zur Feier des Tages einen Kaffee am Flughafen trinken. Wann werde ich sonst so schnell wieder in den Genuss eines richtigen Filterkaffees kommen?

Nach dem Kaffee und das Getriebe vor dem Bauch tragend, mache ich mich auf den Rückweg zum Taxistand. Eine halbe Stunde später lasse ich mich im Schatten einer Palme am Strand absetzen. Das Sightseeing auf der Insel ist mit dem Getriebe schlichtweg unmöglich, aber ich möchte es auch nicht in irgendeinem Schließfach einschließen oder anderswo zurücklassen. Dafür ist es mir zu wichtig. Also mache ich mich nach einer Stunde am Strand auf den Weg zum etwa zwei Kilometern entfernten Fährhafen, wo ich weitere fünf Stunden auf den harten Bänken des Wartesaals verbringe.

Mit zweieinhalb Stunden Verspätung komme ich schließlich zurück in Castries an. Natürlich fährt kein Bus mehr, und ich weiß auch nicht, ob ich um neun Uhr abends in Castries noch busfahren wollen würde – also nehme ich mir ein Taxi, das mich um halb zehn Uhr abends erschöpft, aber glücklich über den erfolgreichen Ausflug, an der MAVERICK absetzt.

Schon am Samstag treffe ich Hubert, meinen Mechaniker, der mir seinen Freund Roger schon für den Sonntag zum Einbauen des Getriebes vorbeischicken will: »Am Sonntag, euch ist wohl nichts heilig, was?« Schließlich einigen wir uns auf Montagmorgen, und tatsächlich werde ich um kurz nach acht durch ein Klopfen an der Bordwand geweckt. Für die Karibik eine wirklich ungewohnt pünktliche Arbeitsmoral!

Nun ist es also soweit, das Getriebe ist drin, dicht und mit Öl gefüllt, einen neuen Keilriemen habe ich der MAVERICK heute auch noch spendiert, und wenn weiterhin alles so gut klappt, dann könnte ich vielleicht Ende der Woche »schon« wieder zurück im Wasser sein!

Vorher suche ich noch ein drei Meter langes und 48 Millimeter dickes Edelstahlrohr für einen Windgenerator, nur sind Rohre in der Größe hier sehr schwer zu finden. Den Generator konnte ich in den vergangenen Wochen günstig und gebraucht kaufen. Für mich ein Traum von ausreichendem Strom, der sich erfüllt. Nachdem ich schon während der gesamten Reise unter Strommangel gelitten habe, nun endlich keine Kerzen mehr unter Deck.

Bisher hatte ich alle vier bis fünf Tage einmal meine Batterien ausgebaut und über Nacht zur nächsten Stromsäule auf dem Boatyard getragen. Damit die Batterien und das Ladegerät auch am folgenden Morgen noch an Ort und Stelle sind, habe ich das Ladegerät extra an einer Stelle durchbohrt, um es an die Säule ketten zu können und verstecke es außerdem in einer blauen Plastikkiste.

Strom an Bord brauchte ich in den vergangenen Wochen nicht nur für das Kajütlicht, das ja auch durch das Solarpaneel hätte geladen werden können, sondern vor allem für den Laptop. In der Rodney Bay Marina ist gerade ein Wireless-Hotspot, über den man kabellos in der gesamten Lagune im Internet surfen kann, in der Erprobung, der jedoch noch nicht ganz flüssig läuft und alle paar Tage einmal für einige Zeit ausfällt. Solange das System noch nicht stabil läuft, ist das Internet also kostenlos für alle, was natürlich zur Folge hat, dass ich quasi online »lebe«. Endlich habe ich wieder die Gelegenheit, mit meinen Freunden in Deutschland und mit Kristina in Philadelphia zu chatten oder über Skype kostenlos mit ihnen zu telefonieren. Und so sitze ich so manche Nacht hinter dem Laptop und erzähle Kristina vom Leben im Boatyard und sie mir vom Leben in den USA.

Außerdem hat es sich mittlerweile eingespielt, dass ich alle fünf bis sechs Tage einen neuen Bericht für meine Website verfasse, der von den Lesern auch sofort verschlungen wird. Man kann am Besucherzähler ablesen, dass jeden Tag etliche Leute auf der Seite vorbeisurfen, alle fünf bis sechs Tage der Ansturm jedoch in die Hunderte geht. Im Internet habe ich als Gimmick eine kleine Weltkarte gefunden, die ich auf meine Website verlinken kann. Dort werden nun die Herkunftsorte der Besucher visuell durch rote Punkte dargestellt. Deutschland ist natürlich ein einziger großer Punkt, aber die Seite bekommt auch vor allem aus den USA immer mehr Besucher. Es scheint bald so, als würde sich meine Websiteadresse wie ein Lauffeuer im Lande ausbreiten. Die ganze Ostküste der USA hinauf ist bereits gepunktet, das Innenland auch zunehmend, und in meinen Website-Statistiken lese ich sogar von Zugriffen über Rechner des US-Militärs. Nie hätte ich für möglich gehalten, dass meine Internetseite so große Kreise ziehen würde.

Auf der Suche nach Seiten, von denen meine Seite verlinkt ist, finde ich sogar eine Seite voller arabischer Schriftzeichen, in deren Mitte eines meiner Fotos zu sehen ist. Ebenso ein amerikanisches Segelforum, in dem ein Segler eines meiner Internetvideos von der Atlantiküberquerung in ein Posting integriert hat. Dort unterhält man sich gerade über meine »great windvane« die das Boot so ausgezeichnet steuert. Immer mehr Einladungen und Zuschriften erreichen mich unterdessen auch von der Ostküste der USA. Menschen, die mich kennenlernen wollen und bereits in den USA erwarten.

Einer davon ist Dr. Dick Stafford, den ich schon vor einem Jahr im Internet kennengelernt habe, als ich mich in einem Forum über die Reise von Robin Lee Graham unterhielt, der als 16-Jähriger im Jahre 1965 zu seiner Weltumsegelung aufgebrochen und fünf Jahre später verheiratet zurückgekehrt ist. Sein Buch »Dove« wurde selbst ins Deutsche übersetzt, war jahrelang Standardlektüre in amerikanischen Highschools und hat auch mich unheimlich zu meiner eigenen Reise inspiriert. Dick Staffort ist Schriftsteller und Lehrer in einem College bei Atlanta und hat gerade ein Musical zu dem Buch »Dove« geschrieben. Auch er hat meine Reise seit dem Beginn verfolgt, weil Robin und ich uns so ähnlich sind in unserer Reise und unserem jugendlichen Alter. Als Dick nun in einer Mail von meinen Getriebeproblemen erfahren hat, setzte er auch in den USA alle Hebel in Bewegung, um mir beim Auftreiben der Ersatzteile zu helfen und sie mir kostenlos zu schicken – was leider scheiterte. Aber dafür bietet er mir an zu helfen, meine Geschichte in den USA für amerikanische Segelmagazine zu Papier zu bringen und lädt mich ein, ihn dafür auf den Bahamas zu treffen, auf denen er im kommenden April für eine Woche zum Fischen sein wird. Ob ich das schaffen werde?

Aber auch auf St. Lucia bin ich was das angeht nicht untätig: Für die »Yacht«, Europas größtes Segelmagazin, soll ich einen Artikel über die erste Hälfte meiner Reise bis hinüber in die Karibik verfassen. An zwei Abenden sitze ich also mit durch Strommangel in den Bordbatterien auf Sparmodus laufenden Laptop auf der Koje, habe das Logbuch neben mir liegen und fange an zu tippen. Da ich mich schon immer schlecht kurzfassen konnte, was Aufsätze und Klausuren anging, sende ich schließlich 18 Seiten (!) Text für einen fünfseitigen Artikel nach Hamburg, aus denen man in der Redaktion einen wirklich schönen Artikel zusammenstutzt. Auch, wenn das ganze »eine ganz schöne Viecherei« war, wie ich einige Wochen später erfahre. Die Fotos für den Artikel fliegen per FedEx nach Hamburg, da der Post in der Karibik einfach nicht zu trauen ist, wie ich von Mira erfahre. Sie wartet bereits seit drei Monaten auf eine Weihnachtskarte aus Martinique, der Nachbarinsel von St. Lucia.

Auch die folgenden Tage kosten noch mal eine ganze Menge Arbeit, um die MAVERICK wieder schwimmfähig zu machen. Nachdem wir das Getriebe am Montag eingebaut haben, mache ich mich am Donnerstag noch zusammen mit Klaus daran, das Ruder der MAVERICK wieder zu montieren und Kleinigkeiten wie den Motoraussteller zu reparieren, sodass sie letztlich zu 99 % wieder einsatzfähig ist. Dass es nicht 100 % sind, liegt einfach daran, dass kein Schiff je vollkommen fertig wird, wie die meisten Segler sicher bestätigen können.

Schließlich bekomme ich einen Krantermin für Freitag, halb elf. Schon gegen 14 Uhr rollt der Travellift über die MAVERICK hinweg, hebt sie sachte an und holpert mit ihr zusammen zurück in Richtung Lagune. Während der etwa 70 Meter langen Fahrtstrecke macht es plötzlich einmal kurz *knaaaaarrrrzzz* und sowohl bei den Arbeitern, selbstverständlich mir selbst, und ich wette sogar dem Travellift, stoppt kurzzeitig der Atem, als wir zusehen müssen, wie der vordere Krangurt langsam aber sicher ein kurzes Stück den Bug der MAVERICK hochrutscht, sie natürlich im selben Augenblick nach unten, aber sich wieder fängt – puuuuuuh! Das hätte wirklich ins Auge gehen können, da der Lift eigentlich für weitaus größere Boote ausgelegt ist, sodass die kleine MAVERICK einfach zwischen den nassen Gurten durchflutschen wollte.

Schließlich schwimmt sie aber doch im leichten Nieselregen erneut in der brackigen Brühe und bleibt sogar auf Anhieb dicht, während ich nach und nach alle Seeventile überprüfe. Auch der Diesel startet selbst nach der langen Standzeit beim ersten Schlüsselrasseln, und das Austauschgetriebe aus Sylt funktioniert hervorragend.

Dann ist es wieder so weit: Am Abend ankere ich zwischen den anderen Yachten in der Lagune und ziehe während eines neuen Berichts für meine Website eine erste Bilanz:

Nun liege ich hier ruhig und vor allem moskitogeschützt zwischen einem deutschen Katamaran und einer französischen

Charteryacht und genieße es wirklich, wieder frei zu sein. Die vergangenen Wochen waren wirklich teuer. Das Getriebe, der Versand nach Martinique, die Reise dorthin und die Unterkunft (trotz der vielen Einzelkosten war es billiger, als das Getriebe mit einer anderen Spedition direkt nach St. Lucia zu senden ...), der neue Deckslack, der gebrauchte Windgenerator (noch nicht montiert ...), der Einbau des Getriebes (mir kommen fast die Tränen, wenn ich an den Preis für den Einbau denke ...), die Kran- und Liegekosten (als die Dame hörte, dass ich allein über den Atlantik gesegelt bin, gab sie mir drei Tage kostenlos!) und das Leben hier ... An dieser Stelle möchte ich vielmals meiner Familie danken, die mich dabei mehr als ich es je erwarten dürfte, unterstützt hat. Ich danke euch und weiß echt zu schätzen, dass ich euch habe!

Am Montag werde ich noch schnell den Windgenerator montieren, und dann wird es wohl am Dienstag nach Süden gehen. Das Montieren des Windgenerators stellt ein wirklich großes Problem dar, denn auf der ganzen Insel konnte ich kein Edelstahlrohr mit 48 mm Durchmesser auftreiben. Schließlich sprang ich beinahe vor Freude auf den Tresen, als man mir in einem kleinen Baumarkt nach einem Blick auf den Computer mitteilte, dass ein 5 Fuß langes Rohr im Lager liegt. Als wir dann das Lager durchsuchten fanden wir das Rohr, jedoch nur einen Fuß lang – 30 cm ... Super!

Die Tage verrinnen nur so im weißen Karibiksand. Es stimmt tatsächlich, was ein Amerikaner mal über die Tage hier gesagt hat: »The days, they don't have names.« Und tatsächlich habe auch ich mittlerweile das Gefühl für die Wochentage verloren. Aber nicht nur das, sondern auch die Lust, noch länger auf St. Lucia gestrandet zu sein. Und so lässt sich meine Freude über den Nachmittag auch kaum in Worte fassen, an dem ich die Insel nach 55 langen Tagen endlich wieder verlasse. Zwar fällt es mir wirklich schwer, meine beiden Freunde Klaus und Martha hier in der Ungewissheit zurückzulassen, wann wir uns je wiedersehen werden, aber dennoch reizt die zurückgewonnene Freiheit und zerrt mich geradezu aus dem Hafen.

So fülle ich in vier Fahrten mit dem 25-Liter-Wasserkanister im Dingi den Wassertank auf und fahre im Konvoi mit Klaus und Martha im Schlauchboot aus der Lagune und segele, während sie noch Fotos von der segelnden MAVERICK schießen, langsam hinaus in die Karibische See und Kurs Süd. Zunächst möchte ich mir noch für zwei Wochen die südliche Karibik ansehen, bevor es weiter nach Norden geht.

Zwei Wochen Karibikurlaub

Meine erste Etappe führt mich zehn Seemeilen die Westküste der Insel hinab in die Marigot Bay, ebenfalls auf St. Lucia. Diese Bucht ist in der Karibik etwa das, was Neuschwanstein in Deutschland ist. Man muss als Tourist einfach mal dort gewesen sein.

Die Bucht selbst ist nicht sehr groß und im vorderen Bereich von einer markanten Landzunge umgeben, auf deren Sandstrand dicht gedrängt Palmen wachsen, die schon Kulisse für einige Ereignisse waren. Neben der Tatsache, dass in den 1950er-Jahren in der Marigot Bay die Originalversion des »Dr. Doolittle« mit Rex Harrison in der Hauptrolle gedreht worden ist, woran auch heute noch die Bar »Doolittle's Inn« erinnert, ist die wohl bekanntere Geschichte die des Admirals Rodney, der vor über 200 Jahren auf der Flucht vor der französischen Flotte in dieser Bucht Zuflucht suchte und hinter den Palmen der vorgelagerten Landzunge auch tatsächlich fand. Mit einigen Palmwedeln in den Riggs seiner eigenen Flotte waren die Briten perfekt getarnt und wurden von den vorbeisegelnden Franzosen nicht erkannt.

Ich hatte bisher nichts Gutes über die Verhältnisse in dieser zweifellos wunderschönen Bucht gehört und habe das große Glück, dass direkt vor mir ein Franzose in die Bucht einläuft, der den ersten Schwall an einheimischen Lotsen und Fruchthändlern für mich abfängt. Sofort bei Erreichen der Bucht hat er einen Einheimischen in einem Ruderboot an der Backbordseite hängen, der ihm etwas verkaufen will, und einen weiteren auf einem Surfbrett an der Steuerbordseite, um ihm eine Mooringboje zum Festmachen zu zeigen. Zweifellos gegen entsprechende Bezahlung. Der Gute tut mir ganz schön leid, als er immer wieder versucht, die beiden abzuwimmeln, die pausenlos auf ihn einreden, während er nur immer wieder sein »je ne comprends pas« (»ich verstehe nicht«) wiederholt.

Aber noch bevor ich meinen Anker im Wasser habe, hängt auch an meiner Bordwand so ein fliegender Händler, der mir ein paar Bananen verkauft. Obwohl diese Bananen völlig überteuert sind und gut den drei- bis fünffachen Ladenpreis kosten, habe ich gelernt, dass es sich bei uns ausländischen Karibikseglern inzwischen soweit eingebürgert hat, diese Bananen dennoch zu kaufen. Man sagte mir, sie wären mit fünf EC$ (etwa zwei Euro, Preis im Supermarkt: etwa

30 Cent) dennoch billiger als eine neue Ankerleine, die der Bananaman möglicherweise bei Nacht aus Wut kappt. Aber als mir mein »neuer Freund« mit wohlwollender Miene klarmachen will, dass er »das ideale Vorsegel« für mein Boot hat, das ich unbedingt haben muss und weil ich ihm so sympathisch bin auch für nur 1000 $ bekommen würde, passe ich und versuche ihn dennoch freundlich loszuwerden. Als Nächstes werde ich nach dem Wohin und Woher befragt, warum ich allein bin und so viele Aufkleber auf dem Rumpf habe. Als er mir dann die Frage stellt, was ich heute Abend machen werde, macht es bei mir *klick* und ich antworte sicherheitshalber, dass ich an Bord sein und schlafen werde, damit er nicht auf den Gedanken kommt, das Boot könnte am Abend unbewacht sein.

Die Sonne sinkt langsam immer tiefer gen Karibische See, und ich nutze die Gelegenheit, mit dem Dingi ein paar Runden um die MAVERICK zu paddeln und ein paar wirklich wunderschöne Gegenlichtaufnahmen von ihr in dieser atemberaubenden Kulisse vor den Palmen zu schießen. Zurück an Bord, höre ich es quer durch die Bucht schreien: »Hey, deutsches Boot!«

Oh, gibt es hier noch mehr Deutsche? Die weiteren Wortfetzen verstehe ich gegen den Wind bei bestem Willen nicht, aber als die schreiende Gestalt am Steg zu einem Boot läuft, unter Deck verschwindet und kurz darauf mit zwei Bierflaschen winkt, habe ich verstanden: »Bin schon unterwegs!«

Nach 100 Metern Dingipaddeln erklimme ich die enorm hohe Bordwand einer Moorings-Charteryacht und mache Bekanntschaft mit Arnold und seiner sehr netten und hübschen 21-jährigen Tochter Carla, die sofort alles über meine Reise erfahren möchten. Wie ich im Gegenzug erfahre, war Arnolds Familie um 1850 von Frankfurt aus nach Chicago ausgewandert, und so kommt es, dass auch er noch ein paar einzelne Worte Deutsch spricht, die er als kleiner Junge von seiner Großmutter gelernt hat. Nach einem kurzen Rundgang durch die raumschiffartige und vollklimatisierte Yacht setzen wir uns für ein kühles Piton-Bier, das nach den zwei markanten Bergzipfeln im Süden der Insel benannt und ausgesprochen »süffig« ist, ins Cockpit und erzählen über Deutschland, die USA, meine sehr sportliche Anreise in die Karibik und das Segeln zwischen den Inseln. Auch Arnold und Carla waren am Morgen noch zu zweit in der Rodney Bay gewesen, um die alten Festungsanlagen der Briten zu erkunden. Nun sind sie zum Charterboothafen zurückgekehrt, um dort seine Frau und seinen Sohn aufzunehmen, die einige Tage später per Flugzeug hinterherkommen und jeden Augenblick erscheinen müssten. Und tatsächlich klettert, noch bevor mein Bier halb leer ist, eine ziemlich grimmig dreinschauende Frau, das Gesicht förmlich zu einer Faust geballt, über die Badeplattform an Bord und verschwindet mit einigem Gemurmel unter Deck, ohne mich auch nur eines Blickes zu würdigen. Was ist denn mit der los? Arnold klärt mich auf: Offenbar hat man noch in Chicago das Gepäck seiner Frau in ein falsches Flugzeug geladen, und es soll einige Tage dauern, bis es nach St. Lucia nachgeschickt werden kann. Einige Minuten später erscheint Madame wieder an Deck. Die Gesichtszüge haben sich sichtlich entspannt.

Dennoch bekomme ich einige Augenblicke später eine Lektion in Sachen »Einladungen beurteilen«, als ich von ihr gefragt werde, ob ich zum Essen bleiben möchte. »Sehr gerne, das ist ein nettes Angebot«, antworte ich freudig und merke noch als die Worte meinen Mund verlassen, dass die Frage richtig übersetzt »möchtest du *etwa* zum Essen bleiben« geheißen hätte und eigentlich mehr als eine höfliche Aufforderung gedacht war, Madame beim Essen alleine zu lassen und mich gefälligst vom Boot zu scheren. Nun ist es jedoch zu spät, und zu fünft laufen wir hinüber in ein extrem teures Restaurant an der Bay, in dem wir auf einem schwimmenden Ponton wie auf einer Terrasse direkt am Wasser sitzen und wirklich leckere Chicken und Gemüse, fein auf einem großen Teller drapiert, in uns hineinlöffeln. »Egal«, denke ich mir und unterhalte mich ausgezeichnet mit Arnold und seiner Tochter, bevor wir uns am späten Abend auf den Weg zurück zu ihrem Schiff machen.

Kaum stehe ich mit einem Fuß auf der Badeplattform ihrer Yacht, durchdringt mich fühlbar ein böser Blick von Madame, die offenbar die Gefahr sieht, dass ich selbst jetzt noch nicht von dannen ziehe, bis ich ihr erkläre, dass mein Dingi an ihrem Bug festgemacht ist. Genüsslich, mit vollem Magen und gutgelaunt paddele ich zurück zur MAVERICK.

Am nächsten Tag bin ich schon im Morgengrauen mit dem Dingi wieder an Land, um mich in die Duschräume der Charterbootstation zu schleichen und mir eine kostenlose Dusche zu gönnen. Tatsächlich ist das Schloss zu den Duschräumen kaputt, und ich kann ein paar Minuten lang das »Tier an mir« mit eiskaltem und nur in einem dünnen Rinnsal fließenden Wasser herunterspülen, bevor ich im Anschluss das Büro des Immigrationsoffice aufsuche, um aus St. Lucia auszuklarieren.

Zum Glück verläuft alles recht einfach – eigentlich hätte ich nämlich nur einen Monat im Lande bleiben dürfen ohne einen Besuch des Hauptamtes in Castries (bei dem man für einen Stempel gut und gerne zwei Tage anstehen muss, wie Klaus und Martha erleben durften) –, aber durch meine kurze Reise nach Martinique bin ich offiziell aus- und wieder eingereist und hatte so einen weiteren Monat gut.

An der Tür des Immigrationsoffice finde ich einen Hinweis für Besucheryachten in der Marigot Bay, auf dem Tipps für die Sicherheit von Crew und Boot gegeben werden. Unter anderem wird darauf hingewiesen, beim Bestellen eines Tisches in einem Restaurant über UKW nicht etwa den Bootsnamen anzugeben, sondern den eigenen. Denn sonst könnte fast davon ausgegangen werden, dass das Boot allein vor Anker liegend in der Zeit von den über Funk mithörenden Einheimischen ausgeräumt werden würde. Außerdem soll *alles*, was nicht fest mit dem Boot verschraubt ist, nach Möglichkeit angekettet werden. In der Tat hatte ich auch in der Rodney Bay ein deutsches Pärchen auf einem Charterboot getroffen, bei denen in der Nacht zuvor in der Marigot Bay eingebrochen worden war.

Nachdem ich für 15 EC$ meinen Stempel und die Clearence für den nächsten Hafen in der Hand habe, sehe ich deshalb auch schleunigst zu, dass ich weiterkomme. Schnell ist das Dingi über Kopf auf dem Vordeck festgelascht, wo es perfekt zwischen Mast und Vorstag passt, und schon geht es hinaus aus der Bucht und zurück in die Karibische See.

Sofort nach Verlassen der Bucht gehe ich zunächst auf Kurs Süd. Auf Höhe von Sofriere segele ich hinein in eine Flaute, in der ich für eine Stunde die Maschine laufen lasse, bevor ich im Kanal zwischen den Inseln St. Lucia und St. Vincent wieder Wind finde und mit den Pitons im Kielwasser, den beiden markanten Bergspitzen an der Südseite St. Lucias, in die Nacht hineinsegele.

Eigentlich wollte ich bis zum nächsten Morgen die Wallilabou Bay etwa in der Mitte von St. Vincent erreichen, in der der erste Teil des Films »Fluch der Karibik« gedreht worden war, aber als ich gegen Mitternacht bereits vor der Bucht stehe, entscheide ich mich, nicht bis zum Morgengrauen dort zu warten, sondern weiter nach Bequia zu segeln, eine Insel südlich von St. Vincent.

Wieder einmal gerate ich im Windschatten St. Vincents in eine bleierne Flaute, in der ich das Boot für einige Stunden auf dem spiegelglatten Wasser treiben lasse und es mir im Cockpit unter dem Sternenhimmel gemütlich mache, während aus der Kajüte der geniale Soundtrack des Films »Barfuß« spielt. Einige Stunden verbringe ich in dieser spiegelnden, glitzernden Mondsee, um mich herum alles totenstill und die Insel in einigen Meilen Entfernung an den Bergspitzen behangen mit dicken Wolken, die ihr eine mystische Wirkung verleihen. Irgendwie beängstigend.

Da ich eigentlich nicht auf eine Nachtfahrt eingestellt war, nun aber durch die Flaute gebremst worden bin, habe ich nichts Vernünftiges zu essen an Bord und ernähre mich tagsüber von kanadischen Gummibärchen und nachts von fettfreien amerikanischen Müsliriegeln, die für meinen Geschmack alle nach Dachpappe schmecken.

Schließlich werfe ich den Diesel an und motore einige Stunden die Küste entlang, bis ich im Morgengrauen im Kanal zwischen St. Vincent und Bequia wieder etwas Wind spüre und die Windsteueranlage den Rest der Überfahrt steuern lasse, um noch ein wenig Schlaf zu finden. Erst im Fünf-, dann im 15-Minuten-Takt.

Ich bin sehr gespannt, was mich auf Bequia, das man etwas überraschend »Beck-way« ausspricht, erwarten wird. Im Internet habe ich bereits soviel erfahren, dass sie mit 18 km² die größte Insel der Grenadinen ist und der Name in der Sprache der Arawak, der Ureinwohner Südamerikas, »Insel der Wolken« bedeutet. Auf der Insel leben in etwa 5000 Einwohner, überwiegend Nachkommen schwarzafrikanischer Sklaven. Seit den 1870er-Jahren bis weit ins 20. Jahrhundert war der Walfang ein wichtiger Teil der lokalen Wirtschaft, die heute fast nur noch aus dem Tourismus besteht. Und tatsächlich ist es den Einwohnern auch heute noch erlaubt, jedes Jahr eine bestimmte Anzahl von Buckelwalen (meist vier) auf traditionelle Art zu fangen. Dies tun sie mit Harpunen von kleinen Booten aus.

Als die Sonne schließlich am Himmel emporklettert, laufe ich auf die große Admiralty Bay auf Bequia zu, in der schon das Kreuzfahrtschiff CLUB MED 2 ankert. Mein Stromproblem, das mich schon die ganze Reise über begleitet, macht sich seit St. Lucia wieder verstärkt bemerkbar – wenn auch in umgekehrter Weise! Während ich auf dem Atlantik kaum genug Saft in den Batterien hatte, um die Kajütbeleuchtung brennen zu lassen, geschweige denn die Positionslichter, so muss ich jetzt aufpassen, dass mir die nun durch den Windgenerator ständig bis zum Anschlag gefüllten Batterien nicht unterwegs platzen. Deswegen lasse ich jetzt auch am Tage Laptop und Positionslampen mitlaufen, um genug Strom zu vernichten.

Im Kanal hat der Wind noch einmal so richtig aufgefrischt, und die MAVERICK wird von dem starken Wind in der Düsenwirkung des Kanals ordentlich auf die Seite geworfen. Sofort denke ich daran, lieber das alte Rigg zu schonen und das dritte Reff ins Groß zu binden, da passiert es auch schon: Das Großsegel reißt wieder einmal mittendurch, und ich muss den Diesel anwerfen, um die letzten Meilen bis zum geschützten Ankerplatz unter Land zu motoren.

Kaum liege ich etwas geschützter unter Land, fällt der Anker auf 2,5 Meter Tiefe, und kurz darauf rutscht auch schon das Beiboot über die Reling in das türkisblaue Wasser. An Land angekommen, bietet mir ein kleiner, einheimischer Junge an, mein Boot für einen EC$ zu bewachen, bis ich wiederkomme. Dennoch kette ich das Boot sicherheitshalber wie gewohnt an den Steg und mache mich mit meinen Papieren unter dem Arm auf den Weg zum Einklarieren. Das geht innerhalb weniger Minuten vonstatten: Ich klariere für sieben Tage auf St. Vincent und die zugehörigen Grenadinen südlich davon ein. Nach den 24 Stunden auf See gönne ich mir nun erst mal ein paar Stunden im Restaurant »de Bistro« am Hafen und esse dort leckere, gebratene Hähnchenteile. Was habe ich für einen Kohldampf!

Ich werde jedoch zwei Tage auf Bequia bleiben, um das Großsegel reparieren zu lassen und die Insel ein wenig zu erkunden. Ein Segelmacher ist schnell gefunden, der sich sogleich an die Reparatur des Risses macht, während ich für eine Weile in ein Internetcafé gehe, um einen neuen Bericht für meine Website zu verfassen. Bisher war es immer so gewesen, dass ich in den Internetcafés solange im Internet surfen konnte, wie ich etwas trank oder aß. Als ich nun jedoch nach drei Stunden das Café verlasse, bekomme ich plötzlich nicht nur eine Rechnung über zwei Bier und einen Kaffee präsentiert, sondern auch über drei Stunden Internet – alles in allem 69 EC$! Ich bin einfach wütend über meine eigene Dummheit, vorher nicht nachgefragt zu haben, was es kostet. Eine Sache, die ich eigentlich schon in St. Lucia durch bittere (und teure!) Erfahrungen gelernt hatte.

Am folgenden Tag lege ich einen regelrechten Gammeltag auf Bequia ein: Ich erkunde die Admirality Bay mit der Kamera, verproviantiere mich neu und lasse mir in einem kleinen Shipstore ein langes Niroseil pressen, um das Dingi auch an einer Palme festketten zu können. Beim Einkaufen treffe ich zufällig den Besitzer des Internetcafés wieder, der sich bei mir entschuldigt, am Vortag zuviel berechnet zu haben und mir anbietet, am Nachmittag noch mal wiederzukommen, um zwei Stunden »for free« zu surfen. Ich bin sehr überrascht, denn bisher hatte ich auf St. Lucia die schlechte Erfahrung gemacht, dass man hier eher als »reicher, weißer Mann« gesehen wird.

Aber in der Tat ist Bequia da anders. Man ist hier sehr viel gastfreundlicher als anderswo in der Karibik. So fällt es mir regelrecht auf, dass ich auf dieser Insel während des gesamten Aufenthaltes nur ein einziges Mal gefragt werde, ob ich Drogen kaufen möchte: »Hey my friend, wanna buy cannabis?« Auf den anderen Inseln war das gang und gäbe. Vielleicht sehe ich so aus, als bräuchte ich das Zeug ... Selbst in Lissabon bin ich einmal mitten am helllichten Tage in der Fußgängerzone auf zehn Metern zweimal angesprochen worden, ob ich Stoff brauche. Langsam mache ich mir Sorgen.

Positiv auf Bequia finde ich auch, dass mir während des gesamten Aufenthaltes niemand Bananen verkaufen wollte – ich kann die Dinger langsam nicht mehr sehen.

Zurück am Dingi treffe ich überraschend Arnold und Familie aus der Marigot Bay wieder, die offenbar mit einem Stopp auf St. Vincent nun auch Bequia erreicht haben und hier eine Nacht verbringen wollen, bevor es weiter nach Süden geht.

Als ich am Nachmittag zurück an Bord komme, das Beiboot wie gewohnt an der Fußreling ankette und mich mit einem Griff an die Seereling an Bord schwingen möchte, wundere ich mich über einen extrem durchhängenden Relingsdraht. »Dann wird sich wohl ein Spanner gelöst haben«, denke ich mir. Bei genauerem Hinsehen fällt mir plötzlich auf, dass eine Relingsstütze arg verbogen ist. So ein Mist, da muss mich wohl ein Schiff vor Anker gerammt haben! Als ich mir die weitere Reling ansehe, erkenne ich, dass nicht nur diese Relingsstütze am Cockpit verbogen ist, sondern auch einige weitere bis zum Bug hin sind leicht angeknackst, und die umlaufende Alu-Fußreling ist im vorderen Bereich nach oben gerissen worden. Der Bugkorb selbst ist einige Zentimeter zusammengedrückt und zur Rollreffanlage hin verbogen, sodass die Trommelabdeckung sich nicht mehr drehen lässt. Eiskalt fährt es mir durch die Glieder: Ein Schiff muss beim Ankeraufgehen den Bug der MAVERICK gerammt haben, dabei den Bugkorb demoliert und entlang der Bordwand getrieben sein, wo es dann alle Relingsstützen an der Steuerbordwand verbogen hat, bevor es am Heck vorbeitrieb und dann einfach abgehauen ist. Ein klarer Fall von Fahrerflucht. Und kein Boot in der Nähe, das etwas gesehen haben könnte. So eine Gemeinheit!

Aber ich habe Glück im Unglück: Der Schaden scheint nur eine optische Sache zu sein, die Furlex-Rollanlage funktioniert noch, und der Bugkorb ist nicht genug eingedrückt worden, um das Vorstag wegzureißen, was mich sicher den Mast gekostet hätte. So bleibt mir nichts anderes übrig, als die Reling so gut es geht wieder gerade zu biegen, die Relingsdrähte zu kürzen und nachzuziehen und schließlich nach dem letzten Check aller Stagen und Wanten weiterzusegeln.

Am nächsten Tag mache ich mich auf gen Süden: Mustique heisst mein nächstes Ziel. Eine kleine, 5,7 km^2 große Insel, deren meistbesuchte Ankerbucht sich auf der Westseite befindet, ebenso wie das karibikbekannte Lokal »Basils Bar«. So sagt es mir jedenfalls mein Reiseführer. Ansonsten ist die Insel zum größten Teil in Privatbesitz und gehört der Mustique Company, die auf der Insel zwei Hotels besitzt. Weil die Insel über Luxus und Abgeschiedenheit verfügt, haben viele Prominente dort private Wohnsitze, so etwa Tommy Hilfiger oder David Bowie. Insgesamt gibt es auf der kleinen Insel 89 private Villen und einige weitere, die von Besuchern für 38 000 bis 44 000 Dollar pro Woche gemietet werden können.

Im Internet erfahre ich über die Geschichte der Insel Folgendes:
Während des 18. Jahrhunderts wurde Mustique, wie viele andere britische Territorien, vor den Franzosen verteidigt. Drei Forts wurden an strategischen Punkten errichtet: Liverpool, Percival und Shandy. Nelsons lange Blockade von Europa und der 1804 erfolgte letztendliche Sieg über den französischen Admiral Villeneuve, schnitt Frankreich vom Zucker der West Indies ab. Kurz darauf entdeckten Farmer, dass Zucker auch in Europa aus Zuckerrüben gewonnen werden konnte. Dadurch wurden die Grenadinen verlassen. Auf Mustique wuchs der Dschungel über die sieben Zuckerplantagen: Endeavour, Rutland, Old Plantation, East Lot, Adelphi, Campbell Valley und Aberdeen. Nur die Zuckermühle bei Endeavour ist zurückgeblieben.
1865 wurde Mustique von der Familie Hazzel von St. Vincent zu einem Anwesen zusammengeführt. 1958 kaufte Collin Tennant (Lord Glenconner) die Insel für 45 000 £. Es existierten noch keine Anleger, und die Insel wurde von 100 Menschen in einem baufälligen Dorf, Cheltenham, nahe Cotton House, bewohnt. Diese arbeiteten auf einigen Feldern und versuchten Baumwolle, Erbsen und Getreide für die Familie Hazell anzubauen.
Eine der ersten Villen, Les Jolies Eaux, wurde von Prinzessin Margaret an der Südspitze der Insel erbaut. Tennant schenkte Margaret, mit der er eng befreundet war, 1960 ca. 4 ha Land hierfür als ein Hochzeitsgeschenk; sicher auch mit dem Hintergedanken, aus der bis dahin recht unattraktiven Insel (Mustique = die Mückeninsel!) eine Insel des Jetset zu machen.

Ich habe mir diese Insel eigentlich nur als Ziel ausgesucht, weil sie so einen interessanten Namen hat und gerade im Weg lag, gleich um die Ecke von Bequia aus. Erst kurz vor Sonnenuntergang erreiche ich Mustique und nehme Kurs auf die anderen ankernden Yachten, um meinen Anker direkt neben ihnen nahe am Strand fallen zu lassen. Als mein Anker auch beim dritten Versuch auf dem zwar sandigen, aber unter dem Sand sicher felsigen Grund nicht fasst, rufen mich einige Amerikaner auf einem Katamaran heran und bieten mir an, über Nacht bei ihnen längsseits festzumachen. Kaum habe ich meine Leinen zu ihnen herübergeworfen, kommt ein freundlicher alter Mann an Deck getapert und begrüßt mich mit einem fast akzentfreien »Wo kommen Sie her?«. Gerade erfahre ich noch, dass er vor einigen Jahrzehnten einmal für vier Monate in Stuttgart gelebt hat und dort recht schnell Deutsch erlernte, als auch schon ein Mitarbeiter der Mooring-Vermietung, deren Mooring der Katamaran belegt, im Motorboot herangerauscht kommt und uns wieder auseinanderscheucht. »Das Aneinanderbinden von zwei Booten ist an diesen Moorings nicht erlaubt!« Also muss ich mein Glück wieder mit meinem eigenen Anker versuchen. Einige Versuche später ist er so weit eingegraben, dass er das Boot über Nacht halten sollte.

In der Dunkelheit mache ich das Dingi klar, da mich die Amerikaner von dem Katamaran zum Abendessen an Land eingeladen haben. Um schnell an Land zu kommen, verzichte ich sogar zum ersten Mal, seit ich in der Karibik bin, darauf, die Paddel an das Schlauchboot zu montieren – sonst hatte ich sie bisher immer dabei und kam mir gegenüber der anderen Yachties nicht selten wie ein Streber vor, weil ich der Einzige war, der auf Nummer sicher ging. Jetzt aber hänge ich einfach schnell den Außenborder über den Spiegel und düse los: vorbei an den anderen Yachten, Kurs Basils Bar, in der ich die Amerikaner vermute.

Während ich in Gleitfahrt an der Bar vorbeifahre, gibt es plötzlich einen gewaltigen Knall, und ich werde wie wild nach vorne katapultiert, während die Fahrt des Bootes abrupt auf null gestoppt wird. Es ist ein Gefühl, als ob mir der Motor um die Ohren fliegt, als er sich mit einem lauten Aufheulen verabschiedet und mit einer schnellen Drehbewegung aus dem Wasser klappt. Dann erst bemerke ich das kratzende Geräusch unter dem Gummiboden und fühle, dass ich auf etwas Hartem stehe: Ich bin mit Vollgas auf ein Riff aufgelaufen!

Mit der nächsten Welle komme ich von dem Riff frei und treibe auf den Strand zu. Auch in der Bar hat man meine Strandung und den lautstarken Tod des Motors mitbekommen. Die eben noch genüsslich futternden Leute stehen nun kopfschüttelnd an der Reling der Strandterrasse, während ich vom Schlauchboot aus in die Fluten springe und das Boot mit aller Kraft aus den Wellen hinaus auf den Strand zerre. So ein Mist!

Was tun? Als Erstes laufe ich hinauf zur Bar, um die freundlichen Amerikaner zu finden. Dort werde ich zunächst zurück- und dezent darauf hingewiesen, mir vor dem Betreten der Bar doch gefälligst den Sand von den Füßen zu waschen. Als ich das getan habe, werde ich hineingelassen, aber von den Amerikanern keine Spur. Also muss ich allein zurück zur MAVERICK kommen.

Nachdem ich mich vergewissert habe, dass das Schlauchboot immer noch dicht ist und keine Gefahr besteht, dass ich auf halbem Weg zur MAVERICK sinken werde, zerre ich das Boot wieder zurück und durch die starke Brandung hindurch hinaus auf die See. Nach dem ersten Reißen am Seilzug springt der Motor an. Als ich aber den Gang einlege, passiert nichts. Der Motor läuft, aber die Schraube wird nicht angetrieben. Schnell ist klar: Der Scherstift ist gebrochen! Der Scherstift ist ein kleiner Stift, der im Propeller sitzt, und sobald der Prop einen harten Widerstand berührt, wie etwa ein Riff oder einen Felsen, wegbricht, damit der Antrieb nicht beschädigt wird. Sozusagen eine Sollbruchstelle. Ich könnte mich grün und blau ärgern, dass ich ausgerechnet heute auf die Paddel verzichtet habe, und greife mir stattdessen die Sitzbank, um damit die einigen Hundert Meter von der Bar zur MAVERICK zu paddeln. Auf dem Weg treffe ich ein anderes Dingi, in dem eine ganze amerikanische Familie auf dem Weg zum Dingisteg ist. Mit der Taschenlampe leuchten sie mich an und fragen, ob ich Hilfe brauche. Aber vermutlich aus Gründen jugendlichen Ehrgeizes und weil in dem Schlauchboot ein paar junge Mädels sitzen, verneine ich und paddele weiter. Minute um Minute vergehen, in denen ich mich durch die dunkle Nacht kämpfe, und mit jeder Minute scheint sich die MAVERICK weiter von mir zu entfernen. Nach einer halben Stunde schließlich erreiche ich endlich das Boot und lasse mich vollkommen durchgeschwitzt in die Kajüte fallen. So ein Ärger. Über Nacht hole ich den Außenborder an Bord, für den Fall, dass die Luftschläuche des Schlauchbootes doch etwas abbekommen haben sollten und das Boot über Nacht sinkt. Ärgerlich über die eigene Dummheit schlafe ich ein.

Am nächsten Morgen schwimmt das Dingi immer noch und hat zu meinem Erstaunen kein bisschen Luft verloren. Das gesponserte Seatec-Schlauchboot ist wirklich ein tolles Ding. Nicht nur, dass es sich ausgezeichnet fahren lässt, sofort in Gleitfahrt übergeht und durch seine Breite auch bei hohen Wellen sicher im Wasser liegt, nein, es scheint auch wirklich unzerstörbar zu sein.

Bevor es weiter gen Süden geht, möchte ich mir noch ein wenig von der Insel anschauen und ein paar Nahrungsmittel einkaufen. Da ich vom Paddeln nach der nächtlichen Tour für die nächsten Tage genug habe, mache ich mich daran, den Außenborder zu reparieren. Gleich nach dem Abbauen der Schraube fallen mir die ersten Kupferteile des Scherstifts entgegen, der beim Auflaufen auf das Riff zerfetzt wurde. Natürlich ist kein Reservestift an Bord, ein Umstand, dem ich bereits auf St. Lucia abhelfen wollte und mir dort vergeblich die Hacken wund lief. Bei Island-Waterworld war man die Fragen nach den Scherstiften langsam leid: »We have *no* Sheerpins, I asked for them, I *begged* for them ... nothing!« Aber mithilfe eines Bolzens und eines Bolzenscheiders schmiede ich mir schnell selbst einen und mache mich auf zum Strand.

Auf der Insel scheint es keine Autos zu geben. Überall rollen elektrische Golfcarts herum, die die besuchenden Yachties in Anhängern ins Innenland der kleinen Insel karren, in dem es sicher nicht viel mehr zu sehen gibt als Luxusvillen. Einen Supermarkt oder Ähnliches scheint es hier nicht zu geben. Dagegen finde ich einige märchenhaft aussehende Häuser am Strand stehen und daneben ein paar Holzhäuser, die wie in einem Donald-Duck-Comic wirken. In einem davon ist ein kleiner Store eingerichtet, in dem ich mir ein paar Nahrungsmittel in Dosen für die kommenden Tage kaufe. Plötzlich fallen mir fast die Augen aus dem Kopf, als ich das Getränkeregal sehe: Hier gibt es Beck's Bier aus Deutschland! Sofort kaufe ich mir drei vollkommen übertreuerte Flaschen, dazu eine Orangina-Brause, die ich ebenfalls aus Deutschland kenne, und trage alles zusammen ganz vorsichtig und stolz zurück zur MAVERICK.

Von Mustique habe ich erst einmal genug und möchte weitersegeln. Die Insel ist zwar auf eine Art mit den vielen märchenhaften Häuschen recht urig, aber die Kulisse drumherum haut mich mit den kiesigen Stränden und dem felsigen Grund nicht wirklich von den Socken. Ich möchte endlich die *richtige* Karibik sehen!

Also gehe ich kurz nach zehn Uhr morgens Anker auf und setze schon einige Hundert Meter weiter die Segel, um vor dem Wind Kurs auf Canouan zu nehmen.

Während ich von Mustique noch wusste, dass sich die Insel in Privatbesitz befindet, weiß ich von Canouan gar nichts und will mich überraschen lassen.

Schon von Weitem sieht die Insel sehr felsig aus. Lediglich an der Südseite lässt sich ein kleiner Ort erkennen, von dem ein langes, schon halb verfallenes Frachtschiff-Dock hinaus aufs Meer ragt. Direkt neben dem Ort liegen mindestens 20 Moorings-Charteryachten an Bojen vertäut, und so lege auch ich mich nach zwölf Meilen Überfahrt inmitten dieses Feldes vor Anker.

Kaum ist mein Anker unten, mache ich die Bekanntschaft mit Flex, einem einheimischen, etwa 45 Jahre alten Fischer, der längsseits kommt, um ein wenig mit mir zu plaudern. Ich erzähle von meiner Reise, dass ich vom weit, weit entfernten Germany komme, von dem er schon einmal gehört hat. Er erzählt mir vom Leben als Fischer auf der Insel. Ich erfahre, dass die Insel etwa 13 km^2 groß ist und weniger als 2000 Einwohner hat. Der wichtigste Ort der Insel ist die kleine Siedlung, vor der ich gerade ankere, Charlestown, mit seinem kleinen Flughafen, auf dem auch die Chartertouristen landen. So ist es nicht verwunderlich, dass der wichtigste Wirtschaftszweig der Insel der Tourismus ist, insbesondere das Verchartern von Booten. Aber auch ein Golfplatz, ein paar Hotels und ein Casino sind auf der Insel vorhanden. Als Flex mich fragt, warum ich diese Reise mache, erzähle ich ihm, dass ich einfach etwas von der Welt sehen möchte und nun auf dem Weg bin, eine Freundin in New York zu besuchen. Nach einer halben Minute, in der Flex über das Gesagte nachzudenken scheint, fragt er mich, was ich heute Abend machen werde. Da ich noch nichts vorhabe, lädt er mich ein, mit zu einer Party am Strand zu kommen, die die Einheimischen schmeißen: »Dann bekommst du mal ein schwarzes Mädchen.«

»Au schiet«, denke ich mir und versuche mich da wieder rauszureden. Meinem ersten Impuls folgend, verkaufe ich ihm Kristina in New York als »meine« Freundin. Doch auch das nützt nichts: »Kein Problem, die ist doch nicht hier«, bekomme ich als Antwort.

Irgendwie schaffe ich es doch, mich von der Einladung höflich loszureden, und freundlich verabschieden wir uns. Kurz darauf werfe ich mein Dingi ins Wasser, montiere den Außenborder und tuckere hinüber zu dem alten Frachtschiff-Dock, um dort anzulanden. Dort angekommen, stellt sich der alte Betonbau als viel zu hoch heraus, um von meinem kleinen Beiboot aus hinaufzukommen. Nach einigen Versuchen gebe ich es auf und frage einen am Dock nach Lobster schnorchelnden Einheimischen, wo ich hier mit dem Dingi anlanden kann. Der schickt mich zum Dingi-Dock der Moorings-Charterstation, die sehr steril und privat aussieht. Doch das schreckt mich nicht. Auch auf die Gefahr hin, dass ich dort weggejagt werde, lande ich an: erfolgreich! Im Büro der Station ist man sehr freundlich. Ein junger Mann, Anfang 20, lässt mich dort liegen, was ich insoweit schamlos ausnutze, dass ich in meiner Dreistigkeit ihn zu überreden versuche, mich in der Charterstation duschen zu lassen. »We are not supposed to do that«, antwortet er mir nur, er darf es nicht tun. Aber als ich ihn frage, ob es denn gegen Bezahlung möglich sei, ändern sich schlagartig seine Gesichtszüge zu einem freundlichen Lächeln. Für umgerechnet 3,33 Euro (in *seine* Tasche) lässt er mich tatsächlich die Moorings-Duschen benutzen. Anschließend fühle ich mich wie ein neuer Mensch! Später erinnere ich mich an ein Zitat aus einem alten Film mit Humphrey Bogard, in dem es ebenfalls um das Thema »Bestechung« geht – wenn man in meinem Fall die Dusche in sein Zitat einbezieht, hieße es: »Es muss etwas dran sein an der Queen. Er sah sie und öffnete mir die Tür ...« – denn auf den EC-Dollar-Scheinen ist die Queen abgebildet.

Eine Wegbeschreibung zu einem Internetcafé gibt er mir kostenlos dazu, und eine halbe Stunde später mache ich mich frisch geduscht und gut gelaunt auf den Weg dorthin. »Internetcafé« ist vielleicht jedoch etwas dick aufgetragen. Nach einem Kilometer Schotterweg durch ein verfallenes Dorf komme ich zu einem edlen Privathaus, das von einem großen Zaun mit »Achtung Hund!«-Warnschildern umgeben ist. Offenbar ist es eine Art Pension mit drei Zimmern, doch im unteren Teil finde ich tatsächlich ein kleines Zimmer, in dem zwei Computer, einer davon kaputt, mit analogem Modem stehen. Für ein paar Dollar kann ich meine E-Mails checken und meinen Eltern und Freunden zu Hause mitteilen, dass ich nun auf Kurs Süd bin. Als junger Mann, allein und fern der Heimat scheine ich wieder einmal sehr interessant zu wirken, denn der Besitzer der Pension ist ganz aus dem Häuschen, als ich ihm meine Geschichte erzähle. Er selbst ist noch nie auf einem Segelboot gewesen und kann es sich einfach nicht vorstellen, dass ich ganz alleine auf dem 27-Fuß-Boot über den Atlantik gesegelt bin.

Zurück an Bord mache ich mich daran, mir zum Abendessen Nudeln mit Tomatensauce zu kochen, als in der Abenddämmerung ein etwa elf Meter langes Segelboot langsam in die Bucht hineintuckert, das von oben bis unten, inklusive Deck, in einem knalligen Gelb gestrichen und sofort als deutsche Reinke-Yacht zu erkennen ist. Tatsächlich flattert am Heck eine deutsche Flagge, und ich überlege noch während des Kochens, ob ich nach dem Essen mal schnell zum »hallo«-Sagen hinüberfahre.

Kaum habe ich jedoch aufgegessen, kommen mir die Segler der Reinke zuvor und knattern in ihrem kleinen GfK-Dingi zu mir herüber. Im Vorbeifahren wechseln wir ein paar Worte, da die beiden auf dem Weg zum Strandrestaurant sind und keine Zeit zu verlieren haben. Ich erfahre nur, dass die beiden etwa Ende 20 und Anfang 30 Jahre alten Männer gerade im Februar über den Atlantik gekommen sind und nun eine Karibikrundreise machen. Ich hatte die beiden auch schon in Bequia vor Anker gesehen. Noch bevor ich ihre Namen erfahren habe, sind sie achteraus und auf dem Weg zum Restaurant, während ich mich mit einem Buch in die Koje verkrieche.

Am nächsten Morgen mache ich mich schon sehr früh auf den sieben Meilen langen Weg zu den nächsten Inseln, die ich schon die ganze Reise über vor Augen hatte: die Tobago Cays. Und ich werde nicht enttäuscht. Diese vier Inseln, die von einem hufeisenförmigen Riff, dem »Horseshoe Reef«, umgeben in Dreiecksform für jeden Karibiksegler ein »Muss« darstellen, sind tatsächlich genauso schön, wie ich sie mir vorgestellt habe. Und das sowohl über als auch unter Wasser. Schon als ich vor der kleinsten der vier Inseln, Baradal, meinen Anker nahe dem Strand werfen möchte, paddelt mir eine Schildkröte vor den Bug, die sich jedoch vor der schnell nahenden MAVERICK zu fürchten scheint und lieber auf Tiefe geht, bevor ich ein Foto schießen kann. Kaum ist der Anker über Bord gefallen, falle auch ich über Bord, um den Halt des Ankers im Sandboden zu überprüfen. Der Anker hat sich zwar nur halb eingegraben, da er auf die Seite gefallen ist, sollte aber für eine Nacht halten.

Noch während ich um den Anker herumschnorchele, segelt langsam und majestätisch ein großer Rochen nur einige Meter an mir und der MAVERICK vorbei, gefolgt von einem großen Ausflugskatamaran mit Touristen an Bord. Unter Wasser kann ich sogar die Schrauben der Maschinen drehen sehen. Bei dem einen Ausflugsboot bleibt es allerdings nicht – obwohl die Inseln unbewohnt sind, kommen im Laufe des Nachmittags immer mehr Touristen in Katamaranen auf die Inselgruppe, zusätzlich ankern dazwischen gut und gern 50 bis 60 Fahrtenyachten, zwischen denen die üblichen fliegenden Händler in Motorbooten verkehren, um den Seglern Bananen, T-Shirts und andere Dinge zu verkaufen. Alles in allem also ein überlaufener Touristenort.

Dennoch sind die Inseln wunderschön. Kurzerhand springe ich ins Dingi und fahre hinüber zu der kleinsten und schönsten der drei Inseln, um ein wenig über das Riff zu schnorcheln. Schließlich liege ich am Strand, vor mir das türkise Wasser, unter mir der strahlend weiße Sand, über mir der blaue Himmel. Und plötzlich gehen mir meine Gedanken während der Schulzeit vor dem Abitur durch den Kopf, wie es wohl sein würde, in türkisem Wasser zu ankern und am weißen Sandstrand zu liegen – und nun bin ich hier, habe alleine den Atlantik überquert und ankere mitten im Paradies. Unglaublich ... Es stimmt schon, womit VW wirbt: »Blau macht glücklich.« Zum ersten Mal, nach etwa zweieinhalb Monaten, die ich nun auf dieser Seite des Atlantiks bin, habe ich das Gefühl, tatsächlich in der Karibik angekommen zu sein. Es ist einfach fanastisch.

Dennoch bin ich nicht zufrieden. Ich bin zwar im Paradies, aber außer zu schnorcheln, am Strand zu liegen, Fotos zu schießen und dies alles in mich aufzusaugen, kann ich nichts machen. Plötzlich sehne ich mich zum ersten Mal so richtig danach, dies alles mit jemandem zu teilen. Zu zweit könnte man hier sicher Wochen verbringen oder sogar Monate. Aber alleine habe ich schnell genug von all dem. Auf der westlichsten Insel der Tobago Cays, Petit Bateau, ist zu meiner Verwunderung kein Mensch, als ich dort mit dem Dingi anlande. Schnell schieße ich ein paar Selbstauslöserfotos von mir in der Karibik, sitze einen Augenblick im Sand und frage mich, was ich nun wohl machen soll. Ich bin angekommen, und nun? Schließlich schieße ich noch ein paar weitere Fotos und entschließe mich, am folgenden Morgen weiterzusegeln, hinüber nach Union Island.

In der Nacht finde ich nicht viel Schlaf: Gegen abend dreht der aus

Osten kommende Passatwind auf und lässt die MAVERICK ganz schön an der Ankerleine zerren. Da der Anker nur halb eingegraben war, habe ich Bedenken, ob er bei dem starken Wind halten wird. Zwar liege ich geschützt hinter einem Riff, aber das Riff glättet nur die Seen, lässt aber den Wind ungebremst vom Atlantik über die MAVERICK hinwegjagen, während vor dem Bug als nächster Windschutz Afrika liegt. Um regelmäßig den Halt des Ankers zu prüfen, klingelt stündlich der Wecker. Außerdem muss ich die ganze Nacht über mit voller Positionsbeleuchtung schlafen, denn der Windgenerator macht nun so viel Strom, dass ich gar nicht weiß wohin damit! Im Prinzip könnte ich nun einen Kühlschrank betreiben, aber da mir die Dinger zu teuer sind, werden bei mir an Bord Cola, Wasser und Bier wohl auch weiterhin zu den Heissgetränken zählen.

Die Nacht wird lang. Viel zu lang. Als der Schlaf im Stundentakt endlich ein Ende hat und die Sonne langsam am Horizont emporklettert, koche ich mir einen Kaffee und gehe Anker auf. Mit raumem Wind geht es vorbei an Palm Island hinüber nach Union Island, das ich mir auf der Karte als nächstes Ziel ausgesucht habe. Diese Insel ist nicht nur eine der letzten zu St. Vincent gehörigen Inseln der Grenadinenkette, sondern auch eine der wenigen, auf der ich ausklarieren kann, um auf den zu Grenada gehörigen Teil der Inselgruppe hinüberzusegeln.

Die kleine Insel, die im Ganzen nur 4,5 Kilometer lang und 1,5 Kilometer breit ist, besitzt durch den 275 Meter hohen Berg Parnassus eine auffällige Silhouette, weshalb sie auch »Tahiti of the West Indies« genannt wird.

Der Haupthafen »Clifton Harbour« ist nur durch einen schmalen Kanal zwischen einigen Riffen zu erreichen, und auch der östliche Teil, in dem ich nach sechs Meilen von den Tobago Cays, vor Anker gehe, ist von einem halbkreisförmigen Riff umgeben. Direkt dahinter, auf nur zwei Metern Wassertiefe, fällt mein Anker. Da der Wind aus Ost immer noch recht stark von vorne pustet, hüpfe auch ich, beobachtet von einem Kaffeekränzchen auf einem Schweizer Boot nebenan, direkt im Anschluss in das vom Wind aufgewühlte Wasser, um den Sitz des Ankers zu kontrollieren. Beruhigt, dass er sich sicher eingegraben hat, komme ich einige Minuten später zurück an Bord, greife mir meinen Laptop und steige ins Dingi, um mich an Land auf die Suche nach einem Internetcafé zu machen.

Obwohl der Yachtclub, an dem ich mein Dingi festkette, sehr nett aussieht, fühle ich mich auf der Insel von Anfang an nicht wohl. Kaum bin ich aus dem Yachtclub heraus, sieht die Insel aus wie ausgestorben. Kein Mensch ist auf der Straße. Nur in einer ehemaligen

Bar, deren Wände bunt beschmiert sind, hüpfen ein paar offenbar betrunkene oder zugekiffte Gestalten herum, die ich schnellen Schrittes passiere. Unterwegs auf der einzigen Straße Richtung Zentrum finde ich zwei kleine Einkaufsläden, in deren Regalen nur ein paar einsame und verstaubte Waren stehen, die Verkäufer sind beide ziemlich mürrisch und unfreundlich. Schließlich erreiche ich den Marktplatz, auf dem in zwei kleinen Buden frische Früchte verkauft werden. Etwas weiter die Straße hinunter komme ich an einer weiteren Bar vorbei, in dem ein einsamer und sichtbar gelangweilter Mann sitzt. Als er mich erblickt, rappelt er sich ganz erleichtert auf, als wäre ich für ihn die rettende Abwechslung in seinem sinnlosen Alltag, und ruft mir mit den Armen winkend »Hey man, come in!« zu, um mich in die Bar zu locken.

Irgendwie ist mir die Insel einfach gruselig mit ihren durchweg kaputt wirkenden und aufdringlichen Bewohnern. Vielleicht habe ich auch einfach nur einen falschen Eindruck von der Insel bekommen oder einen falschen Tag erwischt, aber ganz plötzlich will ich nur noch von dort weg.

Eine Nacht vor Anker werde ich in der Bucht von Clifton Harbour noch hinter mich bringen müssen, an diesem Tag ist es schon zu spät, um noch weiterzusegeln, aber am Abend habe ich mich entschlossen: Ich werde nicht weiter nach Süden segeln, sondern wieder auf Kurs Nord gehen. Dies ist mein südlichster Wendepunkt – ab morgen geht es wieder nach Norden und mit großen Schritten in Richtung USA!

Erst als ein ganzer Monat Arbeit an Bord hinter mir liegt, finde ich endlich die Zeit, die Karibikstrände zu erkunden.

Kurs Nord

Am nächsten Morgen kann ich es kaum erwarten, die Insel zu verlassen. Schon mit dem ersten Sonnenlicht gehe ich Anker auf, segele aus dem Schutz des Riffes hinaus gen Sonne, drehe vor der vorgelagerten Insel Palm Island auf Nord und rausche mit halbem Wind zurück nach Bequia, das ich nach 26 Meilen gegen Nachmittag erreiche, um dort auf dem weiteren Weg nach Norden von den St. Vincent-Inseln auszuklarieren. Aber bevor es nun endgültig aus der »wahren Karibik« herausgeht, möchte ich dort noch eine Nacht verbringen, da es mir hier bisher am besten gefallen hat.

Kaum ist der Anker über Bord, springe auch ich mit Schnorchel und Flossen hinterher, um den Sitz des Hakens auf Grund zu überprüfen. Mittlerweile ist das für mich Gewohnheit geworden, auch wenn sich der Haken bisher immer einigermaßen gut eingegraben hat. Aber als ich bei diesem Tauchgang an der Leine entlang zum Anker schnorchele, sehe ich schon beim Beginn des Kettenvorlaufs, dass der Anker samt Kette über Grund rutscht und die MAVERICK driftet. Sofort kommt mir eine Karikatur in den Sinn, die ich mal in einem Segelmagazin gesehen habe: Ein Anker war genau in einen auf dem Grund liegenden Einkaufswagen geworfen worden und rollte mit ihm über den Grund. An meinem Anker angekommen, sehe ich, dass er sich nicht im Ansatz eingegraben hat, sondern auf der Seite liegt. Kurzerhand tauche ich zu ihm hinunter, hebe ihn auf und ramme ihn selbst mit den Flunken in den Boden. Zurück an Bord ziehe ich ihn mit der rückwärtslaufenden Maschine noch weiter in den Grund. Nach einem zweiten Tauchgang kann ich sicher sein – der reißt nicht mehr raus.

Erst als das erledigt ist, mache ich mich an Land auf die Suche nach etwas Essbarem – und finde mal wieder das »de Bistro«, in dem ein paar amerikanische Chartergäste bereits ganz gut zugange sind und nach der Lautstärke der Diskussionen zu urteilen bereits ein paar Cocktailschirmchen zu viel auf dem Tisch liegen haben. Nach einer Grundsatzdiskussion erkennen die beiden Pärchen schließlich, dass sie quasi Nachbarn in den USA sind, und das muss natürlich mit einer weiteren Runde begossen werden ... Ebenso der Geburtstag unserer Bedienung »Trudi«, der das ganze Bistro nach einer von den Cocktailseglern inszenierten Überraschung mit viel Mühe »Happy Birthday dear Trudi« singt. Ich finde die vier wirklich lustig!

Als schließlich die Sonne untergeht, mache ich es mir an Bord gemütlich. Wieder einmal weht der Wind in der Admirality Bay sehr stark, und wieder muss ich über Nacht die vollen Positionslampen brennen lassen. Am nächsten Morgen soll es wieder zurück nach St. Lucia gehen, wo ich noch ein letztes Mal meine Wäsche waschen und meinen Freunden Klaus und Martha Lebwohl sagen will, bevor es über Antigua weiter auf die Bahamas geht.

Letztlich habe ich knappe drei Monate in der Karibik verbracht, aber die Inseln nur etwa zwei Wochen lang erkundet. Nicht mehr, als jeder Chartersegler im Sommerurlaub. Ein trauriges Resümee, wenn man es genau nimmt. War es die lange Anreise wert? Auf jeden Fall war es das, denn ich bin ja nicht losgefahren, um die Karibik zu sehen, sondern um einfach unterwegs zu sein und ein Leben zu leben, das nicht jeder lebt. Ein Leben voller Abenteuer, Freuden und Entbehrungen. Und bisher war diese Reise – trotz der Pleiten und Frustrationen während der Zeit an Land in St. Lucia – wirklich ein Erlebnis! Und auch auf die zwei Monate auf dem Trockenen sehe ich gerne zurück. Ich habe zwar unheimlich viel Zeit und Geld verloren und bin dort regelrecht »gestrandet«, weil das Boot nicht mehr segelfähig war, aber ich habe dort tolle Freunde gefunden und eine wirklich schöne Zeit gehabt. Und letztlich habe ich mein Englisch, das vor der Abfahrt recht mager war und vielleicht gerade mal zum Bestellen eines Bieres gereicht hätte, sehr verbessert. Denn als ich in St. Lucia ankam, war das Boot ein echtes Wrack, und ganz plötzlich *musste* ich schnell Englisch lernen, um das Boot wieder instand zu setzen. Auch wenn ich manchmal in Alltagssituationen einen Augenblick überlegen muss, so kann ich doch zumindest jede Art von Werkzeug, jede Schraube und Mutter, ob selbstsichernd oder linksgängig, in ihrer englischen Bezeichnung nennen.

Bevor es zurück nach St. Lucia geht, gönne ich mir noch einen letzten Kaffee in »Marias Café« am Strand, sehe über die Palmen hinweg auf die türkisblaue Bucht, in der die MAVERICK ankert, und sauge alles tief in mich auf. Dann geht es los: Das Dingi kommt wieder an Deck, der Außenborder ins Cockpit, die Segel werden klargemacht, die Maschine auf den passenden Ölstand kontrolliert und schon liegt der Anker an Deck, wird festgelascht, die Segel gehen am Mast hoch, der Motor aus, und der Windpilot übernimmt das Steuern. Gleich hinter der nördlichen Huk der Insel gehen wir, MAVERICK und ich, auf Kurs Nord und peilen über den Kanal die Südwestspitze von St. Vincent an.

Im Kanal angekommen, bekommen wir auf den 15 ungeschützten Meilen zwischen den Inseln wieder einmal eine Menge Wind auf die Mütze: Sieben Windstärken kommen von Osten auf uns zu und lassen das Boot arg gen Westen krängen, sodass ich manchmal wirklich Angst habe, ob das alte Mädchen das noch mitmachen wird. Die Genua ist bis knapp über Sturmfockgröße weggerollt, das dritte Reff im Groß, und ich sitze mit einem Kissen auf dem untersten Steckschott im Niedergang, habe in der Kajüte den Laptop im Auge, der mir auf einem Seekartenprogramm den Standort und Kurs der MAVERICK anzeigt und draußen die Segel und Wellen, die uns so richtig durchschaukeln. Einige Stunden später ist plötzlich alles wieder vorbei, wir sind erneut im Windschatten der Insel. Der Wind flaut ab auf 0 bis 1 Bft, die Sonne geht langsam im Westen unter, und als sich die MAVERICK unter Windsteueranlage immer nur im Kreis dreht, werfe ich schließlich den Diesel an, um voranzukommen.

Stundenlang stehe ich am Rad, während wir an der Küste der Insel St. Vincent entlangmotoren. Schließlich, inzwischen ist es stockdunkel, komme ich erneut an der Wallilabou-Bay vorbei, die ich ja eigentlich auf der Rückfahrt noch besuchen wollte. Aber schon auf Bequia hatte ich mich dagegen und für einen direkten Kurs auf St. Lucia entschlossen. Irgendwie habe ich von der Karibik nun wirklich genug und will nur noch weiterkommen. Weiter nach Norden, weiter Richtung USA.

Kaum runden wir gegen Mitternacht die nordwestliche Spitze von St. Vincent, scheint irgendjemand den Schalter, über dem in großen Lettern »Wind« geschrieben steht, wieder auf »voll« zu drehen, und wieder bekommen wir ordentlich eins auf die Mütze. Wo der Passatwind normalerweise mit etwa 20 bis 25 Knoten durch die Passage weht, knallt er an den Kaps nun locker mal mit 30 bis 35 Knoten, sodass ich die Genua sofort einrollen muss und die Großschot lösen, damit wir uns nicht zu sehr auf die Seite legen ... Der Wind kommt nun von Nordost – so kann ich den Kurs auf St. Lucia nicht mehr halten und muss etwas weiter nach Westen abfallen, immer weiter von der Insel weg und immer mehr Richtung Panama. Aber das hat wiederum den Vorteil, dass wir westlich der Insel nicht wieder in den Windschatten geraten und so direkt bis vor die Rodney Bay segeln können.

Als wir im Morgengrauen etwa zwölf Meilen westlich der Bucht sind, habe ich keine Kraft mehr, gegen den Wind anzukreuzen und werfe den alten Volvo an, der uns noch fünf weitere Stunden mit mir am Rad gegen eine hohe Dünung an nach Osten schieben muss, bis wir endlich in die wohlbekannte Rodney Bay einlaufen. Ein Gefühl von »nach Hause kommen« wächst in mir. Obwohl ich mir als mein Zuhause sicher jeden anderen Ort der Karibik aussuchen würde, nur nicht St. Lucia. Aber ich habe hier mehr als zwei Monate verbracht, und so ist mir die Insel doch ein wenig heimisch geworden. Und außerdem bin ich nach der stürmischen Überfahrt einfach froh, überhaupt irgendwo anzukommen. Diese Etappe kann ich wohl mit Recht als eine der unangenehmsten der Reise bezeichnen.

Schon als ich in den schmalen Kanal der Lagune einbiege, rieche ich wieder den mir so bekannten Geruch von gammeligem Fisch, der die Lagune ausmacht und mir jedes Mal, nachdem ich mit dem Dingi eine Weile außerhalb der Lagune gewesen bin, wieder neu auffiel. Als ich den Kanal hinauftuckere, werde ich von einigen Einheimischen, die in einer Bar am Kanalufer sitzen, schreiend begrüßt. Erkennen tue ich keinen von ihnen, aber offenbar erinnern sie sich an das rundum mit Aufklebern gepflasterte Boot aus »Germany«.

In der Lagune angekommen, sehe ich Klaus' Swan, nun strahlend blau, noch immer auf dem Boatyard an Land stehen und biege nach rechts ab, um wieder an genau der gleichen Stelle zu ankern, an der ich auch vor meiner Abfahrt gelegen habe. Nachdem ich beim letzten Mal einige Versuche gebraucht habe, bis der Anker auf den schlammigen Grund Halt fand, fasst er dieses Mal sofort. Wahrscheinlich habe ich zufällig das alte Loch wieder getroffen.

Auch der Officer des Immigrations-Office erkennt mich sofort wieder: »Du bist doch der Junge, der mit dem kleinen Boot ganz alleine den Atlantik überquert hat, oder? Das werd ich *nie* vergessen ...« Nach 65 Meilen seit Bequia und 206 Meilen seit ich St. Lucia verlassen habe, bin ich also wieder zurück auf der Insel, die mich so lange festhielt. Diesmal sollen es nur ein paar Tage werden, bevor es weitergeht: vorbei an den französischen Inseln nach Antigua.

Auf meinem weiteren Weg nach Norden finde ich immer wieder fliegende Fische an Deck, die bei Nacht gegen die beleuchteten Kajütfenster geflogen sind und sich den Kopf gestoßen haben.

Ich will weiter

Aus ein paar Tagen ist ratzfatz eine Woche geworden. Eine Zeit, in der ich sowohl mit Klaus und Martha einen Ausflug auf den Pidgeon Point unternommen habe, auf dem, wie erwähnt, vor einigen Hundert Jahren mal eine Festung der Briten gestanden hat, als auch noch einige Dinge an der MAVERICK geändert und repariert habe, um gerüstet für die paar Tausend Meilen zu sein, die noch vor uns liegen. Das neue Achterstag und der Mast des Windgenerators hatten sich gelöst, und so habe ich das Stag neu einpressen lassen und den Mast verstärkt. Ebenso sind die Schäden nach der Kollision auf Bequia weitestgehend beseitigt, meine Wäsche gewaschen, die Tanks gefüllt und ich bereit, meine Reise endlich gen Norden fortzusetzen.

In diesen Tagen erscheint außerdem mein Artikel in der »Yacht«, den ich sofort am gleichen Tag noch von meinen Eltern gescannt und zugemailt bekomme und ihn alsbald mit hinüber zu Klaus nehme. Es ist schon ein unglaubliches Gefühl, seine Geschichte abgedruckt in einem Magazin zu lesen. Und wie ich kurz darauf feststelle, wird dieses Magazin von unheimlich vielen Menschen gelesen: Nicht nur der Besucherzähler meiner Website beginnt pausenlos zu rattern und mehrere Hundert Besucher täglich zu zählen, nein, auch auf anderen Seiten und Internetforen werde ich verlinkt und diskutiert. Auch der berühmte Weltumsegler Wilfried Erdmann weist auf seiner Website am 3. April 2006 auf mich hin:

Die weite Welt kommt mir derzeit nur über die »Yacht« ins Haus. Heute eine interessante Geschichte im Heft (Nr. 8). Johannes Erdmann, ein 19-jähriger Wolfsburger, hat allein den Atlantik mit Ziel Karibische Inseln überquert. Mit 31 Tagen auch eine gute Zeit ersegelt. Ich gratuliere und freue mich für meinen Namensvetter, mit dem ich nicht verwandt bin. Astrid, meine Frau, ist sowieso immer gleich begeistert, vor allen Dingen wenn's junge Leute sind, die was wagen. Sie gleich: »Hat sicher prima Eltern.« Sie liest und schaut solche Berichte genau an. »Die Wäsche ist ordentlich auf einer gespannten Leine zum Trocknen gehängt. Nicht wie bei Dänemark-Seglern üblich einfach über die Reling.«
Wir wünschen alles Gute für die Rückreise – via Azoren wahrscheinlich.

Als ich ihm daraufhin eine E-Mail schreibe und mich für die freundliche Erwähnung bedanke, versucht er mich in einer Antwortmail zu motivieren, noch ein Jahr dranzuhängen und gleich die ganze Welt zu umsegeln. Und auch ich hatte in den vergangenen Monaten oft daran gedacht, weiter durch den Panamakanal in den Pazifik zu segeln und mal zu schauen, wie weit ich wohl noch kommen werde. Aber andererseits steht da auch der Deal mit meinen Eltern, in dem sie mir diese Reise erlaubt und mich darin unterstützt haben, wohingegen ich ihnen im Gegenzug versichert habe, pünktlich zum Studium im kommenden Herbst zurück in Deutschland zu sein. Auch das Boot würde diese Weltreise sicher nicht ohne weitere Modifikationen und vor allem Verstärkungen überstehen. Ich habe sie zwar nun wieder seetüchtig, aber dennoch ist MAVERICK nach 36 Jahren bereits sehr weichgesegelt, und es ist nur eine Frage der Zeit, bis die nächsten Reparaturen anstehen werden.

Auch wenn der Pazifik so verlockend nah ist – eine Woche auf See und ich wäre in Panama – entscheide ich mich doch rational dafür, bei meiner geplanten Route zu bleiben: Ich werde nun in die USA segeln und dann, da ich in der Karibik zu viel Zeit verloren habe, dort einen Käufer für MAVERICK finden müssen.

Nachdem ich schon in den Tagen zuvor einige Versuche gestartet habe, die Lagune zu verlassen, aber jedes Mal durch irgendetwas Fatales zurückgehalten wurde, wie das am ersten Tag sich gelöste Achterstag und gestern ein losgerissenes Achterliek der Genua, hoffe ich sehr, nun endlich weiter als zur Rodney Bay zu kommen.

Schließlich ist es dann soweit: Der Anker geht ein letztes Mal hoch, mit ihm eine Menge Schlamm aus der Lagune. Als ich schließlich um den Pidgeon Point herum und auf Kurs Nord Richtung Martinique bin, greife ich zum ersten Mal seit langer Zeit wieder zum Logbuch:

Letzter Tag, Klappe, die dritte! Nachdem ich am Vortag bereits die reparierte Genua (Unter- und Achterliek neu) vom Segelmacher geholt (200 EC$, etwa 80 Euro!) und aufgezogen habe, geht es heute nur noch zum Einkaufen, dann zu Klaus und Martha, um noch mal Mails abzurufen und nach dem Wetter zu gucken. Nach dem »Nachfüllen« der Tanks (schließlich bin ich schon seit ein paar Tagen startbereit) geht es zum dritten Mal hinaus in die Bay. Die Segel gehen hoch, und alles scheint zu klappen. Ein paar letzte Worte zu Klaus und Martha: »Pass auf dich auf. Wenn du da draußen über Bord gehst, bist du allein!« (Klaus) »Nein, er ist nicht allein. Unser lieber Gott ist doch immer bei ihm!« (Martha). Ein letztes »Wir sehen uns wieder« zwischen MAVERICK und den beiden im Dingi und schon segele ich unter Groß und Genua

auf den Pidgeon Point zu, hinein in die untergehende Sonne, während Klaus und Martha auf Dingidrift gehen und mir nachschauen, bis ich in der Sonne verschwunden bin. Beinahe hätte ich es Lucky Luke gleichgetan und angefangen »I'm a poor lonesome cowboy ...« zu singen, denn auch ich segele nun wieder alleine – es geht weiter nach Amerika! Aber dennoch fällt es mir sehr schwer, St. Lucia und die beiden dort zurückzulassen. Es war das erste Mal, dass ich, seit ich unterwegs bin, länger an einem Ort geblieben bin und so tolle Freunde gefunden habe. Aber trotz Kloß im Hals bin ich mir sicher: Wir sehen uns irgendwann, irgendwo wieder!
Schnell konzentriere ich mich aufs Segeln, um Ablenkung zu finden. Wir machen gute Fahrt nach Martinique, mit dem Strom im Nacken, im Schnitt sechs bis sieben Knoten!

Schnell zieht die Nacht ihren dunklen Schatten über uns hinweg und lässt uns im finsteren Schwarz mit einer MAVERICK-untypischen Mordsgeschwindigkeit auf die Lichter von Martinique zu bolzen. Obwohl der Wind mit 5 Bft aus Ost auf uns einfällt, lasse ich die Genua oben und das Groß mit einem Reff stehen. Eine ganze Weile sitze ich noch mit einem Kissen auf dem untersten Steckschott, was inzwischen zu meinem Lieblingssitzplatz geworden ist, weil ich von dort genau über das Deck nach vorne gucken kann, aber dennoch vor dem überkommenden Wasser geschützt bin, gleichzeitig jedoch auch den Kopf unter Deck ziehen kann und so einen Blick auf das Laptop mit dem Kartenprogramm auf dem Kartentisch habe, das nun seit meiner Fahrt in die südliche Karibik ständig mitläuft und mir die genaue Position anzeigt. Außerdem höre ich damit fast pausenlos Musik. Viele verschiedene CDs habe ich zwar nicht an Bord, aber eigentlich höre ich auch fast immer nur die eine CD von den Casting Crowns, die mir Kristina aus den USA geschickt hat.

Gegen drei Uhr morgens erreiche ich die Westküste von Martinique und gerate wieder einmal, wie im Windschatten der karibischen Inseln üblich, in eine bleierne Flaute. Aber das ist zumindest die Chance für mich, endlich mal im 15-Minuten-Takt in der Koje zu verschwinden. Zwar hatte ich auch vorher im Fünf-Minuten-Takt geschlafen, aber es ist für jemanden, der es nicht erlebt hat, kaum vorzustellen, was es für ein wunderbares Gefühl ist, die Etappen von fünf auf 15 oder sogar 20 Minuten zu verlängern. Wenn dann der Wecker klingelt, heißt es jedoch wieder raus aus der Koje und mit zusammengekniffenen Augen den Horizont absuchen – denn ein Radar habe ich ja nicht mehr, das liegt weggestaut im Vorschiff – bevor es dann wieder in die nächste Traumetappe geht, bis der Wecker erneut rappelt ... Erstaunlicherweise habe ich es wirklich einige Male geschafft, an Träume anzuknüpfen!

Um halb elf Uhr morgens bin ich schließlich an Martinique vorbeigetrieben und gerade im Begriff in den Kanal hinüber nach Dominica zu segeln, als ich im Logbuch notiere:

Die Nacht in der Flaute hinter Martinique verbracht. Schlaf im Fünf- bis 15-Minuten-Takt, wegen des irren Verkehrs. Bin todmüde, bin wohl immer noch nicht wieder ganz drin in dem Schlafrhythmus.

Bald darauf werfe ich in der Flaute schließlich wieder den Diesel an, der mich hinaus aus der Flaute und hinein in den Weltuntergang kuttert – kaum bin ich in der Passage zwischen Martinique und Dominica, dreht der Wind so dermaßen auf, dass ich gerade noch das 3. Reff ins Großsegel binden und die Genua auf Topflappengröße wegrollen kann, bevor es rundgeht. Zum ersten Mal seit meiner Ankunft muss ich wieder in mein geniales Marinepool-Ölzeug schlüpfen, da sofort einige Wellen von der Seite ins Cockpit einsteigen, zum Glück nur kleine. In den Schauerböen, die nun von Osten angerollt kommen, messe ich nach dem Reffen der Segel mit dem Handwindmesser weit über 30 Knoten. Wie zum Hohn überholt mich gleichzeitig ein großer Katamaran ohne Reff im Groß, und ich möchte wetten, dass die an Bord noch Bierdeckelhäuschen hätten bauen können, während ich den ganzen Tag über sogar ernsthaft Probleme habe, mir auf der MAVERICK einen Instantkaffee zu brühen, um die Augen nach der Nacht wenigstens ein Viertel offen zu bekommen. Schließlich verschütte ich das Kaffeepulver, das in Verbindung mit Seewasser eine kleisterförmige Masse auf der Treppenstufe bildet, in die ich natürlich barfuß (ich habe seit den Kanaren keine richtigen Schuhe mehr) reintrete ...

Erst bei Annäherung an Dominica geht der Wind wieder auf moderate 5 Bft herunter, schiebt aber dafür wahre Regenfälle hinterher, die ich im Cockpit absitze – sollte der Wind plötzlich wieder auffrischen. Gott sei Dank bleibt er aber konstant und lässt mich mit noch erträglichem Gebolze schließlich in den Windschatten von Dominica gelangen. Dort erwartet mich – wer hätte es gedacht? – die nächste Flaute, in der ich zeitweise wieder an der Küste entlangdiesele, um das elendige Schaukeln und Rollen des Bootes in der Dünung wenigstens durch Fahrt im Boot zu vermindern. Als mich meine Mutter auf dem Handy anruft und mir erzählt, sie verfolge zu Hause meine Reise in dem Buch »Karibik aus der Luft« und fände Dominica wunderschön, kann ich nur vor mich hin grummeln: »Das täuscht ... Eigentlich ist sie wolkenverhangen und verregnet. Ich segele gerade an ihr vorbei.«

Doch plötzlich kommt die Sonne für ein paar Stunden heraus, und im direkten Kernschatten der Insel ist schließlich sogar die See wieder glatt. Mit meinem deutschen Handy empfange ich ein paar E-Mails aus Europa. Unter anderem ist ein Eintrag in mein Gästebuch auf der Website dabei, in dem mir ein Segler aus Lyon schreibt: »Habe die Bücher deines Vaters verschlungen – der Apfel fällt nicht weit vom Stamm!« Offenbar glaubt er, ich wäre der Sohn des berühmten Weltumseglers Wilfried Erdmann. Eine Verwechslung, die ich jedoch durch den lustigerweise gleichen Nachnamen schon öfters erlebt habe. Die Erste, die glaubte, dass ich sein Sohn oder Neffe bin, war eine Büchereidame, von der ich mir damals mit 13 Jahren alle Bücher Wilfried Erdmanns organisieren ließ.

Schließlich wird es Abend, auch der zweite Tag der Überfahrt ist vorbei. Während ich die letzte Nacht noch im Windschatten von Martinique verbracht habe, segele ich nun bei Nacht an Dominica vorbei. Aber diese Nacht wird nicht so ruhig, wie die letzte: Mir ist schon den ganzen Nachmittag über schlecht, der ganze Verdauungstrakt rumort gehörig, und als ich schließlich Durchfall bekomme, weiß ich, woher es kommt: Das Wasser im Tank ist voller Bakterien. Die Chemikalien, die ich gegen Algen und Bakterien dort hineingekippt habe, taugen wohl nichts, und mein Frischwasser scheint zu einem Biotop geworden zu sein. Bei den Temperaturen nicht allzu verwunderlich. Also gibt es ab jetzt nur noch Wasser aus Flaschen zum Zähneputzen.

Als gegen Morgen im Osten die Sonne aufgeht, befinde ich mich schon im Kanal hinüber nach Guadeloupe, zwei Inseln nördlich von St. Lucia. Die Insel selbst erreiche ich gegen Mittag – und liege wieder in einer Flaute. Zum Kotzen! Mal ein bisschen Wind von hinten, mal von vorne, meist gar keiner. Es nervt mich gewaltig. Schlagartig wird meine Stimmung jedoch nach oben gerissen, als eine Mail vom Delius Klasing Verlag per Handy eintrudelt und sie mich fragen, ob ich nicht ein Buch über mein Abenteuer schreiben möchte! Meine Freude ist groß, ein Traum geht in Erfüllung. Kurz antworte ich auf die Mail per Handytastatur und werfe den Diesel an: Jetzt will ich weiter!

An Backbord sichte ich jetzt die Insel Montserrat, die durch die Rauchschwade über ihr auch kaum zu übersehen ist. Auf der Insel toben nicht etwa Waldbrände oder Bürgerkrieg, nein, ein Vulkan brodelt dort munter vor sich hin. Wie die meisten der karibischen Inseln ist die kleine Kronkolonie vulkanischen Ursprungs, wobei der südlichste der drei Vulkane, Soufrière Hills, noch aktiv ist. Die Wissenschaftler gehen von einem letzten großen Ausbruch vor 20 000 Jahren aus. Seit 1992 ist er nun jedoch wieder aktiv, und zwei Drittel der Insel sind nach einigen Erdbeben Sperrgebiet. Laut Handbuch soll sogar im Umkreis von zehn Meilen auf See Schwefelgeruch bemerkbar sein, weshalb dieser Bereich ebenfalls Sperrgebiet ist. Nur die nördliche Bucht darf von Schiffen angelaufen werden. Kreuzfahrtschiffe nähern sich der Insel jedoch auch an der Südküste täglich bis auf 500 Meter. Im Handbuch lese ich außerdem:

Ein Großteil der Insel wurde durch eine Reihe von Ausbrüchen des Vulkans Soufriere Hills, die am 18. Juli 1995 begannen, verwüstet, darunter auch der einzige Flughafen. 75% der Bevölkerung flohen von der Insel. Die Hauptstadt Plymouth wurde 1997 aufgrund der Vulkanausbrüche offiziell aufgegeben.

Zurzeit ist wieder eine Warnung ausgegeben, dass ein weiterer Ausbruch unmittelbar bevorsteht. Also nichts wie weg.

Mit der Abenddämmerung geht es wieder hinein in einen Kanal, dieses Mal den letzten, hinüber nach Antigua. Zu meiner Überraschung bekomme ich diesmal jedoch keins auf die Mütze, sondern finde mich in einem lauen Windfeld wieder, das mich die ganze Nacht begleitet. Endlich kann ich mich unter Vollzeug und Windpilot bei flachen Wellen im Cockpit gemütlich in den Schlaf schaukeln lassen, natürlich unterbrochen von meinem 30-minütigen Wachtakt. Erst liege ich noch eine Weile unter dem gewaltigen Sternenhimmel. Als es mir dort jedoch zu kalt wird – wir nähern uns spürbar dem Norden – verkrieche ich mich in meine Koje unter Deck.

Pünktlich zum Morgengrauen des 7. April stehe ich vor der Einfahrt zum English Harbour auf Antigua. Immer wieder auf meiner Reise habe ich es bisher immer genau zum Morgengrauen geschafft, eine Insel zu erreichen, ob auf Madeira, Gran Canaria, La Gomera, St. Lucia und Bequia – und offenbar scheint meine Strähne nicht abzureißen.

Als ich direkt vor Falmouth Harbour liege, der sich eine Bucht weiter westlich befindet, werfe ich schließlich den Diesel an, um die letzten paar Meilen gegen den Passat bis in die historische Bucht hineinzumotoren.

English Harbour hat eine lange Geschichte. Lord Nelson hat diesen Flottenstützpunkt, in der seit Hunderten von Jahren für Schiffe als »Hurrikanehole« genutzten Ankerbucht gebaut, und auch heute noch ist der Hafen Treff für Segler aus der ganzen Welt. Aus dem Internet habe ich Folgendes über die Insel erfahren:

***Antigua** (spanisch für »alt«) ist eine Insel der Kleinen Antillen*

in der Karibik. Antigua gehört zum Staat Antigua und Barbuda. Antigua wurde im Jahre 1493 von Christoph Kolumbus entdeckt. Er benannte die Insel nach der Kirche Santa Maria La Antigua in Sevilla. Die Insel wurde durch die Briten im Jahre 1632 besiedelt. Sie blieb Kolonialmacht bis zur Unabhängigkeitserklärung im Jahre 1981. Danach schloss sich Antigua mit den Nachbarinseln Barbuda und Redonda zusammen, und die Inseln bildeten den Staatenbund Antigua und Barbuda. Die Hauptstadt des Staates, St. John's, liegt auf Antigua, dort herrscht seit 1981 die parlamentarische Monarchie.
Im Süden der Insel befindet sich der sog. English Harbour, ein im 18. Jahrhundert von der Royal Navy befestigter Kriegshafen, der durch seine natürliche Lage zu den wenigen tropensturmsicheren Häfen gehört.
Bis zu 400 m über dem Meeresspiegel erheben sich die Hügel der Insel, die geprägt wird von weißen Sandstränden, Palmen, Ananas- und Baumwollfeldern. Insgesamt leben 67 000 Einwohner auf Antigua: Die Insel ist 281 km^2 groß und soll 365 Strände haben – einen für jeden Tag des Jahres. Die Währung von Antigua ist der Ostkaribische Dollar (EC$).
Die Strände auf Antigua gehören zu den schönsten und feinsten der Welt. Der Großteil der Einwohner ist eher arm.

Jedes Jahr gegen Ende April ist English Harbour außerdem Austragungsort für die weltbekannte Antigua-Sailing-Week, in der alles was Rang und Namen hat, mit ihren Booten die Bucht anlaufen und vor Nelsons Dockyard vor Anker gehen.

Ich jedoch möchte mir einen ruhigen und vor allem billigen Ankerplatz im hinteren Teil der Bucht suchen und werfe den Haken Punkt neun Uhr morgens gegenüber des Dockyards neben einem österreichischen Katamaran. Dennoch verbringe ich meine Heckleinen im Dingi zu den Mangroven aus, um das Boot am Schwoien zu hindern. Noch bevor ich Kontakt zu den gerade an Deck kommenden österreichischen Beinahe-Landsmännern der RISHIO MARU aufnehmen kann, gehen diese Anker auf und dampfen aus der Bucht hinaus.

Also mache ich mich auf den Weg zum Immigrations-Office, um einzuklarieren. Schon als ich vom Dingi an Land springe, merke ich, dass ich auf einer ehemals britischen Insel bin. Alles ist sehr gepflegt, manches sogar schon fast steril. Als ich quer über den gleichmäßig kurz gestutzten Rasen auf eine zwischen den Häusern stehende typisch britisch rote Telefonzelle zulaufen will, halte ich plötzlich inne und springe zurück auf den Gehweg. In England sollte man lieber nicht auf einem gepflegten Rasen herumlaufen, wenn man Ärger vermeiden will ...

Schon oft hatte ich davon gehört, dass die Einklarierungs-Prozedur auf Antigua sehr langwierig ist. So langwierig sogar, dass der deutsche Segler Uwe Röttgering nach seiner Atlantiküberquerung und einer Runde in English Harbour nach Bermuda abgedreht ist, nur weil er keine Lust auf das nervige Einklarieren auf Antigua hatte. Zu meiner Überraschung geht alles jedoch sehr schnell vonstatten, auch wenn dabei irrsinnig viel Papier produziert wird (das Hauptformular hat sieben Durchschläge!). Außerdem kostet mich der Aufenthalt nur über das Wochenende bereits sehr viel Geld. Aber wenigstens haben die Briten sich auf Antigua mal ein paar andere Fragen auf dem Einklarierungsformular ausgedacht, während die Bögen auf den bisherigen karibischen Inseln vom Inhalt fast alle identisch waren. Hier will man zum Beispiel von mir wissen, welchen Motor mein Schlauchboot hat und welche Art von GPS mein Boot, während es überhaupt nicht interessiert, wie viele Flaschen Schnaps ich ins Land bringe. Auf St. Lucia musste sogar jede Zigarette aufgezählt werden. Glücklicherweise rauche ich nicht, Zigarettenzählen muss wie Erbsenzählen sein.

Dreizehn Stempel, plus den einen in meinen Pass, zähle ich. Während der Einklarierungsbeamte die Farbkleckse in meine Papiere haut, entschuldigt er sich vielmals für die viele Bürokratie: »Sorry, but we don't make the rules, we only make rules better!«

Nach dem Einklarieren gönne ich mir erst einmal ein Frühstück in der »Galley«, einem Restaurant genau gegenüber dem Ankerplatz der MAVERICK. Nach dieser exakt 200 Seemeilen langen, aber drei Tage dauernden Überfahrt, habe ich vor allem einen Kaffee nötig. Anschließend finde ich heraus, dass es nicht weit vom Café einen Wireless-Hotspot-Sender gibt, der in ganz English Harbour erreichbar ist. Klar, dass ich den Abend im Internet verbringe und über Skype kostenlos mit zu Hause telefoniere. Auch über die RISHIO MARU, die am Morgen noch neben mir lag, finde ich einiges heraus, als ich einfach mal den Namen ausgoogle. Einfach krass, wie das heute funktioniert. Fast jede Yacht hat heutzutage eine eigene Website oder zumindest einen Blog, in dem sie regelmäßig von unterwegs berichtet.

Mein zweiter Tag auf Antigua ist ein Samstag, an dem ich mich mit der Kamera zu einem Fotoshooting nach Fort Berkeley an der vorgelagerten Landzunge neben der Einfahrt nach English Harbour aufmache. Der Trampelpfad dorthin führt über Stock und Stein, über Felsen und vorbei an ausgedörrtem Bewuchs. Schließlich gelange ich zu den Ruinen des alten Forts, von dem nicht mehr wirklich viel zurückgeblieben ist. Nur ein paar Mauern, eine alte, zerfallene Wachbaracke und eine gegossene Kanone sind die Überbleibsel jener Ära. Als ich über die Mündung der Kanone hinweg zwei französische Yachten auf dem Weg nach English Harbour sehe, muss ich sofort daran denken, was wohl vor einigen Hundert Jahren noch passiert wäre. Vermutlich hätte man das Feuer auf die Franzmänner eröffnet. Heute jedoch sind auch die Franzosen willkommene Gäste auf der sich zum größten Teil durch den Tourismus finanzierenden Insel.

Auf dem Rückweg zur MAVERICK steht plötzlich eine wilde Ziege vor mir und schaut mich mit einem bösen Blick an, der mir sagt: »Wenn du eingebildeter Yachtie nur noch einen Schritt näher kommst, dann klatscht es, aber keinen Beifall!« Das störrische Tier will mich partout nicht näher kommen lassen und erst recht nicht vorbei. Also täusche ich vor, mich wieder aus dem Staub zu machen, um einen anderen Weg etwas weiter unten am Hang zu nehmen, während mich die bösen Augen der Ziege auf Schritt und Tritt verfolgen. Als ich den anderen Pfad schon beinahe hinter mich gebracht habe, traue ich meinen Augen nicht, als die Ziege schon wieder vor mir steht und mich genauso böse anschaut. Ist das Vieh verrückt? Wieder täusche ich einen Umweg vor, bin nun aber etwas schneller als sie und komme endlich wieder auf den sicheren Rückweg zum Boot. Dennoch drehe ich mich alle zehn Meter noch mal skeptisch um, um sicherzugehen, dass mir das Vieh vom Halse bleibt.

Nach der Fototour an Land setze ich mich ins Dingi und schieße noch ein paar Fotos von Wracks, als Zebra lackierten Schiffen und der MAVERICK vor Anker. Anschließend schlendere ich frisch geduscht und vergnügt durch die alte Häuserkulisse, als ich plötzlich deutsche Stimmen höre. Und tatsächlich, ich treffe eine Touristengruppe, die gerade eine deutschsprachige Führung durch das Dockyard macht. Ich setze meinen unauffälligsten Blick auf, um ein paar Infos über meinen Aufenthaltsort zu bekommen. Am meisten faszinieren mich die zwei großen, hölzernen Winden, die mitten auf der freien Fläche vor dem Hafenbüro stehen. Von der Reiseführerin erfahre ich, dass sie vor einigen Hundert Jahren dazu verwendet wurden, die Unterwasserschiffe der britischen Segler von Muscheln und Bewuchs zu reinigen. Dazu wurde jeweils ein Schiff längsseits am Dock festgemacht und eine lange Leine zwischen Mast und Winde befestigt. Dann kam die Winde in Aktion, und das Schiff wurde auf die Seite gelegt, sodass der nun über Wasser liegenden Rumpf gereinigt und kalfatert werden konnte. Anschließend wurde das Schiff umgedreht und auf die andere Seite gelegt. Eine beeindruckende Vorstellung, so ein großes Schiff mal eben auf die Seite zu legen.

English Harbour ist umgeben von einigen kleinen Bergen, die den Hafen zu einem »Hurrikanehole« machen, in dem seit Nelsons Zeit alle Schiffe Schutz vor annahenden Stürmen suchen. Noch heute liegen Hunderte Jahre alte Ketten auf dem Grund der Bucht, hinter denen damals die Kriegsschiffe ihre Anker verkeilt haben, um das Boot in den Stürmen zu sichern. Heute stellen diese Ketten dagegen eine Gefahr für Fahrtensegler dar, und schon so manch einer hat seinen Anker plötzlich nicht mehr an Bord bekommen, weil er sich hinter einer Kette verhakt hat.

Auf einem der Berge rund um die Bucht gibt es eine gut bekannte Seglerbar, die sich einen Namen dadurch gemacht hat, dass es dort jedes Mal, wenn bei Sonnenuntergang ein Greenflash zu sehen ist, Freibier gibt. Ein Greenflash ist ein kleiner kurzer Blitz, der sehr selten bei Sonnenuntergang in den Tropen zu sehen ist, wenn die Sonne gerade im Meer verschwindet. Für etwa eine Sekunde blitzt sie dabei im oberen Bereich grün auf. Ein Phänomen, das nur bei richtigen atmosphärischen Verhältnissen zu sehen ist. Da es in der Bar in einem solchen Fall jedoch Freibier gibt, ist es selbstverständlich, dass jeden Abend jemand einen Greenflash sieht.

Zurück an Bord, mache ich mich an eine Arbeit, die ich schon lange vor mir hergeschoben habe: Bewerbungen schreiben für meinen Studienplatz. Bereits am Tag der Ankunft auf Antigua habe ich mir von den Fachhochschulen in Kiel und Bremen per E-Mail die Vordrucke für die Bewerbungen schicken lassen. Nun fehlen nur noch ein Anschreiben mit Angabe des Grundes für die Studienplatzwahl und ein Lebenslauf. Auf eineinhalb Seiten tippe ich den »Damen und Herren«, an die ich den Brief schreibe, einen herzzerreißenden Text, in dem ich beschreibe, wie ich mich schon mein Leben lang danach gesehnt habe, endlich Schiffbau studieren »zu dürfen«, wie mein ganzes Leben darauf ausgerichtet war und ich diese Reise nur gemacht habe, um Erfahrung mit Schiffen zu bekommen. Das Ganze unter einem »Antigua, den 8. April 2006« sollte doch ein paar Punkte bringen.

Und so mache ich mich am nächsten Morgen zu Fuß mit dem Laptop auf dem Rücken auf den Weg nach Falmouth Harbour zu einem Internetcafé, in dem ich die Texte ausdrucke, mir meinen Personalausweis kopieren lasse und alles zusammen mit einer gebrannten Foto-CD für meine Eltern per FedEx nach Wolfsburg schicke. Wieder kostet mich der Versand knapp 50 US$, aber diese Papiere sind wirklich zu wichtig, um sie auf eine wochen- oder monatelange Reise mit dem karibischen Postsystem zu schicken, das keine Garantie auf Ankunft hat. Ebenso könnte ich sie per Flaschenpost schicken.

Zur Feier des Tages und auch weil ich mich gerade wieder mal ein wenig einsam fühle, möchte ich irgendwo noch etwas essen gehen. Da mir die Restaurants in English Harbour allesamt zu teuer sind, esse ich wieder einmal in der »Galley« gegenüber des Ankerplatzes der MAVERICK. Dort ist an diesem Abend Barbecue auf dem Programm: Für ein paar Dollar gibt es eine leckere Hähnchenkeule mit karibischen Beilagen und Saucen, dazu drei Einheimische, die mit Gitarre und Saxophon einfach tolle Jazzmusik machen. Über eine Stunde sitze ich nach dem Essen noch dabei und lausche den dreien, die das für Schwarze typische Musikgefühl im Blut haben. Aber meiner Einsamkeit wirkt dieser Abend nicht entgegen. Nach nun über einem halben Jahr allein in der Welt unterwegs und ständig wechselnden Orten und Menschen, sehne ich mich wirklich sehr nach jemandem, mit dem zusammen ich all die schönen Inseln erkunden kann. Als ich am Abend zurück auf der MAVERICK bin, notiere ich im Logbuch:

Bin heut Abend allein in der Galley essen gewesen. Wieder einmal fällt mir an diesem Abend auf, wie Scheiße es ist, allein unterwegs zu sein.

Am nächsten Tag habe ich genug von English Harbour und gehe Anker auf. Mein nächstes Ziel soll St. Maarten sein, das im Norden der Insel französisch und im Süden holländisch ist. Da ich kein Französisch spreche und aufgrund meiner Laktose-Intoleranz keinen Käse essen kann, fällt meine Entscheidung für das kleinere Übel der Käseabstinenz, und ich nehme Kurs auf die südliche Hälfte der Insel.

St. Maarten habe ich mir als nächstes Ziel ausgesucht, weil ich vor Jahren mal eine Einladung dahin bekommen habe. Und das kam so:

Mit 15 Jahren las ich in einem Segelmagazin eine Annonce über ein Segelschiff, das in der Karibik zu verkaufen war. Es handelte sich um eine 27 Meter lange Brigantine, einen kleinen Zweimaster also, der zudem aus dem ungewöhnlichen Baustoff Ferrozement gebaut war: Stahlbeton also. Das klang nun schon alles sehr abenteuerlich, aber am interessantesten klang der Preis: 25 000 Euro sollte das komplette Schiff kosten, was für ein Segelboot dieser Größe ja unglaublich wenig aussah. In Gedanken malte ich mir wochenlang aus, wie es wohl wäre, das Geld zu haben, das Boot zu kaufen und mit ihm die Karibik zu bereisen, durch Tagesfahrten mit Touristen Geld zu verdienen und dann irgendwann den Atlantik zu überqueren und nach Hause zu segeln.

Irgendwann setzte ich mich an den Computer und schrieb dem Verkäufer eine E-Mail, in der ich erzählte, dass ich ein 16-jähriger Schüler aus Deutschland wäre, der zwar kein Geld, aber große Träume hätte und mich sehr freuen würde, wenn ich ein paar Fotos von dem Schiff sehen könnte. Prompt kam eine sehr nette E-Mail zurück, in der mir eine Frau einen Riss und ein Foto der EYOLA sandte. Sie erzählte, dass sie ein Kühltransportunternehmen auf St. Maarten besitzen und zwei Boote haben, einen Shrimp-Kutter und eben dieses Segelschiff. Eigentlich möchten sie am liebsten das Segelschiff behalten, aber da sie das Geld brauchen, haben sie nun beide zum Verkauf angeboten. Nach einem kurzen Schriftwechsel per Mail bot mir diese Frau, deren Namen und E-Mail-Adresse ich leider mittlerweile verloren habe, an, wenn ich einmal in der Karibik bin, vorbeizuschauen und eine Weile mit ihnen mitzusegeln.

Damals hätte ich es nie für möglich gehalten, dass ich in absehbarer Zeit dorthin kommen würde. Aber nun, knapp viereinhalb Jahre später, bin ich tatsächlich auf eigenem Kiel auf dem Weg nach St. Maarten und möchte mich daher auf die Suche nach dem Schiff machen. Mal sehen, ob es noch dort liegt.

Gleich nach dem Runden der Südwestspitze von Antigua gehe ich auf Kurs Nordwest und segele mit raumem Wind in die Nacht hinein. Der Strom schiebt von hinten ganz gut, und der Wind bläst wieder einmal mit 5 Bft aus Ost, während das Groß im zweiten Reff steht und die Genua bis zur Hälfte weggerollt ist. Gerade als die Rauschefahrt am schönsten ist, zieht jedoch wieder einmal eine Regenwalze von hinten an und lässt mich in der Erwartung eines Sturmes in mein Ölzeug krabbeln. Ich bin ziemlich erleichtert, als der Wind nicht an Stärke zunimmt, sondern beständig bleibt und verkrieche mich zum gewohnten Halbstunden-Wachtakt in die Koje.

Am Morgen des 11. April passiere ich gegen sieben Uhr im ersten Sonnenlicht St. Barts, als mir plötzlich eine entgegenkommende kleine Ketsch auffällt. Ist das nicht die OUTSPAN von Peter und Elisabeth? Tatsächlich, sie ist es! Kaum zu fassen, dass wir uns nach gut zwei Monaten nun hier wieder treffen. Aber die beiden scheinen auf ihrer Zwölf-Meter-Yacht auch ganz gut mit dem Wetter zu kämpfen zu haben. Immer wieder verschwindet das Boot fast völlig zwischen den von vorne anrollenden Wellenbergen. Sie scheinen Kurs auf Antigua zu haben, wo ich gerade herkomme. Schade, dass wir uns nun in der Karibik wohl nicht mehr wiedersehen werden.

Als die beiden bereits am Horizont verschwunden sind, sichte ich voraus St. Maarten:

Im Jahre 1648 wurde die Insel geteilt, nachdem französische und niederländische Kriegsgefangene ihre spanischen Aufseher vertrieben hatten. Der Legende nach teilten die Deportierten die Insel unter sich auf, indem ein Niederländer und ein Franzose die

Insel in gegensätzlicher Richtung umrundeten bis sie sich wieder am Strand trafen. Es heißt auch, der Franzose gab dem Niederländer eine Flasche Wasser, die allerdings Gin enthielt, weshalb heute der französische Teil größer als der niederländische ist. Der Norden ging also an Frankreich, der Süden an die Niederlande. Die beiden Inselteile koexistieren seither friedlich.

Gegen Punkt elf Uhr liege ich vor der Klappbrücke in der Simpson Bay, die die innere Lagune, in der sich fast alle Hafenanlagen der Insel befinden, vom Atlantik trennt. Der Wind knallt mir von Ost nur so um die Ohren, und es macht mir viel Mühe, die MAVERICK in der Mitte der Bucht zu halten. Da ich kein Ankermanöver fahren will, weil ich nicht weiß, ob ich den Haken gegen den Wind ohne Winde wieder hochbekommen würde, lasse ich mich immer bis zu einer ankernden Megayacht treiben, um dann wieder langsam gegen den Wind bis zur Brücke zu dampfen. Schließlich öffnet die Brücke um 11.30 Uhr. Etliche Yachten kommen mir entgegen, und es vergehen weitere zehn Minuten bis der Strom abebbt und ich durch den schmalen Kanal hindurch in die Lagune eindampfen kann. Dort sehe ich beim Suchen nach einem Ankerplatz ein paar Kanadier in ihrem Cockpit sitzen und grüße wie üblich rüber. Als der Skipper meine deutsche Flagge am Heck sieht, springt er gleich auf und ruft zurück »Oh, guten Tag, guten Tag!« – immer wieder bin ich überrascht, dass unheimlich viele Amerikaner einige Wörter Deutsch sprechen, was sie vermutlich Hollywood zu verdanken haben. Der Anker fällt auf drei Metern Tiefe genau in der Mitte der Lagune. 100 Seemeilen liegen hinter mir.

Sint Maarten gefällt mir wirklich gut: Nach den Monaten in der »Provinzkaribik« im Süden ist es beinahe, wie wieder zurück in die Zivilisation zu kommen, als ich nach dem Ankern in der Bucht mit dem Dingi an Land fahre. Meine Augen kleben automatisch an den großen Schildern von »Mc Donalds« und »Subway«, dass ich die Polizeistation, auf der ich einklarieren muss, zuerst glatt übersehe.

Überhaupt erinnert mich St. Maarten sehr an einen Ausläufer Amerikas: Die Autos sind große Geländewagen, die Polizei fährt mit hochglanzpolierten Harley-Davidson durch die Straßen, die Kassen sind nicht mit Euro, sondern mit US-Dollar gefüllt, und es herrscht Rechtsverkehr! Nach der langen Zeit auf den ehemals britischen Inseln ist dies für mich nun wieder eine ganz schöne Umstellung, da ich nun beim Überqueren der Straßen automatisch in die falsche Richtung schaue.

Das Einklarieren klappt an diesem Tag nicht mehr – die zuständige Dienststelle ist bereits in den Osterferien – und so pfeife ich einfach auf den Papierkram und mache einen Spaziergang durch den Ort, der eigentlich nur aus einigen Häuserreihen rechts und links einer am Südufer der Lagune entlanglaufenden Hauptstraße besteht. Auf der nördlichen Seite der Straße befinden sich einige sehr teure Yachtclubs und Marinas, voll belegt mit großen Fahrtenseglern, Open 60's und Megayachten, auf der südlichen Straßenseite finden sich Hotels, Restaurants, Casinos und – zu meiner großen Freude – zwei Kinos!

Ich kann mein Glück kaum glauben, zum ersten Mal seit Madeira wieder in ein Kino gehen zu können. Gleich am Abend mache ich mich auf den Weg dorthin und sehe mir »Failure to launch« an, der dort im Casino-Kino läuft. Schon während des Filmtrailers bleibt das Band plötzlich stehen und scheint sich im Projektor verklemmt zu haben. Als im ersten Augenblick niemand darauf reagiert, wird das Bild langsam unscharf und fängt kurz darauf an, lichterloh zu brennen. Natürlich brennt nicht die Leinwand, sondern nur der Film im Projektor. Sofort geht das Licht aus, und wir müssen einige Minuten warten, bevor der Film beginnt.

Meine eigene Beschreibung von St. Maarten formuliere ich in einem Websiteeintrag vom 13. April in etwa so:

Sint Maarten oder Saint Martin ist eine zugleich holländische und französische Insel, die die Form einen Kreises hat (an der rechten Seite etwas »angeschwollen« mit Bergen und Hügeln ...) und in der Mitte eine große Lagune, in der ich nun gerade ankere. Die nördliche Hälfte St. Maartens ist französisch und die südliche holländisch, wobei beide Seiten je einen Kanal mit einer Klappbrücke darüber haben, durch den die Yachten in die Lagune gelangen können. Da über diese Klappbrücken zugleich die Hauptverkehrsstraße der Insel läuft, öffnet sie nur dreimal täglich zum Rauslassen der verlassenden Yachten und dreimal täglich zum Reinlassen neuer Yachten.

Am nächsten Tag will ich mir im örtlichen Bootszubehörladen, dem karibik-berühmt-berüchtigten »Budget-Marine«, neben dem alle deutschen Bootszubehörläden der reinste Kindergeburtstag sein sollen. Dort möchte ich mir eine passende Gastlandflagge kaufen, da meine gelbe Quarantäneflagge nach 24 Stunden im Mast mittlerweile nicht mehr zeitgemäß genug wirkt – und natürlich muss auf dem Weg dorthin mein auf Mustique selbst gebastelter Scherstift für den Außenborder des Beibootes brechen. Glücklicherweise erreicht mich Rettung in Form eines freundlichen Holländers, der sich beim Anblick des wie wild gegen den Wind rudernden Deutschen als Einziger nicht denkt »die spinnen, die Kerle ...«, sondern erkennt, dass mein Motor nicht mehr will. Im Schlepp geht es in die Bucht hinein, in der ich dann durch die Schleppfahrt komplett geduscht einen sehr netten Eindruck im penibel sauberen »Budget-Marine« mache. Natürlich hat man auch dort *keine* Scherstifte für Außenborder – genau wie in der gesamten übrigen Karibik. Ich bin mir sicher, wenn sich dort jemand auf den Vertrieb von Yamaha-Scherstiften spezialisieren würde, könnte er selbst bei einem Stückpreis von einem Euro schon nach kurzer Zeit für den Rest seines Lebens ausgesorgt haben ... *alle* suchen Scherstifte, *keiner* hat sie!

Dafür fahren alle mit irgendwelchen selbst gebastelten Lösungen durch die Gegend. Das letzte Mal war es bei mir ein abgeschnittener Bolzen, diesmal soll es eine abgeschnittene Aluminiumniete werden, die man mir im Laden bastelt – und es funktioniert!

Ein weiteres Highlight von St. Maarten ist der Flughafen, der sich direkt an der Südküste neben der Ankerbucht befindet, sodass die Flieger hier ständig mit einem Affenzahn über die Yachten hinweg in die Lüfte abheben. Schon einige Male bekam ich den Tipp, auf der anderen Seite der Insel bei Maho Beach vor der Landebahn zu ankern oder zumindest einen Ausflug mit dem Beiboot dorthin zu machen, um die großen Vögel dort direkt über meinen Kopf hinweg einschweben zu sehen. Ferner habe ich erfahren, dass es hier auf der Insel wohl ein Sport der einheimischen Bengels ist, sich, wenn ein Jumbo auf die Startbahn rollt, entlang des Zaunes hinter den Turbinen aufzustellen und mit den Händen gut am Maschendraht festzuhalten. Wenn der Jumbo dann den Hebel auf den Tisch legt, reißt es die Jungs regelmäßig von den Füßen, sodass sie waagerecht im Turbinenschub in der Luft schweben, bis der Vogel die Bremsen löst und selbst abhebt.

Mit der Brigantine, die ich auf St. Maarten ausfindig machen wollte, habe ich leider keinen Erfolg: Nachdem ich die gesamte Lagune bis in jede Bucht abgefahren bin und auch die Buchten auf der französischen Seite abgeklappert habe, gebe ich die Suche auf. Keine Spur von dem Boot. Es muss wohl doch verkauft worden sein.

Eigentlich wollte ich mich am Karfreitag nach drei Tagen wieder auf den Weg machen und hinüber nach St. Thomas segeln, aber als der Wind selbst in der geschützten Lagune MAVERICK wild an ihrer Ankerleine zerren lässt und der Windgenerator wieder einmal klingt wie ein abhebender Doppeldecker, entscheide ich mich, noch einige Tage dranzuhängen und fürs Erste den Abendaufenthalt zum vierten Mal hintereinander ins Kino zu verlegen.

Zwar sind für die nächsten Tage nur sehr leichte Winde vorhergesagt, aber auch ständig weitere Schauer und Regenfronten. Schließlich finde ich beim yahoo-Wetterdienst sowohl für St. Kitts (meine jetzige Nachbarinsel) als auch für St. Thomas für den Sonntag Gewitterwarnungen, und es werden außerdem »Thunderstorms« angekündigt. Also verlege ich den Auslauftermin nun endgültig auf Montag – offenbar ebenso wie alle anderen Segler, die mit mir in die Lagune eingelaufen waren.

Aber dass ich quasi eingeweht bin, finde ich nicht wirklich schlimm, denn St. Maarten ist wirklich eine nette Insel. In der gewonnenen Zeit schaffe ich es nun endlich, das Boot einmal komplett umzukrempeln und alles neu zu verstauen, denn in manchen Fächern hatte ich noch immer Überreste der Atlantiküberquerung, die zum großen Teil die Hitze nicht vertragen haben. Das merke ich, als ich nichts mehr zu trinken an Bord habe und mir eine Tüte Orangensaft aus Lissabon aufmache, von denen ich noch sicher 15 Liter an Bord habe. Nach der ersten Tasse fällt mir bereits der extrem säuerliche Geschmack auf, aber als ich »100% Saft ohne Zuckerzusatz« lese, denke ich, das ist normal. Als ich mich dann jedoch dem Boden der Tüte nähere, stellt sich heraus, dass nicht nur Fruchtfleisch im Saft herumschwimmt, sondern auch der Rest des Saftes gut mit einem Löffel essbar wäre.

Als ich dann die anderen Tüten ebenfalls durch das Waschbecken in den Abfluss gieße, bin ich bei einer Apfelsafttüte sehr überrascht: »Ich wusste gar nicht, dass ich naturtrüben Apfelsaft gekauft hatte« – nach einem Blick auf das Etikett ist dann klar, als ich ihn gekauft habe, war er noch nicht naturtrüb!

Außerdem lese ich am Morgen die neue Ausgabe eines kostenlosen und wirklich interessanten Magazins, dem »Docktalk«, das überall auf der Insel verteilt wird. Dort finde ich zwei Artikel, die mir gefallen:

Zum einen finde ich sehr interessant zu lesen, dass die Nordwestpassage, die der norwegische Entdecker Roald Amudsen 1906 als erster Mensch durchfahren hat, durch die globale Erwärmung gerade zu tauen beginnt! Die Passage, durch die bis heute noch nicht mehr als etwa 100 Schiffe gekommen sind, da sie nur in einem sehr kurzen Zeitraum relativ eisfrei ist, führt vom Atlantik durch die kanadische Arktis hinüber in den Pazifik. Ich finde die Vorstellung einfach unglaublich, dass in einigen Jahren dort oben möglicherweise einer der strategisch wichtigsten Wasserwege entstehen wird, und natürlich ist Kanada bereits dabei, seine Besitzansprüche für die neuen »Canadian Internal Waters« geltend zu machen. Wenn Kanada tatsächlich den Besitzanspruch für die Passage erhalten wird, so wird es das Recht haben, manchen Schiffen, die diese Abkürzung nutzen wollen, einfach die Einfahrt zu verbieten – mit der Begründung, dass sie bestimmte Standards nicht erfüllen und deshalb das Ökosystem der

Arktis zerstören könnten. Der Schreiber des Artikels schließt mit dem letzten Satz, dass, wenn Kanada selbst Kriegsschiffen die Einfahrt verweigern wird, dies einen politischen Kampf vom Zaun brechen könnte. Wer hätte das für möglich gehalten?

Ein weiterer interessanter Artikel ist der über die Prognosen für die Hurrikansaison 2006. Denn da ich durch die Reparaturen an der MAVERICK so unheimlich viel Zeit verloren habe, nähere ich mich nun tatsächlich der Hurrikansaison und werde verstärkt auf den Wetterbericht achten müssen ...

Die Prognosen für dieses Jahr stehen so, dass wir 17 namentlich benannte Stürme und neun Hurrikane erwarten können, von denen fünf größere Hurrikane mit über 110 Knoten sein werden.

Im Vergleich dazu die Prognose von 2005: Damals wurden 13 Stürme und sieben Hurrikane, drei davon schwer, vorhergesagt. Gemessen wurden jedoch 27 Stürme (!), von denen 15 als Hurrikan eingestuft wurden. Katrina hat damals halb Louisiana zerlegt und der letzte Sturm Zita ist noch gegen Ende Dezember entstanden, um erst im Januar zu verwehen. Das Wetter macht wirklich was es will, das sagen hier *alle* Segler, die schon seit Jahren die Karibik bereisen.

Das Fazit des Autors liest sich daher sehr passend:

»*This year's hurricane names will be: Alberto, Beryl, Chris, Debby, Ernesto, Florence, Gordon, Helene, Isaac, Joyce, Kirk, Leslie, Michael, Nadine, Oscar, Patty, Rafael, Sandy, Tony, Valerie and William. – Let's hope that we have enough.*«

Und mir wird auch schon mulmig, wenn ich an das lange Seestück von St. Thomas hoch zu den Bahamas denke ...

Schließlich vergehen Karfreitag und Ostersonntag, während die MAVERICK wie wild an ihrer Ankerkette reißt und ich die Abende im Kino verbringe. Am Ostersonntag habe ich mir jedoch vorgenommen, mal einen original karibischen Ostergottesdienst in irgendeiner Gemeinde zu besuchen. Also krame ich am Morgen meine seit den Kanaren nicht mehr getragene lange Hose heraus, ein einigermaßen knitterfreies und unter meiner Matratze »gebügeltes« Hemd und zum ersten Mal seit einem halben Jahr »richtige« Schuhe. Zuerst ist es für mich ein ganz unangenehmes Gefühl, wieder Schuhe zu tragen, ich fühle mich regelrecht gefangen in den Lederlatschen. Gegen halb zehn fahre ich also im Dingi hinüber zum Marinagelände, auf dem ich am Tag zuvor ein Schild zum »Sunday-morning service« gesehen habe. Schon auf der Fahrt stelle ich fest, dass der Wind merklich abgenommen hat. Die Sonne steht bereits hoch und warm am Himmel und so habe ich Hoffnung, am nächsten Morgen weiter nach St. Thomas segeln zu können.

In der Marina angekommen, laufe ich das gesamte Gelände ab, finde aber keine Gemeinde. Der Pförtner erzählt mir, dass das nur ein Werbeschild ist und die Kirchgemeinde sich eigentlich auf der anderen Seite der Klappbrücke befindet – da, wo ich gerade herkomme. Also schnell die Beine unter die Arme und los! Zehn Minuten später bin ich in der angeblich richtigen Gegend angekommen, aber auch dort: keine Spur. Inzwischen ist es schon fünf nach zehn, und ich will nicht zu spät kommen. Also mache ich mich auf den Rückweg zum Dingi. Schade, das wär sicher mal interessant gewesen, wie so was in der Karibik abläuft. Sicher sehr »Sister-Act«-mäßig.

Schließlich ist es so weit: Die See ist ruhig, und der Wind hat auf 2 bis 3 Bft abgeflaut. Der 17. April ist mein Abreisetag!

Pünktlich um elf Uhr erwische ich die Klappbrücke und fahre durch den Kanal wieder zurück in die Simpson Bay. Dort angekommen, traue ich meinen Augen nicht: Nur etwa zwei Meilen entfernt sehe ich ein großes, graues Schiff in der Groot Bay an der Südküste der Insel ankern. Ich hatte zwar bereits an Land in vielen Restaurants und Bars den Gruß »Coconut Joe's Bar begrüßt die Crew der USS GEORGE WASHINGTON« gelesen, aber zu dem Zeitpunkt wusste ich noch nicht, dass es sich damit nicht nur um ein x-beliebiges Kriegsschiff handelt, sondern um einen 332,8 m langen atomgetriebenen Flugzeugträger der Nimitz-Klasse!

Wahnsinn! Wann sieht man so etwas schon mal in echt?

Kaum sind die Segel oben, nehme ich Kurs auf den Träger und bin von der Größe schier überwältigt. Natürlich halte ich einen gewissen Sicherheitsabstand, damit mich die Jungs nicht für einen potentiellen Attentäter halten, der möglicherweise mit einem Sprengsatz an Bord eine Gefahr darstellt, so wie es vor einigen Jahren im Irak einmal geschehen ist, aber einige Fotos aus der Entfernung will ich schon machen. An Deck stehen zudem gerade eine Menge Flugzeuge herum, ich kann einige Grumman E-2 Luftraumüberwachungsflugzeuge mittschiffs und auf dem Vorschiff einige F-18 Hornet erkennen. Nach etwa 20 bis 30 Fotos mache ich schließlich eine Wende und gehe auf Kurs West, hinüber zu den Virgin Islands.

Auf der Suche nach DOVE

Nach einer schwachwindigen Nacht und Schlaf im 20-Minuten-Rhythmus gerate ich am nächsten Morgen in eine Flaute. Die Wellen beruhigen sich, schließlich liegt der Atlantik platt wie ein gigantischer Spiegel vor uns. Also muss der Diesel wieder herhalten, was bisher nur sehr selten der Fall war. Vor ein paar Wochen hatte ich gerade auf St. Lucia etwa 40 Liter nachgetankt, sodass der 30-Liter-Tank und die Kanister (ebenfalls 30 Liter) wieder voll waren. Beim Tanken überlegte ich, wann ich das letzte Mal eigentlich Diesel gebunkert hatte: Es war auf Gran Canaria, Anfang Dezember. Trotz der langen Zeit an Land kein schlechter Schnitt. Das verknallt so ein Motorboot, wie sie in St. Lucia zuhauf lagen, in einer Stunde.

Das Steuern von Hand unter Diesel wird mir nach etwa einer Stunde in der prallen Sonne einfach zu lästig, sodass ich mich doch noch einmal auf die Suche mache und endlich unter der Vorschiffskoje den Pinnenpiloten wiederfinde, den ich seit Wolfsburg an Bord habe (und damals »für alle Fälle« von unserer kleinen Waarship 570 abgezweigt hatte), den ich jedoch wegen fehlender Beschläge bisher noch nicht montiert hatte. Aber die Hitze macht erfinderisch, und Provisorien halten bekanntlich am längsten. Also montiere ich innerhalb einer Viertelstunde den neuen Autopiloten mit einem Bolzen durch die Pinne, einem Loch im Backskistendeckel und einem Streifen Ducktape. Und siehe da: Das Ding ist einfach Gold wert! Nun kann er in der Hitze schwitzen, während ich mir ein Sonnensegel über dem Cockpit montiere und mich darunter im Schatten mit einem Buch verkrieche, alle 15 Minuten nach dem Rechten schauend.

Gegen Abend nähern wir uns Virgin Gorda, einer zum britischen Teil der Virgins gehörenden Insel, und motoren an ihrer Küste entlang, Richtung St. Thomas. Obwohl die anderen Inseln wesentlich schöner und idyllischer sein sollen als St. Thomas, ist deren Hauptstadt Charlotte Amalie seit Jahren ein Ziel meiner Reisepläne gewesen und ein wichtiger »Port of Call« meiner Route:

Schon vor vielen Jahren habe ich zum ersten Mal das Buch »Dove« des Amerikaners Robin Lee Graham gelesen, das ich ja bereits erwähnt hatte. Robin ist nicht nur mit 16 Jahren alleine um die Welt gesegelt, sondern seine Reise war außerdem geprägt von wirklich beeindruckenden Erlebnissen, großer Einsamkeit und dann auf halbem Wege einer Lovestory, wie man sie eigentlich nur aus Hollywood erwarten könnte: Robin lernte unterwegs Patty kennen, die beiden verliebten sich und wollten die Reise eigentlich gemeinsam fortsetzen oder aber abbrechen. Da Graham jedoch einen Vertrag mit dem Magazin »National Geographic« hatte, musste er die Reise wohl oder übel alleine fortsetzen und setzte erneut Segel. Aber das soll nicht das Ende der beiden sein – Patty reist ihm nach: nach Darwin in Australien, Afrika (dort heiraten die beiden), dann weiter nach Surinam, in die Karibik und schließlich auf die Galapagosinseln, die letzte Etappe vor der Rückkehr nach Kalifornien. Dazwischen liegen jedoch immer wieder wochenlange Seestrecken und monatelange Trennungen. Als ich alleine 31 Tage auf dem Atlantik segelte, konnte ich mich richtig in Robin hineinversetzen und nachfühlen, wie es ihm ergangen sein mag. Wenn man ein Ziel hat, das man erreichen will, wollen und wollen die Tage dort draußen nicht vergehen. Mich erwartete in der Karibik niemand, und ich konnte mir Zeit lassen, aber für Robin muss es eine Qual gewesen sein.

Das Buch über die Reise wurde nach seinem Erscheinen im Jahre 1971 ein absoluter Bestseller, auch auf Deutsch wurde das Buch, wenn auch nicht ganz originalgetreu, übersetzt und unter dem Titel »Mein Schiff war die Taube« über den Delius Klasing Verlag vertrieben. Inzwischen ist es nur noch über Antiquariate erhältlich und auch in vielen Bibliotheken, wobei man jedoch das englische Original in jedem Fall vorziehen sollte, weil sich vor allem Robins Humor darin sehr viel besser widerspiegelt.

Das Buch wurde außerdem in den 1970er-Jahren unter dem Titel »Dove« von Gregory Peck verfilmt. Das Ergebnis läuft ab und zu auch im deutschen Fernsehen, meist im Spätprogramm, unter dem Titel »Die Weltumsegelung«.

Was mich letztlich so mit Robin verbindet und mich nach St. Thomas gebracht hat, ist, dass sein Buch (neben einigen anderen) quasi der Auslöser meiner Segelträume gewesen ist. Ich habe vor Jahren mal in einem amerikanischen Literaturforum eine Diskussion zu diesem Buch verfolgt, und ein freundlicher Amerikaner bot mir an, mir das Buch in den Staaten auf Englisch zu kaufen und zuzuschicken. Als ich ihm zurückschrieb, dass das Bezahlen nach Amerika ein Problem werden könnte (ich hatte ja keine Kreditkarte), schrieb er mir, dass er es mir schenken würde, »to fuel the fire for your own circumnavigation!« (»um das Feuer für deine eigene Weltumsegelung zu entfachen!«).

– Und genau *das* tat es!

Auch ich bin als einer der Jüngsten unterwegs, die diese Reise unternommen haben und immer wieder, wenn mich jemand nach meinem

Alter fragt und ich »20« antworte, geht ein deutlich vernehmbares Zucken durch dessen Gesicht. Aber gegen Robins Reise ist meine heute der reinste Spaziergang, denn sein Boot war noch 90 Zentimeter kürzer, er hatte *kein* GPS und ist um die ganze Welt gesegelt, wohingegen ich lediglich eine kleine Atlantikrunde mache. Zum Ende der Reise hin wurde seine DOVE immer schwächer, der Rumpf begann zu delaminieren, und bereits in Kapstadt unterzog er das Boot einer Komplettüberholung. Nach einer unheimlich langen und von Flauten als auch Stürmen gespickten Atlantiküberquerung hatte Robin kein Vertrauen mehr in das Schiff, und so bot ihm »National Geographic« an, ein neues und weitaus größeres Boot für das letzte Stück von der Karibik nach Californien zu kaufen. Die RETURN OF DOVE war nun knapp über zehn Meter lang (eine Luders 33) und wurde von ihm und Patty aus Florida in die Karibik gesegelt, wo die kleine DOVE auf die beiden wartete. Der Wechsel fand schließlich hier in St. Thomas statt, im Hafen von Charlotte Amalie wurde die kleine DOVE an einen neuen Eigner verkauft, wonach sich ihre Spur verwischt. Und da komme ich ins Spiel, denn ich plane, nach ihr zu suchen!

Im Internet fand ich ein Foto, dass DOVE in den frühen 1990er-Jahren vor Anker in Charlotte Amalie zeigt. Über ein Internetforum hatte ich jedoch bereits mitbekommen, dass Hurrikan Marilyn 1995 auf der Insel gehörig aufgeräumt hat und DOVE seitdem als verschollen gilt. Ein Kommentar liest sich dort »wenn eine Frau (Hurrikan Marilyn) aufräumt, findest du nichts mehr ...«. Und auch ich kann auf einer Detektivtour über St. Thomas keinen Anhaltspunkt der DOVE finden.

Aber das Bild der Küste ist hier tatsächlich geprägt von Wracks und zerschlagenen Rümpfen, die offenbar zur falschen Zeit am falschen Ort gewesen sind. Gut möglich, dass auch DOVE in den Fallwinden von den Bergen den Halt ihres Ankers verloren und auf die vor der Bucht liegende Insel gedriftet ist.

Dort glaube ich auch kurzzeitig ein Schiff mit den passenden Maßen und der Form gefunden zu haben, das komplett zerbrochen an Land liegt, aber glücklicherweise sieht der Aufbau ganz anders aus. Es wäre kein schöner Fund gewesen. Dummerweise habe ich somit aber auch die Spur gänzlich verloren. Fast ein Jahr später macht sich ein Freund von mir ebenfalls auf die Suche nach DOVE. Als Reaktion auf von ihm in der Zeitung von St. Thomas lancierten Artikeln bekommt er immerhin heraus, dass im Jahre 1955 eine DOVE auf St. Thomas gestrandet ist – allerdings waren zu der Zeit *zwei* Boote namens DOVE auf der Insel registriert. Es ist also durchaus möglich, dass die »echte« DOVE noch heute irgendwo auf den Weltmeeren herumschwimmt. Der Verbleib bleibt ein Rätsel ...

Die Stadt Charlotte Amalie ist typisch amerikanisch, obwohl sich auch hier wie auf allen Inseln der Karibik viele Einflüsse anderer Länder finden lassen. Charlotte Amalie wurde ursprünglich als »Charlotte Amalia« von Dänen gegründet und selbst heute, nach etlichen Hundert Jahren, tragen die Straßen noch dänische Namen, die oft mit dem Word »gade« (dän.= Gasse) enden. Dagegen herrscht komischerweise Linksverkehr, obwohl die Lenkräder auf der »richtigen« Seite sitzen.

Überall schwebt das typisch amerikanische Flair durch die Läden, das Essen ist typisch amerikanisch, die Autos sind riesige Schlachtschiffe und auch die Menschen oftmals ganz anders als in der übrigen Karibik. Überhaupt scheint die ganze Stadt aus Uhren- und Schmuckläden zu bestehen, in denen die Amerikaner im Urlaub zollfrei »das Schnäppchen ihres Lebens machen können«. Ich suche wirklich lange nach einem Supermarkt, um etwas zu essen zu bekommen, aber eine Rolex hätte ich an jeder Ecke bekommen können. Sollte ich jemals einen Verlobungsring benötigen, werde ich zurück nach St. Thomas kommen, die Auswahl ist hier wirklich konkurrenzlos groß!

Witzig ist außerdem, dass ich hier im nördlicheren Teil der Karibik immer öfter mit meiner deutschen Flagge eine Seltenheit bin. Aber dennoch lerne ich immer wieder Amerikaner kennen, die mich zu meiner Überraschung auf Deutsch ansprechen. So auch gleich nach meiner Ankunft auf St. Thomas:

Als ich unter Deck am Laptop sitze, kommt ein Schlauchboot mit einem sehr freundlichen Amerikaner längsseits, der mich zunächst auf Englisch fragt, woher ich komme. Auf mein »Wolfsburg, Germany« hin, antwortete er mir auf Deutsch: »Oh, das ist ja ganz im Norden! – Jedenfalls von uns in Heidelberg aus gesehen.« Ich bin zunächst sehr überrascht über die fast akzentfreien deutschen Worte und erfahre weiter, dass der Amerikaner (leider habe ich den Namen nicht erfahren) vor 33 Jahren offenbar in Heidelberg stationiert war und danach gleich in die Karibik gezogen ist, dennoch aber ein wirklich erstklassiges Deutsch spricht, selbst nach so langer Zeit. Als er den Namen »MAVERICK« liest, fragt er mich, was der Name zu bedeuten hat. Ich weiß, dass es mehrere Legenden aus dem Wilden Westen gibt, eine von dem jungen Kalb »Maverick«, das immer wieder von Zuhause weggelaufen ist und dann noch die von einem »Samuel Maverick«, der immer seinen eigenen Weg gegangen ist, weshalb das Wort »Maverick« im Englischen ein Synonym für »Einzelgänger« oder »Eigenbrötler« ist. Als ich von dem Mann »Samuel Maverick« zu erzählen beginne, ist mein Gast an der Reling beeindruckt und antwortet mir, mich in typisch deutscher Art siezend, »Sie wissen

Bescheid« und erzählt mir die Legende von dem Kalb, die ich vorteilhafterweise schon aus einem Lucky-Luke-Comic kenne. Schließlich kommen wir auf die alte Fernsehserie »Maverick« aus den 50er-Jahren zu sprechen, in der James Garner »Maverick« im Wilden Westen spielt und die im gleichnamigen Speilfilm mit Mel Gibson von 1994 als Remake verfilmt wurde, in dem Mel Gibson »Maverick« spielt und James Garner seinen Vater. Als mein neuer Freund plötzlich den Maverick-Song »Who is the tall dark stranger there, Maverick is the name« zu singen beginnt, hätte ich beinahe den Song auf CD aufgelegt, der natürlich an Bord der MAVERICK vorhanden ist, aber leider muss er wieder weiter. Als er schließlich von der MAVERICK wegmotort, höre ich ihn durch den Motorenlärm fröhlich den Song pfeifen.

Nach zwei Tagen auf St. Thomas bin ich am Morgen des 23. April schon beinahe wieder auf dem Sprung zu meinem nächsten Etappenziel – den Bahamas.

Gegen Vormittag mache ich mich daran, meinen Wassertank für die 700 Seemeilen lange Überfahrt, für die ich etwas über eine Woche rechne, aufzufüllen, was sich jedoch als recht schwierig herausstellt: In der Bucht von Charlotte Amalie gibt es derzeit keine einzige Marina, in der ich an die Pier gehen und einen Schlauch in den Tank hängen könnte. Die Marina, in der Robin Lee Graham vor 37 Jahren seine DOVE angedockt hat, ist heute weggerissen und wird gerade komplett neu gebaut. Also suche und finde ich einen kleinen Kiosk, in dem es entsalztes Meerwasser, das hier die einzige Art von Süßwasser darstellt, in Gallonenkanistern zu kaufen gibt. Nach und nach schleppe ich jeweils einen Karton mit sechs Gallonen je eine Meile vom Kiosk zum Dingi, bis ich etwa 14 Gallonen und etwa vier Sixpacks mit Cola und Sprite an Bord habe. Zu essen gibt es auch nicht wirklich viel zu kaufen, aber glücklicherweise habe ich noch von St. Maarten einige Dosen an Bord, sodass ich nur noch meinen Süßigkeitenvorrat aufstocken muss und abreisefertig bin.

Auf dem Weg zurück zur MAVERICK höre ich es plötzlich hinter mir brummen. Als ich nach hinten gucke, sehe ich ein Wasserflugzeug vom Typ Twinotter direkt auf mich zufliegen. Einige Sekunden später knallt es auch schon mit einem lauten Röhren über mir hinweg und setzt etwa hundert Meter vor mir auf dem Wasser auf. *Der hat vielleicht Nerven!* Schon in den vergangenen zwei Tagen hatte ich das zwischen St. Thomas und den Nachbarinseln verkehrende Wasserflugzeug immer wieder dabei beobachtet, wie es zwischen den in der Bucht ankernden Segelyachten im Zickzack hindurch startet und landet. Als Zuschauer bekommt man dabei ein Gefühl, wie wenn man einem kleinen Jungen zuschaut, der seinen Drachen neben einer

Hochspannungsleitung steigen lässt. – Es scheint nur eine Frage der Zeit, bis das Flugzeug mal in den Masten hängen bleibt. Gleich am ersten Tag auf der Insel habe ich mir sogar einmal den Spaß gemacht, im Dingi direkt hinter dem Wasserflugzeug herzufahren, bis es abhebt. Eine unglaubliche Power, die die Dinger beim Start freisetzen.

Gegen Mittag mache ich mich bereit für den Absprung auf die Bahamas. Von St. Thomas aus soll es nicht nur bis an den Rand der Inselgruppe gehen, sondern direkt bis auf die mittlere Insel Exuma. Ein Rendezvous zieht mich auf diese Insel, denn ich hatte meinen beiden Freunden Georg und Irene aus Deutschland angeboten, von dort aus einige Wochen mit mir durch die etwa 750 unbewohnten Inseln der Bahamas zu segeln, die der Höhepunkt meiner Reise werden sollten.

Nach ihrer Reise zu zweit auf einer nur 7,31 m langen Shark 24 von Spanien in die Karibik ließen sie es sich natürlich nicht zweimal sagen und buchten sofort einen Flug von Amsterdam nach Miami und einen weiteren mit einer Propellermaschine von Miami nach Exuma, wo wir uns am 7. Mai, in nur 14 Tagen, treffen wollen. Also muss ich mich wirklich ranhalten, um rechtzeitig dort zu sein.

Aber vor der langen Seestrecke, vorbei an Puerto Rico und Cuba, ist mir ehrlich gesagt noch ein wenig mulmig, denn langsam kommt die Hurrikansaison immer näher. Ich kann einfach nur hoffen, dass sich nicht zufällig mal wieder einer zu früh in mein Seegebiet verirrt. Dass die MAVERICK damals alleine auf den Kanaren Hurrikan Delta vollkommen schadenfrei abgewettert hat, sollte eigentlich für ein Bootsleben reichen! Weiter macht mir die MAVERICK immer mehr Sorgen, denn sie wird mit jedem Tag älter und schwächer. Man merkt ihr die Reise wirklich an. Als wir sie 2004 in Hamburg übernahmen, war sie ein starkes Schiff in recht gutem technischen Zustand. Aber das war einmal, das Boot hat sehr gelitten. Schon in der Karibik war die Schadensbilanz nach der Atlantiküberquerung nicht sehr schön zu lesen.

Und nun liegt noch ein weiteres Viertel der Atlantikstrecke bis zu den Bahamas vor mir. Die Schäden von damals habe ich zwar alle behoben, aber nun geht es an anderen Stellen weiter mit dem Reparieren. Während der zwei Tage auf See hat die MAVERICK unter Deck schon wieder ganz schön gearbeitet, alles ächzt und knackt von Zeit zu Zeit. Auf St. Maarten habe ich sogar entdeckt, dass sich das vordere Mastschott (zum Vorschiff hin) an einer Stelle um fast zwei Zentimeter nach achtern geschoben hat. Das ist noch nicht schlimm, denn es ist oben und unten einlaminiert (so sollte es zumindest sein ...) und kann nicht mehr weiterrutschen, aber normal ist das auch nicht.

Dank des geringen Tiefgangs der MAVERICK von nur einem Meter habe ich vor Anker ein besonderes Privileg: Ich kann zu Fuß zum Boot laufen!

Daher bin ich nun fast froh, dass die Reise mich nicht mehr zurück über den Nordatlantik führt. Natürlich habe ich mich zuerst sehr darüber geärgert, dass ich in St. Lucia durch das Warten auf das Getriebe so unheimlich viel Zeit verloren habe und mir die bisher offengelassene Möglichkeit der Rückfahrt aus dem Kopf schlagen kann. Solche einen genialen Sponsor wie für Robin damals das »National Geographic Magazine« habe ich nicht, von dem ich ein anderes Boot bekommen könnte, also werde ich die MAVERICK wohl für einen Dumpingpreis in New York verkaufen müssen. An die Möglichkeit des Rücktransports in einem Frachter habe ich zwar auch bereits gedacht, aber das soll knapp 6000 Euro kosten, das sind etwa 1000 mehr als die MAVERICK überhaupt wert ist und 7000 mehr als ich habe. Also wird es dort oben wohl tatsächlich einen Abschied für immer geben.

Auf dem Weg in die Bahamas

Kaum habe ich die Bucht von Charlotte Amalie verlassen, setze ich Groß und Genua, klemme den Windpiloten an die Pinne und segele hinein in den Sonnenuntergang, der den Horizont in ein wunderschönes Rot taucht. Immer noch ist mir mulmig zumute: Die vor mir liegenden 700 Meilen werden es sicher in sich haben, und die bald beginnende Hurrikansaison macht nicht gerade Mut.

Der Wind ist wieder einmal flau, weht mit etwa 2 Bft aus Ost und schaukelt mich ruhig in die Nacht hinein. Schnell nähere ich mich Puerto Rico im Westen und gehe auf Kurs Nordwest, um ein wenig Abstand zur Insel zu bekommen und in der Nacht fernab vom Schiffsverkehr ruhiger schlafen zu können.

Am Morgen des zweiten Tages auf See bin ich schon sehr weit nach Norden gelangt. Der Wind weht nun konstant mit 3 Bft unbeeinträchtigt durch Inseln weiterhin aus Ost, während wir mit knapp vier Knoten Durchschnittsgeschwindigkeit Meilen nach West gutmachen. Gegen Abend befinde ich mich genau nördlich von Puerto Rico und kann am Horizont die Lichter der Insel ausmachen. Ich bin wirklich froh, dass das Wetter so gut mitspielt und ich schon mehr als 100 Meilen hinter mir habe. Wieder einmal falle ich im Halbstundentakt in die Koje.

Am dritten Tag der Überfahrt hat der Wind wieder einmal an Stärke verloren. Zwar habe ich in den letzten 24 Stunden 81 Meilen hinter mich gebracht, aber dennoch bin ich ziemlich niedergeschlagen, dass sich die Überfahrt nun doch noch ein ganzes Stück in die Länge ziehen wird, da MAVERICK nur noch 2,5 Knoten segelt.

Gegen 20.30 Uhr sitze ich mit meiner Gitarre unter Deck und befinde mich gerade genau nördlich der Passage zwischen Puerto Rico und der Dominikanischen Republik, die in der Karibik wegen der vielen deutschen Urlauber dort auch gern die »Deutsche Dominikanische Republik« genannt wird, als ich am Horizont im Westen zwei Schiffe ausmache, die etwa über eineinhalb Meilen von Süd nach Nord verstreut am Horizont vorbeiziehen. Das südliche Schiff führt zwei weiße Lichter übereinander, davor ein rotes Licht, woraus ich schließen kann, dass es nach Süden fährt. Das andere Schiff, weitab von dem ersten im Norden, führt nur ein rotes Licht, was mich ein wenig wundert. Da die beiden weit auseinander sind und ich geradewegs mit 4 Knoten auf sie zusegle, entscheide ich mich, genau zwischen ihnen hindurchzufahren, was vom Abstand und meiner Geschwindigkeit her perfekt klappen sollte. Während ich mich also den beiden nähere, sehe ich am Heck des südlicheren Schiffes einen Scheinwerfer, der nach achtern gerichtet ist. Verwundert, was die Jungs da zu beleuchten haben, hole ich mein Fernglas raus und zucke erschreckt zusammen, als mein Blick auf das hell erleuchtete Heck des Schiffes fällt: Dort sehe ich ein starkes, waagerecht nach achtern auf das noch immer weit entfernte zweite Schiff gestrecktes Schleppseil. »Das ist ein Schleppverband! Ach du Scheiße!« – beinahe wäre ich ihnen genau ins Seil gesegelt und hätte mit Sicherheit zumindest meinen Mast verloren. Wäre der Himmel heut Nacht etwas heller, hätte ich es sicher schon früher gesehen, aber die mondlose Nacht macht das Segeln durch die dunkle See ganz schön unheimlich.

Am vierten Tag auf See hat der Wind noch weiter abgeflaut, und ich krieche nur so dahin. Der flaue Wind zehrt ganz schön an den Nerven, und meine Angst, dass es nur eine Ruhe vor dem Sturm sein könnte, nimmt immer weiter zu. Dennoch mache ich einen kleinen Umweg nach Norden, um genau über die Navidad-Bank, eine nur 13 Meter tiefe Korallenbank mitten im Atlantik, zu segeln. Ich hatte auf dem Weg von Madeira nach Gran Canaria ein Buch von Clive Cussler gelesen, in dem sein Abenteuerheld »Dirk Pitt« im Buch »Trojan Odyssey« genau dort einige Tauchgänge macht, und so dachte ich mir, wenn ich schon auf 20 Meilen dort vorbei komme, segele ich doch mal direkt hinüber.

Direkt von der Bank aus gehe ich wieder auf Kurs zu den Turks and Caicos Islands, die vor den Bahamas noch in meinem Weg liegen. Die acht flachen und rundherum mit Riffen umgebenen Inseln sind auf einer unter der Meeresoberfläche liegenden Kalksandsteinbank entstanden und daher zwischen den Inseln größtenteils nur einige Meter tief. Ihren Namen »Turks and Caicos« haben die Inseln durch die Piraten, die früher auf den Inseln hausten, wie ich aus einem Buch erfahre:

Einst waren die Turks- und Caicos-Inseln der Schlupfwinkel von Piraten gewesen – See- und Strandräubern, welche mit falschen Seefeuern und Signalen die zwischen der Neuen und der Alten Welt verkehrenden Handelsschiffe und deren Besatzungen ins Verderben lotsten. Diesen Schelmen (engl. »turks«) und ihren Barken (engl. »caiques«) verdanken die beiden Inselgruppen ihre Namen.

Ich möchte auf meinem Weg nach Westen um diese Inseln jedoch einen großen Bogen machen und sie im Norden passieren.

Auf dem Weg dorthin flaut der Wind immer weiter ab, bis ich nur noch mit ein bis zwei Knoten gen Westen dümpele. Am Abend des fünften Tages sehe ich es dann plötzlich im Süden über der Dominikanischen Republik blitzen. »Och nöö, jetzt bitte kein Gewitter, dafür habe ich nun überhaupt keinen Nerv mehr nach der Flaute.« Schnell gehe ich auf Kurs Nord und segele für eine Stunde hinaus auf den offenen Atlantik, um dem Gewitter auszuweichen. Während dieser Zeit lege ich mich erschöpft in die Koje und zittere vor Anspannung, gleich möglicherweise einen schweren Gewittersturm abwettern zu müssen. Alle 20 Minuten kontrolliere ich den Kurs und die Zugrichtung des Gewitters. Gegen halb zehn Uhr nachts falle ich ein paar Grad ab, sodass ich Kurs Nordwest halten kann und nicht allzu viele Meilen verschenke. Das Gewitter begleitet mich am Horizont beharrlich, meine Anspannung steigt. Endlich scheint es gegen Mitternacht am Horizont zu verschwinden, und so kann ich wieder zurück auf Kurs West gehen und mich erleichtert in die Koje fallen lassen.

Am Nachmittag des sechsten Tages passiere ich die erste der Turks and Caicos Islands, Grand Turk, weit im Norden. Die Inseln sind so ungeheuer flach und frei von Palmen, dass ich nichts erkennen kann. Erst als ich gegen Abend im Dunkeln an den Hauptinseln Middle- und North-Caicos vorbeikomme, sehe ich am Horizont im Süden ein paar Lichter schimmern, die sicherlich zu der Inselgruppe gehören. Immer noch bin ich sehr angespannt, weil mich erneut im Süden ein Gewitter begleitet, das sich jedoch nicht zu nähern scheint.

Gegen Morgen des siebten Tages hat der Wind ordentlich zugelegt und auf Nord gedreht. Bei fünf bis sechs Windstärken rolle ich die Genua bis auf $1/3$ ein und stecke das dritte Reff ins Groß, um mit vier Knoten Fahrt gegen die nun von vorne anrollenden und bis zu vier Meter hohen Wellen anzubolzen. Schon während der Nacht habe ich die letzte der Caicos-Islands, Providenciales, passiert und versuche nun, Kurs auf die in etwa 80 Meilen Entfernung genau im Nordwesten liegende erste Bahamasinsel Mayaguana zu nehmen.

Das Gebolze des Bootes zerrt enorm an meinen Nerven. Nicht einmal etwas zu essen kann ich mir machen, weil die MAVERICK wie ein Rodeopfer förmlich über die Wellenberge hinwegspringt, um dann jedes Mal mit einem lauten *Rums* in das nächste Tal zu knallen. Das Ächzen und Knarren ist geradezu beängstigend, und der raue Kurs hoch am Wind macht das Leben an Bord wirklich zu einer Qual. Wie ein Baby im Mutterleib verkeile ich mich mit einem Bündel Fotos von Zuhause in meiner Koje, die Beine an der Bordwand abgestützt und in meine Bettdecke eingerollt. Als ich mir die Fotos ansehe, die mir meine Mutter noch vor der Abfahrt in mein Weihnachtspaket verpackt hat, kommen mir fast die Tränen. Wie schön es doch zu Hause war und wie gern ich jetzt bei meiner Familie wäre. Über ein halbes Jahr ist es nun schon her, dass ich sie während meines Kurzbesuchs wegen den Zahnschmerzen zuletzt gesehen habe. Mit den Fotos in meinen Armen ziehe ich mir die Decke über den Kopf, um die erdbebenartigen Bewegungen an Bord einen Augenblick zu vergessen und mich nach Hause zu denken. Wie gerne ich jetzt mit meinen Eltern dort am Kaffeetisch sitzen würde, Mamas guten Erdbeerkuchen essen und einfach bei ihnen sein. Damals hatte ich nie genug Zeit, mich mit ihnen zusammenzusetzen, und nun bin ich hier in diesem kleinen Joghurtbecher gefangen. Draußen geht gerade für mich die Welt unter, und doch kann ich nicht umdrehen, ich muss Mayaguana erreichen, um in dem Windschatten der Insel ein wenig Ruhe zu bekommen. Ab dort bin ich geschützt vor den Atlantikwellen und kann meine Reise zwischen den Bahamasinseln fortsetzen. Aber bis dahin liegen noch mindestens 24 Stunden Achterbahnfahrt über die Wellen vor mir.

Mit den Gedanken an meine Familie raffe ich mich trotz der unerträglichen Schiffsbewegungen hoch am Wind auf, um das Satellitentelefon aus seiner wasserdichten Tonne zu kramen und meine Eltern anzurufen. Nach einigen Verbindungsgeräuschen über das Iridiumnetz, bestehend aus derzeit 71 Satelliten, beginnt es endlich zu tuten, und schon habe ich meinen Vater am Hörer:

»Johannes! Gott sei Dank, dass du dich meldest! Ich versuch schon den ganzen Tag, dich zu erreichen. Im Nordatlantik hat sich ein schwerer Sturm zusammengebraut. Eben habe ich es auf den Satellitenbildern gesehen. Und nun hat er seine Zugrichtung geändert und zieht genau auf dich zu. Innerhalb von 24 Stunden ist er da und wird dann sicher noch mehr als 9 Bft bringen. Mach bloß, dass du da wegkommst!«

Auch das noch! Ein Sturm von Norden. Aber was soll ich tun? Bis ich im Schutz von Mayaguana bin, hat es mich bestimmt erwischt. Meine einzige Chance wäre es, zurück nach Providenciales zu segeln und da Schutz zu suchen. Aber ich habe keine Karten von der Insel, die von einem großen Riff umgeben ist.

»Trotzdem, versuch, die Insel zu erreichen!«, rät mir mein Papa. Sofort ändere ich den Kurs auf Süd und gehe vor den Wind. Mit nur noch einem Reff im Groß und der voll ausgerollten Genua bringe ich die MAVERICK auf über sechs Knoten, mit denen sie ständig die Wellen herabsurft. Schon vier Stunden und mehr als zwanzig Meilen später erreiche ich um 17 Uhr Providenciales. Auf meinem Laptop habe ich eine digitale Karte der Insel gefunden, die auf der Westseite der Insel nur ein geschlossenes Riff darstellt, das jedoch eine kleine Delle genau in der Mitte zeigt. Obwohl meine Karte bis auf die Delle ziemlich ungenau ist, so kann ich ihr doch entnehmen, dass nördlich und südlich dieser Delle bereits einige Schiffe auf Grund gelaufen sind und als Wracks noch immer dort liegen. Wieder telefoniere ich mit Papa, der bereits Georg informiert hat. Der wollte gerade mit seinen Neffen einen Ausflug machen, den er jedoch wegen dieses Notfalls ausfallen lässt, und sich stattdessen hinters Telefon klemmt und die Botschaft auf Turks and Caicos anruft. Die vermitteln ihn weiter zur Polizei, die ihm genauere Informationen über »mein Riff« geben können. Tatsächlich gibt es eine Durchfahrt durch das Riff auf der Westseite der Insel, die sich in etwa dort befinden muss, wo meine Laptopkarte die Delle zeigt. Aber die Leute im Polizeirevier warnen Georg, dass ich die Riffpassage auf *gar keinen Fall* bei Nacht machen soll. Außerdem geben sie Georg eine GPS-Position und einen UKW-Kanal für den Notfall. Sollte ich die Einfahrt nicht finden, soll ich diese Position anlaufen und die Polizei anfunken, die mich dann hineinlotsen will.

Also laufe ich in die Delle auf der Karte ein, während die Sonne hinter mir immer tiefer gen Atlantik sinkt. Meine Nerven liegen nun völlig blank. Eigentlich soll man Riffpassagen bei Mittag und hoch stehender Sonne machen, um den Grund zu sehen und nicht bei Sonnenuntergang. Plötzlich kommt mir die Idee, Klaus auf St. Lucia anzurufen, der möglicherweise noch einen Segelführer aus dieser Gegend hat. Sofort erreiche ich ihn und erzähle ihm von meiner Not. Ich soll ihn in zwei Minuten zurückrufen, er startet kurz seinen Kartenplotter an Deck. Tatsächlich geht er zwei Minuten später beim ersten Klingeln an den Hörer und hat bereits mein Seegebiet vor sich auf dem Schirm. Und wirklich – es gibt eine schmale Passage durch das Riff, deren Ansteuerungspunkt und einen zweiten Wegpunkt als Richtung er mir durchgibt: »Aber es ist schon ganz schön dunkel, und die Durchfahrt ist schmal. Mach das auf keinen Fall unter Segeln!«

Schnell drehe ich MAVERICK in den Wind und berge die Segel. Als ich auf dem Aufbau der MAVERICK stehe, schlägt der Baum in der hohen Dünung immer wieder unkontrolliert hin und her. Plötzlich trifft er mich an der Hüfte und reißt mir die Beine weg. Gerade noch kann ich mich an den Baum klammern, ohne über Bord zu gehen, während ich auf ihm hängend mit ihm gerissen werde. Immer wieder ruckt er dabei hart in die Schot ein, bevor er wieder zur anderen Seite geschleudert wird. Noch bevor ich mich fangen kann und wieder auf die Beine komme, gibt es unter mir einen lauten Knall, und ich falle samt dem Baum an Deck. Als ich mich wieder aufgerappelt habe, stelle ich fest, dass der Baum aus dem Lümmelbeschlag heraus-

Der weitere Weg vorbei an Kuba und hinein in die Bahamas wird nochmals lang und birgt viele Gefahren.

gebrochen ist. Um ihn vor dem Über-Bord-Rollen zu sichern, lasche ich ihn schnell an die Handläufe auf dem Kajütdach und springe danach wieder zurück ans Steuerrad, um Kurs auf die Riffpassage zu nehmen.

Wieder ist die Sonne ein paar Grad tiefer gen Horizont gesunken, und vom Grund ist kaum noch etwas zu erkennen. Mit dem GPS als Wegweiser zur Passage in der einen und dem Satellitentelefon in der anderen Hand tuckere ich immer weiter hinein ins Flachwasser, bis das Echolot plötzlich nur noch etwa 1,5 Meter unter dem Kiel anzeigt. Leicht nervös rufe ich noch mal bei Klaus an, gebe ihm meine aktuelle Position und lasse mir versichern, dass ich mich noch auf dem richtigen Weg befinde. »Du bist exakt auf Kurs, jetzt geh genau auf Ost und du wirst direkt die Passage treffen!« Mir geht gehörig die Muffe, aber ich befolge klar die Anweisungen. Immer weiter tuckern wir mit nur zwei Knoten Fahrt, um im Falle des Auflaufens aus eigener Kraft wieder frei zu kommen, hinein in die Passage. Die Wellen herum haben sich wegen des flachen Wassers von drei bis vier Metern auf etwa einen halben Meter Höhe beruhigt – so kann ich mich ganz aufs Steuern konzentrieren. Langsam sehe ich im letzten Abendlicht, wie sich die hell-türkisen Flachwasserzonen von Nord und Süd immer weiter nähern, aber ich scheine mich tatsächlich noch mitten im

Kanal zu befinden. Schließlich geht um Punkt 18.00 Uhr die Sonne unter, und ich tuckere in die Nacht hinein. Die Tiefe unter dem Kiel nimmt noch immer nicht zu, ständig habe ich nur 1,5 Meter auf dem Echolot stehen, aber dafür sehe ich auf dem Laptop, dass wir aus dem Riffgürtel heraus sind und die Tiefe nun bis auf einige Unterwasserfelsen in der Größe eines Volkswagens konstant bleibt. Ein wenig kann ich aufatmen, aber noch bin ich nicht am Ziel.

Noch 50 Minuten und einige Meilen lang spüre ich mein Herz klopfen, bis ich schließlich in einer Bucht in der Mitte der Insel angelangt bin, in der ich einige Yachten ankern sehe. Dort fällt mein Anker in den sandigen Grund. 450 Seemeilen seit St. Thomas liegen hinter mir.

Schnell rufe ich nacheinander Papa, Georg und Klaus an, um ihnen zu sagen, dass ich gut angekommen bin und nun vor Anker liege. Meinen Eltern fällt genauso ein Stein vom Herzen wie mir, als ich sie um zwei Uhr morgens auf meinen Anruf wartend zu Hause erreiche. Anschließend höre ich, wie an Deck heftige Windböen in das Rigg fallen und der Sturm beginnt, über MAVERICK hinwegzuziehen. Aber der Wind kommt von Nord, und wir liegen nun vollkommen geschützt südlich der Insel. Selbst wenn der Anker slippen sollte, habe ich hinter mir noch mindestens 25 Meilen weit Wassertiefen bis 2,5 Meter, worin der Anker irgendwann wieder greifen sollte. Ich fühle mich sicher. Die Last der letzten Tage fällt wie ein schwerer Stein, mehr noch wie ein ganzer Gebirgszug von meinen Schultern. Hätte ich die Passage nicht beim letzten Tageslicht gefunden, wäre ich auch nicht mehr aus der Fahrrinne herausgekommen. Ich bin wirklich unheimlich dankbar, sowohl für meine Freunde als auch für das Happy End. Es ist unglaublich, dass ich wieder einmal gut davongekommen bin ...

Glücklich, in Sicherheit zu sein, verkrieche ich mich in meine Koje und weine wie ein kleines Kind. So allein wie in dieser Nacht habe ich mich während der gesamten Reise noch nicht gefühlt. Aber ich bin in Sicherheit, endlich ist diese nervenaufreibende und von Flauten strapazierte Überfahrt vorbei.

Notstopp auf Providenciales

Aus dem Logbuch:
Sonntag, 30. April 2006
*Gleich frühmorgens baue ich das Dingi auf und motore an der Küste entlang, um eine Marina zu finden. Auf der Ostseite der Insel finde ich nur einen Industriehafen, und als ich die Westseite abklappern will, macht plötzlich der Motor schlapp. Mit den Rudern erreiche ich den Strand, zerre die N*IXE *den Sand hinauf und kette sie wie einen Hund an einen Baum. Auf der Suche nach einer Marina im Westen laufe ich meilenweit durch eine wahre Wüste hindurch, jedoch vorbei an den schönsten Villen auf der linken, wasserzugewandten Seite, und auf der rechten eingerahmt von einem gigantischen, flachen und hell türkis leuchtenden Kalksee, gespickt mit kleinen Felseninselchen, auf denen Bäume (keine Palmen!) wachsen. Irgendwie weckt er in mir ein paar Erinnerungen an Norwegen. Als ich selbst in einem Villenviertel, das irgendwie mit »Marina« heißt, keinen Yachthafen, in dem ich einklarieren kann, finde, mache ich mich (mit dem schweren Laptop im Rucksack auf dem Rücken) auf den Rückweg durch die Wüste und werde dankbarerweise von zwei Jungs im Auto mitgenommen und am Industriehafen »South Dock« abgesetzt, der nur einige Hundert Meter von meinem Liegeplatz entfernt liegt. Wieder einmal zwei Stunden umsonst gelaufen, super!*
Dort gibt es tatsächlich ein Zollbüro in dem ich einklarieren kann. Kurz darauf finde ich nach einem Tipp von der Einklarierungslady auch einen kleinen Tante-Emma-Laden nicht weit vom Ankerplatz und kann ein paar frische Nahrungsmittel kaufen. Ansonsten scheint auf der Insel wirklich der Hund begraben zu sein: Man sieht nur ganz selten mal Menschen, die eigentlich immer im Auto unterwegs sind. Sonst besteht die Insel nur aus einer einzigen Wüste mit ein paar verstreuten Häusern.
*Zurück an Bord, zerlege ich den Vergaser des Außenborders und reinige ihn von Sand und Salzwasser, baue einige neue Scherstifte aus gekappten Bolzen und erkunde mit der N*IXE *und dem nun wieder funktionierenden »Yammi« den Rest der westlichen Inselküste. Dabei finde ich einen kleinen, nur etwa 40 Zentimeter tiefen, fjordartigen Fluss mit Sandgrund, der tief ins Inselinnere hineinzuführen scheint. Mit dem Außenborder auf Flachwasser-*

stellung tuckere ich ihn einige Hundert Meter hinauf, um mich dann ohne Motor wieder zurücktreiben zu lassen. Einfach paradiesisch, das plätschernde Wasser und die absolute Stille um mich herum. Anschließend mache ich mich auf zum westlichen Kap der Insel, an dem es, wie mir Klaus berichtet hat, eine alte Höhle geben soll, in der jemand im 17. Jahrhundert einen Schiffsnamen und ein Datum eingemeißelt hat. Dort angekommen, sind mir zu viele Touristen da, um anzulanden, und so erkunde ich lieber weiter den östlichen Teil der Insel, der voller angespülter Wracks liegt und selbst eine Meile vom Ufer entfernt teilweise nur 20 Zentimeter tief ist, sodass ich sogar im Schlauchboot aufsetze.

Zurück an Bord, koche ich mir, um wieder zu Laune zu kommen, ein leckeres Essen und versuche gegen mein erstmalig ausgeprägtes Heimweh anzukämpfen.

Montag, 1. Mai 2006

Heute Morgen mache ich mich gleich ganz früh zu Fuß auf den Weg zum nächsten Ort. Nach etwa zwei Meilen quer durch die Wüste und nachdem ich von ein paar Wachhunden gejagt wurde, pickt mich glücklicherweise ein unheimlich freundlicher Brite auf »Hey fellow, I give you a ride« und fragt mich, wo um alles in der Welt ich denn gerade hinwollte. »In den nächsten Ort«, antworte ich, worauf er nur eine Weile entsetzt den Kopf schüttelte und antwortet, dass die ganze Insel ein Ort mit ganz vielen verstreuten Häusern ist: »One house is here and one there ...« Als ich ihm erkläre, dass ich aus Deutschland bin, erzählt er mir von seinem guten deutschen Freund, der Banker war und nun wie auch mein Fahrer eigentlich auf Jamaica wohnt. Dort baut er sich gerade eine Ranch und muss ganz gut verdient haben in seinem Job – er ist 32.

Als er mich über mein »Wohin?« und »Woher?« ausfragt und ich ihm von meinem »boat, anchorage, storm and broken boom« erzähle, fährt er sogar einen langen Umweg, um mich in einem Marinestore abzusetzen, in dem ich alle Ersatzteile und vor allem – für mich Gold wert – eine Seekarte bekomme. Fest nehme ich mir vor, sie als Erinnerung einmal in mein Wohnzimmer zu hängen und von Georg und Klaus signieren zu lassen. Auch eine Möglichkeit ins Internet zu kommen, finde ich nach einigen weiteren Meilen zu Fuß und zahle einen unverschämten Preis von 15 US$ die Stunde, um meine Website zu aktualisieren und die Leser zu Hause wissen zu lassen, dass es mir gut geht. Mit dem Taxi geht *es für nur 5 $ zurück an Bord und sofort Anker auf: Von dem Briten habe ich den Tipp bekommen, 8 Meilen weiter nach Osten in eine kleine Marina zu verlegen. Als ich um halb sechs Uhr abends kurz vor dem Sonnenuntergang dort ankomme, finde ich sogar noch jemanden, bei dem ich Papiere ausfüllen darf. Zum ersten Mal seit einem halben Jahr liege ich nun wieder an einem Steg. Als ich schließlich den Baum repariert habe und gerade am Aufräumen bin, fährt ein kleiner Daihatsu-Mietwagen an der Yacht hinter mir, einer 34 Fuß langen Slup namens* BLUEBIRD, *vor, und ich mache Bekanntschaft mit Gust und Jan Stringos. Die beiden haben gerade eine Nordatlantikrunde hinter sich und waren auf dem Weg zurück zu ihrem Haus in Maine, als sie ebenfalls von dem Sturm im Norden erwischt werden und zurück nach Providenciales gekommen sind. Sofort laden mich die beiden zum Drink und Abendessen an Bord ein, bei dem es eine Art Kasslerbraten mit einem Gemisch aus Äpfeln und anderen Dingen, danach Schokolade und einen Tomaten-Avocado-Salat gibt. Es wird wirklich ein schöner Abend mit netten Gesprächen, genau das, was ich gerade brauche, um die nervenaufreibenden letzten Tage zu verdauen. Ich erfahre, dass Gust Arzt ist und die beiden von Dezember bis Januar ebenfalls auf St. Lucia gewesen sind. Gust arbeitete dort im Krankenhaus, während das Boot in der Rodney Bay Marina lag und die beiden auf der Südseite der Insel neben dem Krankenhaus eine Wohnung mieteten. Beide bestätigen mir, dass der Januar auf St. Lucia einfach grauenvoll war. Ständig Sturm, dicke Wolken und pausenlos Regen. Genau das, was ich in der Zeit auf dem Atlantik erfahren habe. Den ganzen Abend überlege ich, mit wem Gust von seinem Gesicht und seiner Gestik her Ähnlichkeit hat. Zurück auf der* MAVERICK *fällt es mir dann ein: Er erinnerte mich sehr an Kevin Costner!*

Dienstag, 2. Mai 2006

Wieder ein toller Tag! Morgens fahre ich gleich um neun mit Jan in ihrem Mietwagen einkaufen: sowohl eine Bahamaskarte für die kommenden Inseln (die Providenciales-Karte habe ich ja nun schon), als auch einen Wasserschlauch mit US-Anschluss (mein europäischer ist hier nix wert) und dann bergeweise Futter, ja einen ganzen Daihatsu-Kofferraum voll mit Dosen, Flaschen und Tüten für 155 US$ karre ich an Bord. Anschließend reinige ich endlich einmal den Wassertank komplett und befülle ihn neu. Dabei höre ich zufällig, wie sich Gust an Land mit ein paar Puerto Ricanern auf Spanisch über mich und meine Reise unter-

hält. Die sind tief beeindruckt und wollen einfach nicht glauben, dass mich meine Eltern diese Reise haben machen lassen.
Das Wetter im Internet sieht für die kommenden Tage gut aus, und endlich schaffe ich es auch, die Nieten im Windgeneratormast gegen Bolzen auszutauschen. Hoffentlich hab ich dabei nicht ins Kabel gebohrt. Nachdem ich einige Stunden in meinen drei neu gekauften Dirk-Pitt-Romanen (je 600 Seiten!) geschmökert habe, mache ich anschließend in der tief stehenden Sonne noch eine kleine Fototour im Dingi. Gegen Abend kommt Gust wieder hinüber und lädt mich erneut zum Essen ein. Dabei erfahre ich, dass er in Venezuela aufgewachsen ist und daher fließend Spanisch spricht. Jan hat dagegen einen irischen Pass. Das Essen (Chicken mit Möhren, Zwiebeln und Kartoffeln) ist wieder ausgezeichnet und auch der Rest des Abends wunderschön. Gust zeigt Fotos von ihrer Reise, während das I-pod Musik macht (so'n Ding hab ich ja noch nie gesehen!), und ich staune, an wie vielen Orten auf ihren Fotos ich auch gewesen bin.

Mittwoch, 3. Mai 2006
Unterwegs! Und es ging schneller, als ich gedacht hätte. Nachdem ich heute Morgen die andere Hälfte meines riiiiiiesigen Müllberges an Land verklappt habe (die erste Hälfte hatte ich schon bei Nacht und Nebel entsorgt, damit es nicht so aussieht, als würde ich zu unverschämt sein ...), lasse ich mir gerade meine Dieselkanister auffüllen, als mir der Tankwart beiläufig beim Small Talk erzählt »der Customs-Officer ist gerade an dir vorbeigelaufen ...« – schon hatte ich meine Papiere in der Hand und setzte hinterher. Zusammen mit den Puerto Ricanern, mit denen sich Gust am Vortag unterhalten hatte, klarierte ich schließlich aus. Als der eine von ihnen mit 15 Bahamas-Dollar bezahlen wollte, meinte der Customs-Officer ganz ruhig: »Don't even think of it ...« Gut zu wissen, dass das Bahamasgeld außerhalb der Bahamas so viel wert ist. Weil ich ohnehin auf die Bahamas will, tauschte ich es mit ihm eins zu eins gegen US$, wie der Wechselkurs ist. Nachdem ich mich von Gust und Jan verabschiedet habe, die mit ein paar Freunden zum Schnorcheln rausfahren wollen, bin auch ich startklar und mache die Leinen los.
Draußen treffe ich die beiden wieder, die in einem Motorboot neben mir herfahren, einige Fotos schießen und dann abdrehen. Dann bin ich wieder allein und nehme Kurs auf das Riff. Zurück auf den Atlantik.

Auf dem Weg in die Bahamas –
Klappe, die zweite!

Nachdem ich die Marina gegen 10.30 Uhr verlassen habe, setze ich gegen 13 Uhr kurz hinter dem Riff die Segel. Dieses Mal war die Riffpassage um einiges leichter, wusste ich doch mit der Karte im Cockpit immer genau wo ich war und konnte nun, um die Mittagszeit, mit der hoch am Himmel stehenden Sonne, sogar ohne Karte von Deck aus sehen, wo das Wasser tief genug ist, um hindurchzufahren.

Draußen auf dem Atlantik ist der Wind wieder einmal flau und kommt mit 1 bis 2 Bft aus Nord. Auch am Nachmittag nimmt der Wind nicht zu, und so werden wir leise und sanft in die Nacht hineingeschaukelt. Kaum zu glauben, dass dieser Kurs nach Mayaguana vor einigen Tagen bei Starkwind und einer tiefschwarzen, mondlosen Nacht noch so viel Kraft gekostet hat und wir nun so sanft dahingleiten, gesteuert von der Selbststeueranlage und beleuchtet vom langsam wieder zunehmenden Mond.

Auch der zweite Tag der Überfahrt bringt nicht viel Veränderung: *Flaute! Gegen Nachmittag treiben wir mit unter 1,5 Knoten gen Westen, und ich werfe die Maschine an, die bis 2 Uhr morgens vor sich hin knattert, während ich in der Kajüte oder unter dem Sonnendach an Deck liege und lese. Seit Providenciales navigiere ich nun wieder auf Papier, da sich die digitalen Karten auf dem Laptop rund um die Turks and Caicos als ziemlich ungenau erwiesen haben. Gegen Mitternacht nehme ich noch die Südspitze von Acklins Island unter Maschine, bevor der Diesel wieder ausgeht und ich bis zum Morgen unter Segeln und Autopilot bei 2,5 Knoten Fahrt nach Norden segele. Sonst geschieht nicht wirklich viel. Ich vernichte einen Teil meiner auf Providenciales nachgefüllten Haribo-Vorräte, der Kocher will nicht mehr richtig brennen, und der Spiritus wird langsam knapp. Die Mückenstiche, die ich beim Essen auf der* BLUEBIRD *kassiert habe, bringen mich noch um! Habe mindestens 20 ganz kleine Stiche an jedem Fuß und ich glaube, ich hab noch welche von diesen kleinen Biestern an Bord. Abends schwirren tatsächlich einige um die Lampe und werden prompt entleibt.*

Auch am dritten Tag bekommen wir keinen Wind ab. Um 9.45 Uhr erwecke ich wieder einmal den Diesel zum Leben, der uns durch ein spiegelglattes Flautenfeld hindurch nach Nordwesten schiebt.

Eigentlich hatte ich geplant, südlich von Long Island direkt hinüber nach Exuma zu segeln und mich dann dort durch das Flachwasser hindurch um die Insel herum auf die Nordseite und die Hauptstadt Georgetown zu fummeln, auf der ich Georg und Irene treffen soll. Aber letztlich entschließe ich mich, den Umweg und die lange Motorlaufzeit in Kauf zu nehmen, um im tiefen Wasser bleiben zu können und nicht zu riskieren, bei Nacht im Flachwasser anzukommen und dann bis zum Morgengrauen warten zu müssen. Wie ich finde, eine geistreiche Entscheidung.

Gegen elf Uhr laufe ich Kurs Nord, als ich plötzlich hinter mir einen großen Containerfrachter der »Maersk-Line« sichte. Um ihm nicht vor den Bug zu laufen, ändere ich meinen Kurs um ein paar Grad nach Ost, sodass wir uns nicht zu nahe kommen. Plötzlich dreht mir der Frachter hinterher. Wieder ändere ich meinen Kurs nach Osten, diesmal radikal um zwanzig Grad, sodass ich von ihm weglaufe. Wieder ändert der Frachter ebenfalls seinen Kurs, kommt nun immer näher auf mich zu. Spinnt der? Schließlich geht er auf Parallelkurs und passiert mich in etwa 150 Meter Abstand: Die Tür zur Brücke geht auf, und der Captain springt an Deck, um mir freudig zuzuwinken. Gleichzeitig ertönt das Schiffshorn dreimal lang und lautstark. Ich winke irritiert und überrascht zurück: Hat der gerade wirklich für einige Hundert, wenn nicht Tausend Dollar Diesel verheizt, um mich zu grüßen?

Ich finde das stark und freue mich riesig, dass ich als kleines Segelboot hier draußen begrüßt werde. Plötzlich wird irgendetwas über Bord geworfen, aber ich bin unsicher, ob es vielleicht der Koch war, der Müll über Bord geworfen hat, oder ob das für mich gedacht war. Bevor ich mich entschließe, das herauszufinden, habe ich es aus den Augen verloren.

Plötzlich legt der Frachter vor mir Ruder nach Backbord, und ich kann meinen Augen kaum trauen, als sich das Schiff so arg auf die Seite legt, dass ich nur meine Kamera hochreiße, um die sicherlich jeden Augenblick von Deck kullernden Container zu fotografieren. Offenbar hat die Deckscrew jedoch ihren Job, die Container vernünftig zu sichern, verstanden, und alle Kästen bleiben stehen. Das Foto ist jedoch einmalig, noch nie habe ich ein so großes Schiff so sehr auf der Seite liegen sehen.

Es geht weiter nach Norden: Die Maschine läuft den ganzen Tag über und knattert munter vor sich hin, während ich unter dem Sonnensegel im Cockpit liege, lese, an der Dezimierung meiner Haribo-Vorräte arbeite (mit Erfolg!) und Meile um Meile des gigantischen, flüssigen Spiegels, der vor mir liegt, durchtrenne. Schließlich wird es dunkel, noch bevor ich das Kap im Norden von Long Island erreicht habe. Stundenlang sitze ich wie ein U-Boot-Fahrer mit einem plörrigen Instantkaffee neben dem offenen Schiebeluk an Deck, höre aus der Kajüte Frank Sinatra »New York, New York« und »Ol' man River« singen und sehe dem Mond zu, wie er langsam im Osten heraufzieht.

Endlich runde ich das Kap und kann direkt Georgetown auf Exuma anliegen. Todmüde falle ich in die Koje und verschlafe nach 20 Minuten meinen Wecker. Erst nach einer Stunde wache ich plötzlich auf und höre noch immer die Maschine rattern. Der Autopilot hat uns perfekt auf Kurs gehalten, und Exuma ist bereits an seinen Lichtern am Horizont zu erkennen. 15 Meilen sind es laut GPS noch, Zeit zum Schlafen. Um 4.30 Uhr kille ich endlich den Diesel und falle erneut in die Koje, lasse MAVERICK für eine Weile mit einem Licht im Masttop driften.

Als ich um Viertel vor acht wieder wach werde, ist es bereits hell, aber der Wind lässt immer noch auf sich warten. Ein wenig diesig ist es dagegen geworden, und so werfe ich den Diesel wieder an, um noch die letzten Meilen bis in den Hafen hinter mich zu bringen.

Exuma ist eigentlich der Name der gesamte Inselgruppe, die aus über 360 kleinen, meist unbewohnten Inselchen besteht, die zuerst von Arawaks-Indianern bewohnt waren, bis diese im 15. Jahrhundert versklavt wurden und die Inseln in der Folgezeit zum Piratenversteck aufstiegen.

Die Hauptinsel, Great Exuma, die nun direkt vor meinem Bug liegt, ist mit 60 Kilometern Länge und einer Einwohnerzahl von etwa 1000 Leuten die größte der Inseln. Sie wurde im Jahre 1783 von amerikanischen Loyalisten, die im Revolutionskrieg flohen, besiedelt, die natürlich auf der Insel nichts Besseres zu tun wussten, als sofort mit dem Pflanzen von Baumwollplantagen zu beginnen.

Ein witziges Merkmal der Insel sind die zwei Kirchen von Georgetown, die beide vom gleichen Pastor gebaut wurden, der jedoch zwischendurch die Konfession wechselte.

Ruckzuck stehe ich vor Exuma und laufe streng nach meinen Seekarten in den schmalen Kanal nach Georgetown ein. Hinter der Einfahrt zum Kanal endet meine Detailkarte jedoch, und so laufe ich zuerst fälschlicherweise eine Buch früher in »Masters Harbour« ein, der sich jedoch als nur einen halben Meter tief entpuppt und mich schnell den Rückwärtsgang einlegen lässt. Schließlich finde ich die richtige Bucht, in der bereits einige Yachten ankern. Das Wasser ist durchweg 2,5 Meter tief, klar wie Kristall und ein echter Traum! Von überall kann man problemlos jedes Detail auf dem Grund erkennen. Ich kann kaum glauben, dass Wasser so klar sein kann.

Da ich dringend meine Website wieder aktualisieren muss – die Leser warten bereits sein einer ganzen Weile darauf – hoffe ich auch hier wieder Internet per Funknetz auf dem Boot zu haben und suche mir zum ersten Mal meinen Ankerplatz nicht nach der Tiefe und Grundbeschaffenheit aus, sondern mit dem Laptop im Cockpit auf der Suche nach einem Wireless-Hotspot. Schließlich finde ich einen, jedoch ist dieser codiert, sodass ich ihn nicht nutzen kann. Also ankere ich schließlich um 13 Uhr ein Stück weiter draußen in der Bucht auf zwei Meter Tiefe. Damit habe ich einen Meter Spiel unter dem Kiel, falls das Wasser bei Ebbe noch fallen sollte.

Da der Außenborder des Dingis streikt und bei bestem Willen nicht zum Laufen zu kriegen ist, pulle ich mit den Paddeln an Land, um mich auf die Suche nach einem Ort zum Einklarieren zu machen.

Als ich mit den Paddeln durch das Wasser stakse, tauchen neben mir im türkisen Wasser plötzlich zwei Rückenflossen auf. Ich kann es nicht glauben, ich werde beim Paddeln von Delfinen begleitet! Ich scheine tatsächlich im Paradies angelangt zu sein.

Der Tankwart in Georgetown erklärt mir den Weg zur Polizeistation, auf der ich mich nach der Einklarierungsprozedur erkundigen soll. Dort angekommen, treffe ich nur einen sehr korpulenten Beamten, der offenbar keine Ahnung vom Einklarieren hat, aber mir immerhin mitteilt, dass ich dazu auf den Flughafen muss.

Im örtlichen Bootsladen kaufe ich eine Gastlandflagge der Bahamas, die genauso aussieht wie die dänische, jedoch mit einem türkis-schwarz-gelbem Dreiecksymbol in einer Ecke des weißen Kreuzes. Dabei bitte ich die Verkäuferin, mir ein Taxi zum Flughafen zu bestellen. Als diese jedoch alle ausgebucht sind, bietet sie mir an, mich für 20 Dollar selbst mit zum Flughafen zu nehmen. Dort angekommen, finde ich schließlich die zuständige und sehr freundliche Beamtin, die für die Einklarierungen zuständig ist. Als ich ihr von dem Beamten in Georgetown erzähle, der mich zu ihr auf den Flughafen geschickt hat, schüttelt sie jedoch entsetzt den Kopf und erklärt mir, dass ich die Immigration zwar hier machen kann, aber für das Cruising-Permit, das mir die Fahrt durch die Bahamas genehmigt, wieder zurück nach Georgetown fahren muss. 30 Minuten und 25 Taxidollar später treffe ich sie im Polizeihauptquartier, in dem ich für weitere 150 Dollar(!) ein Cruising-Permit für drei Monate und eine Angelerlaubnis für die Gewässer der Bahamas ausgestellt bekomme. Nun bin ich also endlich einklariert und um 210 US$ ärmer. »Da ich nun so viel Geld für nichts und wieder nichts verloren habe, kann ich mir auch noch Chicken und Fries für 4 $ leisten«, denke ich mir und paddele mit meinem Abendessen zurück auf die MAVERICK.

Zu dritt durch die Trauminseln

Der nächste Tag ist ein Sonntag – nicht nur irgendein Sonntag, sondern der Sonntag, an dem ich mich mit Georg und Irene in Georgetown treffen wollte. In einem Internetcafé lese ich eine Mail von Irene, die sie mir noch vor dem Abflug aus Deutschland geschrieben hat:

Mach dir keinen Stress mit dem Ankommen. Wir haben ja den Sturm im Nordatlantik und deinen Notstopp auf Providenciales mitbekommen, also falls du es nicht bis zum 7. schaffst, nehmen wir uns irgendwo ein Hotel und warten jeden Tag am Hafen auf dich.

Seit einer Woche haben die beiden nun nichts mehr von mir gehört und sind daher auch ganz überrascht, als ich sie am Abend am Flughafen abhole. Pünktlich um 20.08 Uhr landet die Maschine von American Eagle, mit der sie am Nachmittag aus Miami gestartet waren, und genauso pünktlich, als würden sie den Flugplan kennen, finden sich um Punkt acht einige Milliarden Stechmücken am Flughafen ein, die weniger auf die Dutzende wartenden Taxifahrer scharf sind, als viel eher auf das süße Blut der Touristen, die aus der Maschine geradewegs in die Mückenwolke hineinlaufen. Draußen vor der Zollabfertigung warte ich mit den Taxifahrern und einigen Anwohnern der Insel, die auf die Stechattacke vorbereitet sind und Mückenschutzmittel herumreichen.

Schließlich sind dann auch Georg und Irene abgefertigt, und es gibt ein großes Hallo. Fast ein Jahr lang habe ich die beiden nicht mehr gesehen. Mit einem Taxi-Chevy und dem riesigen Gepäck der beiden, bestehend aus zwei Reisetaschen und drei Trekking-Rucksäcken, geht es im Dunkeln zurück nach Georgetown.

Der Yamaha am Dingi lässt sich immer noch nicht zum Knattern überreden: »Stellt euch auf 'ne Paddelpartie ein, der Motor gibt keinen Mucks, aber es ist nicht sehr weit ...« Mit dem kleinen Schlauchboot voller Gepäck, Irene im Bug und Georg und mir mittschiffs, jeder ein Stechpaddel in der Hand, beginnen wir eine beinahe hoffnungslose Fahrt gegen den nun auf 4 Bft aufgefrischten Wind zurück zur MAVERICK. Zentimeterweise kommen wir dichter zum Boot, »ich spring gleich rein und schlepp uns hin!«, und eine Viertelstunde vergeht, in der wir unser Äußerstes geben. Schlag um Schlag nähern wir

Geschirrspülen in meinem Mini-Einzimmerapartment MAVERICK.

Meist brauche ich zum Kochen nur einen einzigen Topf ... zum Glück.

Das Vorschiff als Lagerraum. Aufgrund der heftigen Seebewegungen schlafe ich meist im Salon.

24 Immer gern: Besuch an Bord.

25 »Eyeball-Navigation« – auf der Suche nach einem Ankerplatz.

26 Oft erlebe ich Flauten, werfe den Diesel an und verkrieche mich mit einem Buch unter das Sonnensegel.

27 Auf den Bahamas – Georg und Irene sind an Bord!

28 Fast am Ziel: Nach acht Monaten erreichen wir Ende Mai endlich die USA.

29 Sonnenuntergang auf Bimini – nur noch 45 Seemeilen bis Miami.

30 Auf Hilton Head treffe ich Kristina.

31 Eine völlig andere Welt: der Intracoastal Waterway in Florida.

32 Jede Nacht suche ich mir einen idyllischen Ankerplatz im ICW.

33 Die dominierenden Farben der Reise ändern sich schlagartig von Blau auf Grün.

34 Fahrwassermarkierung und Vogelwohnsitz – daneben wird es schnell flach.

35 Ein letztes Mal unter Segeln.

34

35

36 Schließlich endet die Reise in Charleston, SC. Schweren Herzens wird MAVERICK verkauft.

37 Meine Eltern sind überglücklich, mich wohlbehalten zurückzubekommen – und erkennen mich kaum wieder.

uns langsam dem noch immer etwa 50 Meter entfernt in der Dunkelheit ankernden weißen Boot mit dem aufgespannten Sonnensegel und der rot am Windgenerator leuchtenden Ladeanzeige – so erkenne ich die MAVERICK bei Nacht. Erst weitere fünf Minuten später sind wir bis auf 25 Meter an das Boot herangekommen, als Georg überrascht fragt: »Sag mal, hast du Besuch?« – »Ach du Scheiße, da hängt ja ein Dingi am Heck. Das ist gar nicht die MAVERICK!« Weitere 50 Meter an Backbord sichte ich ein anderes Boot, ebenfalls mit Sonnensegel und rotem Windgenerator-Ladelicht: »Sollen wir das mal versuchen?« Tatsächlich ist es die MAVERICK, und wir sind wirklich heilfroh, als wir endlich an Bord klettern. Irenes erster Kommentar, als sie schließlich im Cockpit der MAVERICK sitzt und über den Aufbau nach vorne guckt: »Das ist ja größer, als ich erwartet habe!« – Wenn man MAVERICK mit ihrer Shark 24 FUTSCHI KATO vergleicht, mit der sie vor drei Jahren über den Teich gesegelt sind, dann sicherlich.

Nach einer Runde Sprite und der »Bescherung« – Georg hatte vor dem Abflug über meinen Mailverteiler eine Rundmail losgeschickt, in dem er anbot, Geschenke, Blumen und Fanpost mit nach Georgetown zu nehmen – geht es in die Koje. Georg und Irene bekommen die Doppelkoje im Vorschiff, die ich für sie extra freigeräumt habe. Auch einen Vorhang für den Lokus, der bei uns an Bord den Namen »Entsafter« bekommt, habe ich am Vormittag noch gebaut, um auf den 8,25 Metern für drei Wochen ein klein wenig Privatsphäre zu zaubern.

Der nächste Tag beginnt früh um kurz nach sieben Uhr, denn den beiden steckt noch immer der Jetlag in den Knochen. Wie sie mir erzählen, haben sie das schon in Miami gespürt:

»Plötzlich werden wir beide wach, als das Telefon klingelt. Ach du Scheiße, wir haben verpennt und müssten schon längst aus dem Zimmer sein! Schnell rufe ich in der Rezeption an und frage, wie spät es ist – zwölf Uhr sagt man mir. Mist – Frühstück verpennt, Auschecken verpennt. Sollen wir direkt das Gepäck mit runternehmen und gleich raus? Aber Irene will noch mal in der Rezeption anrufen und fragen, ob wir nicht doch noch einen Augenblick länger bleiben könnten. Der Mann am anderen Rohr ist erst mal verdutzt. Dann sagt er, ›es ist zwölf Uhr *nachts* ...‹«

Da die beiden nun hellwach sind, hab auch ich keine Chance mehr, in der Koje zu bleiben, und so machen wir uns auf den Weg zum Land, um einzukaufen und eine neue Kerze für den Außenborder zu finden. Danach läuft der wieder wie ein neuer, und wir machen es uns mit einem leckeren Frühstück und frisch gebrühtem Kaffee, den die beiden aus Deutschland importiert haben, im Cockpit gemütlich.

Kaum ist das Frühstück vorbei, gehen wir Anker auf und motoren quer über die Bucht hinüber zum Sanddollarbeach, wo der Anker nur einige Minuten später wieder einen Kopfsprung in das klare Wasser macht. Und wir hinterher. An diesem Tag übernimmt Irene das Logbuchschreiben:

8. Mai 2006
Auf dem Sanddollarbeach finden wir nach einem kühlen Bier am Strand einen kleinen Pfad, der uns durch viele Palmen und Sträucher hindurch zu einem Punkt führt, von dem aus wir beide Seiten der Insel sehen können und in der Bucht die ankernde MAVERICK. *Hier müssen wir unbedingt noch einmal hinkommen, um Fotos vom Boot zu machen. Den ganzen, langen, weißen Strand haben wir den gesamten Nachmittag, so weit das Auge reicht, für uns allein und beschließen, die Nacht hier zu verbringen. Georg zaubert uns an diesem Abend eine delikate Currypfanne aus frischer Paprika, Tomaten, Zuckererbsen, Zwiebeln und einheimischen Yams. Mmmmmmh ... dushi! Hervorragend schmeckt auch der mit braunem Zucker und Zitrone angemachte »Rum Sundowner«. So kann das Leben weitergehen!*

9. Mai 2006
Nach unserer zweiten Nacht an Bord gibt es ein ausgezeichnetes Frühstück mit Pancakes, Bacon und Brot – alles, was die Bordküche hergibt! Unser nächstes Ziel ist Goat Cay, eine Bucht weiter westlich von Georgetown. Bevor wir dorthin aufbrechen, decken wir uns in Georgetown mit weiteren Lebensmitteln, Eis, Bier und Rum ein, füllen Wasser- und Dieseltanks und legen uns einen Cruising Guide zu, da uns ein paar deutsche Segler unter amerikanischer Flagge gewarnt haben, nie ohne genaue Karte zwischen die Inseln und Riffe zu fahren. Wie wir außerdem von ihnen gelernt haben, ist Exuma »fest in deutscher Hand«. Tatsächlich gibt es hier so einige deutsche Schiffe, was Johannes so weit nördlich nicht mehr für möglich gehalten hätte. Gegen Mittag schmeißen wir den Anker in der sehr, sehr flachen Goat Cay, mit nur 30 cm Wasser unter dem Kiel. Taucherbrille aufgesetzt, Flossen übergestülpt und schon sind wir im Wasser und begeben uns auf die Suche nach Unterwasserlebewesen. Außer einem Barrakuda und ein paar kleinen Fischen ist jedoch nicht viel zu finden. Georg entdeckt jedoch auf dem Grund einen halb vergrabenen Sanddollar, den wir stolz an Bord tragen. (Ein Sanddollar ist ein Seestern, der jedoch hart, rund und flach wie eine Dollarmünze ist, daher der Name.) Leider zerbricht dieser jedoch eini-

ge Minuten später unter dem Gewicht eines Hinterns in tausend Stücke.
Am späteren Nachmittag legen wir uns am unverschämt schönen Strand in die Sonne. Es folgen unzählige Sundowner, die Rumflasche wird leerer, unsere Augen immer kleiner und das Wasser unter dem Kiel immer flacher. Als wir alle drei in der kleinen Kajüte sitzen und auf dem Laptop Johannes' einzige DVD an Bord, »Sahara«, anschauen, die er sicher schon 15-mal gesehen hat, gehen plötzlich ständig kleine Erschütterungen durch das Boot, bis wir plötzlich aufsitzen. Zu später Stunde fallen wir leicht angeheitert in unsere schief liegenden Kojen und der Kiel steckt im Sand – die MAVERICK *steht high and dry!*

10. Mai 2006
Früh am Morgen hören wir (Georg und ich) unseren Captain aus seiner Koje steigen und dann nur noch Stille. Irgendwann reißt es auch uns ans Sonnenlicht, und wir entdecken, dass neben unserem Captain auch das Dingi verschwunden ist. Pünktlich zum Frühstück kommt er um die Ecke der Bucht angebraust, hat wohl den Kaffee gerochen. Nach dem Frühstück heißt es dann »Spülen« – ach, was sind wir alle begeistert. Vor allem Georg, der Spülen hasst! Plötzlich scheint es ihn zu packen, er springt von Bord des immer noch auf Grund sitzenden Schiffs ins bauchnabeltiefe Wasser, und los geht die Spülaktion, während die dreckigen Pfannen und Teller um ihn herum im Wasser schwimmen. Zwischendurch erfindet er auch noch ein neues Spiel – »Extrem Pfannenflitsching«, bei dem es darum geht, die Bratpfanne wie einen flachen Stein auf dem Wasser so oft wie möglich springen zu lassen. Beeindruckend, wie weit so eine mit Sand polierte Pfanne auf dem Wasser flitscht!
Da der Kiel immer noch ein ganzes Stück weit im Sand steckt und wir auf die Flut warten müssen, machen sich Jo und Schorschi auf die Jagd nach Kokosnüssen. Voll bepackt bringen sie ihre Beute an den Strand und beginnen, die Nüsse per Steinschlag von ihrer äußeren Hülle zu befreien, bis die Nüsse Supermarkt-typisch nur noch ihre braune Hülle haben und an Bord gebracht werden können. Innerhalb von Minuten haben die beiden etwa ein Dutzend Nüsse gefangen (beim Auf-den-Baum-Klettern auch ein paar Kratzer geholt), und die ersten Nüsse werden geknackt! Mmmmmh! Lecker! Mit einer Nuss in der Hand auf dem strahlend weißen Sand liegend, die Sonne auf dem Bauch und die MAVERICK *nur etwa 70 Meter von Strand weg, zu Fuß im*

flachen Wasser erreichbar ... Georg kann sich nicht verkneifen, es in Worte zu fassen: »Another fucking day in paradise!« Schließlich kentert der Strom, die Flut kommt, und am späten Nachmittag erhebt sich die MAVERICK *wieder vom Grund. Johannes holt den Anker ein, indem er zu ihm hinläuft, ihn auf der Schulter zurück zum Boot trägt und an Deck legt. Weiter geht's – zur Hooper's Bay!*

11. Mai 2006
Einmal links abgebogen, Anker in den Grund und schon liegen wir wieder ganz allein in einer riesigen Bucht! Es ist bereits 17.00 Uhr, aber das hält Johannes nicht davon ab, noch ins Dingi zu hüpfen und einen Sack Eis aus Georgetown zu holen, damit wir auch heute Abend wieder einen leckeren, kühlen Sundowner schlürfen können. Als er wieder zurück an Bord ist, ist bereits der halbe Sack weggeschmolzen, aber für ein paar Gläser reicht es dennoch. Am nächsten Morgen hält uns nichts mehr, und wir setzen zum ersten Mal Segel für eine länger als zehn Minuten dauernde Überfahrt. Kaum sind die Lappen oben, ist der Wind eingeschlafen. Die nächste Bucht, die wir anlaufen, bietet keine guten Ankermöglichkeiten, und so motoren wir weiter zur Hamlet Cay. Von jeglichen Wellen geschützt, liegen wir dort hinter einer kleinen Insel, mit – wie Jo und Georg berichten – »schaumweichem« Sand, auf dem man(n) hervorragend kotieren kann, so wie es Georg am Abend mit einem »ich verspüre in mir gerade das Bedürfnis, hinüber auf die kleine Insel zu fahren und einen Augenblick allein den schönen Abend zu genießen ...« zu beschönigen versucht. Ach ja und nicht zu vergessen wäre da noch der Yellowtail Snapper, den Georg während der Überfahrt kampfbereit erledigt und dem er das schuppige Fell über die nichtvorhandenen Ohren zieht. Lecker, lecker! Bis auf den Stachel, den er sich dabei in den Daumen jagt und abbricht.

12. Mai 2006
Bevor wir in Barraterre, unserem nächsten Tagesziel ein paar Meilen westlich, den Anker schmeißen können, müssen wir dicht unter Land einen sehr flachen Kanal aufspüren. Auf dem Weg zu einem »Supermarkt«, der viel eher ein kleiner Garagenverkauf ist, passieren wir den wohl größten »Roundabout« der Insel – einen für das kleine Kuhdorf gigantischen Kreisverkehr mit einem monströsen Baum in der Mitte. Im Shop kaufen wir Corned Beef, neues Öl zum Braten und ein kühles Softdrinklein für

jeden, und schon ist unser Besuch vorbei. Am Ufer sehen Georg und ich noch einen großen Rochen und einen Ammenhai. Johannes hasst Haie! Und »wenn es eines gibt, was er noch mehr hasst als Haie, dann sind es Palmen«. Das ist zumindest seit drei Tagen zum running gag an Bord geworden, damit wir auch mal auf hohem Niveau meckern: »Bääääh ... diese blöde Palme versperrt mir schon wieder die Sonne, und die Kokosmilch ist eklig warm ...« Zurück auf dem Boot, wollen wir weiter zu einem anderen Ankerplatz um die Ecke einer vorgelagerten Insel herum, laufen auf halbem Wege jedoch auf Grund und schaffen es nicht mehr, das Boot mit vollem Körpereinsatz freizuschaukeln. Daher zieht Georg die MAVERICK *mit dem Dingi und einem Fall vom Masttop so weit auf die Seite, bis der Tiefgang genügend vermindert ist, dass wir frei kommen. Zurück am alten Ankerplatz vor Barraterre verbringen wir einen schönen, langen, gesprächigen und rumreichen Abend (das Zeug ist hier sooooo billig!) auf dem Vorschiff der* MAVERICK. *Unterbrochen nur von einer »Nacht- und-Nebel-Aktion« der Einheimischen, die um Mitternacht bei Hochwasser mit zwei Motorbooten ein drittes Schiff vom Trockendock zurück ins Wasser zerren.*

13. Mai 2006

Durch den Galliot Cut geht es an diesem Tag von Barraterre auf die Exuma-Bank und mit enormer Strömung weiter nach Farmers Cay. Doch auf dem Weg zu unserem nächsten Ziel entdecken wir ein eingezeichnetes Flugzeugwrack in der Seekarte und legen einen kurzen Umweg dorthin ein. Neben dem Flugzeugwrack herrscht ein Strom, sodass die Maschine auch vor Anker mit eingelegtem Gang am Laufen bleibt, um den Zug auf die Ankerleine zu vermindern. Für 15 Minuten erschnorcheln wir das Wrack einer kleinen, abgestürzten, zweimotorigen Piper, bevor es um eine Landzunge herum zum Zielort geht. Angekommen in Farmers Cay, fahre ich mit Schorschi an Land, um noch schnell etwas einzukaufen. Es ist schon ganz schön spät, und da der Anker vor dem Ort partout nicht halten will, geht Johannes wieder Anker auf und motort in eine wind- und stromgeschützte Bucht gegenüber des Ortes. Wir dagegen begeben uns in die Küche/Vorratsraum einer alten Bahamian Lady, den »Supermarkt« der Stadt. Im Kühlschrank vergreife ich mich beinahe an ihren persönlichen Eiern: »Das sind meine!« An einem Hang der Stadt gibt es ein kleines Restaurant mit Bar und Internet. Nachdem wir das unserem Captain erzählen, ist er kaum noch zu hal-

ten, und wir beschließen, den Abend mit frittierter Conch, einer typisch karibischen etwa 30 bis 40 Zentimeter langen Schneckenmuschel, einem kühlen Bier und einer lahmen Internetverbindung zu verbringen. Conch ist ja sooooo lecker! Ein paar Kindern im Restaurant bringen wir nebenbei ein paar gängige deutsche Wörter bei. Seltsam ist nur die deutsche Reichskriegsflagge, die 1988 die Crew einer deutschen Yacht hier zwischen Hunderten anderer Flaggen gehisst hat. Zum Schluss verabschieden uns die Kinder auf Deutsch mit einem »Tschüss!«, und wir tuckern wieder zurück zur MAVERICK. Das Wasser ist hier so unglaublich tief und klar! Wir sahen schon ein paar Rochen und Ballonfische.

14. Mai 2006
Nach unserem alltäglichen Frühstücksritual heißt es Anker auf ... es geht weiter zu den Black Point Ladys, die uns im Inselführer bereits mit Foto angekündigt wurden. Black Point liegt auf dem Great Guana Cay einige Meilen im Norden. Unwiderstehlich erscheint uns auch schon der White Point auf halbem Wege dorthin, auf dem wir eine kleine Mittagspause einlegen. Ein traumhafter, samtig weißer Sand nur für uns! Anker auf Grund und losgenossen! Wow, that feels good! Alle drei waschen wir uns mit Rosenduft die Flausen vom Kopf und, oh Wunder, die Spülung entknotet unsere langen Haare sogar! An diesem wunderschönen Ort fehlt nur noch eins zur Glückseligkeit: Spaghetti! So sitzen wir bis zum Bauchnabel im Wasser und schlürfen die Spaghetti mit Corned Beef und Lousianasoße von der Gabel. Was will man mehr? Ein WORLD WIDE WEB! Schließlich warten bereits Tausende Menschen in der Welt auf Neuigkeiten von Jo und der MAVERICK! Also Anker auf und in Black Point wieder rein in den Grund. Dann schnell an Land und in Laurens Café über ein Modem E-Mails gecheckt, Bierchen getrunken und ein selbst gebackenes Brot für den kommenden Morgen bestellt. Dann spazieren wir noch ein wenig über das Inselchen und finden den Garten Eden, gestaltet mit Wurzelholz und Conchs ... schöööön! Am Abend lauschen wir den Gospelgesängen, die aus der Kirche heraus über den Ankerplatz hallen. Georg legt sich früh in die Koje, und Jo und ich spielen einige Runden UNO. Endstand: 728 für Irene und 615 für Johannes. Bis 800 wollten wir spielen, wer weiß, wann der »Sieger« einmal feststehen wird.

15. Mai 2006
Am nächsten Morgen gibt es bei Lauren leider doch kein frisches

Brot. Ihre Mom backt es normalerweise, doch sie war in der Kirche und ist nicht dazu gekommen. Schorschi und ich kaufen noch ein wenig ein, und ohne großes Frühstück geht es weiter nach Staniel Cay, wo uns ein noch 2 m² größerer Supermarkt und eine schnelle Internetverbindung erwarten!

Damit enden Irenes Logbucheinträge vorerst, aber wie man lesen kann, haben es uns die Bahamas bereits sehr angetan. Sie sind wirklich herrlich. Und wenn ich sie mit der überlaufenen Karibik vergleiche, in der man keinen Strand mehr für sich alleine hat, sondern überall von Einheimischen Bananen kaufen muss, um seine Ruhe zu finden, dann glaube ich wirklich, dass ich den wahren Traum von Inselwelt hier auf den Bahamas gefunden habe. Ein Hauch von Abenteuer weht, als wir die Inseln erkunden, auf denen ich nun nach der langen Zeit in der »Touristenfalle Karibik«, wo man auf Inseln wie St. Lucia und St. Vincent nicht nur jede Nacht sein Beiboot, sondern auch seinen Motor und seinen Tank anketten muss, nun endlich mal die Ruhe und das Paradies von einsamen Inseln und türkisem Wasser genießen kann.

Ich genieße meine Urlaubstage mit Georg und Irene sehr, nicht nur weil es wirklich schön ist, sich mal wieder dauerhaft auf Deutsch zu unterhalten, sondern auch weil es nach der langen Zeit allein an Bord einfach klasse ist, so tolle Gesellschaft zu haben, mit der man all die schönen Erlebnisse in dieser traumhaften Inselwelt hier teilen kann. Denn genau das hat mir die vielen Monate über am meisten gefehlt. Es ist eine Sache, alleine über den Atlantik zu fahren, im 15-Minuten-Takt zu schlafen und mit Stürmen vor Afrika zu kämpfen – klar habe ich mich auch damals oft einsam und fernab von meinen Freunden gefühlt –, aber tatsächlich empfand ich die Zeit auf See weitaus einfacher, als die Zeit, in der ich die Karibik alleine erkundet habe. Immer wieder wünscht man sich dort, dies alles mit jemandem teilen zu können.

In Staniel Cay gehen wir direkt gegenüber des Yachtclubs vor Anker, der aus zwei Stegen besteht, an denen ein paar Fischerboote für Touristen liegen, gleich neben der etwas tieferen Fahrrinne zwischen den Inseln. Wieder einmal steht ein sehr starker Strom und zerrt an unserer Ankerkette, weshalb wir uns nur ein paar Stunden auf der Insel aufhalten wollen, bevor wir um eine Ecke herum in eine geschützte Ankerbucht verholen.

Staniel Cay ist in den 1960er-Jahren durch den James-Bond-Film »Thunderball« bekannt geworden, der zum Teil hier auf der Insel gedreht worden ist. Natürlich gibt es auch heute noch die »Thunderball-Bar«, in der Fotos vom Dreh des Films und der Filmcrew beim Biertrinken zu sehen sind, das »Thunderball-Restaurant« und auch eine »Thunderball-Grotte«, die eigentlicher Schauplatz des Films war. Die Grotte, in der im Film zwei Atombomben versteckt waren und in die James Bond eingesperrt wurde, befindet sich nur etwa 200 Meter hinter der MAVERICK. Selbstredend, dass wir am kommenden Tag dort hineintauchen wollen!

In den örtlichen »Super«märkten versorgen wir uns mit dem Nötigsten – Pancakes, Eier und Toastbrot – und kaufen in der Bar eine Kiste »Kalik«-Bier, das die Einheimischen, sobald sie einen sitzen haben, nur noch »Klick« aussprechen, sowie eine Flasche Rum. Über die Möglichkeit der Kreditkartenzahlung sind wir sehr froh, da wir mittlerweile alle drei ziemlich pleite sind. Auf Georgetown haben wir nur noch etwa 100 US$ abgeholt, da wir davon ausgingen, auf den anderen Inseln noch irgendwo einen Geldautomaten zu finden. Aber der Nächste ist erst in Nassau, noch über 100 Meilen weg.

Frisch verproviantiert verlegen wir in die Ankerbucht um die Ecke, wo wir völlig ungläubig drei fette Schweine wohlvergnügt am Strand in der Sonne liegen sehen. In der Nacht dreht der Wind enorm auf, sodass ich meinen Wecker alle 15 Minuten stelle, um den Halt des Ankers im Grund zu kontrollieren. Leider gibt es im Umkreis von etwa 20 Meilen keine vernünftig vor dem Westwind geschützte Bucht, und so müssen wir das Mistwetter hier abreiten.

Am nächsten Tag hat der Wind wieder etwas abgeflaut, und so ankern wir erneut gegenüber der Thunderball-Bar am Yachtclub. Dort finden wir sogar Fotos der schwimmenden Schweine, die von Yachties gefüttert werden. Endlich kann ich auch mal wieder die Website aktualisieren, zwischenzeitlich hatten sich tatsächlich ein paar Tausend Leser über die Seite geklickt und vergeblich nach Neuigkeiten gesucht.

Auf dem Rückweg zur MAVERICK unterhalten wir uns am Strand mit einem Franzosen, der, wie es nur sehr selten zu finden ist, perfekt Englisch spricht, während Georg ihm jedes Mal auf Französisch antwortet. Er erzählt uns, dass ein Sturm von Norden kommen soll und allen Schiffen geraten wird, sich einen sicheren Platz zu suchen. Zurzeit zieht gerade ein Tiefdruckgebiet auf die Bahamas zu. Für den Gulfstream zwischen Florida und Bimini (Bahamas) sind bis zu 50 Knoten Wind angesagt, was ein ausgewachsener Sturm wäre. Schon den ganzen Morgen hatte es aufgebrist, und bereits jetzt kachelt der Wind sehr stark und drückt unaufhörlich hohe Wellen zwischen den Inseln hindurch. Der Himmel sah schon den ganzen Tag über bedrohlich aus, und vor zwei Tagen hatte ein leuchtendes Gewitter auf einen Wetterumschwung hingedeutet. Aber dennoch hoffen wir, morgen ein paar Inseln weiterzukommen, das GPS zeigt nur noch verlockende 230 Meilen bis nach Miami an. Doch bevor wir für die Nacht Schutz suchen, wollen Georg und ich uns schnell die Höhle angucken:

Mit dem Dingi, Brille und Schnorchel machen wir uns auf zu der Höhle, die nur bei Ebbe und Schönwetter betreten werden soll, weil dann die Öffnung beinahe über Wasser liegt und man mit dem Kopf über Wasser hineinlaufen kann. Nun ist Sturm und Flut, aber selbst das hält uns nicht ab: Einen kurzen Blick wollen wir unbedingt hineinwerfen.

Schon als wir uns der nun unter Wasser liegenden Öffnung nähern, spüren wir den Sog, der uns in die Höhle hineinzieht. Wie durch einen Badewannenabfluß, aus dem der Stöpsel gezogen wurde, werden wir in die Grotte hineingesaugt, vorbei an messerscharfen Korallen und Felsen, bis wir uns plötzlich in ruhigem Wasser wiederfinden. Obwohl es schon sehr dunkel ist, der Himmel über der Öffnung in der Decke ist bereits von dicken Wolken behangen, so ist die Grotte doch wunderschön anzusehen. Unter Wasser tummeln sich lauter bunte Fische, einer frisst sogar über Kopf schwimmend die Muscheln von den Innenwänden der Grotte.»So entsteht also Ciguatera«, denke ich mir,»das bekannte Gift in großen Fischen, das jeder in den Tropen kennt.« Es entsteht durch kleine Fische, die die infizierten Muscheln an den Korallen abknabbern. Wenn sie dann von größeren Fischen gefressen werden, geben sie das Gift, das für Menschen tödlich sein kann, weiter an sie. Aus diesem Grund darf man keine zu kleinen, aber auch keine zu großen Fische, die wiederum die zu kleinen fressen, essen. Ausreichend verwirrt?

»Schön ist es hier, aber wie kommen wir wieder raus?« James Bond hat damals im Film einen anderen Ausgang gefunden, als er wie wir nun in die Höhle eingesperrt war. Aber der lag über Wasser – hier ist beim besten Willen kein überirdischer Ausgang zu entdecken. Eine Frau, die wir außerhalb der Grotte schnorcheln sahen, erzählte uns jedoch von einem weiteren Ausgang unter Wasser.»Lass uns die Wände abtauchen, vielleicht finden wir den zweiten Ausgang!« Schon nach kurzer Zeit hat Georg den Ausgang entdeckt, der etwa zehn Meter hinter einem Felsvorsprung nur durch Luftanhalten und Durchtauchen zu erreichen ist.»Also los, ich schwimm vor«, ruft er mir zu und taucht ab. Schnell hole auch ich tief Luft, führe einen Druckausgleich in meinen Ohren durch und tauche ihm hinterher. Einige lange Schläge später bin auch ich an dem kleinen Loch mit etwa 80 Zentimeter Durchmesser, das fast senkrecht nach oben führt, angelangt und tauche mit Schwung darauf zu. Sobald ich jedoch meinen Oberkörper durch das Loch gezwängt habe, reißt mich die Strömung zur Seite und auf einige scharfe Korallenbänke zu. Im letzten Augenblick sehe ich Georgs Hand, die er mir entgegenstreckt und kann sie ergreifen, um auf die Beine zu kommen. »Puuuh, war das knapp!« – »Aber so was von!«

Das Wasser ist hier auf dem Felsen nur etwa 1,50 Meter tief, sodass wir beide gut stehen können. Nur etwa 20 Meter weiter hüpft das Beiboot in dem immer höher werdenden Schwell wild auf und ab. »Wird Zeit, dass wir hier wegkommen.«

Zurück an Bord der MAVERICK, nehmen wir den Wasserkanister an Bord des Dingis und setzen zum Yachthafen über, um noch schnell den Bordtank aufzufüllen. Als wir auf dem Steg stehen, sehen wir unter uns acht Haie im Wasser, die dort sicherlich auf die Fischreste warten, die regelmäßig von den Fischerbooten geworfen werden. Ein mulmiges Gefühl macht sich in mir breit: Eben sind wir noch 100 Meter weiter nördlich getaucht ...

Wegen dem annahenden Sturm verlegen wir wieder zurück an unseren Ankerplatz der letzten Nacht. Dort beobachten wir beim Abendessen – angebratene Maiskolben, mit angebratenen Birnen, Couscous und Jelly – einen Amerikaner, der den ganzen Abend lang mit einer unglaublichen Ausdauer auf der Badeplattform seines Trawlers sitzt und die Möwe, die auf seinem Beiboot landen will, mit Wasser bespritzt. Kurz vor Sonnenuntergang hören wir dann den lauten Knall einer Pumpgun – und die Möwe war einmal.

Am nächsten Morgen hat der Wind auf West gedreht und knallt ungeschützt direkt in die Bucht hinein. Immer wieder springt die MAVERICK in den bis zu einen Meter hohen und durch die geringe Wassertiefe sehr kurzen Wellen, mit dem Bug über die Wellenberge, um dann hart in die Ankerleine einzurucken. Die Bewegungen des Bootes sind an Bord einfach nicht auszuhalten, und so machen wir uns alle drei im Dingi auf den Weg zum Strand, an dem wir den ganzen Tag in der Sonne liegen, lesen und durch die 6 bis 7 Bft, die von Westen in die Bucht wehen, geradezu sandgestrahlt werden. Es ist einfach ätzend, Sand überall: zwischen den Zähnen, in der Nase, im Buch, in der Coladose. Auch hinter dem Schlauchboot sind wir nicht geschützter vor dem rieselnden Mistzeug, das durch jede Ritze geweht wird. Der MAVERICK vor Anker geht es auch nicht besser: Sie wird immer wieder durch den Wind und die Wellen auf die Seite gerissen und ruckt beängstigend an der Ankerleine.

Vom Strand aus filme und fotografiere ich sie eine Weile dabei. Irgendwie mag uns an diesem Tag überhaupt nichts gefallen. Auch mein Buch, dass ich gerade lese, nicht. Es geht wieder einmal um den Abenteurer Dirk Pitt, der das verschollen geglaubte Atlantis im Südpolarmeer entdeckt. Die darum herum gestrickte Geschichte ist einfach albern und dumm, weshalb ich plötzlich auf eine tolle Idee komme: Ich nehme mir ein Paddel, marschiere zwölf Meterschritte nach Norden, dann drei Schritte nach Westen, als würde ich einen Schatz suchen, wobei mir Georg und Irene ganz interessiert zusehen. Schließlich male ich ein großes »X« auf den Sand und beginne, ein Loch auszuheben. Als ich fast einen halben Meter tief bin, werfe ich das Buch hinein und schütte das Loch wieder zu. Dann schlendere ich betont lässig zurück zu den beiden, die aber nur die Köpfe schütteln und sich wieder in ihre eigenen, offensichtlich besseren Bücher vertiefen.

Das Wetter will und will nicht besser werden, aber gegen Abend ist es zumindest soweit abgeflaut, dass wir wieder zurück an Bord können, um dort ein zweites Mal »Sahara« auf DVD zu gucken.

Schon während der Nacht zum 18. Mai flaut der Wind merklich ab und lässt am Morgen wieder einmal eine Flaute zurück, weshalb wir erneut mit Wind aus dem Tank hinüber zur nächsten Insel fahren. Langsam bekomme ich Angst, dass ich am Ende mehr Meilen unter Motor als unter Segeln während der Reise zurückgelegt habe.

Warderick Wells Cay ist die erste Insel des »Exuma Cays Land and See Park« und gerade deshalb extrem gepflegt und idyllisch. An der Ostseite der Insel finden wir eine geschützte und extrem windstille Ankerbucht, in der wir den Haken in den Grund jagen und uns mit dem Dingi für eine Erkundungstour an Land absetzen.

Das Wasser ist am Strand so irrsinnig flach, dass wir schon gut 100 Meter vor dem Strand den Klappanker des Dingis werfen und das letzte Stück nassen Fußes durch das zehn Zentimeter tiefe Wasser waten müssen. Am Strand angekommen, fällt uns als Erstes das genau in der Mitte stehende Holzschild mit der Aufschrift »Beryls Beach« auf. Keine Ahnung, was das dort soll.

Mit der Kamera um den Hals gehängt, machen wir uns auf, das Innere der Insel zu erkunden und stolpern etwa einen Kilometer weit über Stock und Stein, Felsenlandschaft und Gestrüppwälder, bis wir am anderen Ende der Wildnis wieder auf einen Strand stoßen, der, soweit das Auge reicht, uns gehört. Ein Traum! »Und nirgendwo kann man einen Strandkorb mieten ...«

Vorbei an Palmen, Eidechsen und in die Felsen eingeschlossene, natürliche Wasserbecken geht es später zurück zur MAVERICK. Zum Abendessen gibt es wieder ein paar Köstlichkeiten aus Georgs Repertoire. Nach meinen monatelangen Dosenrationen wahrlich ein

Gedicht! Der Abend klingt mit einem »Singsang« mit der Gitarre unter dem Sternenhimmel auf dem Vorschiff aus.

Das nächste Tagesziel heißt Shroud Cay und liegt wieder einmal nur ein paar Meilen nördlich von Warderick Wells Cay. Langsam bekommen wir ein Gefühl für die Dimensionen der Bahamas. Tausende unbewohnte Inseln muss es hier geben. Shroud Cay ist bekannt für seine fjordähnlichen, von Mangroven umrankten Wasserläufe, die sich wie Adern durch die gesamte Insel ziehen. Als wir jedoch am späten Nachmittag dort ankommen, sind die meisten dieser Flüsse bereits in der Ebbe trocken gefallen, und als wir einen noch befahrbaren Flussarm finden, kommen wir schon nach kurzer Zeit an eine Sackgasse, die mit Mangroven zugewuchert ist. »Dann lass uns das morgen früh machen, wenn die Flut kommt. Hier um die Ecke ist laut Karte ein langer Fluss, der bis zur anderen Seite der Insel führt«, rät Georg.

Schnell wird es dunkel, und wir tuckern zurück auf die MAVERICK, um unsere seit Wochen zum Ritual gewordene Dauer-Fressorgie mit dem Abendessen fortzusetzen. Es ist wirklich unglaublich, was wir in den letzten Wochen verdrückt haben. Aber was soll man im Paradies auch anderes machen? Selbst nachmittags um drei kommt immer wieder einer auf die Idee: »Lust auf Frühstück?« – »Klar, ich setz mal Kaffee auf, du machst ›Arme Ritter‹ ...«

Noch bevor die Spaghetti auf dem Herd stehen, umfliegt uns eine Möwe immer wieder und scheint förmlich nach Futter zu betteln. Da wir noch eine halbe Packung Cornflakes an Bord haben, die feucht geworden sind und stinken, verfüttern wir sie an diesen gefiederten Allesfresser, der die Dinger schon im Flug fängt. Amüsiert über die wilden Flugeinlagen der Möwe, bleibt uns jedoch der Atem stehen, als ein Cornflake nahe am Windgenerator vorbeifliegt und die Möwe eine Abkürzung direkt durch die Rotorblätter nimmt: »Ach du Scheiße!« Blut spritzt, und die Möwe fällt wie ein Stein ins Wasser. Überlebt hat sie die Kollision mit den Kohlefaserblättern zwar, aber sich dabei schwer den Flügel verletzt und schafft es nicht mehr gegen den mit 4 Bft wehenden Wind an, paddelnd die Insel zu erreichen, sondern treibt langsam immer weiter hinaus auf die See gen Kuba. Mit einem Satz sitzen Georg und Irene im Dingi, um die Möwe zu retten, finden sie auch nach ein paar Minuten und schaffen es, sie aller Abwehrversuche zum Trotz, an Bord des Dingis zu bekommen. Nicht nur die Möwe, sondern auch Georg lässt dabei ein paar Federn, als ihm das Tier mit aller Kraft in die Hand zwickt. Schließlich gelangen die drei im Dunkel zurück an Land, wo sie das Tier am Strand aussetzen und ihm noch einen Berg Cornflakes als Futterversorgung für die ersten Tage, bis der Flügel zu heilen beginnt, zurücklassen.

Als die beiden wieder zurück an Bord kommen, sind wir alle tief betroffen von dem Unfall mit der Möwe und dem Windgenerator, an dem wir ja durch unsere Fütterei eigentlich schuld sind. Aus Anteilnahme taufen wir die Möwe nach der Cornflakesmarke »Crispymix« und hoffen, dass sie ihren Flügel bald wieder gebrauchen kann.

Am nächsten Morgen bin ich schon früh am Strand, um ein paar Fotos von der Insel zu schießen, als ich »Crispymix« am Strand rumhüpfen sehe. Die Verachtung steht ihr noch immer in die Augen geschrieben, aber es scheint ihr wieder recht gut zu gehen, auch wenn sie noch nicht wieder fliegen kann.

Am Abend dieses Tages beginne ich endlich wieder mit dem Logbuchschreiben, das ich in den letzten Tagen nur auf ein paar Notizen beschränkt hatte, weil es immer etwas Interessanteres zu tun gab – und wenn es nur »essen« war.

Am nächsten Tag geht es wie geplant von der Shroud Cay hinüber zum Normans Cay. Nicht jedoch, ohne vorher die kleinen Fjorde in den Mangrovendschungeln der Shrout Cay im Dingi zu erkunden, die jedoch bei Ebbe so unheimlich flach sind, dass wir oft mit der Schraube Sand und Dreck aufquirlen und ab und zu auch aus mangelnder Tiefe zum Motoren durch den matschigen Grund der kleinen Flüsse waten und das Dingi hinterherziehen müssen. Das Wasser dort ist zwar extrem sauber, aber sehr schlammig. Fast fühlt es sich an, wie durch Kaugummi zu laufen, ständig sacken wir wie im Treibsand ein.

Am anderen Ende des Flusses angekommen, finden wir uns nun an der Ostküste der Insel wieder, dessen wunderschöner, strahlend weißer Sandstrand wirklich postkartenreif ist. Der Fluss, auf dem wir gekommen waren, verwandelt sich mit der einsetzenden Flut in einen reißenden Strom, und es kostet eine Menge Kraft, durch ihn hindurch auf die andere Seite des Strandes zu schwimmen. Leider haben wir die MAVERICK nicht abgeschlossen, und irgendwie habe ich die ganze Zeit über ein blödes Gefühl, sie so unbeobachtet am anderen Ende der Insel liegen zu lassen.

Abenteuerspielplatz Normans Cay

Die Überfahrt nach Normans Cay vergeht wie im Fluge: Während ich am Rad stehe, Georg die gerade entdeckten Dirk-Pitt-Romane verschlingt und Irene sich als Badenixe auf dem Vordeck in den Sonne räkelt, tuckern wir an den vorgelagerten Inseln vorbei und nehmen Kurs auf die Südküste. Eigentlich wollte ich dort ins Innere der hufeisenförmigen Insel fahren, um geschützt ankern zu können, aber auf dem Weg dorthin entscheide ich mich schließlich, dass es dämlich, öhmm ... ich meine »ungeschickt« wäre, nun bei Flut über die 0,7 Meter Untiefe zu fahren, dann aber wieder auf die Flut warten zu müssen, um wieder hinauszukommen. Eine Niedrigwasserperiode und wir säßen fest.

Auf dem Weg zur »zweiten Wahl« des Ankerplatzes an der Westküste ist jedoch ein Flugzeugwrack in der Karte eingezeichnet, das wir uns nicht entgehen lassen wollen. Am Wrack angekommen, das etwa einen halben Meter weit aus dem Wasser guckt, werfen wir den Anker und springen ihm hinterher. Das Wrack, das wir unter Wasser entdecken, ist überwältigend: Ein altes Transportflugzeug des Typs Curtiss C46, ähnlich der bekannten DC-3, liegt dort unten auf Grund und ist bis auf ein halb weggerostetes Cockpitdach, das ursprünglich aus Glas bestand und offenbar bei der Notlandung zerbrochen ist, noch in wirklich gutem Zustand. Während Georg und Irene sofort die etwa 20 Meter von der MAVERICK zum Wrack tauchen, ist mir das Ganze wegen der unzähligen Haie in den Bahamas noch immer nicht geheuer. Daher nehme ich das Beiboot mit hinüber und verankere es direkt über dem Flugzeug, bevor ich noch einige Fotos von oben schieße und dann schließlich ebenfalls abtauche, um mir das rostige Gebilde von Nahem anzuschauen. Es muss nun schon seit mindestens 20 bis 30 Jahren hier unten liegen, und so haben die Tiere es schon vollkommen in ihren Lebensraum der Unterwasserwelt aufgenommen. Unzählige bunte Fische finden wir rund um das Wrack. Aber nicht nur kleine, sondern auch einen etwa eineinhalb Meter langen Barrakuda, den Georg bis zur MAVERICK verfolgt.

Jeder der beim Wassern nach hinten gebogenen Propeller hat einen Durchmesser von etwa drei Metern und guckt ungefähr 20 Zentimeter aus dem Wasser. Als ich auf der Backbord-Tragfläche mit dem Kopf über Wasser stehe, tippt mir plötzlich Irene ganz gelassen auf die Schulter: »Guck mal, da drin schwimmt ein Hai« – und tatsächlich, ein zwei Meter langer Ammenhai hat es sich in der alten Transportmaschine gemütlich gemacht, den Georg sich natürlich noch ein wenig von Nahem ansehen will. Als ich gerade mit dem Satellitentelefon zu Hause anrufe, wo in diesem Augenblick die ganze Familie auf der Konfirmation meines Bruders zusammensitzt und natürlich ganz aus dem Häuschen ist, als es heißt: »Es ist Johannes! Auf den Bahamas!«, kommt auch Georg wieder zurück an Bord geklettert: »Der Hai will nicht raus, aber der fette Barrakuda sitzt gerade genau unter dem Bug. Und nebenbei, wie wär's mit Frühstück? Ich setz mal Kaffee auf ...«

»Wie kommt nur dieses Flugzeug hierher?«, fragen wir uns bei einer Kanne des schwarzen Gebräus und ein paar »Armen Rittern«. Der Inselführer weiß mehr:

Die Insel gehörte in den 1970er-Jahren dem Drogenbaron Carlos Lehder, der dort nicht nur einen 3300 Fuß langen Airstrip (Landebahn) bauen ließ, sondern für seine Kunden auch unzählige Clubs, Bars, Unterkünfte und andere Gebäude, die heute alle halb zusammengefallen und verkommen zwischen dichten Bäumen schwer zu finden sind.

Einen ganzen Nachmittag durchkämmen Georg und ich die alten Gebäude, klettern durch die Hütten und erforschen die Geschichte der Insel. Ständig entdecken wir dabei neue Gebäude zwischen Bäumen und hinter zusammengebrochenen Hütten, durchsuchen alte Lagerhallen und finden sogar auf einem alten Müllberg eine einmotorige Propellermaschine, die dort offensichtlich abgestürzt ist – oder aber verschwinden musste. Manche Häuser sind noch erstaunlich gut erhalten. Allerdings fehlen fast überall die Scheiben in den Fensterrahmen, und auch die Toilettenräume sehen allesamt aus, als hätte da drin schon so manch einer Polterhochzeit gefeiert.

In einem Haus, offenbar das Wohngebäude Carlos Lehders, findet Georg eine alte, in der Mitte zerbrochene Schallplatte: »Hier kannst du sogar sehen, was der Drogenbaron für Musik mochte.«

Normans Cay ist wirklich eine geheimnisvolle Insel, dazu kaum bewohnt. Sollte ich irgendwann einmal die Gelegenheit haben, möchte ich gern einmal etwas länger dort bleiben und der Geschichte etwas genauer nachgehen. Die ganze Szenerie ist irgendwie unheimlich und würde eine gute Kulisse für einen Film abgeben. Man könnte den Film in der jetzigen Zeit beginnen und dann zurückblenden, wie das Leben hier damals aussah.

Tatsächlich ist alles noch recht gut erhalten, auch wenn sich schon Hunderte von amerikanischen Crews an sämtlichen Wänden verewigt haben. Aber den Amerikanern scheint es von jeher eine Art innerer Drang zu sein, den Namen überall zu hinterlassen: Schon während des Zweiten Weltkrieges machten sich die Soldaten einen Sport daraus, an allen Orten ihr »Kilroy was here« einzuritzen, verbunden mit dem bekannten, über die Mauer guckenden Gesicht mit der langen Nase. – Entstanden ist der Trend jedoch ganz ungewollt durch den amerikanischen Werftarbeiter James J. Kilroy, der es sich zur Angewohnheit gemacht hatte, an alle kontrollierten Nieten eines Schiffes sein »Kilroy was here« zu schreiben. Als man nach der Indienststellung einiger Kriegsschiffe die Schriftzüge später wiederfand, war es für die Soldaten ein großes Mysterium, wer dieser »Kilroy« war und warum er überall an Bord, selbst an den unzugänglichsten Stellen, schon einmal gewesen war. Als Gag begannen die Männer, den mysteriösen Spruch überall hinzuschreiben, wohin sie kamen und gleichzeitig zu behaupten, er wäre schon dagewesen. Doch nicht nur im Krieg las man zu damaliger Zeit von Kilroy, sondern auch auf dem Gipfel des Mount Everest, an der Fackel der Freiheitsstatue, auf der Unterseite des Pariser Triumphbogens und sogar auf dem Mond soll Kilroy in den Sand geritzt sein. Der Höhepunkt des Trends wurde jedoch während der Potsdamer Konferenz im Juli 1945 erreicht, als Stalin ein nur für ihn, Churchill und Truman reserviertes Gebäude betrat. Als der russische Diktator wieder herauskam, will ein Dolmetscher gehört haben, dass er sich erkundigte, wer denn »Kilroy« sei ...

Auch wir verewigen uns mit einem »MAVERICK – 2006 – Johannes – Georg – Irene« an der Wand eines Hauses. Man muss ja im Trend mitschwimmen.

Heute gibt es einige Ferienbungalows auf der Insel sowie regelmäßigen Flugzeugverkehr auf die anderen Bahamasinseln und nach Miami. Ein solches Flugzeug steht gerade an der Startbahn, und so setzen wir uns an die Piste in den Schatten der Bäume und warten auf den Piloten, der sicher bald starten wird. Nach einer Stunde ist noch immer nichts passiert, und ein paar vorbeikommende Touristen erkundigen sich bei uns, ob wir auf den Bus warten. Nach einer weiteren halben Stunde schließlich kommt der Pilot. Georg sagt ihm kurz Bescheid, dass wir uns den Start aus nächster Nähe ansehen wollen: »Damit sie nicht denken, wir machen Harakiri vor ihrer Maschine ...« und schon knallt die kleine zweimotorige Propellermaschine mit einem ohrenbetäubenden Sound nur fünf Meter an uns vorbei und hebt ab in die Lüfte: »Wow!«

Zurück an Bord, genießen wir noch eine Weile die Ruhe der Nacht, die wir schon bald sicher sehr vermissen werden. Morgen geht es ein paar Meilen weiter nördlich zur Insel Allens Cay, die unsere letzte

Insel der Exumakette ist. Damit heißt es dann auch Abschied nehmen von den gewaltigen Sternenhimmeln, die wir jede Nacht über uns leuchten sehen, denn die auf Allens Cay folgende Insel ist dann bereits Nassau, eine wahre Touristengroßstadt. Zwar umfasst ihr Gebiet lediglich 207 km², hat aber dennoch eine Bevölkerung von mehr als 210 000 Einwohnern, was knapp zwei Drittel der Einwohner auf den gesamten Bahamas ausmacht.

Auch auf Allens Cay lässt sich die nahe Zivilisation schon anhand der Ausflugs-Powerboote erahnen, die die kleine Inselgruppe jeden Tag zuhauf anlaufen, damit sich die käsig weißen Touristen dort eine Iguana-Kolonie ansehen können. Iguanas sind Leguane, die bis über einen Meter lang werden können. Da wir die Tiere bisher nur von Fotos kannten und sie wie das Chamäleon sehr behäbig aussehen, sind wir sehr überrascht, wie flink die kleinen Biester doch sein können, wenn es etwas zu essen gibt. Georg und Irene verfüttern ihnen ein ganzes, feuchtstinkendes Toastbrot, wobei die Iguanas ihnen flink und wendig wie gepanzerte Katzen das Brot sogar durch Sprünge bis zu einem Meter Höhe aus den Händen reißen. Unglaublich!

Erst als das Brot alle ist und Georg ihnen eine alte Dose Marmelade vor die Schnauzen kippt, werden sie ganz brav und ruhig und beginnen, die Marmelade langsam aufzuschlabbern.

Schließlich ist es dann so weit: Der Anker verlässt ein letztes Mal das türkise Wasser der Freiheit, bevor es zurück in die Zivilisation geht. Für Georg und Irene waren es nur zwei Wochen, die sie mit mir in der Inselwelt verbrachten, aber für mich sind es fast sechs Monate gewesen, seit ich die Kanaren als letzte »zivilisierte« Gegend mit grenzenlosen Einkaufsmöglichkeiten verlassen habe und in die »Provinzkaribik«, wie ich es nenne, abtauchte.

Nassau ist definitiv eine Großstadt, wird jeden Tag von unzähligen Kreuzfahrtschiffen angelaufen, die ihre menschliche Ladung für einen ganzen Tag in die Straßen streut, welche sofort gefüllt von weißhäutigen, alles kaufenden und alles fotografierenden Touristen sind, die am Abend glücklich, mit vollen Händen und leeren Taschen wieder von den Schiffen am Pier eingesammelt werden. Dafür ist es auf den Straßen ab sechs Uhr, wenn die Bürgersteige hochgeklappt werden, nicht mehr sicher, wie uns sogar unsere Seekarte warnt: »Sie sollten nachts nicht mehr auf der Hauptstraße unterwegs sein, auch nicht, wenn sie zu acht sind« – das ist schon ein wenig beängstigend.

Und genauso erleben wir Nassau, als wir am 22. Mai kurz vor Sonnenuntergang den Anker in die zwar klare, aber doch irgendwie eklig dunkle Hafenbrühe werfen. Der Grund ist dort hart wie Stein, und so gelingt es uns selbst nach meterlangen Rückwärtsfahrten nicht, den

Anker mit der Maschine in den Grund zu ziehen. Er bleibt einfach liegen, und so wird das Boot nur durch das Gewicht des Ankers und der Kette an Ort und Stelle gehalten. Als unser Blick gen Hafen schwenkt, trauen wir unseren Augen nicht: eine deutsche Flagge? – Tatsächlich! An einem ziemlich heruntergekommenen und sehr amerikanisch aussehenden Sperrholz-Trimaran.

Zur Sicherheit werfen wir noch zwei weitere Anker in den Grund und machen uns dann, um noch bei Tageslicht auf den Straßen unterwegs zu sein, im Dingi auf den Weg zum Ufer. Nicht jedoch, ohne einen Umweg über das deutsche Boot zu machen und »Hallo!« zu sagen.

Dort angekommen, machen wir Bekanntschaft mit Hans, einem bayerischen Landsmann, seinem Kumpel Mike, einem Amerikaner, und seinem Hund Sampson. Sie sitzen mit Angeln an Deck und haben gerade einen dicken Aal aus der Brühe gefischt. Wir wollen jedoch noch schnell an Land und machen ab, nach unserem Landausflug noch auf ein Bier vorbeizukommen.

An Land angekommen, ketten wir das Dingi an einem Laternenpfahl am Ufer fest, als uns ein Tankstellenwart zuruft: »Hey man, willst du dein Dingi verlieren? Wenn du in fünf Minuten zurück bist, ist es weg oder versenkt worden! Leg es in die Marina hinter der Tankstelle!« Für ein paar Dollar können wir es dort unter seiner Aufsicht hinter einem hohen Zaun liegen lassen und uns auf den Weg in die Stadt machen.

Unser erstes Ziel nach den zwei Wochen Inselhüpfen: McDonalds! Eine ganze Stunde veranstalten wir dort hinter vergitterten Fensterscheiben und unter Aufsicht eines Sicherheitsbeamten eine wahre Fressorgie. Nachdem wir uns einmal durch das gesamte Burgerangebot gemampft haben und satt und glücklich zurück auf die Straße stolpern, kommt Georg der Gedanke: »Wenn wir uns noch mal so befressen, kaufen wir vorher McDonalds-Aktien!«

Aber wenigstens kann man das Essen bei McDonalds hier auf Nassau tatsächlich Fastfood nennen. Auf St. Lucia musste ich bei Burgerking regelmäßig 20 bis 30 Minuten auf meine drei Hamburger warten und das, obwohl außer mir nur noch ein anderer Kunde im Laden war. Dazu gab es immer nur so viel auf die Burger, wie da war. Wenn der Senf oder die Gurken aus waren, dann ist halt erst mal für einen Monat Schluss damit. Witzigerweise gab es dann, wenn wieder mal eine Lieferung kam, nicht wie in Deutschland immer nur eine abgezählte Gurke auf einen Hamburger, sondern dann gleich vier, fünf Stück. Dann war nach einer Woche natürlich wieder Schluss mit Gurken, und es gab wieder keine. Karibik halt.

Nach einem weiteren Stopp beim örtlichen »liqueur store« geht es bei Dunkelheit zurück zum Boot – und tatsächlich, kaum ist die Sonne weg, ist kein Mensch mehr auf den Straßen. Unheimlich. Da wir alle drei in der Karibik waren, haben wir die üblichen Sicherheitsmaßnahmen natürlich bereits getroffen, haben alle keine Portemonnaies mehr, sondern das Geld am ganzen Körper verteilt und tragen in der rechten Hand eine Tüte mit einem gewichtigen Gegenstand, um bei einem Überfall sofort eine Waffe zum Wehren zu haben. Auch wenn das meist nichts nützt.

Selbst die Amerikaner, die meist Waffen auf ihren Blauwasseryachten haben, sind bei einem Überfall oft chancenlos, denn die richtig bösen Jungs haben dann natürlich auch die größeren Waffen. Vor allem aber haben sie nicht den Skrupel, diese auch zu benutzen, während wir Europäer und Amerikaner (ja, auch die!) dann doch eher Probleme damit haben, andere Menschen zu verletzen, während das hier in diesen, oft an die Dritte Welt erinnernden, karibischen Inseln fast schon an der Tagesordnung ist. Kurz nachdem ich St. Lucia verlassen habe, habe ich zum Beispiel erfahren, dass dort nur einige Wochen später ein holländisches Schiff vor Anker in der Rodney Bay überfallen wurde. Bei Nacht kamen einige Einheimische an Bord, fesselten den Skipper und vergewaltigten vor seinen Augen seine junge Frau. Direkt danach legten alle Segler und die Marina zusammen, um der Polizei ein kleines Boot zu kaufen, mit der sie bei Nacht Patroullie fahren kann. Klaus brachte mir auf St. Lucia einen Trick bei, um mich vor Bettlern und damit auch möglichen Überfällen zu schützen:

Fast überall in der Karibik wird man als Weißer vor den Supermärkten angesprochen und nach ein paar Dollar gefragt. Selbst wenn man dann antwortet: »Ich hab grad keine bei mir«, lassen einen die Jungs so schnell nicht wieder gehen, sondern fangen an, auf einen einzureden, bis man dann doch ein paar Dollar abdrückt, um seine Ruhe zu haben. Um das zu umgehen, antwortet Klaus auf die Frage: »Hast du mal einen Dollar« immer »Thank you, but I'm not interested!« – »Danke, ich hab kein Interesse«. In dem Augenblick sind die Typen einen Augenblick perplex und am Grübeln »Moment mal, *ich* wollte doch was von ihm ...?«, sodass Klaus die Chance hat, das Weite zu suchen.

Das mag hart klingen, weil oft tatsächlich Menschen dabei sind, die auf die Bettelei angewiesen sind, um sich etwas Essen kaufen zu können. Aber wie ich in den mehr als zwei Monaten auf St. Lucia erfahren habe, ist das nur im seltensten Fall so, die meisten nutzen das Geld anderweitig. So auch ein Mann in einer Geschichte, die mir Peter und Elisabeth auf St. Lucia erzählt haben:

Die beiden wurden von einem Mann angesprochen, der sie innigst bat, ihm doch etwas Geld zu schenken, damit er sich und seinen armen Kindern etwas Brot kaufen kann. Als sich die beiden dann breitschlagen ließen, stimmten sie zu, mit ihm zusammen in die Bäckerei zu gehen, damit er auch wirklich Brot von dem Geld kauft. Als Peter nun am Bestellen war, sprach der Mann etwas in ihrer einheimischen Sprache, die für uns Europäer wie ein einziges Kauderwelsch klingt, woraufhin die Bedienung zu Peter sagte, dass es ihr leid tue, aber sie ihm kein Brot mehr verkaufen könne, weil es bereits zu alt sei. Also gab er sich geschlagen und dem Mann ein paar Dollar, damit er sich später das Brot selbst kaufen könnte.

Noch am selben Tag gingen Peter und Elisabeth an einer Bar der Marina vorbei und sahen ihren Freund dort mit einem kalten Bier in der Hand sitzen und ihnen freudig zuwinken. »Aber das muss man ihm gönnen, das hat er schon geschickt gemacht ...«, sagte mir Peter mit einem Augenzwinkern.

Zurück am Dingi nehmen wir Kurs auf den Trimaran von Hans, der uns sofort an Bord einlädt, wo wir es uns auf dem Deck bequem machen und ein Bier trinken. Er und Mike haben sich erst vor ein paar Wochen in einer Bar kennengelernt und dann beschlossen, zusammen auf Hans' Trimaran runter in die Karibik zu segeln. »Praktisch«, denken wir uns, »dann können wir ja Bahamas- gegen Miamikarten tauschen.« Als wirkliche Attraktion an Bord stellt sich jedoch Sampson, der Bordhund, heraus. Ich habe ja schon viele faule Hunde gesehen, aber dieser ist wirklich die Krönung. In einer Garfield-ähnlichen Art liegt er die ganze Zeit an Deck und lässt sich von wirklich nichts stören. Mike erzählt, neulich habe sich eine Fliege mitten auf Sampsons Schnauze gesetzt und ihn offenbar gekitzelt. Als er dann ganz behäbig und zeitlupenartig die Pfote hob, um sie wegzuscheuchen, erreichte sie gerade die halbe Strecke bis zur Schnauze, wo er dann einen Augenblick innehielt und sie aus Faulheit wieder fallen ließ: »Fuck it ...« (Frei übersetzt: »Ach egal ...«).

Nach einem Bier an Bord der SPIRIT OF THE WIND wollen wir wieder zurück auf die MAVERICK. Die drei sind zwar nett, aber die Machosprüche und überhaupt ihr ganzes Getue lassen einen ziemlich großen Einblick auf ihren Charakter zu. Im ersten Augenblick ist das ja mal ganz witzig, aber als Hans erzählt, dass er nun schon seit einigen Jahren in Miami lebt und auch noch ein Weilchen nicht wieder zurück nach Deutschland kann, werden wir ein wenig misstrauisch. Als wir ihn nach dem Grund fragen, will er nicht so recht mit der Sprache raus, faselt etwas von »Verjährung«, sodass wir lieber nicht mehr weiter nachfragen.

Zurück an Bord, klinken wir uns per Wireless-Karte mit dem Laptop in das Hotelnetzwerk des Atlantis-Hotels ein. Das geschieht jedoch nicht durch einen Hackerangriff, sondern völlig legal: In der ganzen Ankerzone ist das kabellose Internetnetzwerk des Hotels zu erreichen, und sobald man den Internet Explorer öffnet, wird man aufgefordert, seine Kreditkartennummer einzugeben. Das kenne ich schon von fast allen Orten der Reise, und so gebe ich meine Nummer ein, um 24 Stunden Internetzugang von Bord zu kaufen. Endlich haben wir also die Gelegenheit, unsere Mails mit Highspeed-Geschwindigkeit abzurufen, einen neuen Artikel für die Website zu verfassen und für zwei Cent pro Minute mit zu Hause zu telefonieren. Dort ist es mittlerweile schon fast wieder morgens, während hier der kleine Zeiger der Uhr langsam über die Zwölf wandert. Also ab in die Kiste!

Der nächste Tag ist komplett verplant: Irene möchte sich, noch während wir auf den Bahamas sind, die Haare typisch karibisch flechten lassen.

Frühmorgens um sieben werde ich wach, weil ich jemanden mit den Töpfen in der Pantry klappern höre. Zunächst bin ich noch zu müde, um die Augen aufzureißen und verschwinde noch mal kurz in meinen Träumen. Als mir zehn Minuten später jedoch der Duft von frisch gebrühtem Kaffee in die Nasenlöcher steigt, schlagen die Dämpfe in meinem Hirn Alarm, lassen die Augen wie Garagentore hochklappen und meine Hand reflexartig zu meiner auf dem »Salontresen« stehenden Tasse greifen. Nach einem ersten Schluck werde ich misstrauisch: »Was ist denn in dich gefahren? So früh kochst du für uns Kaffee?« – »Sonst seid ihr doch nie aus dem Bett zu bekommen!«

Und noch bevor ich eine Viertel Tasse weg habe, schlägt das morgendliche Idyll eines servierten Kaffees an Bord in eine Art Panik um. Die Augen sind auf, bei mir ganz, bei Georg zumindest zu 70 %, schon werden wir aus der Kiste gejagt, um Irene mit dem Dingi an Land zu fahren, damit sie sich den ganzen Tag über die Haare machen lassen kann: »Wenn ihr nicht sofort aus der Kiste seid, fahr ich alleine rüber, und ihr könnt an Land schwimmen oder den ganzen Tag hier an Bord sitzen!« – Aha, denke ich mir, daher der Kaffee. Mit Speck fängt man Mäuse.

Wie an Bord eines Flugzeugträgers, wenn über alle Lautsprecher die Durchsage »Erste Dingi-Staffel – *scramble*!« ertönt, springen wir aus den Betten und tuckern eine Nanosekunde später mit Irene hinüber in die City. Dort hat sie bereits am letzten Abend einen Friseursalon ausfindig gemacht, den sie nun zielstrebig anläuft. Danach haben wir »frei«.

Da Georg noch nie in einem Subway-Restaurant gegessen hat, lassen wir den Tag erstmal bei einem zweiten Kaffee, diesmal in Ruhe, und einem Ham&Egg-Sandwich angehen. Langsam heben sich auch Georgs Augenlider auf 100 % und scheinen förmlich in dieser Position einzurasten.

Was stellen wir also mit diesem Tag an?

»Reparieren klingt gut, wir sollten uns an ein paar Sachen machen ...«, schlägt Georg vor. Zurück an Bord, nimmt er sogleich den Petroleumkocher in Angriff und zerlegt ihn in alle Bestandteile, um ihn komplett zu reinigen. Den einen Brenner hatte ich bereits in St. Lucia komplett überholt und mir dabei beim Wechseln der Petroleumeinspritzdüse einen gefühlten halben Liter Petroleum ins rechte Auge gespritzt, als ich mal gucken wollte, wie die Düse von Nahem aussieht.

Ich mache mich in der Zeit auf die Suche nach einem Marinestore, um ein neues Zündschloss für den Diesel der MAVERICK zu kaufen. Nach einer ganzen Weile, die ich die Küste abfahre, finde ich in einer Marina die Chance, das Dingi anzuketten und ein paar Meter weiter tatsächlich den richtigen Laden.

Zurück an Bord macht sich Georg jede Stunde mit dem Dingi auf den Weg zu Irene, die ihn jedes Mal eine Stunde später wiederkommen lässt, um sie abzuholen. Zwischendurch fährt er Hans kurz an Land zum Liqueurstore, da sein Kumpel Mike den ganzen Tag noch nichts von sich hat blicken lassen, seit er am letzten Abend mit dem Dingi an Land gefahren ist.

Ich mache mich zwischenzeitlich noch mal auf den Weg in einen Computerladen, in dem ich endlich, nachdem ich die gesamte Karibik danach abgesucht habe, DVD-Rohlinge finde, um meine gesamten Fotos der Reise (mittlerweile mehr als 8000 Stück) zu sichern, für den Fall, dass der Laptop auf der weiteren Reise noch sterben sollte. Denn bisher hat er schon sehr gelitten: Die Lautsprecher sind durch das Salzwasser alle beide am Rosten, und das Gehäuse ist total verkratzt. Insgesamt bin ich begeistert, dass der alte Toshiba-Laptop die ganze Reise so gut überstanden hat. Vor allem auch die Dingitouren im Rucksack. Auch die Wärme in der Karibik hat er überraschend gut überstanden, obwohl der Lüfter in den Tagen auf St. Lucia an Land beinahe pausenlos gelaufen ist.

Endlich ist es am Nachmittag so weit: Irene ist fertig! Mehr als sechs Stunden hat das Flechten der Haare gedauert. Auf der Rücktour zur MAVERICK wollen wir noch einen kleinen Ausflug zum Atlantis-Hotel auf der gegenüberliegenden Seite machen. Das Hotel ist bekannt aus vielen Filmen und in seiner Kulisse und nächtlichen Beleuchtung einfach atemberaubend. Tatsächlich könnte ich mir vorstellen, dass dieses Gebäude einmal im versunkenen Atlantis stand.

Eigentlich hatten wir uns schon auf den Exumas vorgenommen, zwei Nächte im Luxus-Yachthafen des Hotels zu verbringen, auch wenn das je 100 US$ pro Nacht gekostet hätte, aber wir waren schlicht und einfach zu klein dafür. Dafür erkunden wir den Yachthafen und das Hotel nun per Dingi, fahren mit lautem Motorengetöse durch die dekorative und von Wasser geflutete Kulisse, unter einer Brücke hindurch an einem Wasserfall vorbei, sodass das Hotelpersonal uns böse Blicke zuwirft. Schließlich legen wir uns in eine freie Box neben einer Millionen-Motoryacht, als wollten wir dort mit dem nur 2,40 Meter langen Boot über Nacht neben dem 30 Meter langen Nachbarschiff liegen bleiben. Aber die Millionäre nebenan nehmen es mit Humor: »Ich hoffe, wir liegen nicht zu nah neben euch, dass wir euch bei Nacht ungewollt in die Bullaugen gucken.« Schade nur, dass wir keine Zeit mehr haben, uns das Hotel näher anzusehen. Von Klaus auf St. Lucia habe ich erfahren, dass der Eintritt frei ist und man dort durch unterirdische, gläserne Röhren gehen kann, um die herum sich lauter Haie, Fische und andere Unterwassertiere tummeln. Ein andermal.

Zurück an Bord der MAVERICK schmieden wir Pläne für den nächsten Tag: Es soll hinüber nach Bimini gehen, etwa 100 Meilen im Westen. Und von dort dann weiter nach Miami.

Seit Georg und Irene an Bord sind, hat das Dosenfutter endlich ein Ende!

Endspurt in die USA

Endspurt! Auf dem GPS stehen am Morgen noch 140 Meilen bis nach Miami und nur noch ein Zwischenstopp wird im Wege liegen, bevor MAVERICK das weitgesteckte und lang ersehnte Ziel ihrer Reise, die USA, erreichen wird.

Wenn man es genau nimmt, liegen eigentlich sogar noch eineinhalb Zwischenstopps dazwischen, denn bevor es weiter nach Bimini geht, müssen wir noch einen Tankstopp zum Füllen der Diesel- und Wassertanks einlegen. Am Tankdock in Nassau festgemacht, unterhalten wir uns mit einem älteren Amerikaner, der uns erzählt, dass er gerade erst seit drei Jahren segelt und nun mit seinem 31-Fuß-Schiff auf dem Weg dorthin ist, woher wir gerade kommen: »Und jedes Mal, wenn ich auf den Bahamas bin, frage ich mich, wer wohl hier den Pool sauber macht!« – Und er hat recht, die ganze Inselwelt der Bahamas, die im Schnitt von zwei bis drei Meter tiefem Wasser umgeben ist, wirkt wie ein gigantischer Swimmingpool.

Beim Ankern sichten wir auf dem Grund unter uns einen großen »spotted ray« – einen gepunkteten Rochen – woraufhin uns der Tankwart sogleich ein wenig in Sachen Rochen aufklärt: Die Dinger sind zwar im Wasser, bis auf den Stachel am Schwanz mancher Tiere, völlig ungefährlich –, aber sobald sie aus dem Wasser herauskommen, sind sie unberechenbar. So ist vor Kurzem erst ein Rochen aus dem Wasser gesprungen und hat einem Motorboot mit seinen scharfen Kanten ein Loch in den Rumpf geschlagen. »Wann springen die Rochen denn aus dem Wasser?«, wollen wir wissen. – »Och, das machen sie immer, wenn sich das Wetter ändert ...« – »Das gibt's ja nicht: Bei uns spielen dann die Kühe verrückt, und hier springen die Rochen aus dem Wasser! Merkwürdig.«

Schließlich lassen wir auch Nassau, das uns als »Insel des Verbrechens« in Erinnerung bleiben wird, in unserem Kielwasser und segeln in die Nacht hinein.

Es ist unsere erste gemeinsame Nachtfahrt und für mich ein ganz ungewohntes Gefühl, nach meiner Wache bis um Mitternacht einfach in die Koje zu steigen und zu schlafen, während sich Georg und Irene die beiden nächsten Wachen bis zum Sonnenaufgang teilen. Wie ein ungeheuerlicher Luxus kommt es mir vor, einfach schlafen zu gehen und mich nicht länger um den Verkehr um mich herum zu kümmern. Ich bin es halt nicht mehr gewöhnt, mit Crew zu segeln.

Als am nächsten Morgen die Sonne aufgeht, haben wir schon ein ganzes Stück gen Westen hinter uns gebracht. Gegen späten Nachmittag erreichen wir schließlich Bimini South, wo ich Georg und Irene kurz zum Einkaufen an Land setze. Eine Stunde später, in der ich mit MAVERICK vor der Insel Pirouetten drehe, sichte ich sie am Berufsschifffahrtsanleger der Insel und nehme sie wieder an Bord.

Zusammen geht es auf der Suche nach einer geschützten Ankerbucht für die Nacht weiter nach Bimini North, wo wir einen nach Osten hin geschützten Ankerplatz auf der Westseite der Insel finden.

Was wir jedoch nicht wissen ist, dass wir hier nicht länger wie in der Karibik nur darauf achten müssen, im Windschatten einer Insel zu ankern, sondern dass es hier viel wichtiger ist, auf den mit 3,5 Knoten von Süden nach Norden setzenden Golfstrom zu achten, der permanent kleine, kurze Wellen mit sich bringt und die MAVERICK während der Nacht gehörig durchschaukelt.

Am Abend merken wir davon jedoch noch nicht viel, als wir unser Abendessen kochen und den gigantischen Sonnenuntergang im Westen bewundern. Schließlich ist das Essen aufgegessen, und wir machen uns an das Vernichten der Rumvorräte, die ich als 20-jähriger Captain noch nicht in die USA einführen darf, da dort Alkoholbesitz erst ab 21 Jahren erlaubt ist. Als schließlich in der ersten Flasche bereits Ebbe herrscht, fällt unser Blick auf den noch immer tiefroten Himmel im Westen: »Nanu? Haben wir eben eine ganze Flasche Rum während eines Sonnenuntergangs getrunken? Oder ankern wir hier in einem Loch der Zeit?« Ein Blick auf die Uhr zeigt: »22 Uhr? Die Sonne müsste doch schon seit mehr als drei Stunden weg sein!« – Dann erst wird uns bewusst: Es ist nicht die Sonne, die den roten Himmel am Horizont verursacht, es sind die Lichter von Miami auf 45 Meilen Entfernung!

Schließlich ist auch die zweite Flasche Rum gegen Mitternacht am Ende, und die Crew verkriecht sich in ihre Vorschiffskabine. Nur der Captain findet seine Koje nicht mehr sofort und beschließt, mit einem Mal ungewohnt entschlussfreudig, die Nacht an Deck im Cockpit zu verbringen. Dort kann er jedoch zunächst nicht ruhig liegen, ohne sich dabei festzuhalten, bevor er in einen komaartigen Schlaf verfällt.

Am nächsten Morgen werde ich wach, als ich die Ankerkette rasseln höre. Ich reiße die Augen auf. Au schiet, das war zu schnell. Gleißendes Sonnenlicht verätzt meine Augen förmlich, bis ich die Lider auf »gedimmtes Licht« einstellen kann und feststelle, dass ich in meiner Koje liege. Wie bin ich denn hierher gekommen? Muss wohl kalt geworden sein heut Nacht. Ein Blick aus dem Fenster zeigt Schiffe und Häuser. Wo zum Geier sind wir hier? Sieht nach einem Hafen aus.

Einige Minuten des Grübelns später torkele ich an Deck: »Haben die heute Nacht eine Stadt um uns rum gebaut?« – »Nee, du befindest dich auf Bimini North«, antwortet mir Georg, mit einem für mein Empfinden *zu* gut gelaunten Unterton. »Wir sind heut Morgen Anker auf gegangen, weil wir die Schaukelei durch den Golfstrom nicht mehr ertragen haben und sind hierhergetuckert. Der Anker hält nicht wirklich, wir dachten nur, wir frühstücken kurz und suchen uns dann einen Liegeplatz für die Nacht.« – »Könnt ihr grad mal Kaffee kochen?«, hechele ich.

Nach drei Tassen Kaffee sind meine Lebensgeister so weit wieder da, dass ich klar denken kann. Georg und Irene haben während meiner »Abwesenheit« eine wahre Fotosession mit mir veranstaltet, überall um mich herum leere Rum- und Bierflaschen drapiert und mich im Schlaf fotografiert.

Als wir mit dem Frühstücken fertig sind, kentert der Strom, dreht die MAVERICK und lässt den Anker slippen. Also nichts wie weiter.

Auf der Karte haben wir einen modernen Yachthafen entdeckt, in den wir ein paar Minuten später einlaufen und uns schon in Gedanken unter der Dusche sehen, die in diesem teuren Yachthafen sicher toll sind. Aber gerade hat in den USA der Memorial Day begonnen – der Hafen ist schon jetzt von den Amerikanern ausgebucht, obwohl sie erst am Abend die Insel erreichen werden. Also weiter.

Ein paar Meilen weiter südlich finden wir einen weiteren Yachthafen, der für uns aber zu flach ist. Dafür sichten wir eine kleine, vollkommen geschützte Bucht in einer Art Creek. Dort angekommen, stellen wir fest, dass es eine Müllhalde ist, die durch diesen Kanal von Schiffen erreicht werden kann. Aber es ist rundum geschützt, stinkt nicht und ist tief genug. Also bringen wir mit dem Dingi in alle Richtungen Anker aus, verweben uns wie eine Spinne im Netz und kochen Abendessen. Heute Abend steht wie schon so oft »ISP« auf dem Speiseplan. ISP ist Georgs Spezialität, die Abkürzung für »Irgendso'n Papp« und besteht aus all dem, was noch an Bord ist. Heute sind es eine Dose Tunfisch, eine Dose Lachs und eine Dose Kokosmilch, das alles zusammengerührt zu einer Art Sahne-Fischsauce auf Reis. Der Lachs steckt zwar samt Wirbelsäule in der Dose, sodass Georg noch eine ganze Menge zu pulen hat, bis er alles zusammenrühren kann, aber das Ergebnis ist unglaublich lecker!

In der Nacht werden wir von den Mücken quasi aufgefressen, aber was kann man mitten im Wald auf einer Müllhalde auch erwarten. Immer wieder reiben wir uns mit dem deutschen »Autan« ein, das die Biester offenbar wie Vanilleeis verschlingen und uns anschließend literweise Blut abpumpen. Beim Fluchtversuch erschlagen wir einige an den weißen Decken der MAVERICK, die anschließend dalmatinerartig gepunktet sind, wenngleich in Rot. Aber alles in allem sind wir machtlos und deshalb froh, als endlich die Sonne aufgeht und die Mücken wie Vampire das Weite suchen.

Bei unserem eigenen Fluchtversuch laufen wir wieder einmal mit Schmackes auf Grund und müssen uns mit dem Dingi als Schlepper freischaukeln. Langsam ist das Auf-Grund-laufen-und-Freischaukeln schon zur Routine geworden – in den flachen Wassern der Bahamas ist es schlicht unvermeidbar. Ein Spruch von einem Segler fällt mir ein: »Es gibt nur zwei Arten Seemänner, die noch nie auf Grund gelaufen sind: Die einen haben den Hafen noch nie verlassen, und die anderen sind Lügner!«

Auf der Rückfahrt nach Bimini North zum Ausklarieren bleibt Georg sicherheitshalber gleich im Dingi und umkreist uns immer wieder in Gleitfahrt, was ihm sichtlich Vergnügen macht: »Was denn in dem Sprit drin, so schnell war die Kiste ja noch nie! Das ist ja der Hammer!«

Schließlich ankern wir noch mal kurz vor der Insel, um vor unserer Einreise in die USA ein letztes Mal ausgiebig zu baden und den Kiel auf Beschädigungen nach all den Grundberührungen zu überprüfen. Alles ist jedoch in Ordnung, und so gehen wir um 15.00 Uhr wieder Anker auf und Kurs West. Ab diesem Punkt übernimmt Irene wieder das Logbuch:

Der Sundowner war wieder einmal ausgezeichnet. 20 Tage und Nächte haben wir bereits an Bord der MAVERICK verbracht. In vier Tagen sitzen wir im Flieger und überqueren den Ozean in wenigen Stunden. Vor einigen Monaten hatte Johannes abgelegt, und der Wind blies ihn in 31 Tagen hinüber. Wenn ich so eine Atlantiküberqerung im Segelboot nicht selbst einmal erlebt hätte, würde ich es einfach nicht glauben können!

In nicht einmal mehr 40 sm werden wir Miami erreichen. Nach den Bahamas folgen dann die »echten« Staaten. Doch bevor wir ankommen, werde ich versuchen, die letzten Seiten dieses Logbuchs mit meinen Erinnerungen aufzufüllen. Erinnerungen an eine wunderschöne Zeit mit Johannes und Schorschi in den Bahamas auf der MAVERICK ... in der Natur ... an weiße, einsame Strände ... Ankerbuchten nur für uns ... glasklares Wasser mit Wracks, abgestürzten Flugzeugen und ab und an einmal ein Ammenhai, ein Stachelrochen, spotted ray oder ein paar Ballonfische ... Vor uns liegt die Zivilisation: Eine Zivilisation bestehend aus Lärm, von Menschen und Autos überfüllten Straßen, riesigen Einkaufspassagen, Hochhäusern, Beton überall, wo man nur hinsieht.

Nach sieben Monaten zurück in eine andere Welt, in der wir wieder jeden Tag Schuhe tragen werden, nach einigen Tagen auch eine Uhr ... aber nein ... du, Johannes, hast noch zwei Monate, in denen du dich auf IKEA-Hotdogs freuen kannst und zwei Monate, die du wirklich genießen solltest! Jeden einzelnen Moment lasse so lange dauern wie eben möglich ... die Zeit holt dich früh genug nach Deuschland zurück, in die FH, zu deinen Freunden, deiner Familie und dem Studentenleben. So, nun aber genug der Ratschläge! Ich blättere mal zurück ... And never forget to enjoy your life!

Obwohl wir schon direkt nach dem Verlassen der Insel auf Kurs Panama gehen, um gegen den starken Strom an hinüber nach Miami zu kommen, ist die Nacht ruhig. Gegen 20 Uhr befinden wir uns gerade in der Mitte des Stroms, der Wind weht mit etwa 1 Bft aus Nord, der Diesel läuft wieder einmal, und die See ist spiegelglatt. Während Irene und ich an Deck sitzen und Ausschau nach anderen Schiffen halten, kocht Georg uns unter Deck seine zweite Spezialität: in Rum flambierte Bananen. Dabei schneidet er einfach Bananen in Stückchen, brät sie von beiden Seiten leicht an, kippt Rohrzucker rüber, lässt diesen karamellisieren und gießt zum Schluss ein bisschen Rum dazu, den er kurz einziehen lässt und dann ansteckt, bis die Oberfläche der Bananen ein wenig angebräunt ist und die Flamme ausgeht. Fertig!

Gerade, als wir uns über die Bananen hermachen, entdecken wir ein paar Blitze am Horizont, aus Norden kommend und damit genau auf uns zu. Noch bevor wir die Bananen in uns hineingeschaufelt haben, sehen wir von Norden eine Gewitterwalze wie aus dem Lehrbuch auf uns zurollen, und kurz darauf geht die Welt unter.

MAVERICK wird von starken Böen hart auf die Seite geworfen, sodass wir die Bananen nur schnell irgendwo unter Deck werfen können, um uns festzuhalten. Die eben noch völlig glatte See verwandelt sich in Sekundenschnelle in einen Whirlpool, von Norden kommen hohe, aber unglaublich kurze Wellen angerollt, die uns wild hin und her werfen. Der Wind steht gegen den Strom und dreht bis auf sicherlich neun Windstärken auf, sodass das unter Diesel laufende Boot, ohne einen Fetzen Tuch im Mast, noch immer bis 30 Grad nach Backbord krängt. In dem Chaos habe ich gerade noch mein Ölzeug gefunden und mich hineingezwängt, um trotz des waagerechten und ins Gesicht schneidenden Regens an Deck sitzen, mich am Luk festklammern und Ausschau nach Schiffen halten zu können, die uns hier in der Hauptverkehrsstraße zuhauf begegnen. Georg und Irene stehen in der Kajüte, halten sich mit den Händen an der Decke fest, als würde sie U-Bahn fahren. Beide kennen diese Sturmsituationen von ihrer eigenen Atlantiküberquerung im Jahr 2003, aber gewöhnen werden wir uns da wohl alle drei niemals dran. Um Ruhe zu verbreiten und jedem eine Aufgabe zu geben, kommt Georg eine Idee: »Ich würd mal sagen, Schwimmwesten für alle?« – »Gute Idee! Die liegen ganz vorne unter eurer Koje!« Fünf Minuten später stecken wir alle drei in dicken, automatischen Schwimmwesten und warten. Mit zusammengekniffenen Augen suche ich immer wieder den Horizont ab, sichte oft Frachtschiffe in nächster Nähe und springe dann jedes Mal ins Cockpit, um dem Autopiloten einen neuen Kurs zu geben. Bis der Sturm schließlich ein paar Meilen vor Miami genauso plötzlich wie er gekommen ist, vorbeigezogen ist. Ein Aufatmen geht durchs Boot und Georg todmüde in die Koje, während Irene und ich an Deck Platz nehmen, um morgens um drei Uhr durch den Großhafen von Miami zu tuckern, bis wir eine Marina finden.

Durch die Öffnung des »Government Cut« südlich von Miami Beach gelangen wir in den »Port of Miami«, und sofort habe ich das Gefühl, in Amerika zu sein, als wir mit etwa 4 Knoten an der US 41 vorbeituckern, auf der offenbar gerade ein Unfall passiert ist, der von einem an allen Ecken und Enden unregelmäßig bunt blitzenden Polizeiwagen abgesichert wird. Der Straßenlärm schallt zu uns herüber, die allesamt amerikanisch aussehenden Autos jagen auf dem Highway an uns vorbei. Ich kann es nicht glauben. Diese Kulisse, diese Eindrücke: Ich bin *tatsächlich* in Amerika! Ich bin mit meinem kleinen Boot in die USA gesegelt! Glücksgefühle machen sich in mir breit.

Nach etwa einer Stunde Kanalfahrt durch den gigantischen Hafen von Miami erreichen wir die City, in der sich laut meiner digitalen Laptopkarte ein Hafenbecken für Sportboote befindet. Dort angekommen, finden wir es auch, jedoch liegt zwischen uns und dem Becken noch eine Klappbrücke hinüber nach Dodge Island, die zwar offen ist, aber ein rotes Licht zeigt. Was tun? Dennoch durchfahren? Gerichtsurteile jagen mir durch den Kopf, in denen Amerikaner wegen Kleinigkeiten hinter Gitter gewandert sind. Also lieber draußen bleiben und nichts Ungesetzmäßiges tun.

Plötzlich passiert uns von hinten eine Fähre und flutscht genau vor unserem Bug durch die Brücke. »Na wenn die das dürfen, dürfen wir das auch!«

Gleich hinter der Brücke rechts machen wir außen an der Schutzmauer vor der Miami City Marina fest und atmen auf: »Angekommen!«

Aber nun beginnt der Spaß des Einklarierens erst. Schon im Segel-

Länderlexikon hatte ich gelesen, dass sich jedes Schiff sofort nach Ankunft bei einer bestimmten Nummer melden soll, um die weiteren Verfahrensweisen erklärt zu bekommen. Also drücke ich Georg das Satellitentelefon in die Hand. Der unterhält sich eine Weile mit einer Stimme am anderen Ende, es scheint Missverständnisse zu geben, und ein paarmal ist es nicht zu überhören, dass der Mann am anderen Ende eine ziemlich schlechte Laune hat. Zweimal wird die Verbindung des Satellitentelefons auch noch unterbrochen, was den Mann nicht ruhiger stimmt. Dann sollen die Daten aus den Pässen vom Captain durchgegeben werden. Georg reicht an mich weiter. Ich habe nun eine nette Frauenstimme am anderen Ende, die geduldig jeden Buchstaben und jede Zahl aus unseren Pässen mitschreibt (bei deutschen Namen hilft offenbar nur das Buchstabieren) und mir im Anschluss eine lange Nummer diktiert, mit der wir uns am Morgen pünktlich um sieben Uhr, also in gut zwei Stunden, beim Immigrations-Office zu melden haben. So weit, so gut.

Schnell fallen wir noch mal für einen Augenblick in die Koje bevor wir uns pünktlich um halb sieben mit einem Taxi auf den Weg nach Dodge Island machen. Angekommen im Immigrations-Office, erwischen wir einen stinkigen Puerto Ricaner, der sich allergrößte Mühe gibt, seinen Frust an mir abzulassen. Als Erstes will er Irene und Georg sofort ausweisen, weil sie nicht wie ich ein Visum für die Vereinigten Staaten haben, sondern nur einen Visa-Weaver, den sie bei der Einreise in die USA bekommen und beim Weiterflug nach Georgetown für die anschließende Wiedereinreise per Boot behalten haben. Sie hatten sich vorher genaustens informiert, dass die Weaver bei der Wiedereinreise per Boot anerkannt werden. Aber dieser Beamte hat davon offenbar noch nichts gehört und will uns daher allesamt gleich wieder hinauswerfen. Glücklicherweise kommt gerade im richtigen Augenblick ein älterer Beamter rein, der das Problem mitbekommt und ihm versichert, dass wir alles richtig gemacht haben. Puuuuh!

Als Nächstes lässt er mich einen Einreisezettel ausfüllen, den ich auf St. Thomas schon einmal ausgefüllt habe. Als ich mit dem Zettel zur Hälfte fertig bin, fällt mir auf, dass ich meine Antworten auf die vielen Fragen in die falschen Zeilen eingetragen habe. Sie hätten über die Fragen gemusst und nicht darunter. Das habe ich schon damals auf St. Thomas aus reiner Dummheit falsch gemacht, aber die Dame hat nur freundlich gelächelt und mir gesagt, dass das schon okay wäre, sie würde sich das Passende raussuchen.

Als ich nun aufstehe und dem Beamten meinen Fehler gestehe, flippt er aus, verlässt seinen kleinen Raum, kommt zu mir in den Wartesaal, setzt sich auf meinen Stuhl und diktiert mir, was ich wo auszufüllen habe, mit einer gespielten Freundlichkeit: »Sir, da tragen Sie Ihren Namen ein, E-R-D-M-A-N-N.« Auch meinen Vornamen und den Bootsnamen buchstabiert er mir, damit ich mich auf keinen Fall verschreibe. Als dann die Frage mit der Einreiseart an der Reihe ist, diktiert er mir »Sea«, und ich denke natürlich, er buchstabiert weiter und schreibe ein »C«. Dabei platzt die Bombe, er holt einen Stift aus der Tasche, malt sich ein handflächengroßes »S« auf die Hand und hält es mir unter die Nase, verschwindet dann wieder in seiner Kammer. Eine Weile passiert nichts, dann kommt er, übertrieben freundlich, wieder und überreicht mir einen neuen Zettel, den ich diesmal nur noch zu kopieren brauche und ihm dann mit zitternder Hand ein zweites Mal zur Kontrolle gebe. Diesmal geht alles gut, ich bekomme meinen Stempel in den Pass, und wir dürfen gehen. Ich muss allerdings nochmal innerhalb der Woche wiederkommen, um ein Cruising-Permit, das mir das Bereisen der USA unter deutscher Flagge erlaubt, ausstellen zu lassen. Da an diesem Wochenende Memorial Day ist und halb Miami brachliegt, ist niemand, der es mir ausstellen könnte, im Büro.

Aber in der Zwischenzeit stehen für uns ein paar Urlaubstage auf dem Programm!

Nach einer Dusche (für mich die erste richtige seit beinahe anderthalb Monaten!) buchen Georg und Irene noch am gleichen Tag drei Tickets für zwei Touristenfahrten: eine mit einem Reisebus nach Key West und eine Zweite in die Everglades.

Die Fahrt nach Key West wird zum reinsten Abenteuer. Nicht nur wegen der Stadt selbst, die wirklich schön und interessant ist, sondern vor allem auch wegen unseres Fahrers Mario, der aus der Fahrt den reinsten türkischen Basar macht, indem er uns alle möglichen Schnorcheltouren oder »All you can eat«-Fressorgien in Key West verkaufen will. Nachdem er auf der gesamten Hinfahrt die auf dem Beifahrersitz sitzende Mitfahrerin angebaggert hat, schläft er auf der Rückfahrt dann fast am Steuer ein und kämpft immer wieder damit, die Augen offen zu halten. Ein Erlebnis ist die Fahrt für mich aber in jedem Fall. Allein schon, weil wir auf dem Weg nach Key West auf einem Highway-Rastplatz den Anker werfen, in dem ganz zufällig Hugo Viehlens APRIL FOOL liegt, mit der der Amerikaner in den 1960er-Jahren alleine den Atlantik von Afrika nach Florida überquert hat. Das Verrückte an der Sache: Das Boot ist nur 1,6 Meter lang!

Zurück in Miami, mache ich mich am Dienstagmorgen sofort auf den Weg zu den Behörden, um mir das Cruising-Permit ausstellen zu lassen. Diesmal treffe ich in dem Büro einen wirklich netten schwarzen Officer, der sich sehr interessiert meine ganze Geschichte erzählen lässt, bevor er mir ein Permit für ein ganzes Jahr ausstellt. Er kann sogar ein bisschen Deutsch: »Ich bin mal auf ein Schiff aus Bremerhaven gefahren.«

Am Nachmittag machen wir uns während der zweiten Tour auf den Weg in die Everglades, Alligatoren angucken. Die Fahrer der Airboats, die mit uns in die Wildnis der Everglades hineinfahren, haben einen echt netten Humor und verstehen es, ihre Mitfahrer unterwegs zu unterhalten. Einmal, als sie sich in ihren Booten begegnen, rufen sie einander zu: »Und, hast du heut schon wen verloren?« – »Nee, ich passe ein bisschen mehr auf, nach dem, was letzte Woche passiert ist.«

Nach einem »Geschnetzelten der meistbedrohten Tierarten«, bestehend aus Krokodil, Frosch und einem seltenen Fisch, allesamt frittiert, geht es wieder zurück nach Miami, das Georg und Irene schon am folgenden Tag verlassen müssen.

Für mich soll es dann weiter nach Fort Lauderdale gehen, das mir Chris und Ela, zwei nette Deutsche, die wir im Yachthafen kennengelernt haben, empfahlen. Chris ist von Beruf Eishockeyspieler im RTL-Team, und die beiden kommen jedes Jahr nach Miami, um sich hier ein gebrauchtes Boot zu kaufen und die Florida Keys zu erkunden.

Der folgende Tag ist der 31. Mai – und unser Abschiedstag. Nach mehr als drei Wochen zusammen an Bord werden mich Georg und Irene hier verlassen und zurück nach Deutschland fliegen. Für mich geht es dann den »Rest des Weges« bis nach New York wieder alleine weiter.

Schon am Morgen räumen sie das Boot aus und verteilen ihre Sachen großflächig auf dem Steg, um alles in die Taschen zu stopfen. Die beiden dürfen eine ganze Menge Gepäck mit nach Deutschland nehmen, deshalb packe ich ihnen auch noch das Radargerät mit ein, das ich ja nun nicht mehr benötige, und auch den Kurzwellenempfänger, den mir Uwe Röttgering für diese Reise geliehen hat.

Zusammen fahren wir samt dem Gepäck noch für ein paar Stunden nach Miami Beach, um uns an den Strand in die Sonne zu legen. Das Wasser ist zwar eine ekelhafte Brühe, nach dem was wir auf den Bahamas erlebt haben, aber was das angeht, werden wir wohl für immer »verdorben« sein.

Schließlich ist es so weit: Der Abschied ist da und kommt in Form eines Linienbusses, der Georg und Irene mit zum Flughafen nimmt. Eine letzte Umarmung, ein letzter Händedruck und ich bin wieder allein.

Und habe noch 1000 Meilen vor mir.

Brückenöffnungszeiten und Gewitterschauer

M orgens regnet, gewittert und schüttet es wie aus Kübeln, während ich mit offenem Vorluk im Vorschiff liege und durch das umgedrehte Schlauchboot darüber trocken bleibe. Nach dem Duschen, dem Bezahlen der letzten Nächte (je 55,50 US$) und einem O-Saft + Espresso (Starbucks) verabschiede ich mich bei Chris und Ela und verlasse den Hafen mit Kurs auf die mir von ihnen empfohlene Las Olaz Marina in Fort Lauderdale. Die beiden wollen mir vielleicht noch hinterherkommen, haben aber noch Probleme mit einer Maschine. Ein Mechaniker ist gerade daran zugange. Nach dem Durchkreuzen des gigantischen Hafens von Miami und dem Passieren etlicher Brücken, die meistens von selbst öffnen, wenn sie mich sehen, tuckere ich den Intracoastal Waterway (ICW) hinauf und erreiche nach einer sehr interessanten Fahrt vorbei an Hochhäusern und Millionärs-Wohnvierteln schließlich Fort Lauderdale kurz vor der Abenddämmerung.

Im Marinabüro ist niemand mehr zu finden. Also mache ich es mir an Bord gemütlich, koche mir ISP und telefoniere über den Internet-Hotspot im Hafen mit Zuhause.

Am nächsten Morgen bin ich gerade auf dem Weg zum Marinabüro, als mir eine Gestalt entgegenkommt und mir durch den Kopf geht »wenn das mal nicht der Hafenmeister ist ...«. Er ist es und will mich sofort verscheuchen, weil der Platz ab morgen vermietet ist. Aber als er die deutsche Flagge am Heck der MAVERICK wehen sieht, macht er auf den Hacken eine Kehrtwende und ändert seine Meinung: »Ach weißt du was? Wenn du bis morgen Mittag hier weg bist, dann bleib liegen ...«

In der Marina gibt es nicht nur Duschen, die ich nun mit der Marina-Chipkarte öffnen kann, sondern auch Waschmaschinen, in denen ich als Erstes meine gesamte Garderobe durchwasche – und das ist gar nicht so einfach! Das Logbuch erfährt am Abend:

Heute habe ich meine Wäsche gewaschen. Absolute Katastrophe! Kommen die Jeans mit den Pullovern zusammen oder getrennt nach hell und dunkel? Ich bin alleine über den Atlantik gesegelt, aber befülle zum ersten Mal eine Waschmaschine ...

Am folgenden Tag, dem 3. Juni 2006, verlasse ich den Hafen, ohne viel von Fort Lauderdale gesehen zu haben, wie versprochen kurz vor Mittag. Am Abend zuvor habe ich mich entschlossen, dem ewigen »Brückenöffnung-Abwarten« ein Ende zu setzen und die nächste Etappe hinüber nach Cape Canaveral draußen auf dem Atlantik zu nehmen. Also geht es wieder zurück durch den ICW bis zur Durchfahrt in den Atlantik, gleich am Beginn der Stadt. Auf dem Weg finde ich – glücklicherweise – eine Wassertankstelle, in der ich meine Tanks noch mal bis zum Überlaufen auffüllen möchte. Das »Über« schaffe ich dabei nicht ganz, aber »Auslaufen« tut eine Menge: Als der Tank schließlich voll ist, sind die Kanister an der Reihe, die ich einen nach dem anderen auffülle und offen im Cockpit stehen lasse, um nicht nach jedem einzelnen einen Deckel aufschrauben zu müssen. Gerade winke ich das warnende »Schraub ihn lieber erst zu« des Tankmeisters mit einem »ich hab das schon oft gemacht« ab, als es plötzlich klatscht und um mich herum der Diesel durch das Cockpit fließt, mir über die Beine und die Sitzbänke. »Ich hab's dir doch gesagt, du verkippst den noch!« – »Danke!«

Mit vollem Tank und nassen Füßen motore ich weiter den ICW hinauf, biege kurz nach der großen Brücke, die den Hafen überspannt, nach links ab und tuckere hinaus auf den Atlantik. Sofort überkommt mich ein Gefühl von »nach Hause kommen« da draußen, auch wenn das Wasser hier, nahe der Stadt, sehr bräunlich ist. Anders, als draußen auf der offenen See.

Den ganzen Tag motore ich wegen schwacher Winde an der Küste entlang nach Norden, werde dabei durch den Golfstrom von hinten sehr geschoben, sodass auf dem GPS oftmals mehr als 8,5 Knoten zu lesen sind. Gegen Nachmittag verwandelt sich die Flaute jedoch plötzlich zu einem orkanartigen Gewitterguss, der stundenlang auf die MAVERICK niedergeht und sie wie schon einst auf der Passage von Bimini nach Miami auch ohne Segel beängstigend auf die Seite legt. Kurz überlege ich, Palm Beach anzulaufen, das genau in der Mitte zwischen Fort Lauderdale und Cape Canaveral im geschützten ICW liegt, aber der Wille »Voran!« ist doch größer als der Wille nach einem geschützten Liegeplatz.

Auch während der Nacht ist das Wetter gleichbleibend miserabel, immer wieder ziehen von Norden schwere Gewitterfronten über mich hinweg, denen ich jedoch immer wieder einigermaßen ausweichen kann, ohne in ihr Zentrum zu gelangen. Auch der Verkehr ist so nahe der Küste wieder einmal sehr stark, immer wieder sichte ich Frachter und Schleppverbände, deren Anhang manchmal sogar gar nicht beleuchtet ist. Schlaf im 30-Minuten-Takt steht wieder an der

Tages- oder eher Nachtordnung, und so bin ich froh, als am folgenden Tag endlich die Sonne aufgeht. Auch wenn ich sie hinter den tief hängenden Regenwolken nicht erblicken kann. Immer noch schüttet es sintflutartig, der Ozean ist wellenlos und von den aufschlagenden Regentropfen zerfurcht.

Ohne wirklich viel zu sehen, laufe ich gegen 14 Uhr in den Hafen von Port Canaveral ein, als ein Gewitter wirklich dicht an mir vorbeizieht, die Blitze durch den Himmel zucken und mit einem ohrenbetäubenden Donnern irgendwo an Land ein Haus in einen Bausatz verwandeln.

Endlich erreiche ich nach 30 Stunden unter Maschine eine Marina, in der ich am Fueldock, dem Tankanleger, festmache und im Marinabüro die Genehmigung bekomme, für ein paar Tage dort liegen bleiben zu dürfen. In einer kurzen Regenpause erkunde ich ein wenig mehr der umliegenden Gegend: Es scheint, als wäre ich mitten im Nirgendwo gelandet. Zwar liegen in Sichtweite einige Kreuzfahrtschiffe, aber ansonsten scheint die Marina weit fernab jeglicher Zivilisation zu sein, mitten in einem Industriegebiet. Mit einem Ham&Cheese-Sandwich aus dem Shop der Marina ziehe ich mich an Bord der MAVERICK zurück und lege mich in die Koje. Nicht nur auf dem Dach prasseln die Tropfen, sondern auch in meinem Kopf kann ich sie fühlen. Ich hab keine Lust mehr. Immer nur Regen und nichts zu tun oder erleben hier. Dabei hatte ich so gehofft, irgendwie mit einem Bus oder noch besser und billiger zu Fuß in das Nasa-Museum zu kommen, um mir die Raketen anschauen zu können. Fehlanzeige.

Keine Stunde vergeht, dann klopft es plötzlich an Deck, und ich mache die Bekanntschaft mit George, der gerade seine 50 Fuß lange Columbia 50 Yawl nur einige Meter hinter mir festgemacht hat, um voll zu tanken und den Sturm abzuwarten. Als ihm der Tankwart von mir erzählt hat, konnte er seinen Ohren nicht trauen, dass ich mit diesem kleinen Boot und meinen 20 Jahren ganz alleine unterwegs bin. Meine Person katapultiert George in seine Vergangenheit: Vor etwa 30 Jahren ist er mit einem 27 Fuß langen Eigenbau alleine die Küste der USA hinunter und durch die Bahamas gesegelt. Sofort werde ich zu ihm an Bord auf ein Bier eingeladen. Als ich ihm jedoch – fast schon routinemäßig – erzähle, dass ich noch keine 21 bin und in diesem Land eigentlich noch kein Bier trinken dürfte, erwidert er mir nur, dass bei ihm an Bord jeder, der alleine den Atlantik in einem kleinen Boot überquert hat, ein Bier verdient hat, egal was die Polizei sagt.

An Bord mache ich als Nächstes Bekanntschaft mit Willer, einem ebenfalls 20-jährigen Brasilianer, der George seit zwei Tagen begleitet, aber keine Segelerfahrung hat. Er ist der Sohn einer Freundin von George und damit er nicht nur zu Hause rumhängt, hat George ihm angeboten, ihn ein paar Wochen oder Monate an Bord zu begleiten. Bisher hatten die beiden jedoch nur Pech mit dem Wetter und den hohen Wellen, die selbst auf dem 50 Fuß langen Segelschiff bis an Deck gelangten, was Willer sichtlich beeindruckte. Eigentlich hatten die beiden vor, zusammen nach Brasilien zu segeln, Willers Heimatland, weil Willer George erzählt hat, dass man dort, wenn man den Amazonas hinaufsegelt, noch kleine, unberührte Dörfer findet, in denen man für eine Kiste Whisky eine junge, wunderschöne Frau kaufen kann, die er dann mit nach Hause nehmen möchte. Die Vorstellung gefällt ihm einfach, eine Frau, die in jeglicher Beziehung absolut jungfräulich ist, vor allem was das weltliche Leben angeht, für eine Kiste Whisky mit nach Hause zu nehmen. Die beiden wollten eigentlich nur kurz zum Tanken am Fueldock liegen und dann für die Nacht an eine Kaimauer im Industriehafen verlegen, weil das im Gegensatz zur Marina nichts kostet, aber da wir uns nun kennengelernt haben, lädt mich George zum Abendessen an Bord ein und beschließt, erst am folgenden Morgen um vier Uhr, zwei Stunden bevor die ersten Arbeiter der Marina ihn erblicken können, den Fueldock zu verlassen. Ansonsten könnte es Ärger geben, dass sie dort über Nacht gelegen haben, ohne zu bezahlen: »Otherwise we'll become residents of Cape Canaveral jail.«

Aber wie ich weiter erfahre, ist George selbst einmal Polizist gewesen. Ursprünglich hat er jedoch Lehramt studiert und ist lange Jahre Chemielehrer gewesen: »Aber die Schüler waren so dämlich, die haben den Stoff einfach nicht auf die Reihe bekommen, weil sie einfach keine Lust hatten, zu lernen, immer nur Party, Alkohol, Drogen ... Irgendwann habe ich mir dann gedacht: ›Wenn ich sie nicht unterrichten kann, will ich sie wenigstens einlochen!‹ – und bin Polizist geworden. Und ich war wirklich gut, ich hab damals in einem Monat mehr Jugendliche eingelocht als andere in einem Jahr!«

Über die Polizeigeschichten kommen wir schließlich auf das allseits beliebte Thema Politik, und darin geht George so richtig auf: »Wenn du zurück nach Deutschland kommst, erzähl bitte allen, dass du wenigstens einen Amerikaner getroffen hast, der Bush hasst wie die Pest. Er ist das Schlimmste, was uns je passieren konnte. Viel schlimmer noch, ich denke, er ist der Antichrist!« Bei diesen harten Worten muss ich schon ganz schön schlucken. Aber Georges Bedenken sind völlig unbegründet gewesen, denn bisher habe ich noch keinen Amerikaner getroffen, der Bush wirklich leiden konnte oder hinter ihm steht. Wer hat ihn bloß gewählt? Es ist schon überraschend.

Nebenbei bekomme ich von George einige Tipps für die weitere Reise. Sein Vorschlag ist, zum Potomac-River in der Chesapeake Bay zu segeln. Dort gibt es eine kleine Insel, Salomon Island, auf der sich eine Seglercommunity bei »Zennheisers« befindet. George ist sich sicher: »Wenn du da mit deiner Geschichte auftauchst und denen erzählst, ich muss mein Boot verkaufen und zurück nach Deutschland, dann sagen die ganz sicher – stell es hier irgendwo in die Ecke und komm irgendwann mal wieder – for free!«

Während wir uns so unterhalten, kommen immer wieder Menschen am Steg vorbei und schauen sich interessiert die MAVERICK von Nahem an. »You should sell tickets« – »du solltest Eintrittskarten verkaufen« ist Georges Tipp. Plötzlich kommt ein Mann sehr gebückt und mit einer Dose Bier angeschlichen, beugt sich sichtlich angetrunken zur MAVERICK hinüber und klopft an Deck. »The captain is here«, ruft ihm George hinüber, woraufhin dieser mit auffallend deutschem Akzent »Are there Germans?«, zurückruft. Ein paar Sekunden später klettert der Mann an Bord der Yawl und gesellt sich in unsere Runde. Wir machen Bekanntschaft mit Professor Dr. Fritz Baehren. – So kann der Schein trügen!

Fritz ist gerade pensioniert worden und war zuvor Professor an der FH Heilbronn. Nun ist er Rentner und will sich ein paar Jugendträume erfüllen. Also machte er sich mit seinen gesamten Ersparnissen auf den Weg nach Florida, kaufte sich hier einen Cadillac, einen Jaguar, zwei Segel- und eine Motoryacht (alle gebraucht) und lebt nun seit einigen Wochen auf einer davon im Hafen von Port Canaveral.

Auch Fritz wird von George zum Essen eingeladen, und zusammen verbringen wir noch einige Stunden: Wir erzählen, trinken Bier und »Black Death« (eine Mischung aus Grapesaft und Vodka, »Yellow Death« wäre es, wenn der Saft alle ist und man Wasser aus dem Tank verwendet …). Zwischendurch rette ich mein Dingi vor einem Waschbären, der sich gerade daranmacht, mir die Gummischläuche zu zerkauen und von George im letzten Augenblick gesehen wird. Ein witziges Gefühl, einen Waschbären in freier Wildbahn zu sehen und dazu noch auf meinem Dingi. Etliche Stunden später fallen wir endlich in unsere Kojen. Als ich am nächsten Morgen wach werde, ist George samt Boot weg.

Aber Fritz ist noch da, schließlich wohnt er hier auf seiner kleinen Catalina 27, die jedoch trotz der gleichen Länge einiges mehr an Raum unter Deck bietet, als der schmale Binnenseebau MAVERICK. Wenn dieser Raum unter Deck nur nicht vollkommen zugestellt wäre mit einem Kühlschrank (wie in einem Haus!), einem vollständigen PC und lauter anderem Kram, den Fritz offensichtlich im Kaufrausch bei Walmart zu »einem Schnäppchenpreis« ergattern konnte. Irgendwie lässt mich das Chaos unter Deck darauf schließen, dass Fritz hier gestrandet ist und seine ganze Pension in vergammelte, kaputte Schiffe investiert, die er überholen und dann an zahlende Kunden verchartern will. Offenbar überschätzt er dabei den Optimismus der Amerikaner und vergisst, dass selbst hier bestimmte Vorschriften für Charterboote bestehen und nicht jeder so mir nichts, dir nichts, eine Charterflotte aufmachen kann. Obwohl seine Idee ganz nett klingt: Die Gäste werden in seinem alten, aber schicken Jaguar vom Airport abgeholt, zu den Schiffen gefahren und dann hinunter zu den Florida Keys geskippert. Auch mir bietet er einen Job als Skipper an und außerdem einen Job als Webdesigner, um ihm eine Website für die Charteragentur zu erstellen und für eine weitere Firma, die er gründen möchte. Ich bin ja selbst ein unverbesserlicher Optimist, was das Pläneschmieden angeht, sonst wäre ich wohl kaum auf diesem kleinen und alten Boot alleine über den Atlantik gesegelt, aber irgendwie glaube ich, dass das Ganze in die Hose gehen wird.

Nichtsdestotrotz ist Fritz ein echt netter Kerl, der mir gleich am Morgen anbietet, mit mir ins Kennedy Space Center der Nasa zu fahren. An diesem Morgen lerne ich ihn, im Gegensatz zum Vorabend nun vollkommen nüchtern, als echt wertvollen Menschen kennen. Zusammen fahren wir mit dem Jaguar durch die Gegend, nach Cocoa Beach, wo sich Fritz ein Haus kaufen wollte, nach Merrit Island, weiter zu einem Walmart, wo ich mich wieder einmal so richtig mit neuem Proviant eindecken kann und mir endlich ein US-Handy kaufe. Schließlich geht es ins Space Center, das ich mit seinen gigantischen Raketen, die davor gen Himmel zeigen, wirklich sehr beeindruckend finde.

Am Abend zeigt mir Fritz noch sein zweites Segelboot, das nebenan auf dem Trockenen steht, eine 36-Fuß-Ketsch, deren Maschine jedoch kaputt ist. Um das Boot herum lagern alle möglichen Gegenstände, die Fritz aus den Müll gesammelt hat, unter anderem ein komplettes Radargerät und eine Steuerkonsole aus einem Motorboot: »Du glaubst gar nicht, was die Leute hier alles wegwerfen!« Ärger hat er zwar wegen des Müllwalls rund um sein Boot auch schon bekommen, weil die Teile bei einem Hurrikan alle wie Geschosse durch die Gegend fliegen würden, aber das kümmert ihn nicht, wo soll er auch sonst damit hin?

Am Abend mache ich mich an einen Ölwechsel an Bord der MAVERICK. Das Öl ist schon seit Wolfsburg im Motor, und nach bestimmt 1000 Seemeilen unter Maschine ist es wirklich langsam fällig, wenn ich noch den ICW bis nach New York hoch will. Das Öl dafür spendet Fritz, er hat es vor einer Weile mal auf Vorrat gekauft und auch eine Doppelhub-Luftpumpe, die wir zur Ölpumpe umbauen. Etwa eine Stunde dauert es und einige Bier, bis ich das Öl aus der Maschine abgepumpt habe. Zwischendurch kommen zwei Männer von einer Motoryacht herüber, die die Nacht am Fueldock verbringen und interviewen mich über meine Reise. Ich erinnere den einen von ihnen stark an Robin Lee Graham aus dem Buch Dove, das mich ja schon die ganze Reise über begleitet. Da Robin unterwegs seine Frau fürs Leben gefunden hat, hat er auch noch einen Tipp für mich: »You should make a girl pregnant!« – »Du solltest noch irgendwo ein Mädchen schwängern, dann ist es genauso wie im Buch!« Aber das muss dann doch nicht sein ...

Irgendwie scheinen die beiden ein wenig komisch zu sein. Als einen Augenblick später ein Delfin an MAVERICK vorbeischwimmt und Fritz ausschreit »Look, a dolphin!«, meint der eine nur »Ah, taste like chicken ...« – schmeckt wie Hühnchen. Aber die beiden finden es schade, dass sie erst so spät rübergekommen sind, denn in ein paar Stunden wollen sie schon auslaufen, so lange es noch dunkel ist. Offenbar haben sie die gleiche Taktik was Liegegebühren angeht wie George einen Tag zuvor.

Schließlich ist das Öl aus dem Motor heraus und dafür großflächig in der Kajüte und an meinen Beinen verteilt, der neue Filter montiert und der neue Motorsaft in den Stutzen gegossen. Also ab ins Bett.

Am nächsten Morgen ist Fritz wieder früh wach und will mich gerade wecken, als ich gegen acht aus der Dusche gewatschelt komme. Zusammen wollen wir uns heute an die Motorinstrumente der MAVERICK machen, die allesamt Salzwasser geschluckt haben, seitdem die Schutzklappe in der Karibik abgebrochen ist. Das Ergebnis: Der Öldruckmesser ist kurz vorm Löffelabgeben und die Anzeige der Kühlwassertemperatur – im ICW wegen herumtreibender Plastiktüten, die den Kühlwassereinlass verstopfen können, extrem wichtig – ist hin. Bei »Flownder Pounder«, einem Bootsladen, der sich auf das Abwracken alter, hurrikanbeschädigter Yachten spezialisiert hat und daher alle möglichen Teile für Boote gebraucht verkauft, werden wir fündig. Auch ein neues Zündschloss, das alte ist schon wieder hin, finde ich dort und montiere alles innerhalb einer Stunde während einer »Elektrotechnik-Vorlesung«, die ich vom Prof bekomme. Und alles funktioniert, bis auf den Drehzahlmesser, den wir beim Herumdoktorn durchbrennen lassen. Aber mittlerweile kenne ich die Maschinengeräusche der MAVERICK so gut, dass ich auch ohne Drehzahlmesser am Klang erkenne, wie viele Umdrehungen die alte Lady macht.

Während ich kurz mit dem Jaguar zum Baumarkt fahre, um Pressverbinder zu kaufen – ein merkwürdiges Gefühl, nach sechs Monaten zum ersten Mal wieder am Autolenkrad zu sitzen – füllt Fritz mir ein »Certificate of Excellence« aus, das er im 1-Dollar-Shop als Vordruck und gerahmt gekauft hat. Dort ist dann, sinngemäß übersetzt, zu lesen:

»Hiermit wird Johannes Erdmann das Zertifikat der Außergewöhnlichkeit überreicht, der mit einem kleinen, 27 Fuß langen Segelboot alleine über den Atlantik von good old Germany nach Florida gesegelt ist, nur mit einem kleinen Hand-GPS und einer Seekarte.«

Unterschrieben von Fritz, samt Stempel, und gegengezeichnet vom Marinabüro, denen er meine ganze Geschichte erzählt. Dementsprechend freundlich ist man daraufhin auch zu mir, die junge Büroangestellte in meinem Alter setzt sogar ein leicht debiles Dauergrinsen auf, ist fühlbar nervös, als ich mit ihr rede und will nun plötzlich alles über meine Reise wissen. Schließlich lässt sie einen Seufzer los: »Hach, ich war noch niemals da draußen ...« Offenbar will sie mich zu einem kleinen Segelausflug überreden. Aber da ich ein wenig spät dran bin und schnell weiter möchte, habe ich leider keine Zeit dafür. Aber ich freue mich sehr über die zwar »gefakete« aber doch echt witzige und lieb gemeinte Auszeichnung, die sich meine Eltern irgendwann einmal über den Kaminsims hängen dürfen.

Zum Abschied schenkt mir Fritz etliche Kleinigkeiten: ein paar Raketenbilder von der Nasa-Station, eine leuchtende 12-Volt-Flagge der Vereinigen Staaten, Seekarten für das vor mir liegende Stück und zu meiner Verwunderung eine King-James-Bibel, sogar mit Widmung: »Lieber Johannes, ich habe im Alter von 48 Jahren mit dem Lesen des Neuen Testaments begonnen. Ein Buch, das einfach überwältigend und faszinierend ist. Du hast mit 20 schon die Reife dazu. Dein Freund Fritz«. Ich bin überwältigt und habe ein schlechtes Gewissen, dass ich schon den ganzen Tag so gedrängelt habe, um weiterzukommen. Und ein wenig überrascht bin ich auch, über das Geschenk einer Bibel. In der Tat habe auch ich eine an Bord und auf dem Atlantik viel darin gelesen. Die Zeit allein da draußen war ja beinahe, wie Gott genau ins Gesicht zu schauen. Vor allem habe ich dort einige Passagen, wie z.B. Psalm 139, »Nähme ich Flügel der Morgenröte und bliebe am äußersten Meer, würde auch dort deine Hand mit mir sein und deine Rechte mich leiten, Herr« im Morgenrot des Atlantiks, Tausende Meilen vor und Tausende Meilen hinter mir keine Menschenseele, wirklich verstanden. Ich hatte da draußen niemals Angst, mein Leben zu verlieren und habe immer gewusst, ich bin nicht allein. Und auch immer wieder, wo ich auch war, kam mit den Seglern, die ich traf, das Thema Glauben auf. Auch wenn die Welt

An jeder der vielen Brücken reiben sich die Leute die Augen: »Ist das kleine Boot tatsächlich aus Deutschland hierhergesegelt?«

heute so »freidenkerisch« ist und fast alle Segler abergläubisch, so scheint das Thema die meisten, die sich davor sträuben, doch zu beschäftigen – auch wenn es sicher nicht leicht ist, es sich einzugestehen, dass es einen Gott gibt, weil man sich dann zugleich eingestehen müsste, dass man sein Leben lang auf dem falschen Weg war. Fritz hatte das verstanden, das merkte ich nun. Und auch wenn er in alledem, was er da in Florida tat, nicht ganz so recht wusste, wohin es ihn führte, so hatte er doch den Kern des Lebens entdeckt. Das erkannte ich an diesem Tag. Und was ich damals noch nicht wusste, war, dass Fritz nur noch wenige Wochen zu leben hatte. Einige Wochen später sollte er ganz plötzlich nicht mehr aufwachen. Vielleicht wusste er auch schon während unserer Tage in Cape Canaveral, dass er sterben muss. Ich werde es nie erfahren. Aber ich werde Fritz als wertvollen Menschen in meiner Erinnerung behalten.

Intracoastal Waterway –
Wälder, Wiesen und Delfine

Am nächsten Morgen wache ich gegen neun Uhr an meinem Ankerplatz im ICW auf. Nachdem ich Fritz verlassen habe, bin ich zunächst durch eine Schleuse vom Hafen von Port Canaveral hinüber in den »Canaveral-Barge-Canal«, der durch den Bananariver zum ICW führt und habe auf halbem Wege den Anker geworfen, um am nächsten Morgen frisch und munter weiterzufahren. Dennoch komme ich nach einem Kaffee, Frühstück und einem Telefonat mit Oma, die sich bereits Sorgen machte, erst gegen halb elf los und tuckere den ganzen Tag über mit etwa 5 Knoten den ICW hinauf bis zu Kanalmeile 850, nahe New Smyrna Beach, wo ich direkt neben der grünen Tonne 45 den Anker werfe. Der Diesel ist fast alle, der Proviant, das Wasser und das Geld auch, und so kann ich nur hoffen, dass ich am nächsten Tag eine Bank, einen Supermarkt und eine Tankstelle finde, um alles nachzufüllen. Daytona ist nur zwölf Meilen entfernt, die ich gut in etwa 2,5 Stunden zurücklegen könnte. An diesem Tag habe ich knapp 50 Meilen geschafft, was ein echt guter Tagesschnitt für eine Kanalfahrt ist.

Als ich jedoch am folgenden Tag an einem Schild mit Aufschrift »Adventure-Marina« vorbeikomme, auf der neben dem Wort »Diesel« auch noch »Wi/Fi-Hotspot« steht und ich so die Chance wittere, einen neuen Bericht für meine Website zu verfassen, beschließe ich, dass ich mir nach dem Etmal von 50 Meilen am Vortag nun mal einen Tag mit nur zehn Meilen leisten kann und biege nach dem Schild rechts ab.

Im Hafen angekommen, lasse ich meine Tanks allesamt bis zum Überlaufen füllen, was etwa 100 Liter Diesel bedeutet, und erzähle auf die Frage des Tankmeisters nach der »German Flag« noch einmal meine gesamte Geschichte. Einen Platz für die Nacht bekomme ich auch, für den konkurrenzlosen Preis von 32 Dollar. Schon heftig, wenn ich bedenke, dass wir in Deutschland immer zwischen 8 und 10 Euro pro Nacht bezahlt haben, was uns manchmal im Gegensatz zu den D-Mark-Preisen früher sogar schon recht teuer vorkam.

Von dem Tankmeister und Yachthafenbesitzer bekomme ich den Tipp, am Abend mal einen Burger in der Yachthafenbar zu essen, weil sich dort der ganze Ort trifft und man so gut Leute kennenlernen kann. Als ich eine Stunde später den Steg hinunter zur Bar laufe, werde ich dort schon freudig begrüßt: »Hey, das ist der junge Kerl, der mit seinem kleinen Segelboot allein über den Atlantik gefahren ist!« – offenbar hat es sich schon rumgesprochen. Den ganzen Abend über werde ich von den anderen Gästen belagert, die in zwei Reihen um mich herumsitzen und sich von mir meine Abenteuer erzählen lassen – und noch viel besser: auch meine Drinks übernehmen.

Auch eine deutsche Frau ist dabei, die vor Jahrzehnten in die USA ausgewandert ist. »Deutsche trifft man offenbar überall«, denke ich mir, als ich plötzlich von dem neben mir sitzenden Mann auf Deutsch angesprochen werde. Ich lerne Jan kennen, der jedoch kein Deutscher, sondern Holländer ist und fast akzentfrei meine Sprache spricht. Er ist nur im Urlaub hier, seine Eltern besitzen ein Haus an der Atlantikküste, und so kommt er jedes Jahr für ein paar Wochen herübergeflogen und kennt mittlerweile das halbe Dorf. Er hat seit Jahren kein Deutsch mehr gesprochen, aber kommt sehr schnell wieder rein. Stundenlang sitzen wir zusammen in der Bar, erzählen von Deutschland, in dem er mal eine Weile gearbeitet hat, meiner Atlantiküberquerung, die er sich gar nicht wirklich vorstellen kann, und seinem Café »De Slujsewaart« (Der Schleusenwärter) in Amsterdam. Langsam leert sich die Bar, bis schließlich nur noch Jan, ein weiterer Gast, zwei Bedienungen und ich an der Theke sitzen. Nun komme ich auch mit den Damen von der Bar ins Gespräch, die mich ebenfalls ganz interessiert zu meiner Reise befragen. Irgendwann kommt schließlich die Frage »Sag mal, wie alt bist du eigentlich?« – »Zwanzig« – »Shit ...« Den ganzen Abend haben mir die Damen immer fleißig Bier nachgeschenkt, das in den USA aber ohnehin nur wie gefärbtes Wasser schmeckt, ohne dran zu denken, dass ich vielleicht noch gar nicht 21 und damit alt genug für Alkoholkonsum bin. Wer über den Atlantik segelt, ist ja bestimmt kein Kind mehr. Das Tolle an dem System für mich ist, dass ich keinerlei Probleme bekommen hätte, falls ein Polizist auf Visite in die Bar gekommen wäre: Nicht der Trinkende, sondern die, die das Bier an Minderjährige ausschenken, bekommen eins auf die Mütze.

Als die Bar um halb zwölf dicht macht, muss ich noch eine kleine, mitternächtliche Führung durch die MAVERICK veranstalten, da nun alle doch sehr gespannt darauf sind, mein Boot nach den vielen Erzählungen im Original zu sehen. Jan ist so schockiert, dass er nur vier Wörter rausbekommt: »Das ist sooo klein.« Er kann es nicht glauben. Da die Bar nun zu ist, entführt mich Jan noch in eine Billardbar, die direkt einem schlechten Gangsterfilm entnommen scheint, verraucht und versifft wie sie ist, mit an den Tischen hängenden, kaputten, zum Teil betrunkenen Typen. Eine Szene also, die man einfach mal live gesehen haben muss, wenn man die Staaten von innen heraus kennenlernen will. Auch unsere Bedienung von der Hafenbar treffen wir dort wieder, die sich zu uns gesellt. Aber hier gibt es für mich diesmal kein Bier, da ich meine »ID« dummerweise nicht dabei habe und so nicht nachweisen kann, dass ich über 21 bin. Dafür bekomme ich ein Glas Cola und bin drei Minuten später auch recht froh darüber, als eine Polizeistreife in den Laden kommt und jedem in die Gläser schaut. Zehn Minuten später wiederholt sich das Ganze.

Am nächsten Tag nutze ich noch ein letztes Mal das Internet im Hafen, um mit meinen Eltern zu telefonieren, bevor ich mich wieder auf den Weg nach Norden mache, einer ganzen Reihe gleichförmiger Tage entgegen:

Morgens um acht Uhr wache ich auf, koche mir einen Kaffee und tuckere dann in der tief stehenden Morgensonne mit der dampfenden »Bubba-Gump-Shrimp-Co«-Tasse aus Miami in der Hand hinaus auf den ICW. Den ganzen Tag über stehe ich am Rad und steuere, bis ich abends gegen 19 oder 20 Uhr einen Ankerplatz in irgendeinem Seitenarm des ICW finde, den Anker über Bord platschen lasse und noch einen zweiten, weil der Strom das Boot bei Nacht jeweils zweimal im Kreis dreht, bevor ich mich in die Koje lege, um am Morgen wieder mit dem gleichen Ritual des Kaffeekochens zu beginnen. Das Fahren in dem engen, verkehrsreichen Fahrwasser ist mit der kaum fünf Sekunden alleine geradeaus laufenden MAVERICK fast wie Autofahren – nur anstrengender. Aber dafür ist diese Etappe durch die vielen, grünen Wälder und Holzhäuser am Ufer ein beeindruckender Kontrast zu den letzten Monaten im blauen Karibikwasser, zudem gibt es unheimlich viel zu sehen: ob nun wunderschöne Holzhäuser, Shrimpkutter, Wälder, Wiesen oder Delfine, von denen ich täglich bis zu zwölf Stück sichte und fast nicht glauben kann, dass sich so viele in diesem Brackwasser tummeln. Und immer wieder werde ich von vorbeifahrenden Booten herzlich begrüßt, wobei die meisten Wassersportler sehr verblüfft sind: »Ist das tatsächlich ein deutsches Boot?« Die lange und mühsame Anreise war dies alles wirklich wert, und ich fühle mich hier so richtig pudelwohl.

Eines Tages sehe ich plötzlich ein Motorboot am Rande der breiten Fahrrinne. Im Bug ein sehr korpulenter Schwarzer, der mit den Armen wie ein Maikäfer auf dem Rücken rudert und am Steuer ein etwas dünnerer Schwarzer, der am Motor herumfummelt. Ganz offenbar haben die beiden ein Problem, aber niemand hat bisher angehalten, um ihnen zu helfen. Ich ändere meinen Kurs und halte auf die beiden zu:

»Hey, habt ihr ein Problem?«

»Gott sei Dank, dass du vorbeikommst, unser Sprit ist alle!«
»Ich kann euch einen Kanister geben, aber der ist schon auf 1:50 mit Öl gemischt!«
»Das ist genau das, was wir brauchen!«

Also reiche ich den beiden den Kanister herüber und freue mich über ihre erleichterten Gesichter. Froh reichen sie mir einen 20-Dollar-Schein herüber. Dankbar nehme ich ihn an, bekomme ich doch 10 Dollar mehr, als der Sprit wert ist. Und die beiden sind wirklich glücklich, dass ich ihnen geholfen habe. Offenbar ist der Rassismus in den Südstaaten immer noch so weit vorhanden, dass keiner den beiden helfen wollte, denke ich entrüstet.

Während ich so durch das breite Wasser tuckere und mich immer brav an die Betonnung halte, verschwinde ich immer wieder kurz unter Deck, um mir dort einen Kaffee und ein paar Eier zu kochen. Als ich das dritte Mal unter Deck bin, läuft MAVERICK ganz unvorhergesehen aus dem Ruder und in das Flachwassergebiet. Gerade merke ich noch, wie sich der Kiel langsam in den Sand schiebt und dann ganz ruhig liegen bleibt. Schiet, wir sitzen fest!

Nun bin ich ja schon einige Male mit MAVERICK auf Grund gelaufen und weiß, dass der beste Weg meist nicht nach achtern ist, sondern einfach durch die Sandbank durch nach schräg vorne, weil MAVERICK dabei mehr Kraft erzeugen kann als rückwärts. Aber Pustekuchen, diese Sandbank ist zu groß. Eine ganze Stunde lang versuche ich MAVERICK wieder freizubekommen, während Dutzende Motoryachten mit Karacho an mir vorbeischmirgeln, ohne dass irgendeine auf meine Hilferufe reagieren würde. Immer wieder schlägt MAVERICKS Kiel dabei in den Wellen der Motorboote hart auf den Grund, sodass das ganze Rigg erzittert. Schließlich binde ich 80 Liter Diesel und Wasser in Kanistern an den Baum und schwenke ihn außenbords, gebe Vollgas, fixiere das Ruder auf hart Steuerbord und hänge auch noch mich zusätzlich nach Backbord, um das Schiff durch das Gewicht von 150 Kilogramm am Baum möglichst weit auf die Seite zu legen und den Tiefgang so weit zu reduzieren, dass ich freikomme. Und es klappt: Gaaaaanz langsam schiebt sich MAVERICK Stück für Stück vom Flach herunter, bis sie wieder frei im Fahrwasser schwimmt und ich aufatmen kann. Eineinhalb Stunden hat die Aktion gedauert, die Lust auf Eier und Kaffee ist mir inzwischen vergangen, und nun weiß ich mit Sicherheit, dass es nicht an der Hautfarbe der Motorbootfahrer lag, dass ihnen niemand helfen wollte.

Tag um Tag geht es also nun weiter nach Norden, jeden Tag schaffe ich etwa 35 bis 50 Meilen und ankere über Nacht irgendwo in Nebenarmen, um mir die teuren Marinagebühren zu ersparen. Nur alle vier bis fünf Tage laufe ich einmal einen Yachthafen an, um dann meine Tanks mit Diesel und Wasser zu füllen, einzukaufen und meine Website auf den neuesten Stand zu bringen, die mittlerweile schon mehr als 40 000 Besucher gezählt hat. Der nächste Hafen dieser Art ist in St. Augustine am nördlichen Ende von Florida. Kurz vor dieser ältesten Stadt Floridas biege ich links in einen Creek ein und motore einige Meilen hinauf zur Oyster Creek Marina, in der ich über Nacht bleiben möchte.

Als ich in den Slip tuckere, hilft mir ein Segler beim Anlegen und hört ganz ungläubig auf den Sound meiner Maschine: »What kind of engine is *that*? An old Volvo«? – Was ist *das* denn für eine Maschine, ein alter Volvo? Aber nicht nur hier in den Staaten ist man immer wieder über den Sound überrascht, auch schon im Nord-Ostsee-Kanal wurde ich immer wieder auf den »nostalgischen« Klang des 30 Jahre alten Volvo-Penta MD-11c angesprochen, der einfach einmalig ist. Manchmal bei Nachtfahrt auf dem Atlantik hatte ich, als ich den Kopf aus dem Luk steckte, die Ruhe der Nacht genoss und hinter mir das Cockpit von einem Sonnensegel verdeckt war, fast das Gefühl, auf dem Turm eines alten, deutschen Diesel-U-Boots Typ VIIc zu sitzen, als der Mond tief über dem Meer stand und der Diesel vor sich hin kutterte. Den Klang werde ich sicher nie vergessen.

An Land werde ich sofort von einem Segler auf mein Wohin und Woher angesprochen und muss sogar ein Interview auf Video geben, in dem ich erzähle, wer ich bin und mit welchem Boot ich welche Leistung vollbracht habe. Die Amis sind immer ganz aus dem Häuschen, wenn sie davon hören. Schließlich habe ich meine Ruhe und kann, mit dem Laptop auf dem Dach der MAVERICK sitzend, einen ganz brauchbaren Hotspot empfangen, um meinen Eltern zu Hause zu erzählen, dass ich mich langsam aber sicher der Grenze nach Georgia nähere.

Als ich am nächsten Morgen dann nur noch schnell beim Dockmaster bezahlen (der mir sogar freundlicherweise eine ganze Ecke weniger berechnet) und mich dann auf den Weg nach Norden machen will, schiebt er mir ein Satellitenfoto unter die Nase: »Hier, da solltest du ein Auge drauf haben ... Eine tropical depression braut sich im Golf zusammen und wird auf uns zu ziehen.«

Das Foto zeigt tatsächlich einen tropischen Sturm, der auf dem Foto noch als tropische Depression zu sehen ist und den Namen »Alberto« trägt. Die wahrscheinliche Zugbahn läuft über Florida hinweg und hinaus auf den Atlantik. Der Sturm soll St. Augustine nach ersten Berechnungen gegen Dienstagabend treffen, dabei möglicherweise sogar noch an Stärke zulegen und zu einem Hurrikan werden – na prima! »Wieder mal zur falschen Zeit am falschen Ort!« Nach »Delta« im letzten Herbst würde dies nun der zweite Hurrikan sein, den die MAVERICK zu spüren bekommt. Aber *ich* könnte da gerne drauf verzichten.

Der Tipp des Dockmasters: »Wenn du weiterfährst, solltest du so schnell wie möglich nach Brunswick kommen, etwa 100 Meilen und zwei Tage entfernt« – also würde ich kurz vor dem Durchzug Albertos dort ankommen, aber dafür 100 Meilen von der Zugbahn entfernt sein. Kniffelig ... Ich denke kurzzeitig daran, den Sturm hier abzuwettern, aber dann würde ich wieder mindestens drei Tage verlieren. So entscheide ich mich schließlich gegen Nachmittag doch für das Auslaufen und die Flucht nach Norden. Aber es soll alles ganz anders kommen.

Kaum sind die Leinen los, ich lege den Rückwärtsgang ein – und sitze fest!

Das Ganze noch mal, vorwärts runter vom Schlick, wieder rückwärts – schon wieder! »Das kann doch nicht wahr sein«, denke ich mir, ich bin doch gestern bei gleichem Wasserstand hier noch reingekommen!

Ein drittes Mal – wieder schiebt sich MAVERICK sachte in den Sand und will nicht mehr weiter.

Okay, ich habe verstanden: Ich *soll* hierbleiben!

Und tatsächlich: Keine zwei Stunden später verdunkelt sich der Himmel und ein dicker Gewittersturm zieht über St. Augustine und die MAVERICK hinweg – gut, dass ich nicht da draußen bin ...

Dadurch, dass ich nun hierbleibe, habe ich morgen genug Zeit, alle nötigen Vorbereitungen zu treffen und das Boot auf den Sturm vorzubereiten: die Segel runter (zurzeit aufgerollt), das Beiboot verpacken (zurzeit aufgeblasen auf dem Vordeck), die Windfahne abmontieren und das Boot richtig anleinen. Nun sollte das Unwetter schon irgendwie schadlos vorübergehen. Zwar stehen die Prognosen bisher so, dass uns der Sturm schon am Dienstagmorgen (und doch nicht erst am Abend) treffen wird, aber offenbar etwas nördlicher bei Jacksonville – dort, wo ich heute beinahe hingekuttert wäre.

Über das Internet und einen kleinen Schwarz-Weiß-Fernseher mit etwa 15 Zentimeter Bildröhre, den ich mir wegen der Wetterberichte bei »Piggly Wiggly« kaufe, habe ich nun zudem die Möglichkeit, die Zugbahnen von Alberto zu verfolgen und bin sehr gespannt, wie viel Wind letztlich hier ankommen wird ... Aber ein Hurrikan soll es wohl nun nicht mehr werden. Gott sei Dank!

Also verbringe ich den Rest des Tages mit Erkundungstouren durch St. Augustine. Die Stadt ist wirklich sehenswert, die Häuser eine

Mischung aus typischen 1950er-Jahre-Holzhäusern und mehrere Hundert Jahre alten, steinernen Prachtbauten am Ufer.

Nach meiner Besichtigungstour kehre ich in einer Sportsbar ein, um dort wenigstens einen Teil der Fußball-Weltmeisterschaft mitzubekommen, die derzeit in Deutschland ein absolutes Chaos verursacht. Da die Amerikaner jedoch keine großen Fußballer sind, ist es ganz schön schwierig, einen Fernseher zu finden, auf dem statt Baseball und Football das kleine schwarz-weiße Leder durch die Gegend gekickt wird. Endlich fündig geworden, setze ich mich mit einem Hotdog vor die Glotze. Deutschland spielt heute leider nicht, aber dafür die USA gegen Tschechien. Witzigerweise sehe ich das Spiel zusammen mit drei Tschechen. Die USA verlieren 0:3. Keinen kümmert's.

Zurück an Bord, mache ich mich ebenso wie die meisten um mich herum an die Vorbereitungen für *den* Sturm, der uns dann am folgenden Tag nur mit viel Wind und noch mehr Regen trifft. Der Hafenmeister geht von Boot zu Boot, kontrolliert alle Leinen, gibt mir den Tipp, meinen Windgenerator zu stoppen und mich auf über 40 Knoten Wind gefasst zu machen. Den ganzen Abend hindurch weht es noch sehr stark, doch schon am nächsten Morgen ist alles vorbei. Einen weiteren Tag bleibe ich noch in St. Augustine, bis sich wirklich alles beruhigt hat, kaufe neuen Proviant und, ganz vorsorglich, ein »For Sale«-Schild für die MAVERICK. Denn inzwischen habe ich eine schwere Entscheidung getroffen: Der letzte Hafen der MAVERICK wird Charleston sein. Dort werde ich MAVERICK zum Verkauf anbieten und von dort auch nach Hause fliegen.

In zwei Monaten schon beginnt mein Studium in Deutschland, in welcher Stadt es letztlich auch sein wird. Bisher habe ich noch keine Zusage bekommen. Dennoch: Ich nähere mich nun Tag um Tag dem Ende dieser Reise und dem Beginn eines ganz neuen Abschnitts meines Lebens. Aber auf irgendeine Art ist auch dies ein neues Abenteuer für mich. Vor allem, weil ich bei meiner Rückkehr wirklich bei null anfange. Alles, was ich hatte, habe ich in diese Reise gesteckt, alles zu Geld gemacht, um möglichst weit zu kommen. Aber schon sehr schnell waren meine Ersparnisse am Ende. Unvorhergesehene Reparaturen, vor allem in der Karibik, haben meine Kasse schnell geleert, und daher bin ich meinen Eltern und meiner Familie sehr dankbar, dass sie mich seitdem so selbstlos unterstützen – ich werde das alles irgendwann wiedergutmachen. Sie haben mir ermöglicht, dass ich letztlich doch noch so weit gekommen bin.

Nun aber lässt sich das Ende auch nicht mehr länger hinauszögern: Die MAVERICK fällt langsam immer mehr auseinander. Seit einer

Woche etwa macht sie Wasser. Ich habe das Leck erst vor zwei Tagen gefunden: Die Stopfbuchse (Gummidichtung, die die Welle zum Rumpf hin abdichtet) ist hinüber, jeden Tag kommen etwa 30 Liter Wasser an Bord. Würde ich einmal nicht auspumpen, könnte nach drei Tagen das Wasser über den Fußbodenbrettern stehen. Also muss die MAVERICK innerhalb der nächsten Wochen aus dem Wasser, damit die Stopfbuchse von außen erneuert werden kann. Außerdem braucht sie dringend einen neuen Unterwasseranstrich. Der letzte stammt noch aus Deutschland, in der Karibik war ich zu geizig, und mittlerweile ist ihr Bart sehr viel länger als meiner nach den 31 Tagen auf dem Atlantik. Und das bremst natürlich sehr. Wenn ich das Boot nun für 150 Dollar aus dem Wasser heben lasse, dann sollte es zugleich das letzte Mal sein. Daher also meine Entscheidung für Charleston. Dort gibt es ein Boatyard mit Kran und ganz wichtig – einen Broker, der die MAVERICK dann hoffentlich verkaufen kann. Denn auch das trägt zu meiner Entscheidung bei – je weiter ich nach Norden komme, umso schlechter stehen die Chancen, dass die MAVERICK einen Käufer findet. Boote gehen im Norden sehr viel schlechter als im warmen Florida, und jeder Segler von Miami bis nach Savannah hat mir bereits ins Gewissen geredet, das Boot gleich an Ort und Stelle zu lassen, anstatt noch weiter gen Norden zu fahren. Aber nach der langen Anreise wollte ich doch schon gerne noch etwas mehr vom Land sehen!

Deshalb wird mir diese Zeit hier an Bord der MAVERICK auch sehr, sehr fehlen. Wenn ich mich umschaue, kann ich kaum glauben, dass ich tatsächlich die letzten acht Monate auf diesem kleinen Raum gelebt habe. Gut zwei Quadratmeter begehbare Fläche (in der Kajüte), würde ich sagen. Aber mir hat nie irgendetwas gefehlt. Nicht mal ein Kühlschrank! Mit einem Grinsen denke ich zurück an die vielen Leute, die ich unterwegs getroffen habe ... Die Kommentare waren sehr unterschiedlich: Von »Wie kannst du hier nur ohne Klimaanlage leben?« und »Du hast keinen Kühlschrank???« über »Es ist so klein!« und immer wieder »Ui, ist das gemütlich hier ...« denke ich am liebsten an Klaus' Kommentar auf St. Lucia zurück: »Dein Boot hat eine richtige Persönlichkeit.« Und irgendwie ist es das. Dieser Name wird mich mein Leben lang begleiten. MAVERICK.

Ein »Maverick« ist jemand, der seinen eigenen Weg geht. »Maverick. – And that's what you are« (»Maverick – das ist, was du bist«) hat mir eine Kellnerin in Daytona gesagt. Ein »Einzelgänger«, aber nicht im negativen Sinne. Keiner, der nichts mit anderen Leuten zu tun haben will und deshalb alleine reist. Vielmehr jemand, der seinen eigenen Weg geht, um Abenteuer zu erleben, die Welt aus ganz unbeeinflussten Augen zu entdecken, Menschen aus den unterschiedlichsten Ländern kennenlernt. Und genau *das* habe ich erlebt ... »*Das* ist Leben« titelte die »Yacht« über meine Geschichte, und ich kann wirklich dankbar sein, dass ich dies alles erleben durfte.

Diese Reise hat mich ganz schön verändert. Ein alter Mann namens Peter Kittel, der selbst schon einmal um die Welt gesegelt war, sagte mir einmal »Do it! Du wirst die Schönheit der Welt entdecken, Abenteuer erleben und die Ruhe finden, Entscheidungen, die dein ganzes Leben betreffen, ohne mit der Wimper zu zucken treffen können. Und vor allem wird es ein Mordsspaß werden«, und genau so war es. Als ich losgefahren bin, war ich ein Schüler, ein Abiturient, der seit 13 Jahren nichts als Schulbänke gesehen hat. Nun habe ich in den letzten acht Monaten die halbe Welt gesehen und eine Freiheit erlebt, wie ich sie wahrscheinlich nie wieder erleben werde. Daher freue ich mich nun irgendwie auch schon auf die Rückkehr nach Deutschland, auf den Einstieg ins Studium und ein neues Leben. Ein neues Abenteuer.

Nur für die MAVERICK wird es keine Rückkehr geben. Charleston wird unser letzter gemeinsamer Hafen sein. Bis dahin liegen jedoch noch gut 320 letzte Meilen vor mir.

Neben Wäldern, Wiesen und Delfinen bestimmen auch Dutzende Vogelarten das Bild des ICW – hier ein Pelikan.,

www.zu-zweit-auf-see.de?

In den folgenden Tagen tuckere ich weiter den ICW hoch, vorbei an Jacksonville und hinüber nach Georgia. Wieder sehe ich tagsüber meist nur Wiesen und Wälder, ab und an mal eine Ansiedlung, immer wieder mal Delfine, die mich ein Stück begleiten und auch hin und wieder mal ein paar Möwen, die mich oft meilenweit verfolgen, weil sie hinter dem Tuckern des Diesels einen Fischkutter vermuten. »Du denkst wohl, ich bin ein Fischkutter, wa? Nee, ich kling nur so!«, rufe ich einer Möwe zu.

Immer weiter geht es den ICW hinauf nach Savannah, wo ich nach einigen Ankernächten, die wie im Nordmeer nie ganz dunkel sind, weil ständig an den Horizonten der Lightsmog der Städte zu sehen ist, wieder einmal zum Tanken und zum Website-Aktualisieren in einer Marina festmache. Dort muss ich einige Meilen weit laufen, bis ich ein Internetcafé nahe einem »Piggly Wiggly«-Supermarkt finde und endlich wieder meine Mails abrufen kann. Und es gibt eine große Überraschung: Ich habe eine Mail von Kristina im Postfach, mit der ich seit der Karibik immer in losem Kontakt geblieben bin. Eigentlich wollten wir uns ja in New York treffen, aber da ihr Abreisetermin von ihrer Au-Pair-Stelle Ende Juli immer näher rückt und auch ich mich entschlossen habe, meiner Reise ein vorzeitiges Ende zu setzen, hatten wir uns schon überlegt, ob es nicht doch noch eine Möglichkeit geben könnte, uns vorher zu treffen. Zwar erzählte sie mir, dass sie mit ihrer Gastfamilie einen Sommerurlaub auf der kleinen Insel Hilton Head Island in South Carolina machen würde, aber irgendwie wollte ich noch nicht recht glauben, dass das Treffen dort tatsächlich klappen und ich es rechtzeitig dorthin schaffen würde.

Nun schreibt sie mir, dass sie gerade dorthin aufgebrochen ist und ich mich doch mal melden soll, falls ich in der Nähe bin. Meine letzte Meldung hatte sie aus St. Augustine, mehr als 200 Meilen südlich erreicht, aber nun habe ich wieder einen ganzen Berg von Meilen hinter mich gebracht und liege tatsächlich nur etwa 20 Meilen von ihr entfernt, kaum zu glauben!

Am Abend tanke ich voll, kaufe mir eine neue Prepaidkarte für mein US-Handy und rufe die mir von ihr gegebene Nummer an. Ein Typ namens Scott meldet sich, und ich bin verwirrt. Offenbar die falsche Nummer. Also werd ich's morgen noch mal versuchen.

Am nächsten Tag laufe ich früh aus und tuckere den ICW hinunter bis zur nächsten Brücke, an der gerade Bauarbeiten im Gange sind und ich eine Weile warten muss. Zeit genug also für einen weiteren Anrufversuch bei Kristina. Um die richtige Nummer von ihr herauszubekommen, tickere ich meiner Freundin Miri in Kiel eine SMS. Bis die Antwort kommt, dauert es eine ganze Weile, schließlich spielt Deutschland in Berlin gegen Ecuador, und natürlich ist man an der Kiellinie zum Fußballgucken. Schließlich klingelt es in meiner Tasche, und ich bekomme die Nummer, die ich aus Schusseligkeit natürlich auch gleich in die ewigen Handygründe befördere. Noch eine SMS. »Kannst du mir die Nummer noch mal rübertickern?«, und noch mal kommt die Nummer. Diesmal speichere ich sie und tatsächlich: Es ist fast die gleiche Nummer, nur ein Zahlendreher ist drin. Ich lasse es klingeln. Einmal, zweimal, dreimal tutet es: »Hello?« – »Hey Krissi, is it you?« – »Johannes?« – »Jaaa, ich bin's. Ich bin in ein paar Stunden da!« – »Wo bist du?« – »Gleich in Hilton Head!« – »Was? Das gibt's ja nicht ... Ich komme gerad mit den Mädels vom Pool. Unglaublich, du bist hier?? Ich kann es kaum glauben ...« – »Ich meld mich noch mal, wenn ich im Hafen bin!«

Und plötzlich bin auch ich ganz aus dem Häuschen, Kristina nach so langer Zeit, immerhin fast einem Jahr, nun endlich wiederzusehen. So unglaublich lange bin ich nun schon allein unterwegs. Selbst das Treffen mit Georg und Irene war irgendwie total skurril, weil die beiden plötzlich quasi in meine kleine Welt eingriffen und eine Weile mit mir mitfuhren. Und nun ist Krissi auf der nächsten Insel, hier, in dieser Welt, in der ich bis heute niemanden traf, den ich schon kannte, sondern immer neue Menschen kennenlernte. Irgendwie ist das ganz schön viel für mich zu verarbeiten.

Aber trotz der Vorfreude vergehen die letzten Stunden ziemlich schnell. Plötzlich stehe ich vor der Hafeneinfahrt von Hilton Head und mache am Fueldock fest. Sofort springt eine sehr hübsche etwa 25-jährige Marinaangestellte aus ihrem Häuschen neben dem großen, rot-weißen Leuchtturm, der schon vom Wasser aus aussieht als wäre er eine gigantische Fälschung, und überreicht mir eine Flasche kalifornischen Weißwein mit dem Aufdruck der »Hilton Head Marina«. »Auweia, das wird teuer hier«, denke ich. Und tatsächlich liegen um mich herum nur Megayachten. Trotzdem werde ich überraschend herzlich begrüßt, was das Gefühl, dass es hier ziemlich teuer wird, kaum vermindert, da man offensichtlich nicht allzu oft Gäste von außerhalb hat.

»Herzlich willkommen auf Hilton Head Island! Ich begleite dich zu deinem Liegeplatz, fahr mir einfach hinterher!«, werde ich von dem jungen Mädel begrüßt. Brav tuckere ich mit langsamer Fahrt hinter ihrem kleinen Dingi her durch die Reihen der teuren und polierten Motorbootrümpfe, bei denen ein Ölwechsel sicher schon mehr kostet als meine ganze Maschine. Schließlich erreichen wir das Ende des Hafens, und ich ziehe mit MAVERICK in einen gigantischen Slip neben einem sehr auffällig aussehendem, hellblauen Trawler. Nachdem die Dinginixe mir beim Anlegen geholfen hat, treffe ich sie eine Minute später im Hafenbüro zum Einchecken wieder und bin überrascht: »Nur« 50 Dollar pro Nacht. Da hatte ich doch mit weit mehr gerechnet, nachdem selbst der hässliche Hafen von Miami schon beinahe 60 verlangte. Dazu gibt es eine schöne Mappe mit Informationen über die Insel, den Hafen, einigen Postkarten und – most important – dem Code für Duschen und Waschmaschinen. Der Tag heute war wieder völlig windstill und irre heiß, daher bin ich ganz glücklich, noch mal kurz unter den Wasserfall zu springen, bevor ich Kristina treffe. Außerdem kann ich mich selbst langsam nicht mehr riechen.

Per Telefon signalisiere ich ihr: »Ich bin da, aber stinke. Gib mir noch eine halbe Stunde!« An Bord der MAVERICK ist es bei meiner Rückkehr so heiß, dass ich es nicht länger als fünf Minuten an Bord aushalten kann, ohne zu zerfließen. Ein Königreich für eine Klimaanlage, wie sie die Amerikaner selbst in ihren Angelbooten haben. Der Hafen ist kreisrund und bildet dadurch eine Art Trog, in dem sich die Hitze sammelt und auf keine Weise entfleuchen kann. Schnell ziehe ich mir ein frisches Hemd und eine frische Hose an, sperre den Kahn zu und setze mich unter eine große Eiche, die mitten im Hafen steht. Dort will ich auf Kristina warten. Keine zehn Minuten später klingelt mein Handy. »Hey, ich bin jetzt am Yachthafen, wo liegt dein Boot?« – »Das liegt an einem der letzten Stege, aber ich sitze unter dem großen Baum. Warte mal, ich glaub, ich seh dich ...«

Und tatsächlich, sie ist es ... Ich stehe auf, gehe langsam auf sie zu, wir sehen uns an und umarmen uns. Und wissen beide erst mal nicht, was wir sagen sollen. Dann erst bemerke ich ihre Gastmutter Dehlia und die drei kleinen Mädels Mealan, Gracyn und Erin, die ihr quasi in ihrem Kielwasser gefolgt sind. Die drei wollen nun natürlich erst mal mein »Schiff« sehen und sind doch ein wenig überrascht, als sie nach einem kurzen Spaziergang vor der MAVERICK stehen. »Ja, ganz schön klein, meine Kleine ...«

Sofort werde ich von Dehlia zum Abendessen eingeladen, wir sollen gegen 18 Uhr im Strandhaus sein. Dann machen sich die vier auf den Rückweg, und wir sind allein. Irgendwie fehlen uns beiden die Worte. So lange haben wir uns nicht gesehen und so viel Zeit, so viele Erlebnisse liegen für uns beide zwischen dem letzten Treffen. Für Kristina war es ein ganz neues Leben in den USA, als Au-Pair in einer

Familie, für mich etliche Tausend Meilen auf dem Ozean, immer auf dem run zum nächsten Hafen, durch elf Länder und Dutzende Inseln.

Auch sie ist ganz aus dem Häuschen, dass wir uns nun hier wiedertreffen und vertraut es am Abend ihrem Tagebuch an:

Als wir später in den Hafen von Hilton Head spazieren, halte ich Gracyns Hand ganz fest. Irgendwo hier müsste er sein. Ich hatte mir das alles bisschen kleiner vorgestellt und halte Ausschau nach der MAVERICK. *Etwas aufgeregt bin ich ja schon, als wir ihn nicht finden können. Ich rufe also auf seinem Handy an »Hey wo bist du?« – »Ich sitze unter einem dicken Baum! – Warte mal, ich kann dich sehen!«, jetzt gucke ich mich wieder suchend um und erblicke ihn schließlich auf einer Bank unter einem großen Baum mitten im Hafen, also nichts wie hin! Schon von Weitem erkenne ich, wie unglaublich braun er ist. Beim Näherkommen fallen mir auch seine Flip Flops und das hellblaue Strandhemd auf, die ihn richtig lässig aussehen lassen. So steht er also vor mir, mit sonnengebleichten Haaren und weißem Zahnpastalächeln – den Johannes, den ich nur von den unzähligen Fotos seiner Website kenne, denn als wir uns vor elf Monaten das letzte Mal in Deutschland gesehen haben, stand da noch ein ganz anderer Johannes vor mir. Ich hätte damals nie geahnt, wie sehr ihn diese Reise verändern würde. Die Freude über das Wiedersehen ist natürlich groß, schnell fallen wir uns in die Arme. Ich bin echt froh, dass er jetzt endlich da ist – das hätte ich nun wirklich nie für möglich gehalten, dass wir uns an diesem Fleck der Erde einmal wiedersehen werden! Nach fast einem Jahr Amerika für mich und acht Monaten Segeln für ihn, treffen wir uns doch tatsächlich auf der kleinen Insel Hilton Head in South Carolina wieder – na, wenn das mal kein perfektes Timing ist!*

Damit wir beide aufhören, uns einen abzustammeln und um die Situation zu lockern, lade ich Kristina erst mal auf eine Cola ein.

Langsam fangen wir an zu plaudern, über die Erlebnisse der letzten Monate zu erzählen und können es beide irgendwie nicht glauben, nun hier nebeneinanderzusitzen. Die Aufregung wird bei mir darin deutlich, dass ich ihr, ohne es zunächst zu merken, dreimal die gleiche Geschichte von der Reise erzähle. Und irgendwie wirkt es tatsächlich wie ein Zufall: Ich bin Tausende Meilen gesegelt und hätte nun sonst wo sein können, wenn nicht alle Stürme und Schönwetterperioden genau so lange angedauert hätten, wie sie haben. Wir haben dieses Treffen nicht lange vorher geplant, sodass ich nicht daraufhin leben konnte, sondern wir sind nun einfach zur gleichen Zeit am gleichen Ort. Zufall? Manch einer würde so denken. Aber mittlerweile habe ich gelernt, dass es keine Zufälle gibt. Alles hat irgendwo seinen Sinn, auch wenn man es zunächst nicht glauben mag.

Da sitzen wir nun, trinken unsere Cola und Limonade und schauen hinaus auf den Atlantik, der hier so weit und ruhig aussieht. Die Zeit vergeht, ruck, zuck ist es kurz vor sechs, und wir machen uns auf zu ihrer Gastfamilie und verlaufen uns auf dem Weg dorthin in den Fichtenwäldern der Insel zunächst hoffnungslos, bis wir von Dehlia im Auto abgeholt werden. Tjaja ... auf See kenne ich mich aus, aber an Land?

Die Familie nimmt mich sofort überaus herzlich in ihre Runde auf und ist ganz interessiert an dem jungen Mann, der alleine aus Deutschland hierhergesegelt ist. Uns zu Ehren hat man sogar deutsches Bier organisiert.

Die Familie besteht eigentlich aus drei Familien: Kristinas Gastfamilie mit der Mutter Dehlia, den Töchtern Mealan (11), Graceyn (9) und Erin (5), dann Delias Schwester mit Mann und zwei Kindern (3 und 1) und den Großeltern, einem alten Iren und seiner italienischen Frau. Dementsprechend temperamentvoll sind die kleinen Gören, die sofort sehr viel Spaß daran entwickeln, mit mir rumzuschäkern, während der Großvater seine Kochkünste mobilisiert und ein Abendessen zaubert, das wahrlich ein Gedicht ist – und das nicht nur für einen aus Dosen essenden Einhandsegler wie mich.

Dieser wundervolle Abend soll erst der Anfang gewesen sein. In den kommenden Tagen werde ich geradezu in die Familie aufgenommen und verbringe täglich einen Großteil des Tages dort mit Kristina und den Kindern am Strand, an dem uns die drei immer wieder verbuddeln wollen (»Bury them!« – »Vergrabt sie!«), am Pool, in dem sie uns beim Pferdchenspiel permanent zu ersäufen versuchen (»Drown them!« – »Ertränkt sie!«), im Strandhaus, wo mich die Kleinen beim Scharadespiel zum brillentragenden Superman verkleiden oder beim Gucken der WM-Übertragung aus Deutschland, die hier manchmal zwischen Tischtennis- und Billardspielen im Fernsehen gesendet wird. Nur das Spiel Deutschland gegen Schweden bekommen wir im Ganzen mit, ohne von den Mädels traktiert zu werden. Wenn wir uns einmal nicht gerade um die Kids kümmern müssen, büxen wir manchmal aus, machen lange Spaziergänge am Strand oder sehen uns die Insel an. Alles in allem sind die drei echt süß, wenn auch unglaublich energiegeladen. Am witzigsten finde ich die Kleinste, Erin, die immer wieder mit einer unglaublichen Schlagfertigkeit überrascht. Als sich ihre Schwestern am Strand selbst eingegraben haben und ihr Kristina zuruft »Look at your sisters, they look like pigs!«, kontert sie umgehend: »They *are* pigs!« (»Schau dir deine Schwestern an, sie sehen aus wie Schweine!« – »Sie *sind* Schweine!«). Ich schließe sie während der Zeit dort sehr ins Herz. Auch wenn sie permanent versuchen, Kristina und mir anzudichten, dass wir ein Paar sind. Wie auch am Morgen des dritten Tages, an dem ich bei Kristinas Gastfamilie zum typisch amerikanischen Frühstück eingeladen bin. Kristinas Tagebuch berichtet davon:

Am nächsten Morgen ist gegen neun Uhr bei uns im Strandhaus ein typisch amerikanisches Frühstück mit French Toast geplant, wozu auch Johannes wieder eingeladen ist. Also klingelt es um Punkt neun an der Haustür, und ich höre nur, wie jemand die Tür aufmacht und Maelan durch das ganze Haus schreit »Kristina, your boyfriend is here!« – »Maelan, he's definitly not my boyfriend!« Wir schauen uns etwas verlegen an, lächeln dann aber nur darüber und machen uns auch gleich ans Frühstücken. Auf die Frage, wie er denn hergekommen sei erzählt er, dass er gelaufen ist, was ja immerhin doch zwei Meilen sind. Ich finde die Tatsache, dass er extra früh aufsteht, dann einmal quer über die Insel läuft, nur um mit uns zu frühstücken, echt total niedlich.

Die ganze Woche habe ich durch die vielen Einladungen die Gelegenheit, in eine typisch amerikanische Familie hineinzuschnuppern, und ich genieße die wunderbare Zeit dort (und vor allem das Essen!) sehr. Auch ist es ein wirklich schönes Gefühl, endlich mal wieder für eine Weile an *einem* Ort zu sein und nicht ständig nur schnell Diesel zu tanken und weiterzufahren.

Dennoch naht in zwei Tagen wieder einmal die Weiterfahrt für mich, weil mir die Liegegebühren langsam zu teuer werden. Zwar habe ich in der Hilton Head Marina jeden Morgen eine Zeitung im Cockpit liegen, aber die Kosten für die Übernachtungen fressen langsam, aber sicher meine verbliebene Reisekasse auf. Dennoch möchte ich noch eine Weile auf der Insel bleiben und überlege bereits, ob es möglich wäre, vor der Küste zu ankern, als ein weiteres Wunder geschieht:

Als ich Kristina am dritten Tag zu einer Segelpartie einlade und am Morgen an Bord auf sie warte, geht an Bord des hellblauen Trawlers neben mir die Tür auf, und ich lerne Forrest und Tonya kennen, die ich beide zunächst auf Mitte vierzig schätze und auf Anhieb sehr sympathisch finde. Die beiden sind ganz interessiert an meiner Reise, fragen wie üblich nach dem Woher und Wohin, und als ich erzähle, dass ich aus Deutschland komme, fällt mir Tonya ins Wort: »Warte mal, meine Tochter spricht Deutsch!« Und tatsächlich geht keine Minute später die Tür des Trawlers auf und heraus tritt die 17-jährige Emily, die mich auch völlig akzentfrei und flüssig auf Deutsch anspricht: »Hey, wo kommst du denn her?« – »Hey, du sprichst Deutsch? Ich bin im Januar über den Atlantik gekommen und tucker nun die Küste hinauf ...«

Zuerst will und kann ich nicht glauben, dass sie tatsächlich Amerikanerin ist, weil ihr Deutsch einfach zu perfekt ist. Da geht die Tür ein zweites Mal auf, und heraus tritt die 13-jährige Bethany, die mich ebenfalls auf Deutsch anspricht, zwar mit ein wenig Akzent, aber dennoch überraschend gut. Ich kann es kaum glauben, dass sie schon in diesem Alter so gut Deutsch sprechen. Als die Tür plötzlich ein drittes Mal aufgeht, muss ich an den Sketch in einem Zirkus denken, mit den Clowns, die plötzlich dutzendweise aus einem kleinen Auto schlüpfen, und ich frage mich, wie viele Mädchen aus diesem Boot wohl noch herauskommen werden. Aber Amber ist die Letzte und 20 Jahre alt. Auch wenn Emilys und Bethanys Deutsch schon verflixt gut war, ist sie die Krönung. Das kommt wohl daher, dass sie im College Deutsch und Internationale Beziehungen studiert, wie ich kurz darauf erfahre. Vor Kurzem erst hat sie einen langen Artikel über Angela Merkel komplett ins Englische übersetzt. Ich bin beeindruckt. Und peinlich berührt, denn die Mädels stehen alle im kurzen Sommerdress an Deck ihrer AY MON, während ich transpirierend wie ein Iltis in der prallen Sonne stehe. Forrest scheint das zu merken und lädt mich an Bord ein, in die Kühle der Klimaanlage. Das lasse ich mir nicht zweimal sagen, ziehe mir schnell ein frisches T-Shirt über und klettere an Deck. In der Kajüte angekommen, bin ich erst mal vollkommen überrascht, wie geräumig der so klein wirkende Trawler ist. Von Forrest erfahre ich, dass es eine 37 Fuß lange »Great Harbor N37« ist, gerade erst gebaut und wie ich sehe top ausgestattet.

Da die drei Mädels allesamt Tennis spielen und die Familie während der Sommermonate ständig von Turnier zu Turnier unterwegs ist, leben sie in dieser Zeit an Bord der AY MON, ansonsten in ihrem Haus in Savannah. Im Deckshaus ist ein richtiger Salon untergebracht mit Steuerpult, vor dem zwei große TFT-Touchscreen-Bildschirme untergebracht sind, auf denen man alle wichtigen Systeme des Bootes bedienen kann. Außerdem befindet sich über dem Niedergang ins Vorschiff ein weiterer großer TFT-Bildschirm, der einerseits als Kinobildschirm, andererseits beispielsweise auch als Radarbildschirm verwendet werden kann. Ich bin schwer beeindruckt. Beim Gang in die richtige Kajüte bleibt mir jedoch fast die Luft weg. Unter Deck befindet sich eine Pantry wie in einem Wohnhaus, inklusive des amerikatypischen Kühlschranks mit zwei Türen und Eiswürfelspender. An Backbord eine Dreierkabine mit Durchgang zum Maschinenraum, in dem zwei Yanmar-Diesel ihre Arbeit verrichten, zum Bug hin angeschlossen ein vollwertiges Badezimmer aus Marmor und im Vorschiff die breite Eignerkabine. Wow.

Zurück im Salon bekomme ich ein eiswürfeliges Wasser serviert und bin echt begeistert – auch wenn der Mast für meinen Geschmack ein wenig kurz ist – schließlich ist es ein Motorboot. Aber auch Forrest ist Segler, das Motorboot nur ein Kompromiss, weil das vorherige Schiff, eine Columbia 50 (genau derselbe Typ wie das Schiff von George in Cape Canaveral) einfach viel zu wenig Wohnraum für die fünfköpfige Familie bot. Aber Forrest träumt davon, dieses Boot irgendwann einmal wieder zu verkaufen und stattdessen einen kleinen, 30 Fuß langen Bristol Channel Cutter zu kaufen und die Bahamas zu bereisen, genau wie er es mit seinem Vater als kleiner Junge auf einer Pearson Triton 27, einem der MAVERICK sehr ähnlichen Schiff, getan hat. Daher auch der Name seines jetzigen Bootes, AY MON, was im Deutschen etwa »Ey Mann« bedeutet und der Gruß der Bahamer ist. Schon das Boot seines Vaters trug diesen Namen und in Erinnerung an ihn und ihre gemeinsame Reise durch die Bahamas nun auch dieses. Als ich Forrest erzähle, dass ich da gerade herkomme, werden alte Erinnerungen und neue Träume bei ihm wach. Plötzlich erscheint Kristina auf dem Steg und wundert sich, dass ich nicht an Bord bin. Mit einem Sprung bin ich draußen und stelle ihr, nicht ohne Stolz, meine neue Bekanntschaft vor – auf Deutsch natürlich. Auch Kristina ist sehr überrascht und unterhält sich einen Augenblick mit Amber. Forrest erzählt mir, dass sie nachher vielleicht nicht mehr da sein werden, weil sie mit der AY MON für eine Woche hinüber nach Savannah zu ihrem Haus fahren wollen. Das ist schade, denke ich, da bietet Forrest mir an, seinen gekauften Liegeplatz für diese Woche zu leihen – natürlich kostenlos –, sodass ich nicht mehr länger Liegegebühren bezahlen muss. Ein Wahnsinnsangebot! Wieder einmal weiß ich gar nicht, was ich sagen soll. Sie wollen diese Woche noch mal kurz bei mir in Hilton Head vorbeikommen und »Hallo« sagen.

Kaum sind die letzten Worte ausgetauscht, löse ich die Leinen und motore mit Kristina hinaus auf den ICW. Dort angekommen, stehen auch schon die Lappen oben, und wir segeln hinaus auf den offenen Atlantik. Jedenfalls versuchen wir es, denn der Wind ist wieder einmal nur sehr flau, und so treiben wir mehr, als dass wir segeln, bis schließlich die Passage zwischen den Inseln hinter uns liegt und wir Kurs auf Savannah nehmen, das gleich rechts um die Ecke liegt. Ein merkwürdiges Gefühl, mal nicht allein auf MAVERICK unterwegs zu

sein. Das letzte Mal mit Georg und Irene ist nun auch schon beinahe wieder einen Monat her. Und nun habe ich Kristina an Bord. Einfach krass. Immer noch ist es für mich ein total unwirkliches Gefühl, hier drüben mit ihr zusammenzusein. Nach fast einem Jahr. Auch Kristina behält diesen Tag in ihrem Herzen. Und in ihrem Tagebuch:
Das Wetter ist unglaublich schön, die Sonne knallt auf uns herab, bei strahlend blauem Himmel. Gemütlich segelt die MAVERICK *bei lauem Wind dahin, und zwischendurch erklärt mir Johannes ein paar Dinge übers Segeln, versichert mir immer wieder, wie einfach Segeln eigentlich ist: »Einfach an dieser Leine ziehen und los geht's!« Ans Steuer darf ich auch mal, und so segeln wir zusammen hinaus auf den Atlantik, vorbei an schönen, amerikanischen Holzhäusern, Stränden – bis wir den Intracoastal verlassen und auf dem Atlantik mit den Wellen schaukeln. Wir schauen aufs Meer hinaus, und wieder stellt sich die Frage »Da ist er wirklich rübergesegelt?« Selbst Johannes scheint sich darüber nicht wirklich im Klaren zu sein.*
Das Highlight am Segeln ist allerdings, als Johannes kurz unter Deck verschwindet und eine Minute später mit einem klitzekleinen Kuchen zurückkommt und mir grinsend entgegenstreckt. »Das ist Rumkuchen aus Nassau auf den Bahamas – den hab ich von Georg und Irene zum Abschied bekommen und extra aufgehoben, für unser Wiedersehen.« Der Kuchen ist wirklich sehr lecker, aber noch viel süßer ist die Idee von ihm ...

Wenn ich Kristina so am Steuer der MAVERICK sehe, die dunkelbraunen, langen Haare wehen im Wind, dann fällt mir auf, dass sie sich äußerlich kaum verändert hat. Aber innerlich ist sie nicht mehr die gleiche Kristina, die ich vor gut einem Jahr in Deutschland zum letzten Mal gesehen hatte. Wie sie sich in den USA eingelebt hat, wie sie mit den Kindern ihrer Gasteltern umgeht – sie ist ganz schön erwachsen geworden. Wir beide sind ganz schön erwachsen geworden. Was sie wohl über unser Treffen denkt? Ich weiß es nicht, aber ich vermute, das Gleiche wie ich. Die letzten Tage waren wirklich wunderschön. Was wir in dieser Zeit nicht alles unternommen haben! Und irgendwie haben wir uns dabei immer besser kennengelernt. Anders kennengelernt, als wir uns bisher schon kannten.

Auch sie scheint darüber nachzudenken. Am Abend nach einem gemeinsamen Dingidrift in den Sonnenuntergang verwandelt sie ihre Gedanken in ihrem Tagebuch in Worte:
Der Abend ist noch lange nicht vorbei, und deshalb beschließen wir, so lange es noch hell ist, mit dem Beiboot hinauszufahren

und den Sonnenuntergang zu sehen. Schon wieder so eine romantische Sache, aber auch hier denke ich mir überhaupt nichts weiter dabei, sondern genieße einfach nur Johannes' Gegenwart und freue mich, dass er da ist, während wir uns von der NIXE *in den Sonnenuntergang tragen lassen.*
Als es fast dunkel ist, machen wir uns wieder auf den Rückweg und stellen fest, dass wir ganz schön weit nach Norden versetzt worden sind. Zwischendurch reißt Johannes noch Witze, ob der Sprit überhaupt reicht, was ich erst nicht ernst nehme, aber mir mit jeden weiteren zehn Minuten plötzlich gar nicht mehr so abwegig finde. Gott sei Dank schaffen wir es nach über einer Stunde noch mit dem letzten Tropfen im Dunkeln in den Hafen. Die leichte Anspannung verfliegt erst, als wir sicher an der MAVERICK *festgemacht haben.*
Als ich abends im Bett liege, denke ich noch mal an den schönen Tag zurück und frage mich da zum ersten Mal, was das mit Johannes eigentlich ist. Wir haben uns elf Monate nicht gesehen, verbringen jetzt so viel Zeit miteinander und lernen uns erst richtig kennen. Natürlich erzählt er unglaublich viel über seine Reise, die ja quasi auch der Mittelpunkt seines derzeitigen Lebens ist. Erst hat mich diese verrückte Reise sehr abgeschreckt, und ich konnte mich nie wirklich in sie hineinversetzen. Ich bin eher ein Mensch, der es gewöhnlich, sicher und häuslich vollkommen ausreichend findet. Johannes hingegen ist der absolute Abenteurer und Träumer, dem nie ein Ziel zu weit gegriffen scheint. Eigentlich eine Kombination, die überhaupt nicht zusammenpasst! Doch je mehr Zeit ich mit ihm und auf der MAVERICK *verbringe, finde ich diesen Mut zum Abenteuer immer bewundernswerter. Ein wenig wird in mir auch die Lust aufs Reisen mit dem Boot geweckt, wenngleich ich nicht vor Begeisterung mitgerissen werde.*
Ich denke noch weiter über uns nach und habe trotzdem den Eindruck, dass wir nicht zusammenpassen. Wie eine rationale »ja oder nein«-Entscheidung ist das Thema mit einem »das wird eh nix« für mich geklärt, noch bevor ich einschlafe und mich auf den nächsten Tag freue.

Nachtrag einige Tage später:
An diesem Abend bin ich mir allerdings nicht bewusst gewesen, dass es nicht nur darauf ankommt, wie ähnlich man sich ist, sondern viel mehr, wie man sich gegenseitig ergänzen kann. Das wird mir erst viel später klar.

»The days, they don't have names ...«, las ich auf den Bahamas als Grafitti an einer Hauswand. Und auch hier auf Hilton Head scheinen die Tage nur so zu fliegen, sodass wir uns manchmal wirklich fragen müssen, welchen Wochentag wir gerade haben. Und mit jedem Tag, den wir zusammen auf der Insel verbringen, nähern wir uns auch immer näher dem Tag, an dem das ganze Glück ein Ende nimmt und Kristina wieder zurück nach Philadelphia fliegen muss, während ich noch 100 letzte Meilen auf dem ICW und die Trennung von MAVERICK vor mir habe.

Genauer wird Kristina am Montagmorgen zurückfliegen und ihren Platz gegen Scott, den Vater der Familie, eintauschen, der schon am Samstag mit dem Flugzeug angeflogen kommt. Sofort erkenne ich die Stimme: Er ist es, den ich aus Versehen von Savannah aus angerufen habe, weil ich die falsche Nummer hatte. Aber bevor wir uns am Montag wieder trennen, liegt davor noch der Sonntag, an dem Kristina ihren 20. Geburtstag feiert. Und obwohl ich ihr einst versprochen hatte, dann bei ihr zu sein, hätte ich es doch letztlich nie für möglich gehalten, dass ich es nach der Verspätung durch meine »Strandung« auf St. Lucia noch schaffen würde. Kristinas Freude ist darüber nicht kleiner als meine:

Am Samstagabend fahre ich mit Johannes zum Hafen zurück, um dort zusammen in meinen Geburtstag »hineinzufeiern«. Die Feier besteht daraus, dass wir zusammen stundenlang auf einer Hafenmauer unter einem unglaublichen Sternenzelt sitzen und in meinen Geburtstag hineinerzählen. Unglaublich, dass er sein Versprechen tatsächlich gehalten hat und wir an meinem Geburtstag zusammen sind. Ich hätte es ganz ehrlich nicht mehr für möglich gehalten, dass er es noch rechtzeitig schaffen wird.

Am nächsten Morgen verfliegt meine Geburtstagslaune schon fast wieder, weil es ständig regnet und total bewölkt ist. Später erfahre ich dann, dass Johannes zwei Stunden durch diesen Regen gestapft ist, nur um mir ein Geburtstagsgeschenk zu besorgen – eine echt nette Geste!

Später am Nachmittag kommt er dann im Strandhaus vorbei, weil es abends ein kleines Geburtstagsessen für mich gibt. Trotz Muffins und Geburtstagskarten würde ich gerne noch auf meine 20 Jahre anstoßen, und so nehmen wir dies zum Anlass, auf der MAVERICK endlich die vom Hafenmeister geschenkte Weinflasche aufzumachen. Dort sitzen wir zu zweit im Cockpit, schauen uns ein paar Fotos von seiner Reise an und schlürfen unseren Wein aus Plastikbechern. Die ganze Zeit sitzen wir dort an Deck und machen uns einen lustigen Abend, während aus der Kajüte der

Barfuß-Soundtrack ertönt. Ein echt besonderer Geburtstag für mich!
Am nächsten Tag heißt es dann früh aufstehen. Ich habe meiner Gastmutter versprochen, auf die Mädels aufzupassen, während alle Erwachsenen zum Tennisspielen verschwinden. Also wieder zurück in den Alltag eines Au-Pairs! Ausgerechnet heute, nach so wenig Schlaf und zu viel Wein am Abend davor, springen die drei wie wild durch die Gegend, und ich bin heilfroh als ihre Eltern wieder aufkreuzen.
Den Rest des Nachmittages verbringe ich mit Johannes am Strand. Während wir ganz ahnungslos am Strand spazieren gehen, bricht hinter uns ein Regenschauer los, eine wahre Regenwalze kommt am Ufer entlang auf uns zugerollt. Noch bevor wir unter einem Baum Schutz suchen können, erwischt sie uns, und so finden wir uns kurze Zeit später unter einem Baum wieder, während uns die Regentropfen von der Nase kullern. Uns beiden ist sofort klar, dass wir da in eine Situation geraten sind, wie sie aus einem Liebesfilm nicht besser hätte sein können. Und so schauen wir uns nur verlegen an und warten den Regenschauer ab.
Aber dieser Tag ist auch schon unser letzter. Ab morgen werde ich wieder in Philadelphia sein und Johannes alleine weitersegeln. Ein bisschen traurig bin ich schon darüber, dass ich nun wieder zurückfliegen muss, aber auf der anderen Seite weiß ich auch, dass diese Woche eine ganz besondere war und ich unglaublich froh bin, Johannes hier in Hilton Head getroffen zu haben.
Nach einem letzten, leckeren Essen im Strandhaus bringe ich ihn ein letztes Mal zurück zur MAVERICK. *Wieder hören wir den ganzen Abend den Barfuß-Soundtrack, viel anderes hat Johannes ja auch nicht an Bord, und wollen beide nicht so recht den Abschied einleiten. Schließlich wird wieder eine ganze Weile vergehen, bis wir uns wiedersehen. In einem Monat erst steht mein Abreisetermin bevor, und auch Johannes will, nachdem er die* MAVERICK *verkauft hat, wieder zurück nach Deutschland fliegen.*
So recht weiß ich immer noch nicht, was dieser Urlaub da zwischen uns verursacht hat. Doch eins ist klar, hier haben wir uns erst richtig kennengelernt, und schon jetzt freue ich mich auf unser Wiedersehen in Deutschland und auf die gemeinsamen Pläne, die wir gemacht haben.
So verabschieden wir uns nun mit den Worten »Wir sehen uns in sechs Wochen in Deutschland!«, wie wir es schon damals in Wolfsburg getan haben, bevor wir uns fast ein Jahr nicht mehr sahen. Und damals hat es mit dem Wiedersehen ja auch schon geklappt.

Gut ein Jahr ist es her, dass wir zusammen zur Schule gegangen sind: Kristina und ich auf Hilton Head Island in South Carolina.

An ihrem Auto angekommen, nehme ich Kristina zum Abschied in die Arme. Ein paar Minuten vergehen, bis wir uns besinnen und uns wieder loslassen. Ein paar letzte Worte, ein »Komm gut nach Hause!«, und schon fällt die Tür zu. Ich entferne mich ein paar Schritte vom Auto, während der Motor des roten Volvo aufheult und die Rückfahrleuchten angehen. Tausende Gedanken schießen mir durch den Kopf, wann werden wir uns wiedersehen? Langsam, wie in Zeitlupe, fährt der rote Wagen aus der Parkbox, und ich sehe Kristina am Lenkrad kurbeln. Ein letztes Mal treffen sich die Blicke, dann tritt Kristina auf das Gaspedal und braust davon, lässt mich allein am Hafen stehen. Wieder bin ich allein. Es scheint kein Ende zu nehmen.

   Noch lange schaue ich den Lichtern des Autos nach, das langsam im Fichtenwald verschwindet, bevor ich mich umdrehe und zur MAVERICK zurückschlendere. Morgen wird es weitergehen. Nur noch 100 Meilen!

Wieder allein – es nimmt kein Ende ...

Am nächsten Tag hält mich nicht mehr viel auf Hilton Head. Nach einem Frühstück mit Kaffee und Eiern in der Hafenbäckerei (man muss sich ja auch mal was gönnen ...), melde ich mich im Hafenbüro ab, um mich auf den Weg nach Charleston zu machen. Im Büro ist man ganz traurig, dass ich weiterfahren möchte: »Es war wirklich schön, dich hiergehabt zu haben. Wenn du mal wieder vorbeikommst, guck gerne rein!«

Der Trip nach Charleston wird etwa drei Tage dauern. Heute Abend will ich mir irgendwo einen Ankerplatz suchen, dann morgen einen Tag durchmotoren, um am dritten Tag gegen Mittag meinen letzten Hafen zu erreichen.

Doch schon als ich ein paar Stunden unterwegs bin, höre ich von einer Sturmmeldung für ganz South Carolina und entscheide mich, besser einen Hafen für die Nacht aufzusuchen. Nur 20 Meilen von Hilton Head liegt der flache Yachthafen »Port Royal Landing« kurz vor Beaufort. Dort werde ich herzlich empfangen, als ich am Ende des Stegs im tiefen Wasser festmache. Sofort fährt man mich im Golfcart zum Hafenbüro und ist ganz überrascht, als ich die obligatorischen Fragen nach dem »Woher« und »Wohin« beantworte. Auf die Frage des Hafenmeisters: »Bist du Mitglied bei US Boat?«, muss ich jedoch mit einem »Leider nicht« antworten, woraufhin er sich suchend nach rechts und links umdreht, ob seine Kollegen mithören, bevor er mir versichert: »Dann bist du's für heute«, und mich statt 55 nur 35 Dollar zahlen lässt. Wieder einmal bin ich wirklich überrascht über die beinahe grenzenlos scheinende Gastfreundlichkeit der Amerikaner, die mich nun schon begleitet, seit ich im Land bin. Außerdem werde ich am nächsten Morgen zu einem Kaffee beim Hafenmeister eingeladen, »how kind!«

Im nahen Ort Beaufort bekomme ich nach 30 Minuten Fußweg frisches Essen, Trinken und eine neue Handyguthabenkarte, bevor ich es mir an Bord gemütlich mache.

Am nächsten Morgen ist es zehn Uhr, als ich den Hafen verlasse. Wieder motore ich etwa 50 Meilen entlang des ICW, bevor ich meinen Anker in einem Nebenarm des Kanals werfe. Zum letzten Mal.

»Das ist es nun also. Die letzte Nacht vor Anker«, denke ich mir, als ich auf der Backbord-Cockpitbank unter dem gigantischen Sternenhimmel liege. Schon die ganzen letzten Wochen hatte ich mich in

Gedanken von MAVERICK verabschiedet, jeden Tag ein Stückchen mehr. Auch Kristina war das Boot in der vergangenen Woche so sehr ins Herz gewachsen, dass sie ihr einen Abschiedskuss auf den Kajütaufbau gab. Und ich kann mir nicht helfen, ich bin mir sicher, dass MAVERICK danach einen kleinen roten Schimmer gezeigt hat, als wäre sie rot geworden.

Und so liege ich nun unter den Sternen, lasse in Gedanken noch mal die Reise an meinen Augen vorbeiziehen, den Atlantik, die Karibik, die schönen Bahamas … »Hast du echt toll gemacht, bist ein tapferes Mädchen gewesen«, versichere ich ihr, während ich die Bordwand tätschele, »du wirst mir echt fehlen, meine Kleine …«

Stundenlang liege ich noch dort und rede mit meinem Boot, bevor es kalt wird und ich mich in die Koje verkrieche.

Das »Anker auf« am nächsten Morgen ist Routine, die beiden Haken fliegen mit einem Schwung aus dem Handgelenk an Deck, während sich der Diesel langsam warm tuckert und unter Deck der Kaffee kocht, bevor ich mit meiner Lieblingstasse voller dampfendem, amerikanischem Kaffee in den Sonnenaufgang motore.

Irgendwie kann ich an diesem Tag nicht so recht froh werden. Immer wieder muss ich an den Abschied denken, der nun vor der Tür steht, mit jeder Meile komme ich ihm näher, nehme etwas Gas weg, um die letzte Reise zu verlängern und kann damit das Ende doch nur hinauszögern, aber nicht verhindern. Das Gefühl, das ich in mir trage, muss dem eines Kapitäns sehr ähnlich sein, der sein Schiff nach vielen Jahren auf See zum Abwracken fährt. Zwar weiß ich nicht, was aus MAVERICK nach meiner Abreise werden wird, ob sie den Atlantik je wiedersehen wird, die Bahamas und die Karibik. Ziemlich sicher bin ich mir jedoch, dass sie niemals wieder nach Europa zurückkehren wird. Die Ostsee, die sie lange Jahre unter dem Kiel hatte, die Nordsee und das IJsselmeer, für das sie vor nun genau 36 Jahren gebaut worden ist.

Auf dieser Reise hat sie sehr gelitten, das merkt man ihr an. Aber dennoch ist sie auch nach dieser Reise noch in einem recht guten Zustand, wie ein zerzauster Schwan, kurz nach seiner Geburt, aber innen das gleiche, wunderschöne Schiff, dass es einst gewesen ist. Auch wenn der Bart am Unterwasserschiff mittlerweile mehrere Zentimeter lang ist, das Deck instabil und ein Schott etwas nach achtern gerutscht. Ein wenig Wasser macht sie auch, aber welches Schiff macht das nicht? Egal wie sie aussieht, sie ist und bleibt für mich das schönste Schiff, das ich kenne. Denn sie hat eine Geschichte zu erzählen. Eine Geschichte, die die meisten großen und polierten Schiffe in den Marinas nicht zu erzählen wissen. Und was uns beide verbindet, ist, dass es *unsere* Geschichte ist. So wird es sicher nie ein Schiff geben, mit dem ich mich mehr verbunden fühle als mit MAVERICK.

Langsam wächst Charleston am Horizont immer größer, noch eine Brücke liegt zwischen uns und dem Hafen, der unsere Trennung bedeutet. Schneller als erwartet, ist es dann so weit: Die breite Bucht, die Charleston mit dem Atlantik verbindet, öffnet sich vor uns, wir runden die Südspitze der Stadt, vorbei an einer kleinen Insel und hinein in die Charleston Harbor Marina, direkt neben der USS YORKTOWN, die als dicker, grauer, schwimmender Klotz vom ganzen Hafen aus nicht zu übersehen ist.

In der Marina wird mir gleich beim Festmachen geholfen – wieder ein Indiz für mich, dass der Hafen nicht sehr billig sein wird. Sofort die allgegenwärtigen Fragen »Woher« und »Wohin«, kurz erzähle ich meine Geschichte und weise gleich darauf hin, dass sie hier nun zu Ende ist: »Diesen Hafen habe ich mir ausgesucht, um mein Abenteuer zu beenden und das Schiff zu verkaufen.« Eine Mitarbeiterin der Marina macht sich sofort daran, im Internet einen Preis für mein Schiff zu finden, da ich selbst noch nicht weiß, was ich für sie nehmen soll. Ich denke an etwa 8000 US$, da die Preise für Boote in den USA nur etwa 2/3 an die deutschen herankommen. Dazu werde ich auch dem Broker noch einige Tausend Dollar abdrücken müssen, vielleicht setzen wir sie daher besser bei 9000 an? Ich weiß es nicht.

Der Hafen ist wirklich schön, gleich nebenan ein Hilton Hotel, dessen Pool wir Segler mitbenutzen können, an jeder Ecke ein Cola-Automat (für mich als Segler ohne Kühlschrank ein echter Pluspunkt!), Duschen, Waschmaschine, das Yorktown-Museum, in dem neben der YORKTOWN noch einige andere Schiffe und ein U-Boot liegen – aber sonst nichts!

Ich sitze, was Supermärkte und Co angeht, ziemlich auf dem Trockenen. Erst etwa 45 Minuten zu Fuß entfernt ist ein Supermarkt, der nächste Walmart sogar eineinhalb Stunden. Für die Amerikaner kein Problem, hier macht man schließlich kaum einen Weg ohne Auto, für mich hingegen eine tagfüllende Aufgabe.

Aber das soll mir zunächst noch egal sein, jetzt möchte ich mich erst mal um den Broker kümmern. Der ist schnell gefunden – ich sende ihm eine E-Mail, auf die hin er ganz interessiert ist und mir verspricht, sich MAVERICK in der kommenden Woche einmal anzusehen.

Aber während dieser Woche werde ich nicht an Bord sein, denn ich habe eine Einladung bekommen. Die Dyar-Family, die mir in Hilton Head ihren Liegeplatz kostenlos geliehen haben, sind während der Woche, die ich mit Kristina dort verbracht habe, noch mal für einen Kurzbesuch bei mir gewesen und haben mir angeboten, mich für eine

Woche von Charleston aus abzuholen und mit sich nach Savannah zu nehmen, wo ich auf ihrem Boot oder in ihrem Haus leben und mir von ihnen die »richtigen« USA zeigen lassen werde. Klar, dass ich da nicht Nein sagen konnte.

Gleich am nächsten Morgen mache ich mich also ans Aufräumen des Bootes und ans Waschen meiner Wäsche, lasse die Gardinen der MAVERICK auf, sodass der Broker hineinsehen kann und laufe anschließend mit meiner Reisetasche zum großen Parkplatz. Dort treffe ich Tonya und Amber wieder, die mich gleich in ihren Geländewagen einladen.

Ich freue mich sehr auf die Zeit in Savannah und bin schon sehr gespannt, was mich da erwarten wird. Die Familie hatte auf mich schon von Beginn an einen absolut netten und sympathischen Eindruck gemacht, der nun während der zweistündigen Autofahrt nicht getäuscht wird. Angekommen in Savannah, ziehe ich gleich auf die AY MON, lerne den großen Labrador Jib der Familie kennen (Jib ist englisch und heißt Focksegel) und bin überwältigt von dieser neuen Kulisse um mich rum.

Die kommenden Tage sind wie Urlaub: Jeden Tag bin ich mit den drei Mädels Amber, Emily und Bethany in Savannah unterwegs und spreche Deutsch, damit die Mädels ihren Wortschatz verbessern, wozu ich gerne beitrage, indem ich ihnen auch deutsche Wörter wie »Bratze« oder »Kerl« beibringe. Ihr Deutschunterricht muss aber wirklich gut gewesen sein, unglaublich, was die drei bereits für umgangssprachliche Wörter kennen. Aber das Tolle an dem Unterricht muss gewesen sein, dass sie ihn immer wie eine Art Spiel erlebt haben. Ihre Lehrerin, eine Deutsche, hat ihnen ständig Diddel-Spielzeug und Filme wie »Die Mädels vom Immenhof« mitgebracht, mit ihnen deutsche Kekse gebacken und viele andere Dinge getan, sodass ihnen der Unterricht immer Spaß gemacht hat. Und so ergänzten wir den Deutschunterricht tagsüber, während ich abends meinen Englischwortschatz verbessere, wenn ich mit dem Vater an Bord der AY MON übernachte. Tagsüber also Sightseeing mit den Mädels, »Barnes & Noble Bookstore«, Savannah Innenstadt, Kino und alles was man so zu sehen hat, während es abends vorwiegend um das Thema Segeln geht. Die Bahamaskarte kommt auf den Tisch, und Forrest erzählt mir, wo er überall als kleiner Junge gewesen ist und nun gerne mit der AY MON wieder hinfahren möchte.

Außerdem finden wir heraus, dass es unglaublich viele Parallelen zwischen unseren Familien gibt. Auch meine Eltern haben genau wie die Dyars 1983 geheiratet und Kinder im gleichen Alter, 14, 18 und 20. Unglaublich.

Der nächste Morgen ist ein Sonntag, und so geht es mit den Dyars zusammen in die Kirche. Zuvor soll Forrest auf Befehl seiner Frau noch dafür sorgen, dass ich ein ordentliches Frühstück in den Magen bekomme. Also sitzen wir beide eine halbe Stunde nebeneinander, kauen auf unseren Broten herum und trinken Espresso, bevor wir herausfinden, dass wir eigentlich beide niemals frühstücken, sondern uns nur einen Kaffee hinter die Binde kippen, und heute nur dem andern zuliebe mitfrühstücken. Schließlich holen wir die anderen Familienmitglieder im Haus ab und machen uns auf den Weg in die Kirche.

Ihre Kirche ist nach deutschen Verhältnissen eine »freie Gemeinde«, die gerade noch im Aufbau ist. Daher hat man auch noch keinen eigenen Gemeinderaum und keinen eigenen Pastor, sondern nur etwa 80 Gemeindemitglieder, die das Rahmenprogramm mit modernen Songs machen und den Gottesdienst life aus Charleston von der Seacoastchurch auf eine Leinwand übertragen bekommen. Das kommt mir jedoch gar nicht so außergewöhnlich vor, wenn man bedenkt, dass der Gottesdienst in einem Kino stattfindet. – Im selben, in dem wir am Abend zuvor noch »Superman« geguckt haben. Auch der Gottesdienst ist sehr modern gestaltet. Bevor es losgeht, bekommt jeder ein »Handout« als Zusammenfassung mit Merksätzen als Lückentext, den man während der Predigt ausfüllt, um am Ball zu bleiben.

Anschließend geht es in die Stadt zum Mittagessen. Während der Fahrt mache ich mir einen Spaß, indem ich Forrest einige deutsche Wörter beibringe: »What means ›loco‹«? – »Äh ... Verrückt!« – »Ferrukt!« – »Yeah, you got it ...«

Auch die Tage in Savannah verfliegen nur so. Schließlich steht der 4. Juli vor der Tür, der Unabhängigkeitstag der USA, der im ganzen Land groß gefeiert wird. Auch an Bord der AY MON soll es eine kleine Fete für ein paar Freunde geben. Den ganzen Tag wird vorher das Essen vorbereitet und das Boot geputzt, bevor am Abend die Gäste an Bord kommen. Zu meiner Freude lerne ich auch Steffi, die Deutschlehrerin der drei Mädels, kennen. Und wir wollen es fast nicht glauben, als wir herausfinden, dass wir in Deutschland nur drei Dörfer auseinander gewohnt haben und Steffis Schwester genau heute in meinem Heimatort Fallersleben im Schwimmbad ist. Die Welt ist echt ein Dorf. Dass ich gerade ihre Schülerinnen in Hilton Head treffe, dazu noch Kristina, von den Dyars den Liegeplatz geliehen bekomme und nun auch noch eine Woche bei ihnen in Savannah sein kann – das ist schon so viel Gutes auf einen Haufen, das kann einfach kein Zufall sein.

Am Abend verschießt die Stadt Savannah noch ein gigantisches Feuerwerk am Himmel, während an Bord der AY MON alles ganz gebannt auf die bunten Explosionen am Himmel schaut und »Oh!« und »Ah!« ruft. Forrest holt mich dafür extra an Deck, damit ich es nicht verpasse. Als wir dann beide nebeneinanderstehen und das Feuerwerk anschauen, erkennen wir, dass wir es wieder nur dem anderen zuliebe machen ... »Ach, eine Rakete reicht doch, die anderen sehen dann auch nicht viel anders aus«, lachen wir und gehen wieder unter Deck.

Der nächste Tag ist für Forrest wieder ein Arbeitstag, zu dem er mich und Amber mitnimmt. Denn er hat einen sehr aufregenden Job – er ist Lotse. Mit ihrem nagelneuen Lotsenboot knallen wir am Vormittag mit 30 Knoten hinaus auf den Atlantik, um dort einen polnischen Frachter abzufangen. Eigentlich sollte ich mit vom Lotsenboot auf den Frachter übersteigen und zuschauen, aber Forrest muss ausgerechnet an diesem Tag einen Lotsenschüler mitnehmen. Als die Crew des Lotsenbootes mitbekommt, dass ich ein Deutscher bin, schalten sie mir zuliebe auf dem großen TFT-Bildschirm im »Fahrgastraum« achtern das Spiel Deutschland gegen Italien im Halbfinale ein. Die Stühle, in denen wir sitzen, gleichen jenen eines Düsenflugzeugs, was ich bei den Bewegungen des flachen und schnellen Schiffs allzu gut verstehen kann.

Zurück auf der AY MON nähern sich die Tage in Savannah aber auch schon langsam dem Ende. Bald wird es für mich zurück nach Charleston gehen, damit ich mich weiter um den Verkauf der MAVERICK kümmern kann. Wieder fällt es mir nicht leicht, diese Familie, die ich bereits so sehr ins Herz geschlossen habe und bei der ich mich so zu Hause fühle, nun wieder zu verlassen. Aber das habe ich ja schon während meiner ganzen Reise gelernt, dass es irgendwann immer wieder weitergeht. So setzen mich Tonya und die drei Mädels am 6. Juli nach einer wirklich schönen Zeit in Savannah wieder in Charleston ab. Zurück auf der MAVERICK.

Abschied von MAVERICK

Kaum bin ich zurück in Charleston, mache ich mich daran, den Broker zu erreichen, von dem ich noch immer nichts gehört habe, außer dass er es noch nicht geschafft hat, MAVERICK anzuschauen. Nun habe ich bereits eine Woche in Charleston gelegen und mehr als 300 $ an Liegegebühren bezahlt, während es mit dem Verkauf des Bootes nicht voranging. Aber ich kann nichts weiter tun, als zu warten. Die Wartezeit nutze ich damit, mir die YORKTOWN anzuschauen, die aus der Nähe wirklich gewaltig ist, und einige Erkundungstouren in die Umgebung zu unternehmen. Endlich kommt auch der Broker, schaut sich die MAVERICK an und verspricht mir, einen Preis zu finden und dann ein Angebot klarzumachen. Weitere vier Tage später, in denen ich wieder 200 $ für Liegegebühren bezahle, entschuldigt er sich vielmals und teilt mir mit, dass MAVERICK leider zu klein und zu alt ist, um sie in den USA zu verkaufen.

Ich habe die Nase voll von Brokern und Liegegebühren und entschließe mich, mein eigener Broker zu werden. Wie haben wir damals MAVERICK gekauft? Über eBay! Kurzerhand entscheide ich mich, sie auch wieder über eBay zu verkaufen. Als »The german DOVE« – die deutsche DOVE, nach dem Boot von Robin Lee Graham, biete ich sie für 6444 US$ bei eBay an. Innerhalb weniger Tage habe ich 42 Beobachter, die die Auktion der MAVERICK verfolgen. Neben einigen nicht ganz ernst zu nehmenden Mails (wie eine von einem Koreaner, der MAVERICK kaufen und von mir nach Korea verschiffen lassen will!) bekomme ich einige Mails von echten Interessenten. Am zweiten Tag kommt ein Lehrer aus Charleston vorbei, um sich mein Boot anzusehen. Am fünften Tag schließlich ein weiterer, der extra 800 Meilen aus Lousiana angereist kommt, um MAVERICK zu begutachten: Glenn A. Carter. Mit seinem Sohn besichtigt der Rentner MAVERICK von allen Seiten, und ich sehe ihm förmlich an, wie er sich Stück für Stück in sie verliebt. Er hat das gleiche Glänzen in seinen Augen, wie ich, wenn ich MAVERICK sehe. Am Abend kommt Mr. Carter an Bord vorbei und bietet mit 1200 US$ mehr als mein Startgebot – ich schlage ein. Für 7600 US$ wechselt MAVERICK den Besitzer. Umgerechnet für den gleichen Preis, genauer noch 20 Euro mehr, für den wir sie genau zwei Jahre zuvor gekauft haben.

Mr. Carter will noch mal zurück nach Lousiana, bevor er eine Woche später wiederkommen und MAVERICK zurück nach Süden segeln will, um sie in Florida zu überholen und dann schließlich nach Lousiana zu überführen, vielleicht mit einem Abstecher auf die Bahamas. »Dort wird sie sich wohl fühlen.« Er hat alle meine Fotos, die ich im Verkaufsangebot auf eBay hatte, ausgedruckt in seiner Tasche und will sich mit MAVERICK den gleichen Traum erfüllen, den ich mir erfüllt habe. Ich bin wirklich glücklich, dass MAVERICK offensichtlich den richtigen Eigner gefunden hat.

In der Woche, in der er zurück nach Lousiana fährt, um unter anderem eine Klimaanlage für MAVERICK zu holen (für die auch ich einiges gegeben hätte in den windstillen USA, es war wirklich ein Ofen und MAVERICK überall das heißeste Boot), behalte ich den Zweitschlüssel und kann noch auf MAVERICK wohnen bleiben.

Bevor Mr. Carter und Sohn zurück nach Hause fahren, helfen sie mir noch, meine acht Kartons voll Kram von Bord zu einer FedEx-Station zu fahren, damit ich sie nicht alle einzeln je 45 Minuten dorthin schleppen muss. Noch mal 900 US$ zahle ich dafür und später noch mal 160 $ für einen weiteren Karton mit Epirb, Solarpaneel und ein paar anderen Dingen, die ich mir für die Reise geliehen hatte.

Schließlich habe ich noch eine gute Woche mit MAVERICK, bevor wir uns trennen müssen. In diesen Tagen erkunde ich die Stadt, fahre jeden Tag mit dem Wassertaxi hinüber nach Charleston (auf dem Taxi kennen mich später alle Fahrer und geben mir 30 % Rabatt, wegen meiner Reise), schaue mir »Pirates of the Caribbean 2« im Kino an, von dem ich die Kulisse ja nun kenne, und plane meine nächsten Zwischenstopps. Denn so viel ist für mich klar: Ich kann nicht gleich von der MAVERICK zurück nach Hause in mein normales Leben. Ich muss mich erst langsam wieder eingewöhnen, damit mir zu Hause dann nicht gleich die Decke auf den Kopf fällt.

Der Lehrer Dick Staffort, der sich schon auf den Bahamas mit mir treffen wollte, bietet mir an, ihn für eine Woche in Atlanta zu besuchen und mir sogar den Flug dorthin zu bezahlen, um mich kennenzulernen. Ein tolles Angebot, das ich gerne annehme. Also ist mein nächster Zwischenstopp Atlanta. Aber wann fliege ich nach Hause?

Mein Onkel Uwe, der von jeher mein bester Freund war, hat am 3. August seinen Geburtstag, in zwei Wochen also – perfekt! Ich werde an seinem Geburtstag nach Hause kommen – allerdings ohne jemandem davon zu erzählen!

Dementsprechend buche ich für den 1. August einen Flug von New York, das ich gern auch noch mal drei Tage sehen würde – war es doch mein eigentliches Ziel – nach Frankfurt, von dort einen zweiten Flug direkt nach Ankunft am Morgen des 2. August nach Düsseldorf, wo ich mir einen Mietwagen reservieren lasse, um noch eine Nacht bei

Georg und Irene zu übernachten, bevor ich »auf dem eigenen Kiel« nach Wolfsburg fahre. Ich bin die letzten zehn Monate Woche um Woche immer auf dem Weg zum nächsten Ziel, zur nächsten Insel gewesen, sodass ich mich jetzt nicht einfach vom Flughafen abholen und nach Hause fahren lassen kann. Das geht einfach nicht. Also möchte ich die Reise dort beenden, wo ich sie begonnen habe – vor unserer Haustür in Wolfsburg, die ich im Auto erreichen möchte. So weit die Planung.

Sofort nach meiner Zusage für den Besuch bekomme ich von Dick eine Mail mit meinen Flugdaten von Charleston nach Atlanta. Also auf in ein neues Abenteuer. Was mich dort wohl erwarten wird? So viel weiß ich schon, dass Dick ein Musical über DOVE geschrieben hat, Robin persönlich kennt und nun mich kennenlernen möchte. Auch will er mir helfen, ein paar Artikel für amerikanische Segelmagazine zu verfassen und mich in seiner Collegeklasse über meine Reise erzählen lassen. Das klingt doch schon mal ganz gut!

Am Morgen des 20. Juli stapele ich mein letztes Gepäck, alles was ich noch nicht per FedEx nach Hause geschickt habe, auf dem Steg neben der MAVERICK: Eine Reisetasche, einen Rucksack und meine Gitarre. Gerade so viel, wie ich tragen kann. Alle im Hafen wissen bereits, dass MAVERICK verkauft ist, und selbst der Broker kam vorbei und hat mir zum schnellen Verkauf gratuliert, wollte alle Details über meine Taktik wissen. Ein letztes Mal streichele ich MAVERICK über den Kajütaufbau, ein paar letzte Worte, wie toll sie sich gehalten hat, dann ist es so weit: Ich schließe das Kajütschott, lasse das Vorhängeschloss einschnappen, wie ich es schon so viele Hunderte Male getan habe, und werfe den Schlüssel durch die Windhutze über der Pantry zurück in die Kajüte, treffe genau in den Topf, der auf dem Kocher steht.

Als ich langsam den Steg hinauf zum Taxistand laufe, drehe ich mich immer wieder um, werfe noch einen letzten Blick auf MAVERICK, dann einen allerletzten ... Schließlich steige ich in das Taxi und verlasse die Marina auf dem Weg zum Flughafen. Dort angekommen, schreibe ich in der Wartezeit einen neuen Artikel für die »Yacht«, bis endlich die Boardingtime beginnt und ich meinen Fensterplatz an der linken Seite einnehme. Minuten später erhebt sich die Maschine mit einem lauten Donnern vom Asphalt und schwebt hinauf in die Lüfte. Als würde der Captain genau wissen, wonach ich mit der Nase an die Fensterscheibe gedrückt dort unten suche, macht er einen letzten Schlenker über den Hafen hinweg zur Marina, in der MAVERICK liegt. Ganz klein sehe ich sie dort unten in ihrer Box liegen. Ohne mich. Dann kommen wir in die Wolken, und ich kann MAVERICK nicht mehr sehen. Sie ist weg. Die Reise ist vorbei.

Berge statt Wellen

Genau eine Stunde später lande ich auf dem Flughafen von Atlanta. Es dauert eine Weile, bis ich in dem gigantischen Flughafen, von dem aus Flughäfen in der ganzen Welt angeflogen werden, den richtigen Ausgang finde und noch eine Stunde mehr, bis Dick aus dem College kommt und mich abholt. Die Zeit überbrücke ich mit einem Kaffee in der großen Wartehalle und mit Gedanken an MAVERICK. Wie sie sich wohl so allein dort drüben in Charleston fühlt?

Schließlich klingelt das Telefon, Dick ist da! Ich habe keine Ahnung, wie er aussieht, er dagegen kennt mich von meiner Website und den vielen Hunderten Bildern dort. Plötzlich spricht mich ein weißbärtiger Mann von der Seite an: »Yohanes? Yohanes Eartman?« Ich schaue in die Augen eines etwa Mitte 50-jährigen Mannes mit Halbglatze und rundlichem Bauch. Aber in diesen Augen sehe ich etwas aufstrahlen, was mir sofort auffällt. Seine Augen leuchten einfach so freundlich und gütig und vor allem so vertraut, dass es mir beinahe so vorkommt, als wären wir schon seit Jahren die allerbesten Freunde, obwohl wir uns noch nie zuvor gesehen haben. Aber irgendwie weiß ich, dass er ein Mann ist, dem ich ohne zu überlegen vertrauen kann, was in den USA nicht immer selbstverständlich ist.

Dick greift sich sofort einen Teil meines Gepäcks, und ich folge ihm hinaus auf den Parkplatz. »How good to see you«, fängt er sofort ein Gespräch mit mir an, »Wie schön, dich zu sehen!« Dann will er alles von mir wissen, wie der Flug war, die Reise, der Aufenthalt in den USA. Ich bin immer noch ein wenig traurig und in Gedanken bei MAVERICK, aber ich merke, dass ich genau an der richtigen Stelle bin, um in den nächsten Tagen auf andere Gedanken zu kommen. Zusammen steigen wir in seinen neuen Toyota Prius, den er erst vor wenigen Tagen gekauft hat. »Ein Hybrid«, wie er mir erklärt, »er läuft mit Elektromotor und Benzinantrieb.« So sieht er auch von innen aus: In der Mitte des Armaturenbretts befinden sich kaum Schalter, nur ein großes Touchpad, über das die Motor- und Batteriedaten abgerufen werden können, genauso wie die Klimaanlage damit bedient werden kann. Auch einen Schlüssel gibt es nicht, sondern nur einen kleine Fernbedienung zum Türöffnen, die zum Starten in das Armaturenbrett geschoben wird. Daneben gibt es einen großen, runden Knopf wie an einem Computer, auf dem »on« steht. Nach der Betätigung ist das Auto an, aber man hört nichts, außer dem leisen Surren des Elektromotors. Ich hatte zwar schon gelesen, dass es solche Autos gibt, aber gesehen hatte ich noch keines.

Eine Stunde müssen wir fahren, bis wir bei Dick sind, der mit seiner Frau und seinen zwei Söhnen im kleinen Ort Cornelia nahe den Blue-Ridge-Mountains lebt. Seine Frau ist jedoch gerade auf einer Hochzeit, sein jüngerer Sohn über die Ferien in Florida, und sein älterer Sohn ist ebenfalls nicht zu Hause. »Wir sind also allein, aber ich werde dir ein paar Schüler vorstellen, die in deinem Alter sind. Und dann ist da auch noch Maverick, unser Kater, und unsere Hunde Daisy und Griffin« – »Du hast eine Katze namens Maverick?« – »Ja, der Namen stammt aus dem Film ›Top Gun‹ mit Tom Cruise. Aber der Kater ist ein wenig paranoid, was fremde Menschen angeht ...«

Schließlich ist es dunkel, als wir bei Dick ankommen. Das Haus liegt ein wenig abgelegen in einer kleinen Wohnsiedlung an einem Wald, der ebenfalls zu einem Teil Dick gehört. Typisch amerikanisch gibt es eine große Auffahrt, auf der bereits eine ganze Menge Autos stehen. Das Haus besteht aus drei Etagen. Im Keller sind ein Partykeller mit Bar und Tischtennisplatte und die Zimmer der Söhne untergebracht, im Erdgeschoss Wohnzimmer, Küche und Dicks Schlafzimmer und im Obergeschoss Arbeitszimmer und zwei Gästezimmer, von denen ich mir eins aussuchen darf. Das Sonnenblumenzimmer, in dem alles mit Sonnenblumen dekoriert ist, und das Segelzimmer voller Segelbilder, jedoch nur mit einem einfachen Bett anstatt Doppelbett stehen zur Auswahl. Klar, wofür ich mich entscheide.

Am Abend nach dem Essen sitzen wir noch eine ganze Weile auf der Terrasse und erzählen. Dick will alles ganz genau wissen und ist sehr interessiert an meiner Reise, was für mich wieder den Vorteil hat, dass ich, was mein Englisch angeht, beim Beantworten der Fragen ganz schön unter Druck gesetzt werde, mich verständlich auszudrücken und somit meine Sprache trainiere. Vermutlich denkt sich Dick dabei etwas, unterrichtet er doch im College »Speeches«, also »Reden halten«. Zwischendurch lerne ich auch Maverick kennen, der mich zunächst gar nicht bemerkt, aber als ich ihm ganz überraschend »Hey, Maverick!« zurufe, wie eine Salzsäule erstarrt und mich mit panischen Augen anschaut, bevor er sich schnell aus dem Staub macht. Aber Dick meint, das war ein guter Start mit uns beiden, dass ich gleich beim Namen gerufen habe. Ich hingegen habe dem Kater förmlich angesehen, wie er in seinem kleinen Kopf überlegt hat – »woher kennt der mich eigentlich?«.

Als ich schließlich am Abend in meinem Zimmer sitze, muss ich erst mal die ganzen neuen Eindrücke ordnen und kann auch den ganzen Luxus um mich herum nicht wirklich realisieren. Schon die Steckdose, aus der nun so viel Strom kommt, wie ich brauche, stellt für mich einen großen Luxus dar, nachdem ich seit einem Dreivierteljahr meinen Laptop aus Strommangel auf Sparmodus laufen hatte. Direkt gewöhnungsbedürftig, dass der Monitor so hell sein kann! Aber auch das Badezimmer mit Dusche gleich neben meiner Zimmertür, das kostenlose Internet per Funk im ganzen Haus und die Klimaanlage, sodass ich nachts gut schlafen kann und nicht mehr schwitzen muss, sind für mich noch nicht so leicht zu verkraften. Geschweige denn mein Wasser mit Eiswürfeln, das ich mir abends ans Bett stelle. Dinge, die für alle Menschen normal sind, aber für mich nach der langen Zeit an Bord sicher noch eine Weile eine Außergewöhnlichkeit darstellen werden.

Für die kommenden Tage hat Dick eine lange Liste von Programmpunkten zusammengestellt, die er mir am folgenden Morgen präsentiert. Von »Coca-Cola«-Museum bis Wandertouren in die Wälder der Blue-Ridge-Mountains ist alles möglich. Und da das Wetter gerade so wunderbar ist, machen wir uns gleich am ersten Tag auf den Hiking-Trail des Panther Creek. Mit dem kleinen roten Miota-Cabrio fahren wir in den Wald, bevor wir knapp zwei Stunden lang immer tiefer in die Wildnis hineinlaufen, wobei wir immer ein Auge auf giftige Schlangen haben, auch wenn Dick noch nie eine gesehen hat. Nach einem anstrengenden Marsch erreichen wir vollkommen durchgeschwitzt einen Wasserfall mitten im Wald. Der ist wirklich toll, etwa 30 Meter hoch und von oben wie unten gigantisch. Außerdem natürlich ein hervorragendes Fotomotiv. Dick macht sich gleich daran, etliche Fotos von mir nur in kurzer Hose barfuß zwischen den Wassermassen zu schießen, wobei ich mir ein wenig wie der Weltumsegler Robin Lee Graham vorkomme, in dessen Berichten auch ein paar Fotos von ihm unter einem Wasserfall zu sehen sind. Wieder überschneiden sich die Reisen an dieser Stelle. Obwohl ich längst gelernt habe, nicht zu sehr auf sein Abenteuer zu schauen, sondern mein eigenes zu leben.

Auch in den folgenden Tagen steht für mich ein großes Programm auf dem Plan: Während ich morgens ab und zu an dem zweiten Artikel für das »Yacht«-Magazin arbeite, machen wir uns an den Nachmittagen immer wieder auf Erkundungstour durch Georgia. Neben Bergbesteigungen, weiteren Wanderungen und Ausflügen fahre ich auch alleine mit einem von Dick geliehenen Jeep durch die Lande, erkunde die Umgebung und werde am Sonntag in die Jugendgruppe einer Kirche eingeladen, in der etwa 15 Jugendliche im Alter von 15 bis 23 meine Geschichten hören wollen. Bevor ich Deutschland verlassen habe, war ich ebenfalls jahrelang in einer vergleichbaren Jugendgruppe und hab dort mit Freunden viel Musik gemacht – deshalb fühle ich mich dort gleich ein wenig zu Hause.

Nach einer Bildershow meiner Reise per Beamer sitzen die Jugendlichen noch eine ganze Weile um mich herum und wollen plötzlich alles ganz genau wissen, wie lange ich auf See war, wie viele Stürme ich unterwegs erlebt habe, wie sich ein Weihnachten allein auf See anfühlt und ob ich wirklich 31 Tage lang aus Konserven gegessen habe.

An den Erfolg dieses Besuchs wollen wir natürlich sofort anknüpfen, und so besuche ich am Montag und Dienstag drei Klassen des College und erzähle dort wieder meine Geschichte, wobei wir die Fotos und nun auch ein paar Videos mit einem Beamer an die Wand projizieren. Wieder wird mir in der anschließenden Fragerunde so manches Loch in den Bauch gefragt. Aber es ist auch zugleich wirklich großartig, alle diese Fragen beantworten zu können und zu sehen, wie fasziniert die Schüler von dieser Reise sind. Nach den Vorträgen kommen sie jedes Mal förmlich auf mich zugestürmt, einfach um noch ein, zwei Worte mit mir zu wechseln, und oft auch nur, um mir einfach die Hand zu schütteln. Ein schon fast rührendes Erlebnis. Dabei bin ich damals einfach nur losgesegelt, weil es ein Traum von mir war, ich wollte die Welt sehen und diese Reise nur für mich leben. Dass ich diesen College-Schülern irgendwann ein richtiges Vorbild sein würde, hätte ich mir nie vorgestellt. Fünf bis sechs Nationalitäten sitzen im Schnitt in einem Klassenraum – und alle sind gleichermaßen begeistert von meinem Trip.

Als wir das erkennen, hat Dick eine Idee: Er will mit meinem Einverständnis daran arbeiten, aus meiner Reise eine Lehreinheit zu machen. Die amerikanischen Schüler sollen meine Reise dann in der 9. Klasse im Unterricht fiktiv »nachsegeln« und bekommen den Auftrag, in einem kleinen Segelboot 8000 Seemeilen zurückzulegen. Sie sollen dazu eine Route aufstellen und in einem Logbuch beschreiben, welche Länder sie besuchen, wie viele Meilen sie jeden Tag zurücklegen müssen, wie die Winde wehen, welche Besonderheiten die Länder ihrer Reise haben, welche Tiere sie dort sehen werden. Dabei würden sie dann Geografie, Mathe, Physik, Bio und Schreiben lernen. Natürlich bin ich begeistert von der Idee. Noch dazu, dass wir dafür eine etwa 15-minütige DVD erstellen wollen, mit einem Interview mit mir und vielen Bildern der Reise. Nachdem ich mehr als neun Stunden Filmmaterial gedreht habe, kein Problem.

Schließlich lerne ich auch noch Dicks Familie kennen, die nach einigen Tagen zu Hause eintrudelt. Sein Sohn Daniel begrüßt mich gleich auf Deutsch mit einem »Hallo, ich bin Daniel!«, das er mal irgendwo gelernt hat. Auch Dick will mich nun auf Deutsch begrüßen und schiebt ein »Hallo, ich bin Dick!«, hinterher und wundert sich, dass ich grinse. »Hey, was hab ich falsch gemacht?« – »Gar nichts, es ist nur dein Name. Du hast mir gerade gesagt ›Hello, I'm fat‹.«

Langsam gehen aber auch die schönen Tage bei Dick dem Ende entgegen, und ich muss mich um den Weiterflug nach New York kümmern. Dort habe ich mir bereits von Charleston aus für drei Tage eine kleine Absteige gebucht. Da ich jedoch nicht wusste, wie lange ich bei Dick bleiben werde, hatte ich natürlich noch keinen Flug von Atlanta aus gebucht für den Fall, dass ich zwischendurch noch woandershin fahre.

Schließlich buche ich einen Direktflug für den 29. Juli. Bevor ich jedoch weiter nach New York fliege, steht zunächst noch ein weiteres Highlight meines Besuchs bei Dick auf dem Programm:

Dick hat für das Musical »Dove«, das im Frühjahr 2008 in die Theater kommen soll, einen Nachbau von Robins DOVE gekauft, der per Tieflader aus Californien geliefert werden und zur Premiere neben dem Theater stehen soll. Nun hat er jedoch niemandem, der ihm das Boot für einige Törns auf dem Lake Lanier zusammenbaut und ihn in die Besonderheiten einweist. Sofort bietet er mir an, mich dafür sogar zu bezahlen, aber das kann ich natürlich nicht annehmen. Im Gegenteil, es ist mir sogar eine große Ehre.

Am Tage vor der Lieferung erreicht Dick dann die Nachricht, dass der Truck mit dem Boot einen Unfall hatte und beschädigt wurde. Einen Anruf später dann die Entwarnung, dass nicht sein Boot, sondern ein anderes, werftneues, das ebenfalls auf dem Truck steht, gerammt und schwer beschädigt worden ist. Aufatmen.

Schließlich erreicht der Truck samt Boot den See, Dick muss zu diesem Zeitpunkt zwar gerade noch im College sein, aber Daniel und ich kümmern uns um das Abladen und Kranen des Boots. Im Handumdrehen liegt das Boot im Wasser, und wir machen uns an das Stellen des Mastes. Die Wanten sind allesamt sehr stark korrodiert und ebenso der Motor, den wir nach einem kurzen Einbruch (kein Schlüssel mitgeliefert) unter Deck finden. Der Motor ist hin, also müssen wir das Boot unter Segeln vom Steg wegbringen. Der Mast steht sehr schnell, ebenso schnell sind die Segel angeschlagen und wir auslaufbereit. Aber der Wind steht stark in die Bucht, aus der wir nun heraussegeln müssen, und in Lee liegt eine ziemlich flache Sandbank. Mit MAVERICK hätte ich keine Chance gehabt, dort hinauszukommen, ohne das Boot auf Grund zu setzen, aber da ich den Kiel des Bootes und seine offenbar guten Kreuzeigenschaften hoch am Wind auf dem

Truck gesehen habe, will ich es versuchen. Wir drehen das Boot noch am Steg in den Wind, setzen Segel, knallen die Schoten dicht und gehen hoch an den Wind. Langsam, wie in Zeitlupe, nimmt das Boot Fahrt auf, treibt zunächst immer näher an das Flach heran, bis es genug Fahrt hat und plötzlich wie eine Jolle auf dem Ruder liegt. Sofort kann ich anluven und das Boot aus den Untiefen heraussteuern. »Mit einem Boot, das solche Segeleigenschaften hat, wär ich auch um die Welt gesegelt, Robin Lee Graham!«, schießt mir durch den Kopf.

Ein paar Minuten später haben wir uns aus der Bucht freigekreuzt und nehmen Kurs auf den offenen See. Schnell habe ich auch Daniel das Segeln beigebracht, der es sofort zu lieben scheint. Eine halbe Stunde üben wir alle Kurse, bis Dick am Steg erscheint. Also das nächste Abenteuer: anlegen unter Segeln in einer Box. Wieder gehe ich an die Pinne und steuere auf den Steg zu, auf dem Dick bereits an einer Box wartet. Schon ein Stück vorher lasse ich die Fock killen, um nur noch mit dem Groß zu segeln, mit dem ich durch das Drücken nach vorne gegen den Wind eine starke Bremswirkung ins Boot bringen kann. Und tatsächlich – alles funktioniert. Langsam segeln wir in die Box, ich drücke den Baum mit aller Kraft nach vorne, bis das Boot steht und wir genau mittig in der Box liegen. Ein tolles Boot.

Die SPIRIT OF DOVE wird nun bis zum Musical auf dem See liegen bleiben und zum Sommersegeln genutzt werden. Aber für mich heißt es nun endgültig Abschied nehmen – es geht weiter nach New York.

Mein Flugzeug startet am übernächsten Tag gegen zehn Uhr, also mache ich mich schon um acht mit Dick auf den Weg nach Atlanta. Dort angekommen, fällt mir der Abschied von Dick nicht leicht, und ich merke, dass es ihm sehr ähnlich geht. Ich bin ihm in diesen anderthalb Wochen, die ich nun bei ihm war, wie eine Art Sohn geworden, und auch er wird mir sehr fehlen. »Es wird nun sicher eine ganze Weile vergehen, bis wir uns wiedersehen«, das ist uns beiden klar. Aber spätestens zur Premiere von »Dove« werde ich wieder in Atlanta sein, da bin ich mir sicher. Auch Dick verspricht, mich in einem Jahr zu besuchen. Eine letzte Umarmung, dann muss Dick sein Auto aus der Taxizone wegfahren, und ich verschwinde im Airport, um mein Gepäck einzuchecken.

Eine Stunde später bin ich schon in der Luft und auf dem Weg nach New York.

New York – am Ziel?

»Das ist er also, der Ort für den ich mehr als zehn Monate gesegelt bin«, geht mir durch den Kopf, als ich das Flugzeug verlasse. Aber glücklich, am Ziel zu sein, bin ich nun wirklich nicht. Wieder habe ich einen guten Freund zurückgelassen und vor mir eine gigantische, laute, schmutzige und kriminelle Stadt. Und zugleich auch noch die letzte Stadt auf diesem Kontinent, der mir in den vergangenen Monaten fast schon zu einer neuen Wahlheimat geworden und ans Herz gewachsen ist – sowohl er als auch seine Leute.

Aber New York ist irgendwie ganz anders als alles, was ich bisher gesehen habe auf dieser Seite des Atlantiks. Und der Aufenthalt hier beginnt auch noch sofort mit einem Problem: Mein Gepäck ist weg!

Zwar bekommen 80% der Fluggäste ihre Koffer und Taschen in der Gepäckausgabe, und auch ich finde meine Gitarre darin wieder, aber als das Band stoppt, sind noch immer 15 Fluggäste ohne Gepäck, und auch mir fehlt noch meine Tasche. Nur mit der Gitarre und ohne Wechselklamotten sehe ich mich nach zwei Stunden Wartezeit schon wie der bekannte »Naked Cowboy« nur mit Boxershorts, Cowboyhut und Gitarre am Times-Square um Geld betteln, als mich zwei junge Mädchen von der Seite auf Englisch ansprechen, ob mein Gepäck auch noch nicht da sei. »Yeah, seems like they lost it somewhere«, antworte ich nur kurz und frage, ob sie wenigstens einen Teil schon bekommen haben. Als sie antworten, muss ich kurz stutzen, als ich einen Akzent erkenne, der mir ziemlich bekannt vorkommt: »You are germans, uh?« – »Yes, we are from Germany« – »Na, dann können wir ja auch Deutsch reden ...«

So mache ich in dieser ungewöhnlichen Situation Bekanntschaft mit Anja und Tine, die gerade im Sommer in Deutschland ihr Abi gemacht und nun auf einer Rundreise durch die USA sind. Zusammen vertreiben wir uns die Wartezeit, erzählen über unsere Reisen und erfahren zwischendurch am Schalter unserer Fluggesellschaft erleichtert, dass das Gepäck offenbar noch in Atlanta ist und in zwei Stunden in New York ankommen wird. Glück gehabt. Mit uns warten zwei schwarze CNN-Reporter, die, als sie meine Gitarre sehen, auf eine Idee kommen. »Hey, sorg doch mal für ein bisschen Abwechslung und spiel uns was!« Als ich nicht so recht will, schnappen sie sich die Gitarre und fangen an zu musizieren – und wie von Schwarzen zu erwarten, wirklich gut! Die beiden haben wirklich Musik im Blut und lassen die Saiten klingen, bis sich ganz plötzlich das Laufband des Gepäcks wieder in Gang setzt und endlich, ja, endlich unser Gepäck erscheint.

Mit den Mädels nehme ich das Flughafen-Shuttle hinüber nach Manhattan, wo die beiden nur ein paar Blocks von mir ein Zimmer in einer Jugendherberge reserviert haben. Als ich jedoch die Wohnviertel dort sehe, habe ich gar kein gutes Gewissen, die beiden jungen Mädels dort allein zu lassen ... Aber was soll ich tun?

Angekommen in meinem Zimmer, legen sich meine Bedenken, was die beiden angeht, als ich meine eigene Wohngegend sehe. Schlimmer können sie es sicher nicht haben. Aber was soll's, es ist billig, ich habe sogar eine Klimaanlage im Fenster hängen und einen kleinen Kühlschrank. Die (kalte) Dusche ist im Flur, im ganzen Stockwerk scheinen sich lauter illegale Einwanderer zu tummeln und keiner davon der englischen Sprache mächtig zu sein. Meine Zimmerwände sind lila und pink, das Türschloss scheint schon einige Male herausgebrochen worden zu sein, aber ich sehe es positiv: »Ich wollte schon immer mal wissen, wo Kakerlaken zum Sterben hingehen.« Was ich hingegen nicht wissen möchte, ist, wie viele Menschen in diesem Zimmer schon ermordet worden sind.

Dennoch kann ich mir den Gedanken nicht verkneifen, was für ein außerordentlicher Luxus das Zimmer doch im Vergleich zur MAVERICK ist: Klimaanlage und Kühlschrank, Strom und ein kleiner Wasserhahn mit Waschbecken in einer Ecke. Was habe ich es hier gut.

Also ziehe ich meine Zimmertür zu, schalte die Klimaanlage ein, ziehe mich bis auf die Boxershorts aus und lege mich schlafen.

In den kommenden drei Tagen in New York sehe ich mir nicht allzu viel von der Stadt an, dazu habe ich keinen Bedarf. Während jeder andere Tourist nun versuchen würde, in den wenigen Tagen so viele Sehenswürdigkeiten wie möglich mitzunehmen, mache ich mir bewusst ein paar ruhige Tage, laufe ganz entspannt durch den Central Park und den Broadway hinunter zum Hafen, schieße ein Foto der Freiheitsstatue und eine Selbstauslöser-Aufnahme von mir am Times-Square, sitze bei Starbucks am Empire State Building und schreibe Postkarten, kaufe noch ein paar Tuben Kristinas geliebter Zahnpasta mit Vanilleeisgeschmack auf Vorrat und verbringe den Rest der Zeit ganz in Ruhe und entspannt wie ein Rentner beim Vögelfüttern auf einer Bank des Central Parks.

Schließlich wird es Dienstag, der 1. August. Der Tag, an dem mein Flieger zurück nach Deutschland geht. Gegen Mittag nehme ich wieder einmal das Flughafen-Shuttle hinüber zum Abflug-Terminal, lasse zum dritten Mal in den USA die Prozedur des Filzens über mich ergehen, bis mein Gepäck endlich auf dem Weg ins Flugzeug ist und ich mich während meiner letzten paar Stunden in den USA noch schnell auf die Suche nach ein paar Mitbringseln aus dem Flughafenshop machen kann.

Das Einchecken des Gepäcks verlief diesmal ausgesprochen einfach. Bei den ersten beiden Flügen nach Atlanta und New York wurde mir der Koffer bisher jedes Mal auseinandergenommen und bis ins Detail durchsucht. Dummerweise hatte ich mir noch in Charleston für 50 Dollar zwei Tuben Spachtelmasse von 3M gekauft, die in Deutschland nicht zu bekommen, aber einsame Spitze ist. Gleichzeitig hatte man auf einem Flughafen in England eine Tube mit giftigem Inhalt sichergestellt, was in den USA ständig in den Medien verbreitet wurde, und so sah ich mich schon beinahe hinter Gittern, als der Polizist meine Tuben in der Gitarrentasche fand und sofort etliche Kollegen hinzu rief, die mich sogleich vernahmen. Schließlich glaubte man mir, dass der Inhalt ungefährlich ist, und ich durfte meine Tuben behalten.

Noch während ich auf der Suche nach Geschenken für meine Geschwister bin, klingelt mein Telefon, und meine Mutter ist am Hörer: »Johannes! Eben kamen zwei Briefe mit der Post rein, einer von der FH in Bremen und einer von der FH Kiel.« – »*Und???* Was steht drin?« – »Neee, das machen wir erst auf, wenn du wieder da bist ...« – »Ich glaub, es hackt! Jetzt mach schon den Brief auf! Stell dir vor, da sind zwei Absagen drin. Meinst du, ich komm dann noch nach Deutschland??«

Aber ich habe Pech – oder Glück – wie man's nimmt ... Pech, weil ich nach dem Öffnen der Briefe einen guten Grund habe, wieder zurück nach Deutschland zu kommen – schließlich hatte ich es meinen Eltern versprochen – und Glück, weil ich einen Studienplatz habe! Genauer gesagt, sogar zwei, denn beide FHs sagen mir auf meine Bewerbung hin zu. Ich kann es nicht glauben. Sooo doll war mein Zeugnis doch wirklich nicht ...

Kaum habe ich aufgelegt, beginnt die Boarding-Time und ich lasse mich ein weiteres Mal filzen. Wieder einmal reicht es den Beamten nicht, nur meinen Rucksack zu röntgen, nein, ich muss alles auspacken, Laptop, Videokamera, Fotokamera, Satellitentelefon und vieles mehr vor ihnen ausbreiten und zusehen, wie man die Batterien ausbaut und Fotos schießt, um sicherzugehen, dass ich keine Schussmechanismen in den Elektrogeräten habe. Warum ist man bei mir nur immer so skeptisch? Liegt das an meinen langen Haaren? Sehe ich denn aus wie ein Hippi?

Glücklich bin ich erst, als ich endlich auf meinem Platz hinten in der 747 sitze, vor mir ein Fernseher mit über 40 Spielfilmen und in mir die Erwartung auf einen ruhigen Flug in acht Stunden über den Atlantik. Ein Witz, wenn ich bedenke, wie lange ich hierher gebraucht habe.

Aber so angenehm, wie ich mir erhoffte, sollte der Flug nicht werden, denn neben mir nimmt ein etwa 30-jähriger Inder Platz, der sofort beginnt, mir seine Lebensgeschichte zu erzählen und zudem seine Arme zu 30 Prozent in meinen Sitz hereinragen lässt, wobei er offenbar gar nicht bemerkt, dass seine dick behaarten Arme permanent an meiner Haut scheuern. Ekel durchrieselt mich eine ganze Stunde, bis ich von der Stewardess eine Decke bekomme, die ich um meine Arme wickele, damit er seinen Arm nicht mehr an meiner Haut, sondern nur an der Decke »anlehnen« kann. Obwohl ich mir ständig zensierungsnötige Standpauken überlege, die ich meinem Sitznachbarn bei nächster Gelegenheit halten möchte, hält mich doch mein Anstand zurück, bis er nach einigen Lachattacken während eines Witzfilmes schließlich einschläft, ich seinen Arm in seinen Sitz zurückschieben kann und meine Ruhe habe, während wir in die Nacht hineinfliegen.

Am Ziel der Reise: New York. Eigentlich wollte ich mit MAVERICK *genau wie diese Yacht um die Freiheitsstatue segeln. Ein andermal vielleicht ...*

Der Kreis schließt sich

Als wir an nächsten Morgen, dem 2. August, gegen neun Uhr auf dem Flughafen Frankfurt landen, steht die Sonne bereits wieder hoch am Himmel. Eine knappe Stunde habe ich Zeit, mich im Terminal umzuschauen, bei meiner Familie und meinen Freunden anzurufen und die ganz ungewohnten deutschen Beschriftungen überall zu bestaunen. Es ist ein ganz merkwürdiges Gefühl. Die deutsche Sprache wirkt irgendwie seltsam auf mich. Deshalb laufe ich am Zeitungskiosk auch zuerst in die englischsprachige Abteilung, bevor ich zu den deutschen Heften gehe. Beim Bezahlen eines »Yacht«-Magazins an der Kasse sind es die Worte »Bitte« und »Danke«, die mir vollkommen fremd vorkommen, weil ich sie beim Einkaufen schon so lange nicht mehr benutzt habe. Auch dass sich um mich herum so viele Menschen auf Deutsch unterhalten, will so schnell noch nicht zur Gewohnheit werden. Als ich in den USA war und irgendwo eine deutsche Stimme hörte, habe ich jedes Mal unweigerlich die Ohren gespitzt, weil es so eine Seltenheit war, dass sich Menschen in der gleichen Sprachen unterhalten, wie ich es von zu Hause aus gewohnt bin. Nun bin ich wieder zu Hause, aber noch immer spitze ich die Ohren.

Auch das Geld, das ich mir aus einem Automaten am Flughafen ziehe, kommt mir fremd vor. Monatelang hatte ich mit verschiedenen Arten von Dollar, dem US-Dollar, dem EC-Dollar und auch dem »Bananen«-Dollar, wie Georg den Bahamas-Dollar nannte, bezahlt – dagegen wirkt der Euro auf mich zunächst wie Spielgeld und passt auch als 50-Euro-Schein nicht mehr in meine Brieftasche.

Kaum habe ich die ersten Eindrücke auf mich wirken lassen, muss ich auch schon wieder in das nächste Flugzeug, das mich nach Düsseldorf bringen soll. Wieder werde ich gefilzt, diesmal glücklicherweise nur kurz, und schon schwebe ich erneut über den Wolken, bis ich eine Stunde später mit meiner Reisetasche, meiner Gitarre und meinem Rucksack auf einem Gepäckwagen durch den Flughafen Düsseldorf zum Europcar-Stand schiebe.

Innerhalb von Minuten bekomme ich einen Smart-forfour in Schwarz und bin auf dem Weg nach Kevelaer, genauer noch nach Winnekendonk, wo Georg und Irene nahe der holländischen Grenze leben. Die Freude am Wiedersehen nach den zwei Monaten ist natürlich groß!

Nach einem schönen Abend bei den beiden lade ich am nächsten Morgen das Radargerät, das sie für mich mit aus Miami nach Deutschland gebracht haben, ins Auto und mache mich auf die letzten 400 Kilometer nach Hause, wo meine Familie schon auf mich wartet. Obwohl ich eigentlich niemandem von meinem Ankunftstermin erzählen wollte, habe ich es doch vor meiner Familie und ein paar Freunden nicht geheim halten können.

Zurück auf den deutschen Straßen verfahre ich mich natürlich sofort hoffnungslos: Irgendwie hatte ich im Hinterkopf, dass ich die Autobahn von Kevelaer aus Richtung Holland nehme müsste und von dort, kurz vor der Grenze, noch eine andere Richtung Hannover abgehen würde. Fehlanzeige!

Natürlich merke ich meinen Fehler erst an der holländischen Grenze, fahre an eine Raststätte, um mir eine Straßenkarte zu kaufen, wende an der nächsten Abfahrt und nehme wieder Kurs auf Deutschland. Kaum bin ich über die Grenze, sehe ich am Straßenrand einen grünen Golf Variant mit Aufschrift »Zoll« stehen, der sich auch sogleich in Bewegung setzt, mich überholt und mir die rote Kelle zeigt: »Bitte folgen!«

So ein Mist. Auf einem Seitenstreifen werde ich wieder einmal durchgefilzt, händige meinen Führerschein und Personalausweis aus und lasse mein Gepäck durchsuchen. Als ich auf die Frage »Wo kommen Sie gerade her?« meine ganze Geschichte erzähle, dass ich über den Atlantik gesegelt bin, das Boot in den USA verkauft habe, nun aus New York komme, mich verfahren habe (in ein anderes Land hinein!) und nun eigentlich nur noch nach Hause möchte, kommen sich die Beamten eindeutig veräppelt vor und lassen mich über Funk auf Vorstrafen und Drogenbesitz überprüfen. Aber mein Pass beweist, dass die Geschichte stimmt und dass ich einfach nur zu blöd war, die richtige Autobahn zu finden. Ein letztes Mal wird mir noch ins Auto geguckt »Was ist denn das da im Müllbeutel?« – »Ein Radargerät«, dann darf ich weiterfahren.

Aber weit komme ich nicht. Kaum bin ich eine halbe Stunde unterwegs, überholt mich ein schwarzer BMW und hält erneut eine Kelle aus dem Fenster: »Bitte folgen!«

Aber diesmal bin ich vorbereitet: Noch bevor die beiden Beamten über ein »Guten Morgen!« hinauskommen können, strecke ich ihnen Führerschein und Fahrzeugpapiere entgegen: »Ich wette, Sie möchten auch meinen Führerschein und die Papiere sehen, so wie ihre Kollegen vom Zoll vor etwa 30 Minuten?«

Die Beamten sind baff über diesen Zufall, gucken mir nur kurz in den Koffer und lassen mich anschließend wieder zurück auf die Straße.

Etwa 350 Kilometer und dreieinhalb Stunden später biege ich von der A2 auf die A39 Richtung Wolfsburg und keine 20 Kilometer später bei der Abfahrt »Fallersleben Süd« ab auf die Straße, die zum Haus meiner Eltern führt.

Schon als ich in die Einfahrt unserer gepflasterten Auffahrt biege, sehe ich meine Jolle mit gesetzten Segeln vor der Haustür liegen. Daneben ein weißes Bettlaken, auf dem in großen Lettern geschrieben steht: WELCOME HOME JOHANNES – drumherum eine Weltkarte, auf der meine Route rund um den Atlantik zu sehen ist und in der Mitte ein gemaltes Bild der MAVERICK. Ich bin gerührt.

Kaum habe ich den Motor abgestellt, fliegt die Haustür auf, und meine Familie kommt herausgestürzt: erst meine Mutter Gabi, dann mein Vater Manfred und zuletzt mein Bruder Tobias. Erleichtert fallen wir uns in die Arme, können es gar nicht begreifen, dass wir uns nun endlich wiederhaben, ich wieder zu Hause bin und sich meine Eltern nicht mehr länger Sorgen machen müssen. Tobi schießt schnell einige Fotos von der Ankunftskulisse, dem »Willkommenslaken«, mir und meinen Eltern davor. Dann geht es in die Wohnung: Im Flur hängen ganz viele Fotos von meiner Reise, weiter hinten eine Atlantikkarte, in die meine Eltern regelmäßig meine Position eingetragen haben. Mein Zimmer gleicht einer Karibikkulisse, eine Palme steht vor meinem Bett, darunter einige Kokosnüsse und Mangos, eine Flasche Rum und ein Kalender von New York. Sonst hat sich gar nichts darin verändert. Es ist, als wäre ich nicht weggewesen.

Kaum haben wir ein paar Worte gewechselt, fahren wir hinüber zu Uwe, der bereits Geburtstag feiert. Es gibt noch immer eine Menge Gäste, die nichts von meiner Ankunft gewusst haben und natürlich ganz aus dem Häuschen sind, mich nun so unverhofft wiederzusehen. Immer wieder muss ich meine Geschichte erzählen, wie es unterwegs war, wie schön die Bahamas sind, wie hoch die Wellen waren und wie stark der Wind. Und schon jetzt merke ich, wie die Reise für mich immer weiter in die Ferne rückt. So weit entfernt sind die Tage in der Karibik schon jetzt für mich, so lange her die schönen Tage mit Klaus, Martha, Georg, Irene, Kristina, den Dyars, Dick und vielen anderen Freunden, die ich unterwegs gewonnen habe.

Und auch in den nächsten Tagen lebe ich mich sehr schnell wieder in das normale Leben – zurück in Deutschland – ein. Die Haare, die bei meiner Ankunft durch die viele Sonne in der Karibik strohblond waren, wachsen und werden wieder braun, meine Haut verliert sehr schnell seine dunkle Farbe, und nur einige Wochen nach meiner Ankunft habe ich bereits ein Zimmer in Kiel und fange am 11. September mein Studium an.

Das Alltagsleben hat mich wieder. Schnell, allzu schnell verliere ich das Gefühl dafür, dass ich diese Reise wirklich gemacht habe. Zwar sind die Erinnerungen noch immer da, aber irgendwie kommt es mir, je öfter ich davon erzähle, so vor, als wäre ich gar nicht wirklich mit dabei gewesen, sondern hätte nur einen Film darüber gesehen oder nur ein Buch gelesen. Genauso, wie Sie nun dieses Buch hier gelesen haben.

Doch selbstverständlich werde ich diese Reise niemals in meinem Leben vergessen. Eine Zeit, in der ich so frei war, wie ich vermutlich nie wieder in meinem Leben sein werde, in der ich die Möglichkeit hatte, einfach Ankerauf zu gehen und dorthin zu segeln, wohin ich wollte. Eine Zeit, in der ich nicht nur elf Länder besucht und dabei etwa 8000 Seemeilen zurückgelegt habe, sondern auch eine Zeit, in der ich viele wundervolle Menschen getroffen habe, die mein Leben lang in meinen Erinnerungen bleiben werden, so, wie ich in ihren.

Ich habe eine acht Fuß breite und vier Fuß tiefe Furche quer durch den Atlantik gezogen und damit für mich zwei Kontinente verbunden. Eine harte Zeit in einem eigentlich viel zu kleinen und viel zu alten Boot liegt hinter mir. Und obwohl es manchmal nicht ganz einfach war, so waren diese zehn Monate doch die wertvollste Zeit in meinem Leben, die mich für immer prägen wird.

Es stimmt, was Mark Twain vor etwa 140 Jahren einmal geschrieben hat:

Twenty years from now you will be more disappointed by the things that you didn't do than by the ones you did do. So throw off the bowlines. Sail away from the safe harbor. Catch the trade winds in your sails. Explore. Dream. Discover.

In 20 Jahren würde ich mich mehr über die Dinge ärgern, die ich nicht getan habe, als über die, die ich getan habe. Also die Vorleine los, hinaus aus dem sicheren Hafen! Lasst uns den Passatwind in den Segeln fangen! Erforschen. Träumen. Entdecken.

Und genau das haben wir getan.

MAVERICK und ich.

Anhang

Das Boot: MAVERICK ist ein Serienbau vom Typ Fellowship 27 und wurde im Jahre 1970 als Baunummer 26 auf der Yachtwerft der Gebrüder de Kloet in Kortenhoef (Niederlande) gebaut und ist damals als sehr günstiges Boot zum Küstensegeln für Nordsee und IJsselmeer angeboten worden.

Technische Daten: Länge: 8,25 m, LWL: 6,20 m, Breite: 2,49 m, Tiefgang: 1,05 m, Leergewicht: 2,6 Tonnen (davon etwa 1,3 Tonnen Ballast), Stehhöhe: ca. 1,85m, Baujahr: 1970

Geschichte: Das Boot wurde 1970 in Holland gebaut und bis 1986 von einer Hamburger Eignergemeinschaft als »Ferienhaus auf dem Wasser« genutzt. Dann übernahm ein anderer Hamburger die damalige GODENWIND und segelte sie auf der Nord- und Ostsee, bis wir sie im Jahre 2004 über eBay kauften und übernahmen. Zwischenzeitlich wurde der eingebaute Saab-Diesel gegen einen Volvo Penta MD-11c ausgetauscht, ein neuer, verlängerter Mast gebaut, ein Bugstrahlruder (Vetus) und eine hydraulische Radsteuerung nachgerüstet.

Motor: Der Motor ist ein 30 Jahre alter Volvo Penta MD-11c Diesel mit 23 PS, Welle und 2-flügeligem-Propeller.

Ausrüstung

Segel: An Segel waren an Bord: 2 Großsegel (jeweils 13 m^2; eins von 2005 und eins aus den 1980ern), 1 Genua (etwa 20 m^2; aus den 1970ern), 1 Fock (14 m^2 aus den 1980ern), 1 Sturmfock (von 1976), 1 Spinnaker vom H-Boot (von 1994), 2 Sonnensegel. Großsegel mit Einleinenreff, Vorsegel mit Furlex-Rollreffanlage zu reffen, was sich beides ausgezeichnet bewährt hat und immer zuverlässig funktionierte.

Navigation: Log/Lot Autohelm Bidata, Autopilot Raymarine ST1000 plus Pinnenpilot, Radar Furuno 1623 (nur 15 min in Betrieb), Kurzwellenempfänger (geliehen), Kompass (2x), Hand GPS Garmin eTrex

(100 Euro) und Garmin 72 (Reserve, geliehen), Papierseekarten (Imray), später C-Map Karten auf dem Laptop inkl. GPS-Mouse, Fernglas (2x), Seehandbücher.

Stromerzeugung: Zunächst nur ein 25-Watt-Solarpaneel (geliehen, Stromausbeute max. 5 Ah pro Tag) und Rutland 910 Windgenerator (hat nie funktioniert), ab Karibik dann Air-X-Windgenerator (Ausbeute bis 20 Ah pro Tag), der jederzeit genug Strom geliefert hat, solange der Wind wehte. Für die nächste Reise würde ich mir zusätzlich noch größere Solarpaneele kaufen. Die Maschine lief fast nie zur Stromerzeugung.

Notausrüstung/Sicherheit: Rettungsinsel Arimar 4-Personen für Küstengewässer, zusätzlich eine wasserdichte Tonne, in der ich Proviant, ein GPS, das Satellitentelefon, Seenotraketen sowie Nahrungsvorräte verwahrte. Außerdem eine Global-3-Epirb, die im Cockpit montiert war und bei Untergang Notsignale gesendet hätte. Desweiteren hatte ich zu beiden Seiten des Aufbaus Sicherheitsleinen gespannt, in die ich mich bei Arbeiten außerhalb des Cockpits mit der Lifeline der Schwimmweste (Marinepool, 275 N) einklinken konnte.

Während des Segelns trug ich nur selten eine Schwimmweste, weil sie allein an Bord kaum etwas genützt hätte – es wäre ja keiner dagewesen, der das Boot hätte wenden können. Dagegen sicherte ich mich mit dem Lifebelt vor dem Überbordgehen, indem ich mich sobald das Wetter schlecht oder die Wellen hoch wurden, an das Boot leinte, wofür Leinen zum Einpicken an Deck gespannt waren.

Ankergeschirr: Pflugscharanker (15 kg) mit 7 mm Kettenvorlauf (10 m) und 14 mm Ankerleine (39 m); Plattenanker (10 kg) mit 6 mm Kettenvorlauf und 12 mm Leine (25 m), Stockanker (7 kg) mit 10 mm Leine (20 m), keine Ankerwinde.

Kocher: Optimus-Petroleumkocher aus Edelstahl, da bessere Hitzeausbeute als Gas, halbkardanische Aufhängung, die das Schaukeln des Bootes ausgleicht und viel sicherer als Gas ist, da nicht so leicht entzündlich.

Dingi: Als Beiboot hatte ich ein 2,40 m langes Schlauchboot von Seatec mit Lattenboden und 5 PS Yamaha Außenborder. Obwohl der Lattenboden dem Boot keine wirklich gute Kursstabilität verlieh, so war es doch mit dem Außenborder immer schnell in Gleitfahrt und ermöglichte so, selbst lange Dingifahrten über mehrere Meilen bequem durchzuführen.

Selbststeueranlage: Ein 30 Jahre alter Windpilot Pacific mit Pendelruderanlage. Obwohl ich mit dem Windpiloten zu Beginn der Reise noch keine Erfahrung hatte, hätte ich ihn am Ende der Reise küssen können, da er sich die ganze Fahrt über als absolut zuverlässig und unzerstörbar erwies und MAVERICK sehr viel besser und sicherer steuerte, als ich es je hätte tun können. Selbst im Surf von den sechs Meter hohen Wellen hielt er sich ausgezeichnet, sodass ich voll Vertrauen in die Koje gehen konnte.

Wetterkleidung: An Wetterkleidung hatte ich ein vollwertiges Hochseeölzeug mit 275N-Weste von Marinepool an Bord, das mich immer warm und trocken hielt und auch noch nach längerer Zeit angenehm zu tragen war. Darunter je nach Gewässer Fleece-Pullover (bei Portugal) oder T-Shirt (Karibik).

Kommunikation: Als Kommunikationsmittel hatte ich zum einen ein Iridium-Handy Typ Motorola 9505A an Bord, mit dem ich nicht nur alle zwei Tage meinen Eltern ein Lebenszeichen geben, sondern auch per SMS meine Position schicken konnte und über ein Verbindungskabel zum Laptop sogar E-Mails. Durch Smartsatcom bekam ich das Telefon kostenlos geliehen und außerdem einen sehr günstigen Tarif.

Neben dem Telefon hatte ich an herkömmlichen Kommunikationsmitteln nur ein UKW-Funkgerät, das ich erst in den USA ab und an benutzte.

E-Mails verschickte ich meist, indem ich mich per Laptop über ein Wireless-Netzwerk ins Internet einwählte. Diese Hotspots sind mittlerweile auf fast jeder Insel zu finden, meist jedoch in Cafés oder Bars in denen man während eines Biers kostenlos im Internet surfen kann. Auch in manchen Häfen und Ankerbuchten gibt es bereits Hotspots, die man auf dem Boot empfangen kann. Meist öffnet sich nach dem Einloggen dann die Startseite eines Anbieters, der zur Eingabe der Kreditkarten-Informationen bittet. Dann kann man meist für ein paar Dollar 24 Stunden lang das Internet nutzen und auf diese Weise über das kostenlose Programm »Skype« per Internet kostenlos von Rechner zu Rechner oder für etwa 2,5 Cent pro Minute ins deutsche Festnetz telefonieren.

Fotografie/Film: Meine über 13 000 Fotos der Reise schoss ich ausschließlich mit einer Sony H1, die neben 5 Megapixeln auch über einen 10-fachen Zoom verfügt und damit für mich die günstigere Alternative zu einer digitalen Spigelreflexkamera darstellte. Als kleines Backup hatte ich zudem eine Sony DSC-P32 mit 3 Megapixeln und ohne Zoom an Bord. Beide Kameras haben sich als wahre Glücksgriffe herausgestellt, denn ich brauchte nicht viel Ahnung vom Fotografieren zu haben, und doch kamen am Ende immer wieder die schönsten Fotos heraus.

Auch die Videokamera vom Typ Panasonic NV-GS75 überzeugte mich durch tolle Aufnahmen in ausgezeichneten Qualitäten. Insgesamt nahm ich über neun Stunden Film im Format Mini-DV auf.

Website: Während der Reise verfasste ich im Schnitt alle vier bis fünf Tage einen neuen Artikel für meine Website, die sich innerhalb kürzester Zeit im Internet herumsprach und den Besucherzähler täglich mehrere Hundert Male klackern ließ. Hunderte Menschen begleiteten mich auf diese Weise Woche um Woche auf meiner Reise, schrieben mir Hunderte Mails und Einträge in mein Gästebuch und gaben mir so oft den Mut, den ich brauchte, um in den Niederlagen und Reparaturphasen der Reise die Hoffnung nicht zu verlieren. Auch erkannte ich, dass ich diese Reise längst nicht mehr länger nur für mich, sondern auch für sie tat, die mit mir jede einzelne Insel entdeckten, wenn ich über meine Erlebnisse schrieb. Selten nur hatte ich Probleme beim Finden eines Internetzugangs, um einen neuen Bericht abzusetzen. Selbst in jeder Palmenwedelhütte gibt es heute einen Internetanschluss. Auf der Suche nach der Antwort, auf welchem Weg die ganzen Besucher von meiner Seite erfahren haben, nahmen bei einer Umfrage 869 Menschen teil und gaben auf die Frage: »Wie sind Sie auf meine Website aufmerksam geworden?« folgende Antworten:

Ich habe in der »Yacht« davon gelesen	27 %
Ich habe in den Medien davon erfahren (Tageszeitung etc.)	8 %
Ich habe in einem Internetforum davon gelesen	23 %
Ich habe anderswo im Internet davon gelesen	14 %
Man hat mir davon erzählt	10 %
Wir haben uns unterwegs getroffen	6 %
Wir kannten uns schon vorher	12 %

Kosten: Wenn ich die gesamten Kosten der Reise zusammenrechne, komme ich auf etwa 25 000 Euro, inklusive Bootskauf.

Davon ging jedoch ein beträchtlicher Teil in den Unterhalt des Bootes, da sich das Alter langsam doch bemerkbar machte und es immer irgendetwas zu reparieren gab. Den Höhepunkt der Ausgaben hatte ich in der Karibik, als nach und nach immer in 500-Dollar-Scheinen das Geld in die Reparaturen ging: 500 Dollar für das Getriebe, 500 Dollar für den Versand, 500 für den Einbau, 500 für die Liegegebühren in zwei Monaten, 500 für den Windgenerator ... Und so ging ich bereits in der Karibik Pleite – und meine Eltern sprangen ein, damit ich es noch ein Stückchen weiter schaffen konnte.

Ein weiterer großer Kostenpunkt war der Transport der MAVERICK nach Lissabon, der über 2000 Euro kostete, und die Liegegebühren von je 50 Dollar pro Nacht in den USA.

Davon abgesehen, muss ich sagen, dass das Leben an Bord verhältnismäßig günstig war, wenn es nicht so viele Reparaturen am Boot gegeben hätte.

MAVERICK segelt hinein in den Sonnenuntergang und manchmal möchte ich es Lucky Luke gleichtun und singen: »I'm a poor, lonesome Cowboy ...«

Danksagungen

Gott hat dir heute 86 400 Sekunden geschenkt. Hast du nur eine dazu verwendet, um »Danke« zu sagen?

Adolphus William Ward, (1837–1924), britischer Historiker

Diese Reise wäre ohne die Unterstützung einiger Menschen nicht möglich gewesen. Ich danke daher insbesondere:

Meinen Eltern **Manfred** und **Gabriele Erdmann**. – Danke, dass ich mich immer auf euch verlassen kann und ihr so ein grenzenloses Vertrauen in mich habt. Irgendwann mache ich das alles wieder gut ...

Meinem Onkel und Freund **Uwe Mielke**. – Danke, dass ich dein Boot versegeln durfte, für deine Unterstützung in allen Dingen und die vielen guten Jahre mit dir. Irgendwann segeln wir wieder – kommt Zeit, kommt Boot ...!

Meiner Oma **Erna Mielke** – Danke, dass du die Erste warst, die hinter meiner Reise stand und mich so sehr unterstützt hast.

Meiner Freundin **Kristina Michel** – Danke, dass du da drüben auf mich gewartet hast und meiner Reise ein Ziel gabst!

Meinen Geschwistern **Susanne** und **Tobias Erdmann** – Danke, dass ihr so viel eingesteckt habt, während ich auf See war.

Meinem Freund **Samuel Fricke**, auf den man sich immer verlassen kann.

Georg Pferdmenges und **Irene van Adrichem** – Wärt ihr nicht rüber, wär ich sicher auch nicht! Danke auch euch beiden für die Unterstützung, Tipps, Seekarten und das »Mutmachen«!

Uwe Röttgering. – Danke für die vielen Tipps, die geliehene Ausrüstung, das Korrekturlesen des Buches und vor allem das »Vorleben« des Seefiebers. Ich bin dir dafür wirklich dankbar.

Wilfried und **Astrid Erdmann**. – Danke für das Korrekturlesen und die vielen Bücher, durch die ich begonnen habe, von solch einer Reise zu träumen.

Miriam Arnheim – Danke für die vielen Hundert mutmachenden SMS vor, während und nach der Reise!

Christof Lochotzke – solch gute Freunde sind schwer zu finden!

Hendrik Voss, du hast die Vorbereitungsphase »life« erlebt.

Peter Paris, denn *du* warst es, der mir seit ich 15 bin immer wieder eingeredet hat, dass ich die Chance nutzen soll.

Christoph, **Katrin**, **Imke** und **Lennart** – ich danke euch für einige wunderbare Jahre, die ich nie vergessen werde. Eine Zeit, die mich wirklich geprägt hat.

Wilhelm Bokelmann – Danke für MAVERICK!

Martin Buhr für die medizinische Versorgung während der Reise.

Ortraut Heise und **Jens Schulenburg**. – Danke, dass ihr mir Segeln beigebracht und den Grundstein für diese Reise gesetzt habt.

Frau Holhorst-Stümpel, **Herrn Nehls** und **Frau Krause** – für einen wirklich wertvollen Unterricht.

Dick Stafford und der **Dyar-Family** – Danke für die schönen Tage bei euch!

Der Firma **Sagrotan** – ohne eure Desinfektionsmittel wär ich unterwegs gestorben …

Den Gebrüdern **De Kloet**, die tolle Schiffe bauen.

MAVERICK, denn du hast das toll gemacht!

Neben all diesen Freunden und Bekannten haben mich auch einige Firmen mit wertvollen Ausrüstungsgegenständen unterstützt. Gerade diesen Menschen gilt mein besonderer Dank, da sie an mich geglaubt haben, noch bevor ich eine einzige Meile gesegelt bin:

Marinepool: Ihr stellt wirklich geniales Ölzeug her, das mir unterwegs ständig ein guter Begleiter war.

Smartsatcom: Ohne zu zögern habt ihr mir ein nagelneues Motorola 9505 A zugeschickt, über das vor allem meine sich sorgenden Eltern sehr dankbar waren.

Navtec: Vielen Dank für die Global-3-Epirb, die mir stets ein Gefühl der Sicherheit gegeben hat, als ich auf dem offenen Meer unterwegs war.

SVB: Vielen Dank für den großzügigen Warengutschein, mit dem ich mir das tolle Schlauchboot kaufen konnte. Auch neben dem Schlauchboot stammte ein Großteil der Ausrüstung an Bord von SVB, einfach weil die Auswahl bei euch groß und der Preis klein ist.

Furuno: Vielen Dank für den Rabatt beim Radargerät, das mir – solange ich genügend Strom hatte – gute Dienste leistete.

Blauwasser.at: Danke Matthias, für den Windgenerator, die Seekarten und die Tipps!

»Yacht«-Magazin: Danke für die schönen Artikel.

Ich hoffe sehr, dass ich niemanden vergessen habe. Sicherheitshalber möchte ich mich an dieser Stelle auch bei allen anderen Menschen bedanken, die mich auf irgendeine Weise unterstützt haben, die jedoch hier nun keine Erwähnung gefunden haben.

Außerdem bedanke ich mich bei den Lesern meiner Website www.allein-auf-see.de, die mich während meiner Reise Woche um Woche im Internet begleitet, mir Hunderte Mails und Gästebucheinträge geschrieben und mir so tagtäglich neuen Mut gemacht haben.

Zuletzt bin ich wirklich dankbar, dass ich diese Reise so gut überstanden habe. Denn ich sehe es nicht als selbstverständlich an, dass ich in allen Stürmen so glimpflich davongekommen bin. Da draußen hätte eine Menge schiefgehen können.

Sollten Sie nun noch irgendwelche Anmerkungen zum Buch haben, noch mehr Fotos sehen wollen oder spezielle Fragen an mich haben, können Sie mir gerne eine Mail an **johannes@allein-auf-see.de** senden oder meine Website **www.allein-auf-see.de** besuchen.

Törn voller Überraschungen

KATRIN HENZI
Welt umrundet
Abenteuer zwischen Traum und Wirklichkeit

ISBN 978-3-7688-1983-1

Ein kurzer Törn sollte es werden, nur solange es Spaß macht. Doch als die Schweizer Katrin und Dieter wieder in den Hafen im spanischen Ampuriabrava einlaufen, sind neun Jahre und ein Monat vergangen: Sie haben die Welt umrundet, 80 000 Seemeilen unter den Kiel genommen und dabei die ganze Gefühlspalette von überschäumender Lebensfreude bis zu nackter Panik erlebt. Ein wundervoller Törnbericht, der durch alle Höhen und Tiefen einer Weltumseglung führt.

Erhältlich im Buch- und Fachhandel
oder unter www.delius-klasing.de

Kommen Sie mit an Bord

YACHT – Europas größtes Segelmagazin zeigt alle 14 Tage die Leidenschaft und Faszination des Segelns. Hier gibt es Reportagen der schönsten Segelreviere in nah und fern, Test & Technik, hilfreiche Tipps und Tricks zu Segeltechnik und –taktik, die Seemannschaft sowie Informationen zu den großen Segelevents.

Jetzt kostenloses Probeheft anfordern!

Delius Klasing Verlag
Postfach 101671
33516 Bielefeld
Tel.: 0521/559 911
Fax: 0521/559 88 114
a.hellwig@delius-klasing.de

www.yacht.de

1 YACHT-Ausgabe
kostenlos frei Haus.

Dafür lebe ich.

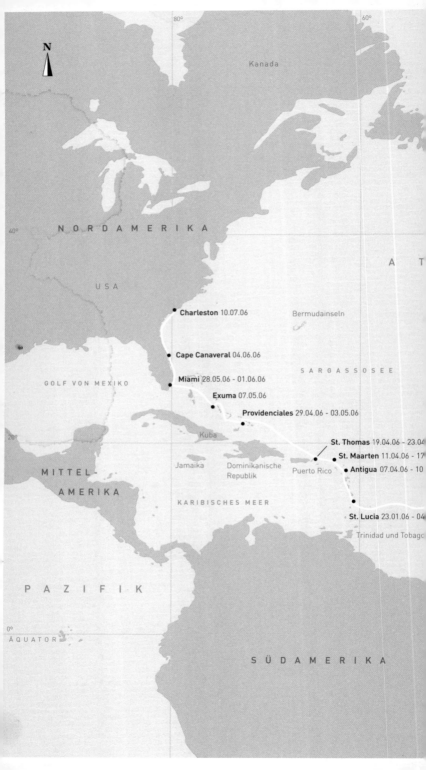